# STAUDEN

# STAUDEN

GARTENPARADIESE UNKOMPLIZIERT GESTALTEN

MIT 750 STAUDEN

GRAHAM RICE

Kaleidoskop Buch

Aus dem Englischen übersetzt von
Angelika Feilhauer
Redaktion: Angelika Franz
Korrektur und Register: Angelika Möhring
Einbandgestaltung: Studio für
Illustration und Fotografie, München,
Sascha Wuillemet
Herstellung: Dieter Lidl
Satz: DTP Josef Fink



Die Originalausgabe mit dem Titel *The
Gardener's Guide to Perennials* wurde
erstmals 1996 im Verlag Mitchell Beazley,
London, veröffentlicht


Pflanzenkatalog: Richard Bird
Design: Geoff Borin, Luise Griffiths
Zeichnungen: Fiona Bell Currie

Druck und Bindung: Mladinska knjiga,
Ljubljana
Printed in Slovenia



ISBN: 3-88472-458-4

TITELSEITE *Corydalis flexuosa* (links), *Buphthalmum salicifolium* (Mitte), *Primula denticulata* (rechts).

HINWEIS

Alle Informationen und Hinweise, die in diesem Buch enthalten sind, wurden vom Autor nach bestem Wissen erarbeitet und von ihm und dem Verlag mit größtmöglicher Sorgfalt überprüft. Unter Berücksichtigung des Produkthaftungsrechts müssen wir allerdings darauf hinweisen, daß inhaltliche Fehler oder Auslassungen nicht völlig auszuschließen sind. Für etwaige fehlerhafte Angaben können Autor, Verlag und Verlagsmitarbeiter keinerlei Verpflichtung und Haftung übernehmen.

Korrekturhinweise sind jederzeit willkommen und werden gerne berücksichtigt.

# INHALT

# VORWORT

Dieses Buch beschäftigt sich mit der Bedeutung von Stauden in unseren Gärten, stellt die schönsten und geeignetsten Stauden vor und zeigt, wie einfach sie zu ziehen sind.

*Bezaubernde Gärten mit Stauden* geht auf jedes Thema ausführlich ein und beginnt mit einem umfassenden Kapitel über die Kultur von Stauden. Nachdem die verschiedenen Wege aufgeführt wurden, wo man diese Pflanzen erhalten kann, werden alle wichtigen Maßnahmen, die notwendig sind, damit Stauden im Garten optimal gedeihen, vorgestellt. Bodenvorbereitung und Pflanzmethoden, verschiedene Kulturverfahren und die Bekämpfung von Schädlingen und Krankheiten sowie die Möglichkeiten der Vermehrung werden auf klare, verständliche Weise erklärt und durch schrittweise Illustrationen veranschaulicht.

Diesen praktischen Informationen folgt ein Kapitel mit inspirierenden Vorschlägen, wie Stauden im Garten am wirkungsvollsten eingesetzt werden können. Stauden sind anpassungsfähige Pflanzen, die sich auf vielfältige Weise verwenden lassen, und dieser Teil des Buches bietet eine Fülle von Ideen für jeden Gartentyp und jeden Standort. Die zahlreichen vorgestellten Gestaltungsstile reichen vom geordneten Durcheinander eines Bauerngartens bis zu formalen Staudenrabatten und von modernen gemischten Rabatten bis hin zu pflegeleichten freiliegenden Beeten. Auch Wildblumenpflanzungen und die Staudenkultur in Pflanzgefäßen fehlen nicht. Wunderschöne Illustrationen und Fotografien zeigen ein breites Spektrum reizvoller, einfallsreicher Gestaltungen und viele Möglichkeiten, wie Stauden auf gelungene Weise in den Garten einbezogen werden können.

Schließlich finden Sie ein umfassendes alphabetisches Verzeichnis der schönsten Stauden, die heute erhältlich sind. Jede Pflanze wird präzise und verständlich mit einer Kurzdarstellung ihrer allgemeinen Merkmale beschrieben. Daran schließt sich eine Auswahl der schönsten Arten und Sorten unter Nennung ihrer besonderen Eigenschaften und speziellen Kulturerfordernisse an, die nach Qualität, Erhältlichkeit und Widerstandsfähigkeit ausgewählt wurden.

Ein Glossar, eine Übersicht der Härtezonen und eine Liste von Bezugsquellen vervollständigen das Buch.

RECHTS Diese Rabatte mit Herbststauden, zu denen Goldrute *(Solidago)*, Sonnenbraut *(Helenium)*, Astern in vielen Farben und Fetthenne *(Sedum)* ›Herbstfreude‹ gehören, liegt vor einer alten Ziegelmauer, die Schutz vor Herbstwinden gibt und Kletterpflanzen Halt bietet.

# WAS SIND STAUDEN?

Für den Gärtner sind Stauden langlebige, krautige Pflanzen, deren oberirdische Teile gewöhnlich vor dem Winter absterben und die für die Kultur in einem Garten geeignet sind. Diese gärtnerische Definition schließt Bäume und Sträucher aus, da sie über der Erde verholzte Triebe haben, doch sie berücksichtigt auch viele andere Pflanzen nicht, die ein Botaniker als Stauden bezeichnen würde – beispielsweise Unkräuter.

Von einjährigen Pflanzen unterscheiden sich Stauden dadurch, daß erstere gewöhnlich eingehen, sobald sie Samen entwickelt haben, Stauden aber weiterleben. Die Lebensdauer ist jedoch von Art zu Art sehr unterschiedlich. Einige, wie etwa Nelken und Lupinen, können sehr kurzlebig sein und nicht älter als zwei bis fünf Jahre werden. Andere, beispielsweise Bergenien und Päonien, leben dagegen 15 bis 20 Jahre und noch länger. Auch die Lebensdauer von Pflanzen des gleichen Typs variiert stark und hängt von vielen Faktoren ab, wie dem Zustand des Bodens und den Maßnahmen, mit denen sie vor Krankheiten geschützt werden. Aus praktischer Sicht endet das Leben einer Staude, wenn sie schwere Mangelerscheinungen zeigt, zu dicht wird oder ihr Platz für sie nicht mehr ausreicht.

Hoher Rittersporn *(Delphinium)* bildet hier einen hübschen Kontrast zu buschigen Stauden, die seine kahlen Stengel verbergen.

Der Wachstumszyklus einer Staude beginnt Anfang des Frühjahrs mit der Entwicklung neuer Blätter. Im Frühjahr und Sommer erscheinen dann weitere Blätter und Blüten. Es gibt Stauden, die sechs Monate blühen, während andere nicht einmal sechs Wochen Blüten tragen. Auch wenn bei der Mehrzahl der Stauden die oberirdischen Teile im Herbst absterben, tragen einige über den Winter grünes Laub, das dann im Frühjahr neuen Blättern weicht.

LINKS Diese üppigen Stauden, hier im Hochsommer gezeigt, neigen sich über den Grasweg und lenken das Auge zu einer Sonnenuhr und einem weißen Tor, die sich gut von dem waldigen Hintergrund abheben. Für die Rabatten wurden bewußt Pflanzen mit unterschiedlichen Farben und Wuchshöhen ausgewählt, um ein harmonisches Bild entstehen zu lassen.

## Staudentypen

Im Laufe der Jahrhunderte haben Stauden eine Vielzahl von Namen erhalten. Der Begriff *krautige Stauden* beschrieb ursprünglich Pflanzen, deren oberirdische Teile im Winter absterben, wird heute aber allgemeiner benutzt. Die Bezeichnung *Rabattenstauden* bezieht sich dagegen auf den traditionellen Platz dieser Pflanzen in der Rabatte. Als *winterharte Stauden* werden wiederum Stauden bezeichnet, die kalte Winter überstehen können, *nicht winterharte Stauden* werden im Gegensatz zu ihnen kaum einen strengen Winter überleben. Der Begriff »Winterhärte« ist jedoch relativ. Informationen darüber, welche Pflanzen welche Temperaturen überdauern, finden Sie in dem Kapitel »Härtezonen« auf Seite 228 ff. Der Ausdruck *winterharte Pflanzen* hat ebenfalls eine sehr große Verbreitung gefunden, heute spricht man jedoch meist einfach von *Stauden*.

## Stauden in der Natur

Stauden wachsen überall auf der Welt in einer Vielzahl natürlicher Lebensräume, die meisten in diesem Buch beschriebenen Pflanzen stammen aber aus gemäßigten Zonen mit kühlem bis warmem Klima. Manche Stauden gedeihen an offenen Plätzen, an denen vielleicht nur höhere Nachbarn ein wenig Schatten spenden, wie etwa auf sonnigen Wiesen, an Hängen, in Flußtälern, auf Bergweiden, in trockenen

***Das Spektrum der Stauden***
*Stauden haben sehr unterschiedliche Größen und Wuchsformen. Das Spektrum der hier abgebildeten Pflanzen zeigt ihre Vielfältigkeit.*

***1*** *Traditionelle Rittersporn-* (Delphinium-)*Hybriden bilden dichte Büsche aus markanten Blättern, über denen hohe Blütenstände stehen.*

*1*

***2*** *Viele Wolfsmilchgewächse* (Euphorbia) *besitzen aufrechte, halb verholzte Triebe, die den Winter über erhalten bleiben, und tragen walzenförmige gelbliche Blütenstände.*

*2*

***3*** *Gartennelken sind an der Basis verholzt und bilden niedrige buschige Triebe mit blaugrauen Blättern. Ihre einfachen oder gefüllten Blüten stehen auf weichen Stielen.*

*3*

***4*** *Günsel* (Ajuga) *entwickelt beblätterte Ausläufer, die über den Boden kriechen und sich dabei bewurzeln. Die kurzen Blütenstände stehen senkrecht in die Höhe.*

*4*

Prärien oder an Meeresküsten. Andere wachsen an schattigen Standorten, beispielsweise in Wäldern und Hainen, an Hecken, in Senken und an relativ sonnenlosen Hängen. Stauden haben auch sehr unterschiedliche Feuchtigkeitsbedürfnisse. Einige wachsen in trockenen, unwirtlichen Lebensräumen, andere entlang von Bächen oder in Sümpfen. Ebenso vielfältig wie ihre Lebensräume ist ihr Wuchsverhalten. Auf einer Waldlichtung kann eine einzelne Art möglicherweise so dominant werden, daß sie fast alle anderen verdrängt, während sich auf feuchten Wiesen eine große Vielfalt von Arten entwickeln kann.

### Stauden im Garten

Da Stauden in so unterschiedlichen natürlichen Lebensräumen gedeihen und Gartenstauden von so vielen wilden Arten abstammen, gibt es auch für beinahe jede Situation im Garten eine ganze Palette von Pflanzen unterschiedlicher Größe, Wuchskraft, Wuchsform, Blütezeit und Blütenfarbe, so daß man für jede jahreszeitliche Pflanzung und jede Farbkomposition genau die richtige Pflanze finden kann. Stauden sind überdies tolerant und anpassungsfähig und gedeihen oft auch in Gartenbereichen, die sich deutlich von ihren natürlichen Lebensräumen unterscheiden. Aus diesen Gründen und weil Stauden zu den unkompliziertesten Pflanzen

**5** *Herbstanemonen* (Anemone-Japonica-*Hybriden) haben sich kräftig ausbreitende Wurzeln und niedriges Laub. Ihre duftigen Blüten stehen an langen Stielen.*

*5*

**6** *Viele winterharte Storchschnabel-*(Geranium-) *Arten besitzen einen zentralen Wurzelstock und bilden niedrige runde Büsche oder einen sich ausbreitenden Blütenteppich.*

*6*

**7** *Die Blätter der Primel* (Primula) *erscheinen zu Frühjahrsbeginn in Rosetten. Die Blüten stehen einzeln oder in lockeren Büscheln auf den Stielen.*

*7*

**8** *Die aufrechten Stiele des Mädchenauges* (Coreopsis) *tragen starkgeteilte Blätter und hübsche Korbblüten. Die Wurzeln breiten sich beständig aus.*

*8*

**9** *Aus den dicken, fleischigen Wurzeln der Schmucklilie* (Agapanthus) *entwickeln sich lange, schlanke Blätter und runde Blütenköpfe, die auf steifen, aufrechten Stielen stehen.*

*9*

gehören, sind sie heute sehr beliebt und oft die wichtigste Komponente in einem gelungenen Garten.

Früher wurden Stauden hauptsächlich auf zwei Weisen verwendet. In großen Gärten wuchsen sie in gesonderten Rabatten, sogenannten Staudenrabatten, in denen markante Gruppen in leuchtenden Farben eine beeindruckende Wirkung entstehen ließen. In einfacheren Gärten wurden Stauden oft mit Zwiebelblumen, einjährigen Pflanzen und – in den zwanglos gestalteten Bauerngärten – sogar mit Obststräuchern zusammengepflanzt. Heute sind wir bei der Kultur von Stauden ungebundener. Wir mischen sie mit Zwiebelblumen, winterharten einjährigen Pflanzen, Beetpflanzen, unkomplizierten Steingartenpflanzen, Kletterpflanzen und Sträuchern. Auf diese Weise können sich alle Pflanzen gegenseitig ergänzen, so daß sie das ganze Jahr hindurch ein reizvolles und vielfältiges Spektrum an Blüten- und Blattfarben sowie Wuchsformen bieten.

Diese gemischte Pflanzung zeigt die heute beliebteste Methode, Stauden in einer Rabatte zu ziehen.

## Benennung von Stauden

Stauden erhalten, wie andere Gartenpflanzen, ihre Namen von Botanikern, Gartenbaufachleuten und auch Gärtnern. Von den Botanikern stammen gewöhnlich die lateinischen Namen der Pflanzen, und sie basieren auf Formen, die man in den natürlichen Lebensräumen findet. International gültige Vereinbarungen regeln, in welcher Weise dies zu geschehen hat. Die Bezeichnungen für Sorten oder, richtiger, Cultivare von Gartenpflanzen werden von Gärtnern vergeben, und auch dies geschieht nach internationalen Regeln.

Pflanzennamen sind eine Art Kurzschrift, eine klare, knappe Methode, eine Pflanze zuzuordnen. Die Pflanzennamen der Botaniker beruhen auf einem System, das Carl von Linné im 18. Jahrhundert entwickelte, und bestehen aus mehreren Teilen. Nehmen wir als Beispiel *Campanula persicifolia* ›Telham Beauty‹. Der erste Teil – *Campanula* – ordnet die Pflanze einer Gattung zu, einer Gruppe ähnlicher Pflanzen, denen Grundeigenschaften gemein sind. Der zweite Teil – *persicifolia* – gibt die Art an, die von einer kleineren Gruppe Pflanzen gebildet wird, die enger miteinander verwandt sind. Zusammen ergeben die beiden Teile den botanischen Namen. Ein Sortenname wie ›Telham Beauty‹ bezeichnet eine bestimmte Form einer Art, die wegen ein oder zwei charakteristischer, gewöhnlich im Garten besonders geschätzter Merkmale gezogen wird.

### Umbenennung

Probleme entstehen dann, wenn die botanische Forschung bei Pflanzen, die jahrhundertelang als eng verwandt galten, grundlegende Unterschiede offenbart. In diesem Fall muß ein neuer Name gefunden werden. Nehmen wir als Beispiel die Gattung *Chrysanthemum*. Heute werden Arten, die einmal als dieser Gattung zugehörig galten, der neuen Gattung *Dendranthema* zugeordnet; andere wurden in *Leucanthemella* umbenannt. Bei den wenigen Arten, die in der Gattung *Chrysanthemum* verblieben, handelt es sich durchweg um einjährige Pflanzen.

Ein weiteres Problem besteht darin, daß gelegentlich die gleiche Pflanze in mehr als einem Land von verschiedenen Botanikern entdeckt wurde und jeder ihr einen eigenen Namen gab. Doch als die Pflanzen dann genau untersucht wurden, stellte man fest, daß sie identisch waren. In einem solchen Fall wird ein Name für den offiziellen Gebrauch ausgewählt.

Eine weitere Schwierigkeit kann auftreten, wenn eine Sorte, die – um identische Nachkommen zu erzeugen – vegetativ vermehrt werden sollte, aus Samen gezogen wird. Die Jungpflanzen können sich sowohl von der Elternpflanze als auch untereinander unterscheiden, aber immer noch unter dem gleichen Namen verbreitet werden.

In allen diesen Fällen bewerten Botaniker das Problem im Hinblick auf die internationalen Regeln und treffen danach ihre Entscheidung. Die wichtigste dieser Regeln lautet, daß der Name verwendet werden soll, den eine Pflanze zuerst erhalten hat, vorausgesetzt, er wurde mit einer Beschreibung in einem Buch, einer Zeitschrift oder einem Katalog veröffentlicht.

### Populäre Namen

Es mag viele Situationen geben, in denen botanische Namen zu Verwirrung führen, noch mehr Verwirrung gäbe es jedoch, wenn ausschließlich populäre Namen verwendet würden. In England etwa ist die Pflanze Bluebell eine Zwiebelblume, die im Wald wächst und den lateinischen Namen *Hyacinthoides non-scriptus* trägt. Hingegen handelt es sich bei dem schottischen Bluebell um die kleine Staude *Campanula rotundifolia*, und im Nordwesten der USA wird der Name Bluebell mitunter für *Mertensia longifolia* benutzt. Es werden also drei völlig verschiedene Pflanzen mit dem gleichen Namen bezeichnet, und angesichts dessen erscheinen botanische Namen plötzlich weit zuverlässiger.

Das englische Bluebell *Hyacinthoides non-scriptus.*

Das schottische Bluebell *Campanula rotundifolia.*

Das Bluebell aus dem Nordwesten der USA *Mertensia longifolia*.

# DIE KULTUR VON STAUDEN

Da Stauden ungemein anpassungsfähige Pflanzen sind, gibt es für jeden Garten und jedes Klima geeignete Typen. Solange man ihren Grundbedürfnissen gerecht wird und sie ein wenig pflegt, werden sie viel Freude bereiten.

Stauden können ihre Besitzer viele Jahre erfreuen, doch am besten gedeihen sie, wenn man zu Beginn kräftige und gesunde Exemplare pflanzt. Kranke oder schwache Pflanzen kümmern vermutlich, obwohl geduldige Pflege sie mitunter retten kann.

Es ist wichtig, Pflanzen zu wählen, die sowohl für den vorhandenen Boden als auch für das Klima geeignet sind. Zweifellos ist es immer ein Wagnis, wenn man eine Pflanze kauft, nur weil sie hübsch aussieht, und sie an einen Platz pflanzt, der zufällig gerade frei ist. Lieber sollte man zuerst das Grundstück begutachten, um festzustellen, welche Stauden sich dafür eignen. Anschließend führt man Verbesserungsmaßnahmen durch, die dazu beitragen, daß sich die Pflanzen gut entwickeln. Eine Pflanze, die am falschen Platz steht, wird niemals gedeihen.

In diesem ländlichen Garten lassen Sträucher einen schönen farbigen Hintergrund für Stauden entstehen.

Das richtige Pflanzen am richtigen Platz gibt Stauden gute Startbedingungen. Behutsames Umsorgen während der ersten Wochen nach dem Pflanzen stellt sicher, daß sie sich gut eingewöhnen. Doch auch während ihres weiteren Lebens brauchen Stauden regelmäßige Pflege. Sie dürfen nicht von Unkraut erstickt werden, und zudem muß man sie wässern, düngen, stützen und von Zeit zu Zeit revitalisieren.

Wie andere Pflanzen können Stauden von Schädlingen und Krankheiten befallen werden, und dem muß man so weit wie möglich vorbeugen oder sofort Gegenmaßnahmen ergreifen, wenn es bereits geschehen ist. Manche Probleme treten bei einer Vielzahl von Pflanzen auf, andere nur bei bestimmten Arten. Doch wenn man zuläßt, daß sich Schädlinge und Krankheiten ausbreiten, können sie die Pflanzen schwächen oder im schlimmsten Fall eingehen lassen.

LINKS In den beiden zwanglos gestalteten Rabatten, zwischen denen sich ein Weg hindurchschlängelt, wachsen neben einer breiten Palette von Stauden auch einige Sträucher und einjährige Blumen, um die Vielfalt noch zu vergrößern.

# Quellen für Pflanzen

Wer sich wirklich für Pflanzen interessiert, für den ist es auch ein Vergnügen, Pflanzen zu besorgen, sei es über den Fachversandhandel, in guten Gartencentern oder bei Freunden und Nachbarn. Mit zunehmender Kenntnis und sich entwickelnden Vorlieben bekommen Hobbygärtner oft auch genauere Vorstellungen von dem, was sie gerne besitzen möchten, und suchen in spezialisierten Gärtnereien und bei Samenlieferanten nach ungewöhnlichen Pflanzen, die nicht allgemein erhältlich sind.

## Pflanzen von Nachbarn

Der Austausch von Stecklingen unter Freunden und Nachbarn fördert nicht nur die Verbreitung schöner Pflanzen, sondern sorgt auch für ihren Schutz. Ein Vorteil von Pflanzen aus Nachbargärten besteht – insbesondere für den Anfänger – darin, daß sie bereits nebenan gedeihen und es deshalb vermutlich im eigenen Garten ebenfalls tun werden. Doch der Tausch von Pflanzen birgt auch Probleme. So reagieren beispielsweise nur wenige Pflanzen gut, wenn sie in voller Blüte umgesetzt werden. Ob Sie also Pflanzen weggeben oder erhalten – warten Sie den günstigsten Zeitpunkt für die Vermehrung ab (siehe Pflanzenverzeichnis Seite 143 bis 228).

### Schädlinge und Krankheiten

Ein schwerwiegenderes Problem sind Schädlinge und Krankheiten. Kein Garten ist vollkommen schädlingsfrei, doch gibt es keinen Grund, sich auch noch die Schädlinge des Nachbarn in den Garten zu holen. Haben Sie ein wachsames Auge auf alle Neuzugänge, denn selbst wenn sie gesund erscheinen, können sie Insekteneier oder Pilzsporen beherbergen. Wenden Sie ein breit wirkendes Mittel gegen Schädlinge und Krankheiten an, und rüsten Sie sich für besondere Probleme, die vielleicht auftreten können.

**Bodenbürtige Gefahren** Einige Probleme können heimtückischerer Natur sein. Schadinsekten, die die Wurzeln befallen, wie beispielsweise der Dickmaulrüßler, leben vielleicht im Boden verborgen und werden durch das Spritzen des Laubs nicht abgetötet. Bei Pflanzen, die anfällig für solche Schädlinge sind, spült man, sobald man nach Hause kommt, die Erde von den Wurzeln. Elfenblume *(Epimedium)*, Primel *(Primula)* und *Heuchera* sind besonders durch den Dickmaulrüßler gefährdet. Zudem besteht eine geringe, aber dennoch ernstzunehmende Gefahr, daß bodenbürtige Krankheiten in den Garten eingeschleppt werden. Im Boden Ihres Nachbarn können Pilzkrankheiten von Gemüse oder Bäumen präsent sein und zu einer Erkrankung in Ihrem Garten führen. Und im Erdballen einer Akelei, die Sie aus dem Obstgarten eines Freundes mitnehmen, befinden sich vielleicht Schädlinge wie Älchen, die Obststräucher befallen.

## Samenkataloge

Staudensamen sind in Geschäften, Gartencentern und Gärtnereien erhältlich, doch die Sortenauswahl ist dort oft sehr begrenzt. Das breiteste Angebot findet man in den Katalogen von Fachversandhändlern, und günstig ist es zudem, da man eine große Zahl von Pflanzen zum Preis eines einzelnen Exemplares aus Gartencentern oder Gärtnereien ziehen kann.

### Vorteile von Samen

Das wichtigste Argument für die Anzucht aus Samen ist Wirtschaftlichkeit, und bei der Anlage eines neuen Gartens kann sie ein wesentlicher Punkt sein. Aber Samen haben auch noch andere Vorteile. Von manchen Arten sind bei Samenlieferanten Farbmischungen erhältlich, so daß man aus einem einzigen Tütchen eine größere Farbpalette ziehen kann. Durch Samen können Beete und Rabatten in einem neuen Garten preisgünstig bepflanzt werden. Wenn sich der Garten dann füllt, entfernt man Pflanzen mit nicht so reizvollen Farben, während man die Ausbreitung der anderen fördert. Viele der in jüngerer Zeit eingeführten Stauden, die in Samenkatalogen angeboten werden, sind Züchtungen mit besonders kräftigem Wuchs, und sie blühen oft schon im ersten Jahr nach ihrer Aussaat üppig. Sie können daher im ersten Jahr als Beetpflanzen dienen und Ihnen dann noch mehrere Jahre viel Freude bereiten.

Manche neuen Sorten sind in den ersten Jahren nur als Samen erhältlich, bis Gärtnereien sie in ihr Sortiment aufnehmen. Einige seltene Formen, die als Pflanzen schwer erhältlich sind, können sich ebenfalls in Samenkatalogen finden. Und natürlich kann man Samen über dem Postweg bestellen und sich dadurch lange Anfahrten in Gärtnereien ersparen.

### Zur Aussaat geeignete Stauden

Im allgemeinen eignen sich viele der in Samenkatalogen angebotenen Sorten besonders gut für eine erfolgreiche Aussaat. Diese Sorten entwickeln sich meistens sogar unter nicht perfekten

Mädchenauge *(Coreopsis)* ›Early Sunrise‹ blüht schon im ersten Jahr nach der Aussaat gut. In den folgenden Jahren stehen die Blüten auf höheren Stielen.

Bedingungen kräftig und üppig und passen sich leicht an. Beispiele sind Garbe *(Achillea)* ›Summer Pastels‹, *Campanula carpatica* ›Blaue Clips‹, Mädchenauge *(Coreopsis)* ›Early Sunrise‹, Rittersporn *(Delphinium)* ›Southern Noblemen‹, *Echinacea* ›White Swan‹, Kokardenblume *(Gaillardia)* ›Kobold‹, Nelkenwurz *(Geum)* ›Lady Stratheden‹ und ›Mrs. Bradshaw‹, Fackellilie *(Kniphofia)* ›Border Ballet‹, Lobelie *(Lobelia)* ›Compliment Scarlet‹, Lupine *(Lupinus)* ›Gallery‹, *Salvia* x *sylvestris* ›Blaukönigin‹, *Salvia* x *sylvestris* ›Rose Queen‹ und Präriemalve *(Sidalcea)* ›Party Girl‹.

Auch ungewöhnliche Arten, die nicht in Gärtnereikatalogen geführt werden, sind einen Versuch wert. Besondere Aufmerksamkeit sollte man zudem Pflanzen schenken, die eine Auszeichnung erhalten haben – oft ist dies in Katalogen vermerkt.

### Probleme beim Versand

Es gibt jedoch einige Nachteile beim Einkauf von Samen auf dem Postweg, die man beachten sollte.

Die Samen mancher Pflanzen, wie Nieswurzen und Primeln, sind nur sehr begrenzte Zeit keimfähig und können zu dem Zeitpunkt, an dem sie gewöhnlich in der Wintersaison verschickt werden, bereits eine schlechte Qualität haben. Dann sind die Chancen, schöne Sämlinge heranzuziehen, gering. Die Samen einiger Pflanzen, wie etwa Pfingstrose *(Paeonia)*, können vom Laien nur schwer zum Keimen gebracht werden, weshalb man auch auf sie verzichten sollte. Selbst wenn diese Samen in einem Katalog geführt werden, ist es im allgemeinen nicht ratsam, sie zu kaufen, bevor man nicht einige Erfahrung mit der Anzucht aus Samen gesammelt hat.

Ein anderes Problem betrifft eine weit größere Palette von Pflanzen: Wenn man Samen besonders schöner Stauden – den benannten Sorten, die gewöhnlich vegetativ vermehrt werden – sammelt, sind die Nachkommen selten so schön wie ihre Elternpflanze.

Im Frühjahr gesäte Garbe *(Achillea)* ›Summer Pastels‹ blüht im Sommer üppig. Man kann die schönsten Farben der Mischung auswählen und sie durch Teilung vermehren.

Die Samen von solchen Pflanzen sind also in gewisser Hinsicht unzuverlässig, und da die Samenfirmen nicht genau sagen können, wie sie sich entwickeln werden, führen sie sie zumeist gar nicht. Aus diesem Grund lohnt es sich, besonders schöne Formen von Rittersporn *(Delphinium)*, Nieswurz *(Helleborus)*, Phlox *(Phlox)*, Aster *(Aster)* und Indianernessel *(Monarda)* als Pflanzen zu kaufen.

Als Faustregel gilt: Verzichten Sie auf Sorten, für die Vorrichtungen (beispielsweise ein Glashaus) erforderlich sind, über die Sie nicht verfügen, oder die gewöhnlich vegetativ vermehrt und nicht sortenecht aus Samen gezogen werden können.

### Bestellung per Post

Wenn man Samen aus einem Katalog bestellt, sollte man einige einfache Regeln beachten, um Probleme zu vermeiden.

Fordern Sie Kataloge an, sobald sie angeboten werden, und geben Sie Ihre Bestellung möglichst bald nach Eintreffen eines Katalogs auf. Die neuesten und besten Sorten sind unter Umständen rasch ausverkauft. Behalten Sie eine Fotokopie Ihrer Bestellung bei sich, falls es später Schwierigkeiten geben sollte.

Stellen Sie fest, wieviel Samen in den Packungen enthalten sind, bevor Sie über die erforderliche Zahl an Tütchen entscheiden. Die Samenmenge variiert bei den verschiedenen Arten enorm: In einem Fall brauchen Sie vielleicht zwei Tütchen, um die gewünschte Zahl an Pflanzen ziehen zu können, in anderen Fällen reicht ein Tütchen möglicherweise nicht nur für Sie, sondern auch noch für einige Ihrer Freunde und Nachbarn.

Wenn Ihre Bestellungen ohne weitere Erklärung unvollständig oder nicht in dem im Katalog angegebenen Zeitraum eintreffen, nehmen Sie sofort Kontakt mit der Firma auf, und schicken Sie ihr eine Kopie Ihrer Bestellung zu.

Sollten die Samen vor der Aussaatzeit ankommen, dürfen sie nicht im Gewächshaus oder Gartenschuppen aufbewahrt werden. Am besten lagert man sie kühl und trocken, in einem Glas mit Schraubverschluß, das man unten in den Kühlschrank stellt. Etwas Silikagel im Glas nimmt überschüssige Feuchtigkeit auf und hilft, daß die Samen frisch bleiben.

## Gartencenter

Die erste Anlaufstelle beim Kauf von Pflanzen ist für viele Hobbygärtner das örtliche Gartencenter. Dafür sprechen vor allem die Bequemlichkeit und, in manchen Fällen, auch gute Preise. Aber leider beschränkt sich die in Gartencentern angebotene Palette von Stauden zumeist auf bewährte und bekannte Sorten und Formen, die sich leicht vermehren lassen und daher relativ preiswert sind.

Ein hoher Anteil der Stauden in Gartencentern wurde aus Samen gezogen, und daher ist es schwierig, die besonders schönen benannten Sorten zu finden, etwa von Lupinen, Rittersporn oder Nieswurzen. In vielen Gartencentern werden ausschließlich aus Samen gezogene Mischungen angeboten, deren Eigenschaften nicht vorhersagbar sind. Das ist günstig, solange man große Mengen an Pflanzen braucht und mit Sorten von durchschnittlicher Qualität zufrieden ist, aber in manchen Fällen ist der einzige Vorteil der niedrige Preis.

Aus Samen gezogene Lupinen (Russell-Hybriden) können großartig aussehen. Beim Kauf einzelner Pflanzen ist die Blütenfarbe jedoch ungewiß, sofern sie nicht bereits blühen.

Zum Glück gibt es heute immer häufiger größere Gartencenter mit Abteilungen, in denen man besondere Pflanzen findet, die oft eine bessere Qualität haben, aber möglicherweise auch teurer und etwas schwerer zu ziehen sind als andere Stauden. Häufig haben sie ungewöhnlich ausführliche Pflanzschildchen, die Ihnen bei Auswahl und Kultur helfen.

### Spezialisierte Pflanzencenter

In den vergangenen Jahren ist man auf dem Gebiet der Pflanzencenter sogar noch einen Schritt weitergegangen. Der Schwerpunkt verlagerte sich, und es dominieren nicht mehr Gartenmöbel und -geräte, Grills, Spritzmittel und Gießkannen, sondern die Pflanzen sind in den Mittelpunkt gerückt. Neben Samen und vielleicht noch Büchern spielen sie die Hauptrolle. Die Folge ist eine breitere Palette von Sorten, und oft profitiert gerade das Angebot an Stauden davon am meisten.

### Stauden im Gartencenter auswählen

Stauden eignen sich nicht sehr gut für die Art und Weise, wie man Pflanzen in Gartencentern zum Verkauf anbietet. Im Gegensatz zu Sträuchern versuchen kleine Stauden in den kleinen Töpfen, in denen sie so oft verkauft werden, möglicherweise, die gleiche Größe zu erreichen wie im Garten. Als Folge davon sind sie oft schwach, werden leicht vom Wind umgerissen und sehen zu Beginn der Blütezeit kümmerlich aus. Glücklicherweise geht die Tendenz heute dahin, Stauden in größeren Töpfen zu ziehen.

Am besten kauft man Stauden im Frühjahr oder Herbst als kräftige Jungpflanzen und setzt sie sofort ein, bevor sie ihre Töpfe mit dichtem Wurzelgeflecht ausfüllen. Solche Pflanzen werden oft in ordentlichen Töpfen mit einer Deckschicht aus Kies und einem hilfreichen, farbigen Pflanzschildchen angeboten. Exemplare mit möglichst vielen Vegetationspunkten sind vorzuziehen, da diese gewöhnlich am schnellsten wachsen. Mitunter blühen die Pflanzen, aber wichtiger, als eine blühende Pflanze nach Hause zu tragen, ist, ein junges und buschiges Exemplar zu wählen, da dieses vermutlich bald kräftig wachsen wird. Pflanzen, die zu lange in ihren Töpfen standen, haben ihre unteren Blätter abgeworfen, tragen nur wenige, kleine Blüten und sehen meist vernachlässigt aus.

In ausreichend großen Töpfen gezogene Pflanzen, die gut gepflegt wurden, können sehr beeindruckend wirken, vor allem, wenn sie in einem geschützten Bereich stehen, wo der Wind sie nicht schädigen kann. Hier kann man gut erkennen, wie die Pflanzen sich entwickeln und im Garten aussehen werden. Manchmal sind diese größeren Pflanzen unerwartet gute Käufe, denn auch wenn sie zunächst etwas teurer erscheinen, können sie möglicherweise geteilt werden, so daß man zwei Pflanzen zum Preis von einer erhält.

Vor einem Kauf sollte man die Pflanzen stets sorgfältig auf Schädlinge und Krankheiten, insbesondere Blattläuse, untersuchen und die Töpfe für den Fall, daß Stengel in Bodenhöhe abgestorben sind, prüfen. Stellen Sie auch fest, ob nicht die Wurzeln durch die Abzugslöcher gewachsen sind und sich zu stark in den Kies oder Sand eingegraben haben, auf dem die Pflanzen stehen.

### Besondere Angebote

Es gibt zwei weitere Möglichkeiten, wie Stauden in Gartencentern angeboten werden: in Werbeaktionen und als Samen. Neueinführungen werden manchmal mit Schautafeln, farbigen Gefäßen, Beschreibungen und viel Publizität aufwendig präsentiert. Solche Kampagnen sind gewöhnlich besonders guten Sorten vorbehalten, auch wenn sie vielleicht nicht ganz so phantastisch sind, wie die Werbung glauben machen will. Sie werden meist in relativ großen Töpfen angeboten und zu Preisen, die weit über denen anderer hochwertiger Pflanzen liegen.

Gartencenter verkaufen auch Samen, doch ist die Palette der Stauden gewöhnlich sehr begrenzt. Mitunter sind für sie einige Reihen im Regal reserviert, in den Katalogen des Fachversandhandels findet man aber gewöhnlich ein weit größeres Angebot (siehe Seite 16 ff.).

In Spezialgärtnereien wird man beraten, welche Steingartenpflanzen robust genug für Staudenrabatten sind; blau- und weißblühende *Campanula carpatica* eignen sich hierfür.

## Spezialgärtnereien

In vielen Gegenden gibt es Gärtnereien, oft kleine Familienbetriebe, die sich auf Stauden spezialisiert haben. Anders als Garten- und Pflanzencenter, die ihre Pflanzen bei Großhändlern kaufen, vermehren und ziehen diese kleinen Gärtnereien die meisten ihrer Pflanzen selbst. Infolgedessen kennen sie ihre Pflanzen oft weit besser und verkaufen gewöhnlich eine viel größere Palette von Sorten als andere Anbieter. Auch wenn die Beratung in Gartencentern inzwischen vielleicht besser geworden ist, weiß das Personal in einer Gärtnerei doch erheblich mehr über Stauden und ihre Kultur.

### Zuverlässige Fachleute

Die Qualität einer Spezialgärtnerei beruht auf zwei Faktoren: der Auswahl an Sorten und der Art und Weise, wie die Pflanzen bis zum Verkauf gezogen werden. Fachleute, die genaue Kenntnisse über ihre Pflanzen haben, können die schönsten Sorten auswählen; häufig ziehen sie selbst neue Sorten und verfügen über ein Netz von Kontakten, das ihnen möglicherweise Zugang zu weiteren neuen Sorten eröffnet. Da diese Spezialgärtnereien die meisten ihrer Pflanzen selbst ziehen, können sie auch für deren Qualität garantieren. Oft vermehren sie ihre Pflanzen so, daß Posten der gleichen Sorte zu unterschiedlichen Zeiten in der Wachstumsperiode in optimalem Zustand sind, und wenn eine bestimmte Sorte ausverkauft ist, können sie in den meisten Fällen Auskunft darüber geben, wann der nächste Posten zum Verkauf bereit sein wird.

Ein weiterer Vorteil von Spezialgärtnereien besteht darin, daß viele von ihnen Schaugärten haben, in denen ausgewachsene Exemplare der zum Verkauf angebotenen Sorten in einer realen Gartensituation zu sehen sind. So kann man die Vor- und Nachteile

Legt man von bestimmten Pflanzen, wie etwa solchen Herbstastern, eine Sammlung an, kann der Besuch einer Gärtnerei mit einem Schaugarten die Entscheidung erleichtern.

der Pflanzen direkt begutachten. Gute Spezialgärtnereien sind wirklich sehr empfehlenswert. Wenn man in einer Stammkunde ist und die Betreiber der Gärtnerei kennt, wird man noch mehr Freude am Kauf und an der Kultur von Pflanzen haben.

Natürlich gibt es auch weniger gute Gärtnereien, doch lassen sich gute und schlechte leicht unterscheiden. Unkraut ist ein schlechtes Zeichen. Möglicherweise ist in einer Gärtnerei das Sortenangebot gut, doch wenn man dort auf Unkraut trifft, kauft man mit den Pflanzen fast mit Gewißheit auch Unkraut oder Unkrautsamen. Und vielleicht erwirbt man noch weitere Probleme, denn Unkräuter sind überdies häufig Wirte von Schädlingen und Krankheiten, die Stauden befallen. Darüber hinaus ist Unkraut ein Zeichen für eine nachlässige Haltung, die vermutlich auch Auswirkungen auf andere Aspekte der Gärtnerei hat.

Weitere zu berücksichtigende Faktoren sind: Ist das Personal hilfsbereit? Enthält der Katalog gute Beschreibungen und Ratschläge? Ist die Gärtnerei logisch organisiert? Sind die Verkaufsbeete übersichtlich? Sind alle Pflanzen sorgfältig ausgezeichnet?

### Besuch in Spezialgärtnereien

Wenn Sie eine Spezialgärtnerei aufsuchen wollen, fordern Sie zunächst ihren Katalog an. Er verrät Ihnen nicht nur die Öffnungszeiten, sondern enthält auch eine Wegbeschreibung und vermutlich eine Karte – viele Spezialgärtnereien liegen in ländlichen Gegenden und sind deshalb manchmal nur schwer zu finden. Oft ist es bei diesen Gärtnereien auch möglich, Pflanzen im voraus zu bestellen, so daß man sie nur abholen muß. Denken Sie aber daran, daß viele Gärtnereien weitere Sorten (in kleinen Mengen) anbieten, die nicht im Katalog aufgeführt sind: Vielleicht sollten Sie bei Ihrem Besuch auf diese besonders achten.

Bei der Auswahl von Pflanzen gelten die gleichen Vorsichtsmaßregeln wie in einem Gartencenter. Nehmen Sie beispielsweise nicht immer Exemplare mit Blüten – buschiger Wuchs und Knospenansätze sind wichtiger. Achten Sie auf Schädlinge, Krankheiten und Unkraut, und verzichten Sie auf Pflanzen, deren Wurzeln durch die Abzugslöcher wachsen.

Ein Problem beim Besuch in Spezialgärtnereien kann die Zahl der angebotenen Sorten sein. Neulingen in der Staudenkultur fällt vielleicht die Auswahl schwer. Bitten Sie immer um Rat: Erklären Sie, was Sie möchten, und beschreiben Sie die Situation und den Boden in Ihrem Garten, dann werden Sie gewöhnlich sinnvolle Ratschläge bekommen, welche Sorten für Ihre Zwecke geeignet sind. Möglicherweise gibt man Ihnen auch einige nützliche Tips zur Kultur. Ein gutes Verhältnis zu einer Spezialgärtnerei gewährleistet, daß Sie die richtigen Pflanzen und die richtigen Ratschläge für Ihren Garten mit nach Hause nehmen, und sollten trotzdem irgendwelche Probleme auftreten, bestehen gute Chancen, sie gütlich beizulegen.

## Fachversandhandel

Für viele Hobbygärtner, vor allen solche, die in ländlichen Gegenden leben, ist der Kauf von Pflanzen über den Postweg die einzige Möglichkeit, an ungewöhnlichere Sorten zu kommen. Post- und Kurierdienste erlauben den Zugang zu einer gewaltigen Palette von Pflanzen aus Gärtnereien im ganzen Land. Es gibt zwei Wege, diese Möglichkeit zu nutzen. Entweder fordert man Kataloge und Pflanzen direkt bei den Gärtnereien an, oder man achtet in Zeitungen, Zeitschriften und Fachpublikationen auf Anzeigen, in denen Pflanzen angeboten werden.

### Gärtnereien und Kataloge

Versandgärtnereien inserieren in Gartenzeitschriften und Fachmagazinen und werden mitunter auch in Artikeln genannt. Aber die Qualität der angebotenen Pflanzen und die Sorgfalt, mit der sie verpackt werden, ist unterschiedlich. Daher kann eine Empfehlung durch Freunde nützlich sein. Wenn Sie an besonderen Pflanzentypen interessiert sind, finden Sie oft in Fachzeitschriften oder Mitteilungsblättern von Vereinigungen entsprechende Anzeigen. Viele dieser Gärtnereien sind kleine Betriebe, in denen nur ein oder zwei Leute arbeiten, und daher sollten Sie ihnen unnötige Arbeit ersparen und die Abwicklung beschleunigen, indem Sie den Preis für den Katalog herausfinden und das Geld gleich mitschicken. Anforderungen ohne entsprechende Zahlung bleiben möglicherweise unbeantwortet.

Kataloge können sehr unterschiedlich aussehen. Manche sind durchgehend vierfarbig illustriert, allerdings gilt häufig: Je bunter der Katalog und je ausführlicher die Information, desto kleiner die Zahl der angebotenen Sorten. Bei anderen Katalogen handelt es sich dagegen um wenig mehr als Listen mit Pflanzennamen. Will man aus diesen spartanischen Verzeichnissen die besten Sorten auswählen, muß man bei der Bestellung ein gutes Nachschlagewerk zur Hand haben.

Jede Versandgärtnerei hat andere Bedingungen, und daher ist es wichtig, die Kundeninformationen im Katalog zu lesen, bevor man seine Bestellung aufgibt. Einige Staudengärtnereien verschicken Pflanzen nur zu bestimmten Jahreszeiten oder nur einen Teil der Pflanzen aus ihrem Angebot, bei anderen gibt es eine Mindestbestellmenge oder besondere Zahlungsmodalitäten. Wieder andere Betriebe haben besondere Codes, mit denen sie Pflanzen versehen, die spät in der Saison nicht mehr erhältlich sind. Werden diese Dinge nicht beachtet, kann dies sowohl bei Ihnen als auch auf seiten der Gärtnerei für Verwirrung und Ärger sorgen. Fertigen Sie deshalb von Ihrer Bestellung eine Fotokopie an, und notieren Sie in Ihrem Kalender, zu welchem Datum Ihre Pflanzen laut Katalog eintreffen sollten.

Herbstanemonen sollte man in Töpfen gezogen bestellen, da sie Störungen nicht mögen.

## Bestellung auf Anzeigen

Wenn Sie aufgrund einer Anzeige in einer Zeitschrift eine Bestellung aufgeben, füllen Sie gewöhnlich einen Coupon aus und schicken diesen mit einem Scheck in der erforderlichen Höhe ab. Bei in solchen Anzeigen angebotenen Pflanzen handelt es sich oft um Sortimente und nur selten um Listen mit einer großen Zahl von Sorten, aus denen man auswählen kann. Lesen Sie Kleingedrucktes. Achten Sie vor allem auf die angegebene Größe der Pflanzen, und vergleichen Sie sie mit dem Preis. Bewahren Sie auch hier eine Kopie Ihrer Bestellung auf, und notieren Sie den letzten Termin für die Lieferung im Kalender. Reklamieren Sie umgehend, wenn Ihre Pflanzen zu diesem Zeitpunkt noch nicht angekommen sind.

## Bei Lieferung der Pflanzen

Sobald Ihre Pflanzen angekommen sind, packen Sie sie aus und vergleichen den Inhalt sowohl mit der Originalbestellung als auch mit dem Lieferschein, der der Sendung möglicherweise beiliegt. Wenn Sie zum Zeitpunkt, an dem die Pflanzen eintreffen sollen, verreist sind, bitten Sie einen Nachbarn, die Sendung für Sie entgegenzunehmen. Falls falsche Pflanzen geliefert wurden, ihre Qualität zu wünschen übrigläßt oder sie beim Transport beschädigt wurden, sollten Sie die Pflanzen fotografieren. Verwenden Sie möglichst eine Kamera mit Datumsangabe in der Bildecke. Reklamieren Sie umgehend, und legen Sie eine Kopie Ihrer Bestellung und das Foto bei. Die meisten Gärtnereien werden rasch einen Ersatz liefern oder den Kaufbetrag zurückerstatten.

Manchmal wird erst einige Zeit nach der Lieferung offenbar, daß sie fehlerhaft war. Vielleicht hatten Sie eine weiße Schwertlilie bestellt, aber nun sind die Blüten blau. Auch hier sollten Sie eine Reklamation mit Foto schicken. Vorausgesetzt, Ihre Bestellung war korrekt, können Sie die gelieferten falschen Pflanzen umtauschen, eine Entschädigung ist jedoch laut Lieferbedingungen in den meisten Fällen ausgeschlossen.

Nach dem Auspacken stellt man alle Pflanzen in ihren Töpfen in einen Kalten Kasten, um ihnen vor dem Pflanzen einige Tage Zeit zur Eingewöhnung zu geben. Pflanzen mit nackten Wurzeln oder ohne Topf müssen rascher gepflanzt werden. Pflanzen, die beim Transport gelitten haben, brauchen vielleicht eine Erholungsphase und können eingetopft in ein Frühbeet oder ein ungeheiztes Gewächshaus gesetzt werden, bis man sie ins Freiland pflanzen kann. Falls die mitgelieferten Pflanzetiketten unvollständig sind, sollte man so rasch wie möglich neue schreiben. Untersuchen Sie die Pflanzen sowohl auf Schädlinge und Krankheiten als auch auf Unkräuter, um nötigenfalls sofort Maßnahmen ergreifen zu können.

Es ist besser, neue Funkien zu kaufen, als alte, gut wachsende Exemplare zu teilen.

# Standort und Boden

Wachstumsbedingungen unterscheiden sich von Garten zu Garten und selbst von Rabatte zu Rabatte, und obwohl Stauden keine anspruchsvollen Pflanzen sind, gedeihen sie an manchen Plätzen besser als an anderen. Deshalb ist es wichtig, Standort und Boden vor dem Pflanzen zu untersuchen, um sicherzustellen, daß die Stauden den richtigen Platz bekommen. In kleineren Gärten, in denen die Möglichkeiten begrenzt sind, muß man eventuell den Standort mit den geringsten Nachteilen wählen und ihn verbessern (siehe unten). In großen Gärten wird man vielleicht zunächst eine Reihe guter Standorte in Betracht ziehen, bevor man sich für den Platz entscheidet, der für eine bestimmte Pflanze am besten geeignet ist.

## Standorte für Stauden

Nachdem ein Platz ausgewählt wurde, müssen alle Faktoren untersucht werden, die für Stauden Probleme darstellen können. Sonnige und schattige Bereiche und Elemente wie Mauern, Zäune und Bäume sind gewöhnlich nicht veränderbar, so daß sie in den Pflanzplänen berücksichtigt werden müssen.

### Sonne und Schatten

Wenngleich verschiedene Stauden ein unterschiedliches Maß an Schatten vertragen, gedeihen die meisten im Hellen am besten. An sonnigen und völlig offenen Plätzen muß dem Boden reichlich organische Substanz zugefügt werden, um sein Wasserhaltevermögen zu erhöhen. Dadurch können die Pflanzen besser mit der austrocknenden Wirkung von Sonne, Wärme und Wind zurechtkommen. Für sehr exponierte Standorte wählt man niedrige Pflanzen, die keine Stützen brauchen und darüber hinaus relativ unempfindlich gegen permanent auftretende Winde sind.

### Himmelsrichtung

In einem nach Süden liegenden Grundstück ist es oft sehr warm. Dies mögen Stauden, die in mediterranem Klima heimisch sind, doch ist die Gefahr der Bodenaustrocknung hier größer, weshalb empfindlichere Pflanzen unter Wassermangel leiden können. Ostlagen eignen sich gut für robuste Stauden, die im Hochsommer blühen, allerdings können sie, wenn kein Windschutz vorhanden ist, durch kalten Wind geschädigt werden. In Kombination mit Frost hat Wind meist verheerende Folgen. Die Pflanzen können auch geschädigt werden, wenn nach einem raschen morgentlichen Tauen Frost folgt. Besonders gefährdet sind weiche, junge Triebe und frühe Blüten. Für Gärten, die nach Norden liegen, verwendet man robuste Stauden, die spät erscheinen. In solchen Gärten ist es im Winter kalt, und die Erde erwärmt sich im Frühjahr nur langsam, daher stehen die Pflanzen lange Zeit in gefrorenem Boden, was nicht alle vertragen. Schattenliebende Pflanzen fühlen sich hier möglicherweise im Winter und Frühjahr wohl, wenn im Sommer jedoch die Sonne hoch am Himmel steht, können sie verbrennen. Gärten mit Westlage erwärmen sich im Frühjahr zwar nur langsam, eignen sich

LINKS Offene, sonnige Plätze bekommen den meisten Blüten- und Laubstauden.

***Pflanzplätze***
*Wachstumsbedingungen variieren selbst im kleinsten Garten von Bereich zu Bereich. Obwohl Stauden nicht anspruchsvoll sind, gedeihen sie besser unter Bedingungen, die sie mögen.*

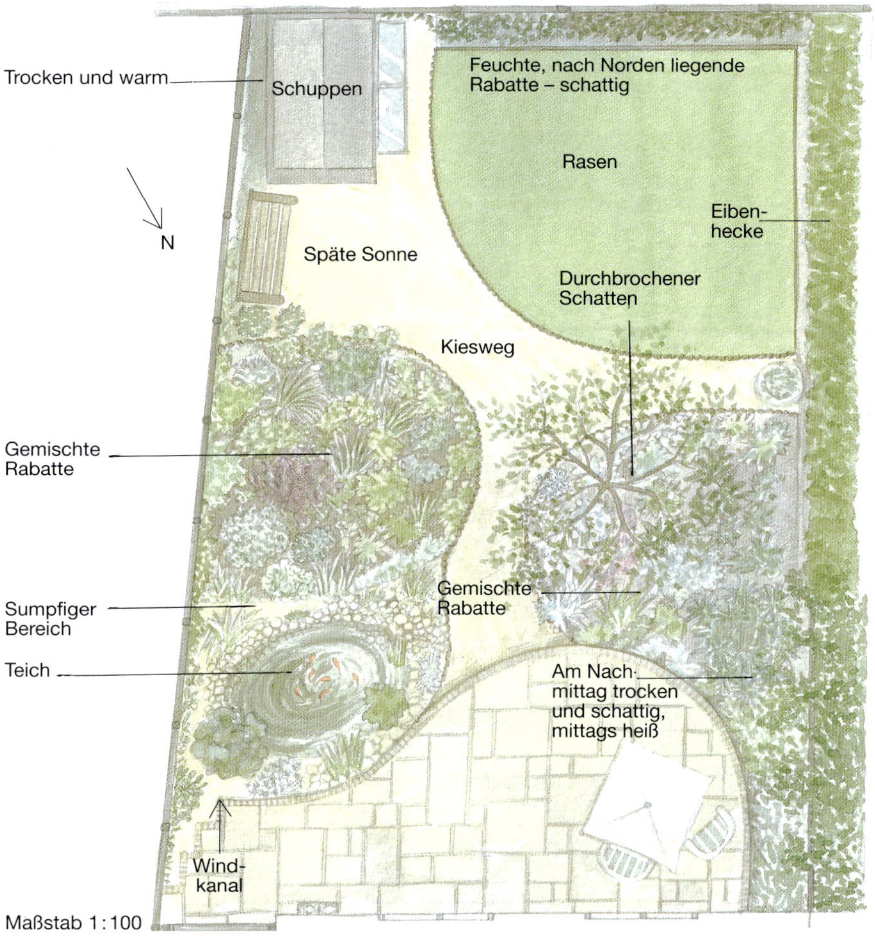

jedoch gut für Herbststauden, da diese dort bis spät ins Jahr hinein vor Frost geschützt sind.

### Stauden unter Bäumen

Das Pflanzen unter Bäumen will wohl überlegt sein. Bäume lassen unterschiedliche Mengen an Schatten entstehen: Der gesprenkelte Schatten, den sommergrüne Bäume mit hohen Ästen während eines Teils des Jahres werfen, bekommt vielen Pflanzen, der tiefe, permanente Schatten eines immergrünen Baumes schafft dagegen lebensfeindliche Bedingungen. Immergrüne Bäume bereiten noch weitere Probleme, denn sie halten das ganze Jahr den Regen ab, so daß der unter ihnen liegende Boden trocken ist, und die abgeworfenen Nadeln mancher Koniferen machen ihn sauer und nährstoffarm, was nur wenige Stauden vertragen. Das Entfernen tiefsitzender Zweige und das Auslichten der Krone kann die Situation ein wenig mildern. Es ist jedoch besser, die Tatsache zu akzeptieren, daß nur wenige Stauden unter immergrünen Bäumen gedeihen. Wenn die sommergrünen Bäume im Garten dicht beisammenstehen, kann man die Lichtverhältnisse verbessern, indem man weniger schöne Exemplare fällt und bei kräftigeren Bäumen behutsam die unteren Zweige entfernt oder die Kronen auslichtet. Diese Arbeiten sollten am besten von einem Fachmann ausgeführt werden, der darauf achtet, daß der Gesamtcharakter der Bäume nicht zerstört wird.

**Über Baumwurzeln pflanzen** Das Wurzelsystem von Bäumen ist oft flach und ausgedehnt. Daher kann es schwierig sein, zwischen ihnen Stellen zu finden, an denen Stauden gepflanzt werden können. Darüber hinaus muß die angelegte Pflanzung mit den Baumwurzeln um Wasser und Nährstoffe konkurrieren. Der Wettbewerb kann am einfachsten dadurch verringert werden, daß man Hochbeete anlegt und mit einer Erde füllt, die die Feuchtigkeit gut hält. Da sich die meisten Baumwurzeln, die dem Boden Wasser und Nährstoffe entziehen, im Randbereich des Wurzelsystems befinden, gewöhnlich unter den Spitzen der Äste, legt man Hochbeete dicht am Stamm an. Mit Hilfe von Stammstücken erhöht man das Beet um 15 bis 25 Zentimeter. Um den Pflanzen gute Startbedingungen zu geben, füllt man das Hochbeet mit frischer Erde, die reichlich mit Lauberde oder Kompost vermischt wurde. Vorher lockert man den darunterliegenden Boden so gut wie möglich.

### Drainage

Die Durchlässigkeit eines Bodens ist nicht leicht einzuschätzen. Falls aber im Winter oder sogar im Sommer Wasser auf der Erde steht, ist die Drainage sicher unzureichend. Dies liegt möglicherweise daran, daß es sich um einen schweren Tonboden handelt, der von Natur aus große Mengen Wasser hält. Es kann aber auch sein, daß die Bodenstruktur schlecht ist und Wasser deshalb nicht ausreichend abläuft. Schwere Tonböden lassen sich durch das Hinzufügen organischer Substanz verbessern, so daß eine breites Spektrum an Pflanzen gezogen werden kann. Eine schlechte Bodenstruktur ist oft die Folge von Verdichtung. In diesem Fall wird ein Lockern der Erde durch tiefes Umgraben den Boden erheblich verbessern.

***Pflanzen über Baumwurzeln***
*In der trockenen, durchwurzelten Erde unter Bäumen ist es gewöhnlich schwierig, Stauden zu ziehen. Niedrige Hochbeete, in deren Erde man organisches Material einarbeitet, bieten geeignete Bedingungen für eine breite Palette von Waldpflanzen.*

*Mauern und Hecken*

*Eine Mauer bildet ein solides Hindernis und läßt Wirbel entstehen, die bei stürmischem Wetter auf beiden Seiten Pflanzen schädigen können.*

*Eine Hecke filtert den Wind und schafft mildere Bedingungen.*

### Mauern und Zäune

Wenn eine Rabatte vor einer Mauer oder einem Zaun liegt, können durch Wind, der an der Schattenseite Wirbel entstehen läßt, Schäden entstehen; bei einer Hecke passiert dies nicht, da sie den Wind filtert. Vor Mauern und Zäunen wachsende Pflanzen brauchen möglicherweise eine Stütze, die verhindert, daß sie sich zum Licht recken oder durch Windwirbel geschädigt werden. Stauden pflanzt man mit mindestens 45 Zentimeter Abstand vor eine Mauer beziehungsweise 30 Zentimeter vor einen Holzzaun, um Probleme zu vermeiden, die durch nährstoffarmen Boden, Trockenheit und zu viel Feuchtigkeit entstehen. Wenn an einer Mauer oder einem Zaun Kletterpflanzen erzogen werden, sollte man bedenken, daß ihre Wurzeln mit denen von neugepflanzten Stauden in der Rabatte um Wasser und Nährstoffe konkurrieren werden.

### Hecken

Hecken lassen einen grünen natürlichen Hintergrund für eine Rabatte entstehen, doch treten mit ihnen spezielle Schwierigkeiten auf. Zum einen entwickelt eine Hecke ein ausgedehntes, aber flaches Wurzelsystem, so daß zwischen Hecke und anderen Pflanzen ein Abstand gelassen werden muß, damit die Wurzeln sich nicht gegenseitig behindern, zum anderen muß die Hecke zum Schneiden erreichbar bleiben. Daher sollte sich zwischen Hecke und Stauden ein etwa 90 Zentimeter breiter freier Streifen befinden. In einer kleinen Rabatte reicht ein Abstand von 45 Zentimetern aus.

### Unkräuter

Unkräuter sind immer ein Problem, bei neu angelegten Staudenpflanzungen ebenso wie bei der Instandsetzung eines vernachlässigten Gartens. Man unterscheidet zwei Typen: einjährige und ausdauernde Unkräuter. Einjährige Unkräuter sind relativ einfach auszumerzen, bei ausdauernden Unkräutern ist die Bekämpfung schon schwieriger.

**Einjährige Unkräuter** Obwohl diese Unkräuter üppig gedeihen und rasch zur Blüte kommen und sich aussäen, kann man sie relativ leicht herausziehen, ausgraben oder abhacken, da sie kein ausgeprägtes Wurzelsystem besitzen. Man entfernt einjährige Unkräuter bei der Bodenvorbereitung. Danach läßt man den Boden mehrere Wochen brach liegen, damit weitere einjährige Unkräuter keimen können. Nachdem man diese zweite Generation beseitigt hat, können die Stauden gepflanzt werden. Schließlich bringt man ein steriles Mulchmaterial wie Rindenschnitzel um die Pflanzen aus; dies verhindert, daß erneut einjährige Unkräuter erscheinen.

**Ausdauernde Unkräuter** Diese Unkräuter haben oft tiefgehende, sich ausbreitende Wurzelsysteme, und man kann zwar die oberirdischen Teile herausreißen oder abhacken, doch werden im Frühjahr die Wurzeln unweigerlich neu austreiben. Da ausdauernde Unkräuter mit den Stauden heftig um Platz, Licht, Wasser und Nährstoffe konkurrieren können, ist es wichtig, sie vor dem Pflanzen der Stauden auszumerzen. Bei der Bodenvorbereitung entfernt man sorgfältig sämtliche Wurzeln ausdauernder Unkräuter, denn viele der schlimmsten Arten wachsen selbst aus kleinen, unscheinbaren Stücken neu. Wenn eine für Stauden vorgesehene Fläche stark mit ausdauernden Unkräutern verseucht ist, säubert man sie beispielsweise mit einem Herbizid, bevor man die eigentliche Bodenbearbeitung durchführt.

## Boden für Stauden

Guter Boden ist für die Kultur schöner Stauden unverzichtbar. Aber man kann gewöhnlich jeden Boden ausreichend verbessern, egal, wie er zunächst auch aussehen mag. Um den Boden zum erstenmal zu analysieren, gräbt man ein etwa 50 Zentimeter großes, quadratisches Loch. Man hebt es zuerst in Spatenstichtiefe (etwa 25 Zentimeter) aus, wobei man die Erde auf einer Seite des Loches aufhäuft, dann hebt man noch einmal 25 Zentimeter aus; diesmal lagert man die Erde jedoch auf der anderen Seite. Eine Untersuchung von Boden und Loch kann sehr aufschlußreich sein. In manchen Fällen ist es nicht möglich, ein Loch dieser Tiefe zu graben. Wenn der Spaten bereits nach wenigen Zentimetern auf Kreide oder anderes Gestein stößt, stehen Sie vor einem Problem, das sich nur teilweise lösen läßt. Doch vielleicht ist die Erde nicht überall im Garten so flach. Schreiten Sie also das gesamte Grundstück ab, und treiben Sie im Abstand von zwei Metern ein Brecheisen in den Boden, um Bereiche mit tiefgründigerer Erde ausfindig zu machen, die dann als Flächen für Beete markiert werden. Auf diese Weise gestaltet sich der Garten selbst. Wenn jedoch im gesamten Garten nur eine dünne Schicht Erde soliden Fels bedeckt, kann man nur Hochbeete anlegen und dadurch die Erdtiefe vergrößern.

Falls es sich als schwierig erweist, ein Loch zu graben, kann dies auch an einer Verdichtung der Erde liegen, die möglicherweise durch schwere Baumaschinen, regelmäßiges Begehen oder jahrelanges Umgraben oder Fräsen verursacht wurde. In diesen Fällen läßt sich das Problem nur durch doppeltes Umgraben (Rigolen) lösen, bei dem man den Boden zwei Spatenstich tief (ungefähr 50 Zentimeter) lockert. Diese Arbeit ist schwer, doch sie erlaubt nicht nur eine leichtere Durchwurzelung des Bodens und eine bessere Drainage, sondern vereinfacht auch das Einarbeiten von genügend organischem Material.

## Bodenanalyse

Wenn die Erde tief genug ist, um ein Loch auszuheben, achten Sie darauf, wie sich Farbe und Beschaffenheit des Bodens von oben nach unten verändert. Ist er durchgängig dunkel und krümelig, handelt es sich um sehr fruchtbaren Boden. Doch gewöhnlich wird die Erde, je weiter man nach unten kommt, immer heller und weniger krümelig. Je dicker und dunkler die Mutterbodenschicht ist, desto besser.

Eine Bodenuntersuchung unterhalb von etwa 25 Zentimeter Tiefe offenbart gewöhnlich seine Grundbeschaffenheit. Hier kann reiner Sand oder Kies sichtbar werden, was trockenen, sehr durchlässigen Boden anzeigt, der sich gewöhnlich leicht bearbeiten läßt. Stößt man auf roten, gelben oder grauen Ton, ist die Durchlässigkeit nicht so hoch; nach schwerem Regen trocknet dieser Boden langsamer ab, andererseits bleibt er jedoch in Trockenperioden länger feucht. Um sicherzugehen, nimmt man ein wenig feuchte Erde und verreibt sie zwischen Daumen und Zeigefinger. Wenn sie schmierig ist, enthält sie viel Ton. Fühlt sie sich rauh und grießig an, enthält sie Sand oder Kies. Auch das Ausmaß, in dem sie sich zwischen den Fingern krümeln läßt, gibt einen guten Hinweis auf die Bodenbeschaffenheit, denn falls die Erde einen Klumpen bildet oder zerfällt, muß sie mit größerer Wahrscheinlichkeit verbessert werden, als wenn sie Krümel bildet.

## Bodenverbesserung

Der wertvollste Bodenverbesserer ist organische Substanz, denn sie besitzt die erstaunliche Fähigkeit, die Qualität sowohl von Ton- als auch von Sandböden zu erhöhen. Organische Substanz trägt dazu bei, Tonböden wasserdurchlässiger zu machen; bei Sandböden bewirkt sie, daß Regen nicht so rasch versickert und Nährstoffe langsamer ausgewaschen werden. Man muß sie jedoch ständig erneuern. Selbst wenn ein Boden bis in eine gute Tiefe fruchtbar und krümelig ist und eine dunkle Farbe hat, also wenig benötigt, um eine gute Qualität zu bekommen, ist ein regelmäßiges Hinzufügen organischen Materials erforderlich, um ein hohes Maß an Fruchtbarkeit zu bewahren.

Lehmiger Boden ist von Natur aus nährstoffreich und fruchtbar und für viele Pflanzen geeignet.

Schwerer Ton ist klebrig und schwer zu bearbeiten; er wird am besten durch organische Substanz verbessert.

Alkalischer Boden ist trocken, kalkhaltig und nur mäßig fruchtbar.

Steiniger Boden ist durchlässig, braucht aber regelmäßige Düngergaben.

## Organische Substanz zur Bodenverbesserung

Zur Verbesserung des Bodens stehen viele Arten organischen Materials zur Verfügung. Am einfachsten ist es, Kompost aus Schnittgut und Gemüseabfällen selbst zuzubereiten (Fleisch, gekochte Speisen und Unkraut sind nicht zum Kompostieren geeignet). Stallmist ist eine ausgezeichnete organische Substanz, muß jedoch vor Gebrauch wirklich gut verrottet sein. Auf Torf sollte man aus Gründen des Naturschutzes verzichten, außerdem enthält er praktisch keine Nährstoffe. Viele der sogenannten Torfersatzstoffe eignen sich jedoch hervorragend. Sie werden aus einer Vielzahl kompostierter Materialien hergestellt wie Holz- und Papierabfällen, Rinde, Kokosfaser und Stroh. Sie sind alle unkrautfrei, beständig im Boden und enthalten wertvolle Pflanzennährstoffe, die sie zumeist langsam abgeben. Weitere, seltenere Typen organischen Materials sind gelegentlich regional erhältlich. Irgendeine Substanz ist gewöhnlich besser als keine, manche Materialien können jedoch sehr kalkhaltig sein oder unausgewogene Nährstoffanteile enthalten.

## Kalk

Die im Boden enthaltene Menge Kalk (seine Alkalität) hat für viele Sträucher mehr Bedeutung als für Stauden, einige, wie etwa Lupinen, bevorzugen jedoch kalkfreien Boden. Hinweise auf die Alkalität erhält man, indem man die Pflanzen in Nachbargärten betrachtet: Sind die Hortensien dort blau, ist der Boden vermutlich sauer, sind sie rosa, ist er mit höherer Wahrscheinlichkeit alkalisch. Sind Rhododendren weit verbreitet und gedeihen sie gut, handelt es sich um sauren Boden, sieht man sie nur in Kübeln und Hochbeeten, ist die Erde vor Ort wahrscheinlich kalkhaltig.

Genauer kann man dies mit einem einfachen Bodentester feststellen, den man in den meisten Gartencentern bekommt. Er ist vielleicht nicht ganz genau, gibt aber brauchbare Hinweise

*Die pH-Skala*

*Mit einem Bodentest kann man die Alkalität beziehungsweise Acidität des Bodens bestimmen. Das Resultat wird auf einer Farbskala abgelesen. Ein pH-Wert von 6,5 ist für die größte Palette von Stauden geeignet.*

auf die Acidität oder Alkalität des Bodens. Der Säuregehalt des Bodens wird als sogenannter pH-Wert gemessen. In den meisten Gärten liegt er zwischen 5 und 8. Ein pH-Wert von 7 zeigt einen neutralen Boden an, bei darunterliegenden Werten wird der Boden zunehmend sauer, höhere Werte geben einen steigenden Kalkgehalt an. Der günstigste pH-Wert für die meisten Stauden liegt bei etwa 6,5.

Der Bodentest gibt Auskunft darüber, wieviel Kalk gebraucht wird, um den Säuregehalt des Bodens zu reduzieren. Dies ist je nach Bodentyp unterschiedlich. Bei einem normalen Boden senkt eine Gabe von 190 Gramm Gartenkalk pro Quadratmeter den Säuregehalt von 5,5 auf ideale 6,5. Kalk bringt man bei windstillem Wetter mit Handschuhen aus und harkt ihn ein. Danach wird mindestens einen Monat nichts gepflanzt oder gesät. Eine Grundregel ist, daß man Boden ohne weiteres alkalischer machen kann, indem man Kalk hinzufügt, viel schwerer ist es dagegen, die Acidität eines Bodens zu erhöhen. Einige Stauden, wie etwa Rhododendren, benötigen sauren Boden. Stauden, die kalkfreie Erde bevorzugen, wie Lupinen, gedeihen dagegen auch in neutraler Erde.

## Pflanzennährstoffe

Es ist auch hilfreich zu wissen, wie viele Nährstoffe ein Boden enthält. Hier kann ein Blick auf vorhandene Pflanzen ebenfalls nützen. Rosen oder Sträucher mit abgestorbenen oder dünnen Trieben, kleinen Blättern und wenigen kleinen Blüten sind möglicherweise ein Hinweis, daß der Boden ausgezehrt ist. Vernachlässigte Rabatten, die im Hochsommer kahle Flächen haben, können ebenso auf Nährstoffmangel hinweisen. Unkräuter, die blühen, wenn sie hoch und üppig sind, sind oft Anzeiger für nährstoffreichen Boden, doch wenn sie mit nur einigen Zentimetern Größe bereits zur Blüte kommen, enthält die Erde vermutlich nur wenige Nährstoffe. Brennesseln sind gute Indikatoren für fruchtbaren Boden.

Auch für die wichtigsten Pflanzennährstoffe – Stickstoff, Phosphor und Kalium – sind Tester erhältlich. Obwohl sie nicht so genau und teurer als pH-Wert-Tester sind, können sie in einem kleinen Garten nützlich sein.

Die Menge an Pflanzennährstoffen im Boden wird gewöhnlich durch das Hinzufügen organischen Materials erhöht, oft ist jedoch auch ein Dünger erforderlich. Es gibt organische und mineralische Dünger, die beide wirkungsvoll sind. Falls ein Test einen deutlichen Mangel an einem Nährstoff offenbart, verrät die Gebrauchsanweisung, wie er ausgeglichen werden kann. Aber Stauden sind gewöhnlich nicht anspruchsvoll, und ein ausgewogener Volldünger, der im Frühjahr gegeben wird, ist meistens ausreichend.

# Pflanzen

Das Pflanzen ist die aufregendste und spannendste Aufgabe unter den vielen Arbeiten, die bei der Staudenkultur anfallen. Gewiß, Stauden gedeihen oft auch, obwohl sie gedankenlos oder zur falschen Jahreszeit gepflanzt wurden. Doch pflanzt man sie richtig, danken sie dies schon im ersten Jahr mit schnellem Wachstum, reicher Blüte oder üppigem Laub und gedeihen auch weiterhin gut.

## Vorbereitung zum Pflanzen

Am leichtesten läßt sich der Boden gründlich zum Pflanzen vorbereiten, wenn man nicht nur einige neue Stauden pflanzt, sondern eine ganze Rabatte oder ein Beet neu anlegt. Das Hauptziel sollte sein, den Boden in optimalen Zustand für die Pflanzen zu versetzen. In der Praxis bedeutet das eine Verringerung der Verdichtung, eine Lokkerung des Bodens, um ihm eine krümelige Struktur zu geben, eine Verbesserung der Drainage, eine Erhöhung des Anteils an organischer Substanz und eine genügende Zufuhr an Pflanzennährstoffen. All dies wird am besten durch ein Umgraben des Bodens erreicht, bei dem gleichzeitig ausdauernde Unkräuter entfernt werden.

### Ganze Rabatten umgraben

Dem Boden (und damit den Pflanzen) ist am besten gedient, wenn man ihn in einer Tiefe von etwa 50 Zentimetern umgräbt (rigolt). Dabei hat man die Gelegenheit, reichlich organisches Material einzuarbeiten, das für die Pflanzen wertvoll ist, selbst wenn sich der Boden bereits in gutem Zustand befindet. Die Wurzeln von Stauden dringen auf der Suche nach Wasser und Nährstoffen in unterschiedliche Tiefen vor und in dem Maß, in dem ihnen die Bodenbedingungen zusagen. Ganz allgemein ist jedoch eine sorgfältige Vorbereitung von unschätzbarem Wert.

Sandböden werden am besten im Frühjahr umgegraben. Tonböden sollte man umgraben, bevor der Boden so trocken wird, daß der Spaten kaum noch in ihn eindringen kann, aber nicht mehr so naß ist, daß er in Klumpen an den Stiefeln klebt. Schwerer Boden wird vorzugsweise im Herbst umgegraben, da dann anschließend der Frost dazu beiträgt, die Schollen aufzubrechen. Umgraben und Frosteinwirkung lockern gemeinsam den Boden und machen ihn durchlässiger.

Beim Umgraben sollten große Steine entfernt werden, kleinere Steine und Kiesel können jedoch in schweren Böden die Drainage verbessern. Unkraut darf nicht im Boden bleiben, und die Wurzeln von ausdauernden Unkräutern müssen entfernt und verbrannt werden. Viele von ihnen wurzeln sehr tief, und einige entwickeln sogar noch Triebe, wenn sie sich 45 Zentimeter und tiefer im Boden befinden. Deshalb lohnt es sich, jedes Stück einzusammeln.

### Organisches Material

Die verwendete organische Substanz sollte mit Sorgfalt ausgewählt werden.

***Den Boden zum Pflanzen vorbereiten***

*1 Die Erde mit der Gabel lockern und sorgsam alle Wurzeln ausdauernder Unkräuter entfernen.*

*2 Alle großen Steine und anderes grobes Material mit dem Rechen entfernen; die Fläche sollte eben sein.*

*3 Erde festtreten, um Lufteinschlüsse und unregelmäßiges Setzen zu verhindern.*

*4 Gleichmäßig Dünger verteilen und oberflächlich harken.*

LINKS Wenn man eine ganze Rabatte neu pflanzt, kann man den Boden sorgfältig vorbereiten. Davon werden alle Pflanzen profitieren und sich gemeinsam gut entwickeln.

Früher brachte man häufig grobes, voluminöses Material wie Stallmist aus, und nachdem man beim Umgraben mit der Gabel die unteren 25 Zentimeter Erde gelockert hatte, verteilte man eine etwa 8 Zentimeter dicke Schicht, bevor man den Mutterboden wieder an seinen Platz brachte. Zu der Zeit, als noch reichlich Mist und Arbeitskräfte zur Verfügung standen, war diese Vorgehensweise bei der Anlage von großen Rabatten sinnvoll. In den Gärten von heute ist feineres, krümeligeres Material empfehlenswerter. Es kann sich dabei um Mist oder Kompost handeln, der vollkommen verrottet ist, aber auch um eine der Substanzen, die aus Holz- oder Papierabfällen hergestellt werden. In beiden Fällen erlaubt es die feine Beschaffenheit des Materials, es gleichmäßig mit der Gabel in den Boden einzuarbeiten, so daß es Pflanzenwurzeln in allen Tiefen zugute kommt.

Wenn man das Umgraben beendet hat, glättet man die Erde und tritt sie fest, um Lufteinschlüsse zu entfernen. Anschließend harkt man die Fläche sorgfältig und läßt sie, sofern möglich, einige Wochen brach liegen, damit Unkrautsamen keimen und verbliebene Unkrautwurzeln austreiben können. Diese nachwachsenden Unkräuter werden dann vor dem Pflanzen der Stauden gehackt oder mit einem Herbizid vernichtet. Wenn die Pflanzzeit näher rückt, kann man letzte Vorbereitungen treffen. Man harkt die Erde erneut, gleicht alle Unebenheiten aus, entfernt die letzten Unkräuter und bringt einen Volldünger aus. Dann harkt man noch einmal – nun kann gepflanzt werden.

### Kleine Flächen bepflanzen

Im Prinzip gelten beim Einsetzen von zwei oder drei Pflanzen auf einer kleinen Fläche in einer bereits angelegten Rabatte die gleichen Regeln wie bei der Neuanlage eines Beetes, wenngleich das Vorhandensein von Nachbarpflanzen einige Beschränkungen mit sich bringt. Für eine kleine Pflanzfläche kann die Bearbeitung vereinfacht werden, da es wenig Sinn macht, sie über mehrere Monate auszudehnen. Dieses Schnellverfahren besteht darin, daß man vorhandene Unkräuter oder Pflanzen entfernt und die Fläche bis in 25 Zentimeter Tiefe mit der Gabel bearbeitet, wobei man etwas organische Substanz untermischt. Dann tritt man die Erde fest, bringt einen Dünger aus und harkt. Natürlich kann bei diesem Verfahren das organische Material nicht so tief eingearbeitet werden, aber die Störung der Nachbarpflanzen wird so auf ein Minimum beschränkt.

Es ist dennoch sinnvoll, die Erde bis zu einer Tiefe von 25 Zentimetern komplett auszuheben und auf einem Stück Folie zu lagern. Dann entfernt man etwas Erde am Boden des Loches, da sonst nach Hinzufügen der organischen Substanz die Erdoberfläche in diesem Bereich höher ist als in der Umgebung. Nun lockert man mit der Gabel den Boden des Loches und mischt das organische Material unter. Während man den Mutterboden wieder in das Loch füllt, arbeitet man mit der Gabel weiteres organisches Material ein. Anschließend tritt man die Erde fest, bringt einen Dünger aus und harkt noch einmal. Dann kann sofort gepflanzt werden.

## Pflanzzeit

Die meisten Stauden sind sehr wuchsfreudig, doch müssen bei der Pflanzzeit einige Grundregeln berücksichtigt werden, egal, ob die neuen Pflanzen in Töpfen verkauft oder in der Gärtnerei aus dem Boden genommen wurden. So darf man nie in gefrorenem Boden pflanzen oder Boden, der vermutlich bald nach dem Pflanzen frieren wird; auch staunasse Böden sind zu meiden. Ebensowenig sollte man pflanzen, wenn der Boden im Sommer trocken ist, eisiger Wind angekündigt wurde oder ein langer Urlaub bevorsteht.

### Pflanzen in Töpfen

Da heute die meisten Pflanzen in Töpfen gezogen und verkauft werden, kann man sie, zumindest theoretisch, während jeder Jahreszeit pflanzen. Oft ist es verlockend, sie im Frühjahr oder Sommer zu kaufen, wenn sie in voller Blüte stehen, da man dann genau sieht, was man kauft. Gewöhnlich überleben sie in dieser Jahreszeit, dennoch sollte nicht im Sommer gepflanzt werden. Die meisten Stauden entwickeln zu Frühjahrsbeginn oder im Herbst neue Wurzeln, und dies sind die besten Pflanzzeiten. In der Praxis werden die meisten in Töpfen wachsenden Stauden zu Anfang des Frühjahrs gepflanzt. Dies erlaubt es neuen Wurzeln, sich im Gartenboden rasch anzusiedeln. Die Pflanzen können dann die natürliche Feuchtigkeit dieser Jahreszeit zum Wachsen nutzen, was sicherstellt, daß sie im Sommer, wenn Wasser knapp wird, bereits gut im Boden verwurzelt sind. Ein weiterer Vorteil bei einem Kauf zu Frühjahrsbeginn ist, daß die Pflanzen in der Gärtnerei überwintert haben. Die einzigen Pflanzen, die nicht im Frühjahr gepflanzt werden können,

Lupinen in Töpfen im Frühjahr pflanzen. Freilandexemplare sind schlecht umzusetzen.

*Tanacetum* ›Brenda‹ pflanzt man besser im Frühjahr als im Herbst, da es frisch gepflanzt nasses Winterwetter nicht gut verträgt.

sind solche, die, wie etwa Nieswurzen, im Winter oder sogar im Herbst zu wachsen anfangen und im Spätwinter oder zu Frühjahrsbeginn blühen. Sie werden am besten im Herbst gepflanzt. Eine Frühjahrspflanzung ist vor allem für Herbstblüher wie Astern wichtig, die häufig noch zu einer Zeit Blüten tragen, in der andere Stauden gepflanzt werden, und im Frühjahr ein kräftiges Wurzelwachstum haben. In wärmeren Gegenden ist es sinnvoll, Arten und Sorten, die etwas frostempfindlich sind, im Frühjahr zu pflanzen, damit sie bis zum Winter und Einsetzen des Frostwetters gut angewachsen sind. Für Freilandpflanzen ist eine Pflanzung im Herbst empfehlenswerter, da sie dann neue Wurzeln ausbilden können, ohne unter den steigenden Frühjahrstemperaturen zu leiden, die zuviel Wasser über die neuen Blätter verdunsten lassen. Für das Pflanzen von Stauden in Töpfen ist der Herbst weniger geeignet, da sie einen Erdballen mit großem Wasserhaltevermögen haben, der in dieser Jahreszeit wahrscheinlich nicht abtrocknet, was zum Faulen der Wurzeln führen kann. Stauden, die am besten im Frühjahr gepflanzt werden, sind Aster, Rasselblume *(Catananche)*, Kokardenblume *(Gaillardia)*, Fackellilie *(Kniphofia)*, Lobelie, Indianernessel *(Monarda)*, Bartfaden *(Penstemon)*, Skabiose, Spaltgriffel *(Schizostylis)* und *Tanacetum*.

## Freilandpflanzen

Anders müssen Stauden behandelt werden, die vor dem Versand durch die Gärtnerei im Freiland gezogen wurden. Denken Sie daran, daß die Zeit, in der sich die Pflanzen nicht im Boden befinden, möglichst kurz sein sollte. Gärtnereien verschicken wurzelnackte Pflanzen vom Frühherbst bis zum späten Frühjahr und bemühen sich, die Pflanzen aus dem Boden zu nehmen, wenn die Bedingungen dazu geeignet sind, doch in einem anderen Landesteil ist der Boden zu diesem Zeitpunkt möglicherweise noch gefroren.

Wenn wurzelnackte Pflanzen während der Herbstmonate geliefert werden, kann man sie oft sofort auspflanzen. Sollten sie im Winter eintreffen, wenn die Erde vielleicht gefroren oder naß ist, topft man sie so rasch wie möglich ein und stellt sie bis zum Frühjahr in ein ungeheiztes Frühbeet oder Gewächshaus. Die zusätzliche Wärme, die sie durch den Schutz erhalten, fördert die Wurzelentwicklung, so daß sie rasch anwachsen, wenn man sie nach draußen pflanzt.

Mitunter versenden Gärtnereien, in denen die Organisation nicht so gut klappt, Freilandpflanzen erst gegen Ende des Frühjahrs, nachdem das Wachstum bereits eingesetzt hat. Abgesehen davon, daß man in einem solchen Fall reklamieren sollte, brauchen die Pflanzen eine besondere Pflege. Man kann sie – vielleicht geschützt durch eine Schattenmatte – sofort pflanzen und behutsam wässern oder sie eintopfen und in ein schattiertes Frühbeet setzen, bis sie sich eingewöhnt haben.

Einige Pflanzen, insbesondere Bartiris, werden gleich nach der Blüte im Spätfrühjahr oder Sommer aus dem Boden genommen und verschickt. Das mag seltsam erscheinen, aber diese *Iris*-Art entwickelt in diesem Stadium kräftige Wurzeln und wächst deshalb rasch an.

## Pflanzen aus dem eigenen Garten

Wenn man Pflanzen im eigenen Garten umsetzt, muß man dies zu einem Zeitpunkt tun, zu dem die Bedingungen günstig sind. Zweifellos haben Stauden, die innerhalb von wenigen Minuten ausgegraben und wieder gepflanzt werden, eine weitaus größere Chance anzuwachsen als solche, bei denen zwischen Herausnehmen und Pflanzen einige Zeit vergeht. Wenn Pflanzen mit einem möglichst großen Erdballen herausgenommen werden, erhöhen sich ebenfalls ihre Chancen. Einige Stauden, wie etwa Astern, Nieswurzen und selbst Lupinen, kann man nötigenfalls in voller Blüte umpflanzen, doch damit dies gelingt, muß man sie zuerst gründlich wässern, dann mit möglichst viel Erde herausheben, rasch wieder pflanzen, wässern und anschließend vor heißer Sonne und starkem Wind schützen. Dennoch ist dies nur in Notfällen empfehlenswert.

## Pflanzmethoden

Wählen Sie zum Pflanzen möglichst einen windstillen, sonnenlosen Tag, an dem der Boden feucht, aber nicht naß ist. Ideal ist ein ruhiger, heller, aber bedeckter Tag, für den zu einem späteren Zeitpunkt leichter Regen vorhergesagt wurde. Besonders entscheidend ist dies für größere Pflanzungen, denn unter schlechten Bedingungen kann man möglicherweise zahlreiche Jungpflanzen verlieren; bei einzelnen Pflanzen ist dies weniger wichtig. In Töpfen wachsende Pflanzen erhalten am Vorabend einen flüssigen Dünger, gleichzeitig wässert man alle Stauden im Garten, die in die Rabatte gesetzt werden sollen. Die Verfügbarkeit von Pflanzennahrung stellt sicher, daß in der neuen Erde das Wachstum ohne Unterbrechung fortgesetzt wird.

### Pflanzmischung

Auch wenn der Boden der gesamten Rabatte sorgfältig vorbereitet wurde, werden dennoch einzelne Pflanzen eine gute Behandlung danken. Am besten verwendet man ein Pflanzsubstrat, das man kaufen oder selbst mischen kann. Übliches Substrat aus dem Gartencenter besteht gewöhnlich aus einer organischen Grundsubstanz wie Torf oder Rinde und einem Langzeitdünger. Zu Hause ist es am zweckdienlichsten, als Substrat alte Topfpflanzenerde zu verwenden, die in Foliensäcken aufbewahrt werden kann. Die Erde eingegangener Pflanzen, verblühter Ampeln, gebrauchter Pflanzsäcke und so weiter sollte zur späteren Verwendung aufgehoben werden. Falls es sich hauptsächlich um altes Torf- oder Kokosfasersubstrat handelt, ist die Zugabe von etwas grobem Sand hilfreich.

***Einzelne Stauden pflanzen***

*1 Mit einem Handspaten ein Loch graben, das ausreichend groß für den Wurzelballen der Pflanze ist.*

*2 Die Pflanze zwischen den Fingern halten und mit dem Handspaten auf den Topf klopfen, um ihn zu lockern.*

*3 Die Pflanze in der richtigen Tiefe in das Loch setzen, dann Erde auffüllen und behutsam festdrücken.*

*4 Gründlich wässern und etwas Flüssigdünger hinzufügen, um der Pflanze gute Startbedingungen zu geben.*

Dann gibt man auf zehn Liter Substrat 65 Gramm eines Volldüngers, und fertig ist die Pflanzmischung.

### Einzelne Stauden pflanzen

Wenn man Stauden aus großen Töpfen oder dicke Büschel aus anderen Gartenteilen pflanzt, ist ein Spaten erforderlich. Man hebt ein Loch aus, das 25 Zentimeter tief und deutlich breiter als der Topf oder der Wurzelballen der Pflanze ist. Dann arbeitet man in den Boden des Lochs mit der Gabel etwas Pflanzmischung ein. Es ist sehr schwierig, genaue Angaben zur Menge zu machen, da sie vom Zustand des Bodens abhängig ist. Als Orientierungshilfe gilt: Für eine große Funkie, die in durchschnittlichem Boden in ein Pflanzloch mit 45 Zentimeter Durchmesser gepflanzt wird, sollte ein ganzer Eimer Pflanzmischung verwendet werden. Vor dem Auffüllen des Loches arbeitet man in die ausgehobene Erde weitere Pflanzmischung ein.

*Pflanztiefen*

*Stauden mit tiefen, ruhenden Knospen wie Salomonssiegel* (Polygonatum) *sollten tief gepflanzt werden, um die natürlichen Bedingungen nachzuahmen.*

*Viele Pflanzen, wie diese Funkie* (Hosta), *sollten etwa in Höhe der Erdoberfläche gepflanzt werden; wenn man sie nach dem Pflanzen mulcht, etwas höher.*

*Bei Stauden, die einen trockenen Wurzelhals schätzen, wie* Sisyrinchium striatum *und Schwertlilie* (Iris), *sollte er knapp über der Erde sitzen.*

Mit den kleineren Pflanzen aus Töpfen muß anders verfahren werden. Falls der Boden gut vorbereitet wurde, ist möglicherweise keine weitere Arbeit erforderlich, aber perfekte Bedingungen werden geschaffen, wenn man vor dem Pflanzen eine fünf Zentimeter dicke Schicht Pflanzmischung auf der vorgesehenen Fläche verteilt und mit der Gabel einarbeitet. Anschließend setzt man die Pflanzen mit einem Handspaten ein.

**Pflanztiefen** Die Tiefe, in der Pflanzen eingesetzt werden, spielt eine wichtige Rolle. Bei manchen Stauden fault der Wurzelhals, wenn sie zu tief sitzen. Doch keine Staude sollte zu flach gepflanzt werden. Wird das Beet nach dem Pflanzen gemulcht, um die Feuchtigkeit zu konservieren und Unkraut zu unterdrücken, sollten die Pflanzen so eingesetzt werden, daß der Wurzelballen oben eben mit der Erdoberfläche abschließt. In den meisten Fällen sollte die Mulchschicht fünf Zentimeter dick sein, wobei die Wurzelhälse nicht bedeckt werden. Falls keine Mulchschicht ausgebracht werden soll, kann man die Pflanzen etwas tiefer setzen und den Wurzelballen mit etwas Erde vom Beet bedecken. Will man ganze Pflanzen aus dem Garten umsetzen, kann man ebenso verfahren. Kleine, geteilte Pflanzen sind jedoch empfindlicher. Man pflanzt sie, falls sie nicht gemulcht werden sollen, in der gleichen Tiefe wie zuvor, mit einer Mulchdecke jedoch etwas flacher. Da sie in ihren Wurzeln weniger Nahrungsreserven gespeichert haben, vertragen sie eine dicke Mulchschicht nicht so gut. Man setzt die Pflanzen in der richtigen Tiefe ein und füllt dann das Pflanzloch mit verbesserter Erde, die man mit den Fingern gleichmäßig andrückt; tritt man die Erde um Stauden, wie gelegentlich empfohlen, mit den Füßen fest, führt dies zu einer Verdichtung der Erde, insbesondere bei schwerem Boden.

## Wässern und Mulchen

Nach dem Pflanzen sollte das gesamte lockere Material entfernt werden. Dann wird der Boden geharkt, um alle Fußspuren zu entfernen und eine saubere Fläche entstehen zu lassen. Anschließend gießt man die Pflanzen.

Bei der Neupflanzung eines ganzen Beetes kann ein Beregner benutzt werden. Für die Pflanzenwurzeln hat dies den Vorteil, daß die gesamte Erde gleichmäßig durchfeuchtet wird. Der Nachteil liegt aber darin, daß die neuen Pflanzen nicht gleichzeitig mit dem Wässern gedüngt werden können. Wenn nur eine oder wenige Stauden gepflanzt wurden, kann man sie mit der Gießkanne wässern und einen flüssigen Dünger ins Wasser geben. Stauden, die im Sommer in voller Größe gepflanzt werden, muß man unbedingt regelmäßig überprüfen, da sich nur schwer einschätzen läßt, wie stark die Wurzeln ausgetrocknet sind. Die Kontrolle ist ratsam, bevor die Blätter welken und der Schaden nicht mehr zu beheben ist. Sengende Nachmittagssonne oder ein kurzer Zeitraum ohne Regen kann schnell eine gesamte neue Pflanzung eingehen lassen.

Nachdem eine einzelne Staude gepflanzt oder eine ganze Rabatte angelegt wurde, ist eine Mulchdecke hilfreich, um die Wurzeln feucht zu halten und die Keimung von Unkrautsamen zu verhindern. Es sind viele Mulchmaterialien denkbar, Gartenkompost sollte jedoch ganz unten auf der Liste stehen. Sofern er nicht von ausgezeichneter Qualität ist, enthält er unweigerlich Unkrautsamen, die keimen und die neuen Pflanzen ersticken können. Auch Rasenschnitt ist ein schlechtes Mulchmaterial, da er oft Grassamen enthält, die in der Rabatte keimen werden. Für kleinere Pflanzungen kann man die Pflanzmischung als Mulch verwenden, für größere Flächen jedes unkrautfreie, lockere Material, wie etwa übliche Mulchmischungen aus dem Gartencenter. Bringen Sie Mulch stets nach dem Gießen oder nach Regen aus, damit er möglichst viel Feuchtigkeit bewahren kann.

## Beete und Rabatten bepflanzen

Das Bepflanzen eines neuen Beetes oder einer Rabatte kann eine entmutigende, aber auch aufregende Aufgabe sein. Eine systematische Vorgehensweise gewährleistet, daß die Belastung, der Gärtner und Pflanzen ausgesetzt sind, gering gehalten wird und die Freude um so größer ist.

***Eine Rabatte bepflanzen***

*1 Alle Pflanzen etwa so auf einem Stück Folie arrangieren, wie sie in der neuen Rabatte stehen sollen. Die vorgesehenen Plätze in der Rabatte eventuell mit Sand markieren.*

*2 Wurzelnackte Pflanzen und Exemplare für den hinteren Bereich der Rabatte zuerst pflanzen, dann in Töpfen gezogene Pflanzen einsetzen. Die fertige Pflanzung wässern.*

### Pflanzen bereitstellen

Nachdem der Boden vorbereitet wurde, können die Pflanzen an Ort und Stelle gebracht werden. Man legt ein Stück Folie auf die Erde und holt zuerst alle Pflanzen, die sich in Töpfen befinden; Pflanzen der gleichen Sorte setzt man zusammen, wobei die Pflanzschildchen sichtbar bleiben sollten. Es empfiehlt sich, alle Pflanzen in Töpfen einen Tag vor dem Auspflanzen mit einer schwachen Düngerlösung zu gießen. Wenn Pflanzen in anderen Gartenbereichen oder in einem Nachbargarten aus der Erde genommen werden sollen, kann dies nun geschehen. Um die Wurzeln vor Schäden oder Austrocknung zu schützen und die Pflanzen bequem zur Pflanzstelle transportieren zu können, kann man für jede Sorte eine Plastiktüte verwenden.

### Pflanzen arrangieren

Als nächstes werden nun die verschiedenen Arten und Sorten so arrangiert, wie sie später gepflanzt werden sollen. Wenn man nach einem Pflanzplan arbeitet, kann es hilfreich sein, damit zu beginnen, die Pflanzen auf der Folie in der gleichen Weise zu arrangieren, wie sie ins Beet gepflanzt werden – nur nicht mit dem gleichen Abstand. So sind noch Korrekturen am Plan möglich, bevor die Pflanzen in die Rabatte gesetzt werden. Auch ohne Plan kann es nützlich sein, die Pflanzen zunächst auf der Folie zurechtzulegen. Dadurch erspart man sich beim Pflanzen manch mühsames Hin- und Herlaufen von einem Ende des Beets zum anderen, wenn man sich umentscheidet.

### Pflanzen einsetzen

Nachdem das Arrangement der Pflanzen genau feststeht, können sie nun auf die Rabatte gelegt werden. Viele Gärtner finden es hilfreich, die Flächen für die einzelnen Gruppen in der Rabatte zu markieren, bevor sie die Pflanzen umsetzen, vor allem dann, wenn sie nach einem Plan arbeiten. Dazu kann man Sand in Linien, die die Bereiche für die verschiedenen Pflanzen anzeigen, auf die Erde streuen oder diese Flächen mit einem Stock markieren.

Nun geht es an das eigentliche Pflanzen. Zuerst legen Sie einfach die einzelnen Arten und Sorten zusammen in den für sie vorgesehenen Bereich, aber noch nicht im endgültigen Abstand, denn vielleicht wollen Sie sie noch einmal umarrangieren. Wenn Sie mit der Verteilung der Pflanzen zufrieden sind, ziehen Sie die Töpfe so weit auseinander, daß die Pflanzen die für sie vorgesehene Fläche ausfüllen. Abhängig von Art oder Sorte wie auch Größe und

Wuchsform verwendet man von manchen Pflanzen nur ein Exemplar, von anderen mehrere. Wenn man eine Gruppe pflanzt, verteilt man die Exemplare gleichmäßig, aber nicht in regelmäßiger Anordnung wie etwa in einem Quadrat oder Kreis, da dies eine künstliche Wirkung haben kann. Der Abstand zwischen den Pflanzen hängt von ihrer Wuchskraft und Höhe ab.

Wenn alle Pflanzen in Töpfen verteilt sind, nimmt man diejenigen Pflanzen, die umgesetzt werden oder nackte Wurzeln haben, aus ihren Beuteln und arrangiert sie auf die gleiche Weise, wobei man sie nötigenfalls teilt (siehe Seite 65 f.). Pflanzen ohne Töpfe werden immer zuerst gepflanzt, damit ihre Wurzeln möglichst wenig austrocknen. Dann steckt man sofort ihre Pflanzschildchen in die Erde und entfernt die Beutel. Nun kommen die Pflanzen in Töpfen an die Reihe: auch sie versieht man während der Arbeit mit Pflanzschildchen. Die Töpfe sammelt man ein. Wenn sich alle Pflanzen in der Erde befinden, gießt man sie an (siehe Seite 45 f.) und glättet den Boden mit einer Hacke oder Harke. Es empfiehlt sich, alle Änderungen des Originalplans, die sich während des Pflanzens ergeben haben, auf diesem einzutragen.

## Gemischte und reife Pflanzungen

Beim Anlegen einer neuen Rabatte muß man anders vorgehen, als wenn einzelne Stauden in eine bereits existierende Rabatte gesetzt werden. In diesem Fall muß man die Pflanzstellen einzeln vorbereiten (siehe Seite 32 f.). Das Pflanzen in einer herkömmlichen Rabatte, in der die verschiedenen Arten und Sorten in Gruppen wachsen, bereitet wenig Probleme. Benachbarte Stauden nehmen die Störung selten übel, vor allem dann nicht, wenn ihre eigene Erde dabei angereichert wird und der Platz für die neue Pflanze klar umrissen ist. Um sicherzustellen, daß die Pflanzung auch wirklich schön aussieht, kann es mitunter hilfreich sein, benachbarte Stauden aus dem Boden zu nehmen und neu zu pflanzen.

### Stauden zwischen Zwiebelblumen pflanzen

Zwischen Zwiebelblumen wachsende Stauden sehen sehr wirkungsvoll aus, und es gibt zwei Methoden, um die Zwiebelblumen beim Pflanzen der Stauden möglichst wenig zu schädigen.

Man kann die Stauden pflanzen, während sich die Zwiebelblumen im Wachstum befinden, da sich die Stauden dann einfach dazwischensetzen lassen. In diesem Fall ist nicht immer der ideale Pflanzabstand möglich, und gewiß kann man die Erde nicht so gründlich vorbereiten wie sonst, doch immerhin werden die Zwiebelblumen geschont. Oder man wartet, bis die Zwiebelblumen einziehen. Diese Methode ist dann besonders sinnvoll, wenn der Boden verbessert werden muß oder die Zwiebelblumen so dicht stehen, daß man während der Blüte keine anderen Pflanzen dazwischensetzen kann. Frühlingsblühende Zwiebelblumen wie etwa Narzissen welken im Spätfrühjahr und Frühsommer, sommerblühende Zwiebelblumen, etwa Riesenhyazinthen, im Spätsommer und Herbst. Günstig zum Umsetzen ist der Zeitpunkt, an dem die Blätter absterben, aber noch nicht vollkommen verschwunden sind. Man gräbt die Zwiebeln aus und legt sie beiseite, um den Boden vorzubereiten. Dann pflanzt man die Stauden und setzt schließlich die Zwiebelblumen wieder dazwischen. (Die Stauden werden zuerst gepflanzt, weil man andernfalls beim Graben der Pflanzlöcher für die Stauden die Zwiebeln vielleicht ansticht.)

### Stauden zwischen Sträucher pflanzen

Schwieriger kann es sein, Stauden zwischen Sträucher zu pflanzen. So entwickeln etwa die Wurzeln von Rosen, die beschädigt werden, oft Wildtriebe, und wenn man die Wurzeln von Magnolien stört, beginnen sie mitunter zu kümmern. Daher sollte man die Erde vorsichtig mit einer Rabattengabel oder sogar mit einer Handgabel ausheben, um zu sehen, wo sich die Hauptwurzeln der Sträucher befinden und wie man sie am besten umgehen kann.

***Stauden zwischen Zwiebelblumen pflanzen***

*1 Wenn das Laub von Zwiebelblumen welkt, die Plätze für Stauden festlegen und alle störenden Zwiebelblumen umsetzen.*

*2 Kleine Stauden auswählen und pflanzen. Die welkenden Blätter verraten die Plätze der Zwiebelblumen.*

Wo man auf Wurzeln trifft, werden es robustere Sträucher, die keine Ausläufer bilden, nicht übelnehmen, wenn man ein oder zwei Wurzeln behutsam mit der Gartenschere abschneidet. Man darf sie jedoch auf keinen Fall mit dem Spaten abhacken, da dadurch ausgerissene Ränder und Wunden entstehen, die leicht faulen können. Rosen bilden ein größeres Problem, da ihre Wurzeln nur geschnitten werden sollten, wenn es sich nicht vermeiden läßt. Statt sie zu stören, ist es meist besser, den Boden nicht ganz so tief vorzubereiten und nach dem Pflanzen zu mulchen und zu düngen.

Wo Pflanzen in eine angelegte Rabatte eingesetzt werden, ist es sinnvoll, kleine Exemplare zu verwenden. Stauden in kleinen Töpfen ist hier der Vorzug zu geben, da sie keine großen Pflanzlöcher benötigen und daher die Vorbereitung des Bodens eine geringere Störung verursacht. Weitere Möglichkeiten bilden die Verwendung bewurzelter Ableger von vorhandenen Pflanzen aus dem eigenen Garten oder die Teilung von Stauden in großen Töpfen in zwei oder drei Stücke. Verwendet man kleine Pflanzen, die mit den Wurzeln vorhandener Sträucher konkurrieren müssen, muß man besonders sorgfältig wässern und düngen.

### Pflanzfolge bei neuen gemischten Rabatten

Bei der Neupflanzung einer Rabatte aus Sträuchern, Kletterpflanzen, Zwiebelblumen und Stauden erfolgt die Vorbereitung auf die gleiche Weise wie bei einer Staudenrabatte (siehe Seite 34 f.). Man pflanzt zuerst alle Spaliersträucher und Kletterpflanzen am hinteren Rand der Rabatte vor einem Zaun oder einer Mauer und bindet sie an Drähten fest. Anschließend postiert man die Kletterhilfen für alle anderen Kletterpflanzen, die als nächstes gepflanzt werden, danach folgen immergrüne wie auch sommergrüne Sträucher. Dann werden alle großen Solitärstauden gepflanzt. Ihnen folgen die Staudengruppen und robusteren Steingartenpflanzen, die den vorderen Bereich der Rabatte bilden. Erst zum Schluß werden die Zwiebelblumen gepflanzt.

## Wildblumenpflanzungen

Heute finden Wildblumengärten immer mehr Interesse bei Hobbygärtnern. Diese wachsende Begeisterung hat eine ganze Reihe von Gründen und beruht nicht zuletzt darauf, daß diese Gärten außerordentlich schön sind und zudem viele nützliche Vögel und Insekten anlocken.

Das Pflanzen heimischer Wildblumen, insbesondere Wiesenblumen, erfordert eine andere Vorgehensweise als bei Zierpflanzen für Beete und Rabatten. Dies gilt vor allem für die Bodenbearbeitung. Wird der Boden auf die für andere Stauden beschriebene Weise vorbereitet, können bald Gräser und Unkräuter mit den wertvolleren Pflanzen konkurrieren und sie schließlich sogar eingehen lassen. Für Wildblumen ist eine genau entgegengesetzte Vorgehensweise notwendig: Statt die Fruchtbarkeit des Bodens zu erhöhen, muß man sie hier reduzieren, um das Vordringen der unerwünschten gröberen Pflanzen zu verhindern. Das zweite große Problem sind Unkräuter. Sie stellen immer eine Gefahr dar, ob sie sich durch ausdauernde Wurzeln ausbreiten, wie einige der groben Gräser, oder durch Samen, wie einjährige Unkräuter, vermehren.

### Standort und Boden

Statt nach einem Platz zu suchen, der bestimmten Pflanzen gerecht wird, ist es oft sinnvoller, Pflanzen zu wählen, die sich für die vorhandenen Bedingungen eignen. Verwenden Sie für schattige Plätze Waldpflanzen und für sonnige Stellen Wiesenpflanzen. Der ideale Standort hat relativ nährstoffarmen Boden, da in fruchtbaren Böden wuchsfreudige Unkräuter die zarteren Wildblumen ersticken können.

**Existierende Rabatten umwandeln** Ein Boden, in dem bisher Zierstauden

***Bodenfruchtbarkeit reduzieren***

*Zum Vorbereiten des Bodens für Wildblumen Rasen oder Mutterboden entfernen, um die Fruchtbarkeit zu verringern.*

oder andere Gartenpflanzen wuchsen, ist für Wildblumen wahrscheinlich zu nahrhaft. Deshalb entfernt man den Mutterboden (er wird zur Verbesserung des Bodens in anderen Teilen des Gartens verwendet) und ersetzt ihn durch nährstoffarme Erde, oder man sät mehrmals hintereinander Gründüngungspflanzen wie Senf, Luzerne oder Winterwicke; doch statt sie als Dünger unterzugraben, entfernt man sie und arbeitet sie an anderer Stelle in den Boden ein. Dies führt zu einer ständigen Abnahme der Bodenfruchtbarkeit. Dann gräbt man die ganze Fläche um und läßt sie eine Wachstumsperiode brach liegen, um festzustellen, wie stark sich Unkraut entwickelt. Zum Entfernen einjähriger Unkräuter kann Hacken ausreichen, in einigen Fällen ist jedoch der Einsatz eines Herbizids nützlich, um die Vernichtung aller Unkräuter sicherzustellen. Gärtner, die kein Herbizid verwenden möchten, können die Fläche ein Jahr mit einem alten Teppich oder einer dicken schwarzen Folie abdecken, um Unkräuter zu unterdrücken.

**Rasen umwandeln** Wenn ein Rasen selten oder gar nicht gedüngt und re-

***Unkraut entfernen***

*1 Die Fläche mit altem Teppich oder schwarzer Folie abdecken, um ausdauernde Unkräuter zu unterdrücken.*

*2 Die Wurzeln von ausdauernden Unkräutern erschöpfen sich auf der vergeblichen Suche nach Licht.*

gelmäßig gemäht wurde, ist es möglich, ihn in eine Wildblumenwiese umzuwandeln, doch selbst ein gepflegter Rasen kann zur Wildblumenwiese werden, indem man beginnt, Mäh- und Düngepraktiken zu ändern. Wenn man keinen Dünger mehr ausbringt und das Schnittgut stets entfernt, nimmt die Fruchtbarkeit langsam ab, gleichzeitig verschwinden feinere Gräser, und breitblättrige Pflanzen stellen sich ein. Oft erscheint, sobald man nicht mehr mäht, ein hinreißender Blumenteppich aus Pflanzen, die schon einige Zeit im Rasen wuchsen, deren Blüten aber regelmäßig abgemäht wurden. Rasenflächen mit geringer Fruchtbarkeit können nach drei verschiedenen Methoden in Wildblumenpflanzungen verwandelt werden: Man kann Wildblumen säen, Jungpflanzen einsetzen oder die oberen fünf Zentimeter der Grasnarbe abstechen, den Boden umgraben und ganz von vorne beginnen.

## Säen und Pflanzen

In manchen Fällen ist es nicht einfach, Wildblumen in Gärtnereien zu finden, und oft ist es unkomplizierter, sie auszusäen. Obwohl es manchmal praktisch ist, sie in Töpfen zu ziehen, hat man möglicherweise mehr Erfolg, wenn man sie an Ort und Stelle sät. Mischungen aus Wildblumenstauden, die man bei Samenlieferanten bekommt, sind auf unterschiedliche Bodentypen und Standorte abgestimmt. Oft enthalten sie einjährige Pflanzen, die während der ersten Wachstumsperiode für Farbe sorgen und eine Bodendecke entstehen lassen, die die Ansiedlung von Unkräutern verhindert.

**Neuanlagen** Vor dem Säen gräbt man die Erde um, dann tritt man sie fest und harkt sie, um ein feines Saatbett herzustellen. Auf der Samenpackung ist angegeben, welche Samenmenge für eine bestimmte Fläche erforderlich ist. Eine Reihensaat ist am bequemsten, da man nach dem Auf-

***Wildblumen säen***

*1 Mit der Kante des Handspatens eine Rille in der krümeligen Erde ziehen.*

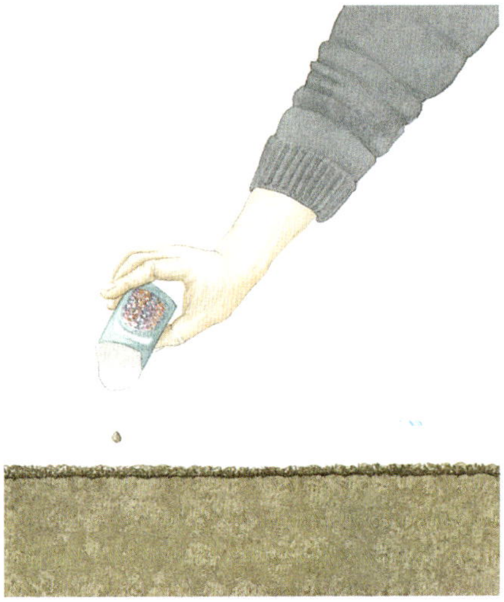

*2 Die Samen dünn säen, indem man vorsichtig auf das Tütchen klopft.*

*3 Mit dem Rechen Erde über die Samen geben und behutsam andrücken.*

Klatschmohn, Margeriten, Gartenstiefmütterchen und Lichtnelken bilden eine Pflanzung.

gehen der ersten Samen die Sämlinge deutlich erkennen und alle dazwischen keimenden Unkräuter leicht entfernen kann. Wenn die Pflanzen sich weiterentwickeln, werden die Reihen nicht mehr sichtbar sein. In den meisten Gegenden ist das Frühjahr die beste Aussaatzeit, in Regionen mit milden Wintern ist auch eine Herbstsaat erfolgreich.

**Rasenflächen** Samen können direkt in Rasen gesät werden, wenngleich der Erfolg dieser Methode durch die Konkurrenz vorhandener Pflanzen nicht berechenbar ist. Man mäht den Rasen zunächst kurz und harkt ihn dann, um Schnittgut und Moos zu entfernen. Anschließend zieht man mit der Ecke einer Hacke, der Spitze eines Handspatens oder einem anderen spitzen Gerät im Abstand von 15 bis 25 Zentimetern Saatreihen; dies kann recht mühsam sein, da der Boden unter Rasen oft verdichtet ist. Nun sät man die Samen dünn in die Reihen und bedeckt sie mit ein wenig Sand. Während die Sämlinge heranwachsen, sind die Reihen zunächst sichtbar, doch die willkürliche Mischung verschiedenster Arten gewährleistet, daß dieses Muster später verschwindet.

**Jungpflanzen setzen** Wildblumenpflanzungen können auch angelegt werden, indem man die Pflanzen in Töpfen zieht und sie dann in den vorbereiteten Boden oder Rasen setzt. Darüber hinaus sind Jungpflanzen in einigen Gartencentern, in spezialisierten Gärtnereien oder im Fachversandhandel erhältlich. Bei der Verwendung von Pflanzen können sich Pflanzungen rascher etablieren. Wenn der Boden vorbereitet wurde, erlaubt es das Pflanzen von Gruppen aus Jungpflanzen eine weitere Wachstumsperiode, allen Unkräutern durch Hacken oder gezielte Bekämpfung Herr zu werden, bevor die Wildblumendecke zu dicht wird.

Das Pflanzen in Rasenflächen erfordert mehr Pflege, vor allem deshalb, weil die Wurzeln der neuen Pflanzen mit denen vorhandener Rasengräser und anderer Pflanzen um Wasser und Nährstoffe konkurrieren. Relativ kleine Pflanzen bringen oft den größten Erfolg. Mit einem Zwiebelpflanzer sticht man ein zylindrisches Stück Boden aus und füllt das Loch mit alter Blumenerde, um den jungen Pflanzen gute Startbedingungen zu verschaffen. Während des ersten Sommers müssen sie möglicherweise ab und zu gewässert werden.

## Wildblumen in herkömmlichen Rabatten

Wildblumen können auch auf die gleiche Weise wie Zierpflanzen in geordneten Beeten und Rabatten gezogen werden. Man kann sie entweder zwischen die Zierpflanzen setzen oder eine

***Wildblumen in Rasen pflanzen***

*1 Mit einem Zwiebelpflanzer ein zylindrisches Stück Gras und Boden ausstechen.*

*2 Die Jungpflanze in das Loch setzen und rundum alte Blumenerde auffüllen.*

eigene Rabatte für sie reservieren. Die nährstoffreiche Erde führt oft dazu, daß sie weit größer als in ihrem natürlichen Lebensraum werden, und deshalb müssen sie in Rabatten manchmal gestützt werden (nicht aber in Wiesen). Darüber hinaus können sie sich auch weit stärker ausbreiten und sich überreichlich aussäen.

## Gefäßpflanzungen

Stauden können in Gefäßen gedeihen, wenn die richtige Pflanze und das richtige Gefäß für die spezielle Situation und auch das geeignete Substrat und Drainagematerial verwendet werden. Aber es muß klar gesagt werden, daß viele Stauden ungeeignet sind, um in Töpfen zu wachsen. Einige, wie Nieswurzen, haben so tiefgehende Wurzeln, daß sie mit einem begrenzten Wurzelraum schlecht zurechtkommen, andere, wie etwa der Rittersporn, wirken in Töpfen vollkommen deplaziert. Wieder andere sind nur begrenzte Zeit reizvoll und werden nach einigen Wochen am besten außer Sichtweite gebracht, was mühselig ist. Die besten Stauden für Pflanzgefäße:

- sind verhältnismäßig klein, damit sie in der Größe mit den Gefäßen harmonieren,
- haben eine lange Blühperiode,
- tragen viele Monate reizvolles oder immergrünes Laub,
- haben sowohl schönes Laub als auch schöne Blüten, um möglichst dekorativ zu sein,
- besitzen genügend Charakter, um auch als Solitärpflanzen wachsen zu können,
- entwickeln Blüten, die von nahem besonders schön aussehen.

Zu den für Pflanzgefäße geeigneten Stauden gehören *Acanthus*, Günsel *(Ajuga)*, Elfenblume *(Epimedium)*, Farne, winterharter Storchschnabel (*Geranium*; sowohl niedrige als auch kriechende Formen), *Heuchera*, Funkie *(Hosta)*, Taubnessel *(Lamium)*, Primel *(Primula)*, Lungenkraut *(Pulmonaria)* und panaschierte Gräser.

### Pflanzgefäße

Natürliche Materialien sind ganz allgemein reizvoller als Kunststoffe und sehen im Garten meist hübscher aus. Wichtig ist, daß die Proportionen von Gefäß und Pflanze harmonieren. Eine kleine Pflanze in ein großes Gefäß zu setzen ist nicht nur Platzvergeudung, sondern kann auch das Faulen der Wurzeln bewirken, weil die Erde möglicherweise zu lange naß bleibt. Eine große Pflanze in einem kleinen Topf muß ständig gewässert werden, kann sich aufgrund des beschränkten Wurzelraums nicht natürlich entwickeln und wird zudem vermutlich ständig vom Wind umgerissen. Selbst sehr kleine Stauden wie etwa Primeln sollten nicht in Töpfe mit weniger als zwölf Zentimeter Durchmesser gesetzt werden, und einige der wuchsfreudigeren Funkien wie etwa die Sorte ›Krossa Regal‹ brauchen letztlich Töpfe von 45 Zentimeter Durchmesser, um schön auszusehen und sich optimal entwickeln zu können.

Frostbeständige Tontöpfe sind oft die besten Pflanzgefäße für Stauden; Spindeln aus Stein oder Terrakotta und Gefäße aus Kunststein sind ebenfalls passend. Auch Holzkübel sind sehr reizvoll und, wenn sie selbst angefertigt werden, relativ preiswert. Holzkästen mit mindestens 25 Zentimeter Tiefe und Breite eignen sich für kleinere Pflanzen gut.

### Pflanzsubstrat

Nehmen Sie nie altes Substrat oder Erde aus dem Garten. Verwenden Sie stets frische, saubere Erde, am besten ein Substrat auf Lehmbasis. Für Pflanzen, die gern feucht stehen, kann man 25 Prozent Torf- oder Kokosfasersubstrat zugeben, für Pflanzen, die eine gute Drainage brauchen, 25 Prozent groben Sand oder Perlit.

Bevor Erde in das Pflanzgefäß gefüllt wird, gibt man Drainagematerial hinein. Große Abzugslöcher werden am besten mit feinem Kunststoffgeflecht abgedeckt (beispielsweise mit kleinen Quadraten Gewächshausschattierung), um Insekten fernzuhalten. Darüber verteilt man eine mindestens zweieinhalb Zentimeter dicke Schicht Kies, damit überschüssiges Wasser rascher ablaufen kann, doch selbst in sehr großen Kübeln muß die Schicht nicht dicker als fünf Zentimeter sein. Um zu verhindern, daß Erde in den Kies gespült wird und ihn verstopft, sollte man ihn mit einem wasserdurchlässigen Material abdecken. Dieses bildet zudem ein zusätzliches Hindernis für Würmer und Asseln.

*Topfpflanzung*

*Eine einzelne Funkie mit ausgedehntem Wurzelsystem und sich ausbreitenden Trieben in einem Pflanzgefäß:*
***A** Mulch, **B** Wurzeln in Blumenerde,*
***C** Drainagematerial.*

### Pflanzstile

Es gibt bei der Bepflanzung von Gefäßen zwei Möglichkeiten. Entweder bepflanzt man sie so, daß sie individuelle Elemente bilden, mit einer sorgfältig ausgewählten Einzelpflanze als dekorativem Solitär. Die gleiche Wirkung kann man erreichen, indem man drei Pflanzen des gleichen Typs in einem Dreieck pflanzt, so daß sie zusammen wie eine einzige Pflanze erscheinen. Dies ist oft die beste Methode, Gefäße mit einem Durchmesser von bis zu etwa 30 Zentimetern zu bepflanzen. Die zweite Möglichkeit besteht darin, größere Töpfe und längliche Kästen mit sorgfältig ausgewählten Stauden zu bepflanzen. In diesem Fall muß man den Standort des Gefäßes berücksichtigen. Wenn es von allen Seiten sichtbar ist, wirkt ein symmetrisches Arrangement vermutlich am gelungensten, bei dem die höchste Pflanze in der Mitte steht und von niedrigen, buschigen Pflanzen umgeben wird, am Rand vielleicht auch von Hängegewächsen. Soll es vor einer Mauer oder einem Zaun beziehungsweise in einer Ecke stehen, setzt man die höchste Pflanze besser nach hinten. Doch für welchen Gestaltungsstil man sich auch entscheidet, man muß die Pflanzen sorgfältig auswählen, daß sie stets die Aufmerksamkeit auf sich ziehen.

## Gefäße bepflanzen

Wenn man ein großes Gefäß bepflanzt, stellt man es zunächst an seinen endgültigen Standort, da es sich später möglicherweise nicht mehr bewegen läßt. Auf dem Boden stehende Gefäße sollten auf etwa zweieinhalb Zentimeter dicke Klötzchen gesetzt werden, um Drainageprobleme zu vermeiden. Nun bringt man Drainagematerialien, Substrat und Pflanzen an Ort und Stelle. Man deckt das Abzugsloch ab, verteilt Kies im Gefäß, den man wiederum abdeckt, und beginnt, Substrat einzufüllen, das man zwischendurch immer wieder behutsam andrückt. Wird nur ein einzelnes Exemplar gepflanzt, setzt man es nun in seinem Topf in die Mitte des Gefäßes und prüft seinen Sitz.

Zwischen Erdoberfläche und Topfrand sollte zweieinhalb Zentimeter Abstand bleiben. Wenn die Pflanze in der richtigen Höhe sitzt, nimmt man sie aus ihrem Topf und setzt sie in das Pflanzgefäß. Nun füllt man weitere Erde ein, die man andrückt. Zum Schluß sollte die Erdoberfläche ganz mit Mulchmaterial bedeckt werden. Der freie Platz bis zum Gefäßrand kann vollständig mit gewaschenem mittelfeinem oder grobem Kies oder sehr groben Rindenschnitzeln gefüllt werden, um die Verdunstung zu verringern und das Gefäß zu verschönern. Beim Pflanzen eines gemischten Arrangements legt man zuerst die Position der größten Pflanze im Gefäß fest und ergänzt dann weitere Erde und kleinere Pflanzen, bis das Arrangement komplett ist.

## Wässern und Düngen

Nach dem Pflanzen sollte das Gefäß mit einer schwachen Düngerlösung gewässert werden, bis das Wasser aus dem Abzugsloch kommt. Pflanzen in Gefäßen müssen regelmäßig gegossen werden, vor allem in den wärmeren Monaten, in denen sie mitunter täglich Wasser brauchen. Die Erde enthält zwar einige Pflanzennährstoffe, doch es lohnt sich, in der Wachstumsperiode nach einigen Wochen einen flüssigen Dünger zu geben, um ein gesundes und beständiges Wachstum zu fördern.

***Ein gemischtes Arrangement pflanzen***

*1 Das Gefäß an seinem endgültigen Platz auf Klötzchen setzen, um die Drainage zu verbessern.*

*2 Drainagematerial in den Topf geben und abdecken. Dann mit dem Einfüllen der Erde beginnen.*

*3 Während das Gefäß gefüllt wird, die Pflanzen einsetzen und die Erde andrücken.*

*4 Zum Schluß eine Mulchschicht aus grober Rinde oder Kies verteilen und wässern.*

RECHTS Wenn ein Arrangement von allen Seiten sichtbar ist, setzt man die höchste Pflanze in die Mitte.

# Pflege

Stauden sind keine anspruchsvollen Pflanzen, doch regelmäßige Pflege gewährleistet, das sie möglichst lange in optimalem Zustand bleiben, eine gute Größe erreichen und Abwehrkräfte gegen Schädlinge und Krankheiten entwickeln. Die erforderliche Pflege besteht zum großen Teil aus Routinearbeiten wie Gießen, Unkrautjäten und dem Entfernen welker Blüten, doch nicht weniger wichtig sind die Arbeiten, die nur hin und wieder durchgeführt werden, beispielsweise Düngen, Mulchen und Stützen. Ein Umpflanzen ist in bestimmten Abständen unverzichtbar, doch während einige Stauden Jahrzehnte ohne Teilung auskommen, müssen andere jedes zweite Jahr geteilt und neu gepflanzt werden.

***Kompostbehälter***
*Ein Kompostbehälter aus behandeltem Holz hält lange und erlaubt eine starke Erhitzung des Haufens, durch die Unkräuter vernichtet werden.*

## Mulchen

Um zu mulchen, verteilt man auf der Erde eine Schicht groben Sand, Kies oder, häufiger, organische Substanz. Durch dieses Verfahren ahmt man nicht nur die natürlichen Bedingungen in vielen Lebensräumen von Pflanzen nach, wo sich jeden Herbst eine dichte Decke aus Fallaub oder abgestorbenen Trieben auf der Erde ansammelt, sondern Mulchen unterdrückt auch Unkraut, liefert Pflanzennahrung, bewahrt die Bodenfeuchtigkeit und läßt einen schlichten, hübschen Hintergrund für Pflanzen entstehen. Sand und Kies werden selten als Mulch benutzt – gewöhnlich nur für Beete, die eine gute Drainage benötigen, trockene Gärten und mediterrane Pflanzungen. Sie tragen dazu bei, daß das Wasser von den Wurzelhälsen der Pflanzen abläuft, die in nassen Wintern fäuleanfällig sind.

### Organischer Mulch

Bei den meisten Mulcharten handelt es sich um organische Substanzen, bei denen vor allem wichtig ist, daß sie kein Unkraut enthalten. Zeit und Mühe, die man aufgewendet hat, um den Boden von Unkraut zu befreien und ihn anschließend zu mulchen, sind völlig vergebens, wenn der Mulch selbst voller Unkrautwurzeln oder, was noch häufiger vorkommt, voller Unkrautsamen ist. Organisches Mulchmaterial ist weniger durchlässig als eine Kiesdecke, aber während es verrottet, setzt es Nährstoffe frei, die den Pflanzen zugute kommen.

**Gartenkompost** Er enthält häufig Unkrautsamen, sofern er nicht sehr sorgfältig hergestellt wurde. Um Unkrautsamen zu vernichten, muß sich der Kompost während des Verrottungsprozesses auf mindestens 50 Grad Celsius, besser noch stärker, erhitzen. Damit diese Temperatur erreicht wird, setzt man den Haufen in einem Holzbehälter in Schichten auf, wobei man Kompoststarter hinzufügt und dafür sorgt, daß genügend Luft und Feuchtigkeit in den Haufen gelangen. Wenn Sie nicht absolut sicher sind, daß Ihr Kompost eine hervorragende Qualität hat, ist es besser, ihn nicht als Mulch zu benutzen, sondern unterzugraben.

**Stalldung und Mist** Mitunter wird frischer, klumpiger Stalldung zum Mulchen verwendet, aber er bedeckt die Erde nicht ausreichend, um eine wirksame Mulchdecke zu bilden; zudem können die Pflanzenwurzeln verbrennen. Mist muß gut verrottet sein, bevor man ihn im Garten verwendet. Es kann aber über ein Jahr dauern, bis er verrottet ist und eine krümelige Struktur hat. Zu seinen Vorzügen gehört, daß er gewöhnlich unkrautfrei ist.

**Torf** In mancher Hinsicht ist Torf ein ausgezeichneter Mulch. Er hat eine gute Struktur, zudem ist er gewöhnlich vollkommen unkrautfrei und in handlichen Foliensäcken erhältlich. Aber er enthält praktisch keine Pflanzennährstoffe, und durch die Verwendung von Torf im Garten wird völlig unnötig Raubbau an den begrenzten natürlichen Torfbeständen betrieben. Aus diesen Gründen ist es besser, eines der in Foliensäcken erhältlichen Mulchmaterialien zu verwenden.

**Handelsüblicher Mulch** Es wurden viele Torfersatzstoffe entwickelt, die sich sehr gut als Mulch eignen. Sie enthalten eine ausgewogene Nährstoffmischung, sind unkrautfrei, haben eine gute Struktur und bestehen aus vielfältigen Materialien wie Kokosfaser,

Mistmulch

Rinde, Holz- und Papierabfällen und Stroh. Gewöhnlich sind sie fertig kompostiert und gemischt.

**Rinde** Ein reizvoller und gern verwendeter Mulch ist grobgeschnitzelte Rinde, die teilweise kompostiert wurde, wodurch sie eine dunklere Farbe erhält. Rinde hat eine beträchtlich längere Verrottungszeit als Torf oder handelsübliche Mulchmaterialien. Leider enthält sie fast keine Pflanzennährstoffe. Einige Gärtner verwenden eine Mischung aus frischer Rinde und Holz, die zwar hell, aber wirkungsvoll ist.

**Laub** Blätter finden häufig Verwendung und können im Herbst entweder ganz oder teilweise kompostiert ausgebracht werden. Würmer ziehen sie in den Boden, wo sie langsam die Struktur verbessern.

**Andere Materialien** In manchen Regionen sind möglicherweise auch andere organische Substanzen erhältlich wie etwa Abfälle von Brauereien oder landwirtschaftlichen Betrieben. Es lohnt sich stets, solche Materialien in Betracht zu ziehen, da sie oft wertvollen Mulch darstellen. Einige Gärtner verteilen Grasschnitt auf ihren Rabatten, doch wenn er auch Unkräuter unterdrücken mag, die in der Erde wachsen, enthält er doch gewöhnlich so viele Grassamen, daß in der Rabatte bald ein grüner Teppich entstehen wird. Wachsender Beliebtheit erfreut sich gehäckseltes Schnittgut aus dem Garten, das sofort verteilt oder kompostiert werden kann. Es verrottet rascher als Rinden- oder Holzschnitzel.

### Wann wird gemulcht?

Mulch sollte nur auf feuchtem Boden verteilt werden, der frei von Unkräutern ist. Anfangs sollte er direkt nach dem Pflanzen ausgebracht werden und mindestens zweieinhalb Zentimeter dick sein. Zur Bewahrung der Bodenfeuchtigkeit und Unkrautunterdrükkung ist eine fünf Zentimeter dicke Schicht wirkungsvoller; kleine Pflanzen vertragen keine so dicke Lage, da sie sonst ersticken. Eine angewachsene Rabatte sollte im Herbst gemulcht werden, nachdem die Aufräumarbeiten für den Winter abgeschlossen sind. Falls sie jedoch einen hohen Anteil an spätblühenden Pflanzen enthält, kann man Aufräumen und Mulchen bis zum Frühjahr verschieben.

Schwieriger ist es, einen günstigen Zeitpunkt zum Mulchen von gemischten Rabatten zu finden, die sowohl herbst- als auch frühjahrsblühende Zwiebelblumen enthalten. Hier muß die Mulchdecke ausgebracht werden, wenn möglichst wenig Pflanzen blühen oder beschädigt werden können, am besten, nachdem die Herbstblüher verwelkt sind, aber noch bevor die Frühjahrsblüher zu wachsen beginnen.

Rindenmulch

Als Mulch verwendetes Laub

In kälteren Gegenden bringt man Mulch im Spätherbst oder Frühwinter aus, in gemäßigteren Klimazonen während der Wintermonate. Nach Möglichkeit sollte man die Mulchdecke regelmäßig erneuern. Auf nährstoffarmen Böden empfiehlt sich jährliches Mulchen, in den meisten Gärten reicht es jedoch gewöhnlich aus, jedes zweite Jahr zu mulchen.

## Düngen

In freier Natur fallen um die Pflanzen abgestorbene Triebe und Blätter zu Boden, die verrotten und wieder von der Erde aufgenommen werden, wo sie in den folgenden Jahren Nährstoffe für die Pflanzen liefern. Im Garten werden die oberirdischen Teile der Pflanzen im Herbst entfernt, deshalb müssen wir die Nährstoffe ersetzen, die dabei verlorengehen.

Die meisten Stauden sind in bezug auf Düngen nicht sehr anspruchsvoll. Wenn der Boden vor dem Pflanzen sorgfältig vorbereitet wurde, besitzt er bereits gute Reserven an Nährstoffen, die den Wurzeln während der Entwicklung der Pflanzen zur Verfügung stehen. In den nachfolgenden Jahren ist jedoch zur Gesunderhaltung der Pflanzen ein regelmäßiges Ergänzen der Nährstoffe wichtig, die entweder in Form von organischer Substanz oder Dünger zugeführt werden können.

### Pflanzzeit

Indem man während der Pflanzzeit organisches Material in den Boden einarbeitet, verbessert man nicht nur die Bodenstruktur, sondern schafft auch einen Vorrat an Pflanzennährstoffen, die im Laufe der Zeit durch das Verrotten der organischen Substanz ständig freigesetzt werden. Kurz vor dem Pflanzen wird gewöhnlich auch ein Volldünger ausgebracht, um sicherzustellen, daß den Pflanzen sofort Nährstoffe zur Verfügung stehen (siehe Seite 32). Die Anwendung eines Flüssigdüngers kurz vor oder nach dem Pflanzen schafft gute Startbedingungen.

## Regelmäßige Düngung

Durch jährliches Mulchen mit einer organischen Substanz kann man Pflanzen mit der Mehrzahl der Nährstoffe versorgen, die sie benötigen. Leider liefern nicht alle Mulchmaterialien die gleichen Mengen an Nährstoffen. Einige, wie Torf oder Rinde, sind relativ nährstoffarm. Mist und viele im Handel erhältliche Mulchmaterialien sind nahrhafter, doch selbst hier kann die Nährstoffmenge von Gabe zu Gabe und – bei Fertigmulch – von Marke zu Marke variieren. Viele Gärtner glauben, daß sie allein durch jährliches Mulchen ihren Pflanzen die erforderlichen Nährstoffe zuführen können. In den meisten Gärten ist jedoch eine zusätzliche jährliche Düngung mit einem organischen oder mineralischen Langzeitdünger empfehlenswert.

**Dünger und Mulch** Wie oft Dünger ausgebracht werden muß, hängt davon ab, ob regelmäßig gemulcht und welches Mulchmaterial verwendet wird.

- Wird ein nährstoffarmes Material wie Torf oder grobe Rinde als Mulch ausgebracht, ist eine jährliche Düngung ratsam.
- Falls gutes Mulchmaterial knapp ist, kann man jedes zweite Jahr mulchen und in den anderen Jahren eine Volldüngung durchführen.
- Sollte kein Mulchmaterial zur Verfügung stehen, wird am besten jedes Jahr gedüngt.
- Selbst wenn Beete und Rabatten regelmäßig gemulcht werden, hilft eine gelegentliche Düngung, um eventuelle Unausgewogenheiten auszugleichen, die durch die ständige Verwendung einer Mulchsorte entstanden sind. Dies gilt insbesondere in den ersten Jahren nach einer Neupflanzung, in denen die Fruchtbarkeit erhöht werden kann, indem man sofort nach den Aufräumarbeiten für den Winter einen Dünger ausbringt und dann Mulch verteilt.

**Zeitpunkt** Im allgemeinen wird Dünger am besten im Spätwinter und zu Frühjahrsbeginn ausgebracht, wenn das Pflanzenwachstum einsetzt. Bei einer Herbstdüngung waschen möglicherweise die Winterniederschläge einen Teil der Nährstoffe aus dem Boden aus, da die Pflanzen ruhen und sie nicht aufnehmen können. Es ist aber nicht immer möglich, die Düngung zum bestmöglichen Zeitpunkt durchzuführen; beispielsweise werden heute häufig Pflanzen wie Nieswurzen und Bergenien verwendet, die während des Winters wachsen. Und wenn in Beeten frühjahrsblühende Zwiebelblumen gedeihen, ist es oft günstiger, Dünger im Winter oder Herbst auszubringen.

**Düngertypen** Stauden brauchen keinen Spezialdünger. Ein ausgewogener Volldünger, der die drei wichtigsten Pflanzennährstoffe, Stickstoff, Phosphor und Kalium, enthält, ist ideal. Da es solche Dünger in einer Vielzahl von Konzentrationen gibt, muß bei der Anwendung die Gebrauchsanweisung beachtet werden. Am besten wählen Sie ein Produkt, das auch Spurenelemente, wie Magnesium und Zink, enthält, vor allem, wenn Sie nicht regelmäßig mulchen können. Stauden zeigen hier zwar selten Mangelsymptome, doch bleiben sie leichter gesund, wenn ihnen Spurenelemente zur Verfügung stehen. Organische und mineralische Dünger sind gleichermaßer wirksam. Wer es vorzieht, ohne mineralische Düngemittel zu arbeiten, findet ein breites Angebot an guten organischen Düngern.

**Methode** Stellen Sie zuerst anhand der Gebrauchsanweisung die erforderliche Düngermenge fest. Sie ist in Gramm pro Quadratmeter angegeben. Beachten Sie auch alle Sicherheitsvorschriften. Selbst wenn Dünger zu den

***Dünger ausbringen***

*1 Um Dünger gleichmäßig auszubringen, die Fläche mit Bambusstäben unterteilen.*

*2 Den Dünger in 30 bis 60 Zentimeter Höhe gleichmäßig über die Erde verstreuen.*

*3 Den Dünger einharken, damit der Wind ihn nicht fortbläst.*

ungefährlichsten Chemikalien im Garten gehören, können sie zu Reizungen und der Austrocknung der Haut führen. Daher ist es ratsam, bei der Anwendung Einmalhandschuhe aus Kunststoff zu tragen. Nun wiegen Sie die Menge, die Sie bequem mit einer Hand fassen können. Vergleichen Sie das Gewicht mit der Anwendungsmenge, und nehmen Sie dann etwas mehr oder weniger, so daß eine Handvoll etwa der für einen Quadratmeter erforderlichen Menge entspricht.

Um sicherzustellen, daß der Dünger richtig verteilt wird, binden Sie vier etwa 1,2 Meter lange Bambusstäbe zu einem Quadrat mit einem Meter Seitenlänge zusammen. Dieses legen Sie auf den Boden und verteilen den Dünger innerhalb des Quadrats. Anschließend legen Sie das Quadrat um und wiederholen den Vorgang. So fahren Sie fort, bis das ganze Beet gedüngt ist. Vielleicht werden Sie bald ohne das Stabquadrat eine quadratmetergroße Fläche abschätzen können.

Bringen Sie Dünger bei windstillem, trockenem Wetter aus. Führen Sie Ihre Hand in 30 bis 60 Zentimeter Höhe über dem Boden hin und her, während Sie den Dünger verstreuen. Ziel ist es, den Dünger in einem Arbeitsgang zu verteilen und einen Rest übrigzubehalten, der dann auf noch unbedeckten Stellen verteilt wird. Bei Stauden, die Laub tragen, sollte der Dünger möglichst unter die Blätter gestreut werden. Anschließend leicht hacken oder harken, damit der Wind den Dünger nicht davonträgt. Wenn innerhalb einer Woche nach der Frühjahrsdüngung noch kein Regen gefallen ist, hilft Wässern, den Dünger zu aktivieren.

### Einzeldüngung

Hin und wieder kann das schlechte Wachstum einer bestimmten Pflanze Sie veranlassen, ihr eine besondere Unterstützung zu geben. In einem solchen Fall wenden Sie am besten einen flüssigen Algen- oder Tomatendünger an, der ein robustes Wachstum fördert und zudem Spurenelemente liefert.

## Wässern

Da Wasser in vielen Gegenden während heißer Sommer immer knapper wird, müssen sich Gärtner Gedanken darüber machen, wie sie ihre Stauden in der Wachstumsperiode ausreichend feucht halten können.

### Wasserhaltevermögen des Bodens

Organische Substanz speichert Wasser, und daher ist einer der wichtigsten Gründe für das Hinzufügen reichlicher Mengen organischen Materials bei der Bodenvorbereitung, das Wasserhaltevermögen des Bodens zu verbessern. Auf diese Weise wird dafür gesorgt, daß die Erde in Trockenzeiten Wasserreserven enthält, die die Pflanzen besser gedeihen lassen. Da jedoch im Laufe der Zeit das organische Material verrottet, muß es immer wieder ergänzt werden. Dies ist einer der Hauptgründe, warum regelmäßig gemulcht werden sollte. Auch wenn das organische Material auf der Oberfläche verteilt wird, ziehen es Regenwürmer bald in den Boden, und bei der Bearbeitung des Bodens gelangt es schließlich in die tieferen Schichten. Eine gute Mulchdecke hilft zudem, eine direkte Verdunstung der Bodenfeuchtigkeit zu verhindern. Auch eine sorgfältige Vorbereitung von Pflanzstellen beim Ersetzen oder Umpflanzen von Stauden sorgt dafür, daß der Boden reich an wasserspeicherndem Humus bleibt.

### Windschutz

Durch starken Wind kann die Verdunstung von Wasser sowohl über das Laub der Pflanzen als auch die Erdoberfläche beträchtlich zunehmen. Ein Schutz ist hier hilfreich, um Wasserverluste zu verhindern. Eine Möglichkeit sind Zäune, aber auch eine Hecke ist dafür geeignet; ihr Nutzen als Windschutz wiegt bei weitem die Tatsache auf, daß ihre Wurzeln dem Boden ebenfalls Feuchtigkeit entziehen. Bei vielen traditionellen Staudenrabatten bildet eine immergrüne Hecke den Hintergrund, und einige haben sogar noch am vorderen Rand eine niedrige Buchsbaumhecke.

### Wann wird gewässert?

Neugepflanzte Stauden schätzen eine gründliche Wässerung, die sicherstellt, daß ihre Wurzeln nicht austrocknen,

Für schattige, feuchte Stellen wählt man Pflanzen, die solche Bedingungen mögen, wie Primel *(Primula)*, Scheinmohn *(Meconopsis)*, Funkie *(Hosta)* und Farne.

und sie dazu anregt, sich im Boden auszubreiten. Sind Stauden jedoch einmal angewachsen, muß man mit dem Wässern vorsichtig sein: Gießt man sie beim ersten Anzeichen von Trockenheit, so bleiben ihre Wurzeln dicht an der Erdoberfläche, statt tiefer im Boden nach Wasser zu suchen. Dennoch kann ein Zeitpunkt kommen, an dem Wässern notwendig wird. Achten Sie deshalb auf die folgenden Anzeichen für Wassermangel:

- Das Wachstum verlangsamt sich und kommt beinahe zum Stillstand.
- Blätter und Blütenköpfe welken.
- Untere Blätter schrumpeln.
- Blätter verlieren ihren Glanz.
- Sich neu öffnende Blüten sind ungewöhnlich klein.
- Alle Pflanzen in der Rabatte sehen matt aus.

Im Idealfall wird gewässert, bevor diese Symptome sichtbar sind. Im Laufe der Zeit werden Sie durch Erfahrung einen Blick für den Zustand Ihrer Pflanzen entwickeln.

Wenn Wasser ökonomisch verwendet werden soll, ist auch der Zeitpunkt des Wässerns wichtig. So wässert man an windstillen Tagen, damit das Wasser nicht vom Wind davongetragen oder die Verdunstung beschleunigt wird, und immer nur am Abend, so daß dem Wasser Zeit bleibt, in den Boden einzudringen, bevor die Wärme der Morgensonne die Verdunstung erhöht.

## Wie wird gewässert?

Das Wässern einzelner Pflanzen mit einer Gießkanne ist meist nutzlos, sofern nicht sehr empfindliche Gewächse wie Etagenprimeln zwischen robusteren Pflanzen wachsen. Doch selbst hier können viele Kannen erforderlich sein, um Pflanzen gründlich zu wässern. Wenn das Wasser nur wenige Zentimeter des Bodens durchfeuchtet, recken sich die Wurzeln ihm entgegen und werden so in Zukunft noch anfälliger für Trockenheit. Nur das Wässern über einen Schlauch gewährleistet wirklich, daß Pflanzen ausreichende Mengen Wasser erhalten.

Es gibt im wesentlichen vier Methoden, über einen Schlauch zu wässern: durch eine Sprinkleranlage, einen Sprühschlauch, einen Sickerschlauch oder ein Berieselungssystem.

Viele schatten- und feuchtigkeitsliebende Pflanzen wie Primel *(Primula)* und Scheinmohn *(Meconopsis)* gedeihen auch an sonnigen Plätzen, wenn man die Erde feucht hält.

**Sprinkleranlagen** Es gibt verschiedene Modelle, die alle darauf ausgerichtet sind, das Wasser ohne ständige Überwachung gleichmäßig zu verteilen. Mit allen Systemen geht bei warmem Wetter viel Wasser durch Verdunstung verloren. Darüber hinaus können Schwenkregner aufgrund der großen Tröpfchengröße Verdichtung verursachen. Die gebräuchlichsten Typen sind:

- Einfache unbewegliche Geräte, die das Wasser fein versprühen und eine kleine, runde Fläche bewässern. Obwohl preiswert, sind sie schwer einzustellen und können durch das ständige Wässern der gleichen Fläche Pfützen entstehen lassen.
- Einstellbare rotierende Impulsstrahlregner, die eine runde Fläche bewässern und das Wasser meist gleichmäßiger verteilen als andere Geräte. Sie sind oft am teuersten, aber man kann bei ihnen gewöhnlich sowohl die zu beregnende Fläche als auch die Größe der Wassertröpfchen einstellen.
- Einstellbare Schwenk- oder Pendelregner. Sie bewässern eine mehr oder weniger rechteckige Fläche, die je nach Rabattenform verändert werden kann. Sie sind teurer, verschlämmen jedoch den Boden nicht und eignen sich zudem dort am besten, wo der Wasserdruck niedrig ist.

Bei allen diesen Regnern ist es wichtig, reichlich zu wässern. Genaue Angaben darüber, wie lange ein Regner auf einer Fläche bleiben sollte, sind jedoch nicht möglich, da die abgegebene Wassermenge von Gerät, Einstellung und Wasserdruck abhängig ist und zudem auf die Bodenbeschaffenheit abgestimmt werden muß. Das Wasser muß tief in den Boden eindringen, am besten tiefer, als die meisten Pflanzenwurzeln reichen (mindestens 60 Zentimeter). Durch das Ausheben eines Loches einen Tag nach dem Wässern erhalten Sie Hinweis, wie weit das Wasser eingedrungen ist. Überdies sollte stets sichergestellt sein, daß der Regner genau auf die zu bewässernde

***Regnertypen***

*Einfache Kreisregner sind preiswert. Sie bewässern eine runde Fläche, verteilen das Wasser jedoch ungleichmäßig, so daß Pfützen entstehen können.*

*Impulsstrahlregner sind teuer. Sie bewässern eine kreisrunde Fläche oder einen Teilkreis, lassen sich gut einstellen und verteilen das Wasser gleichmäßig.*

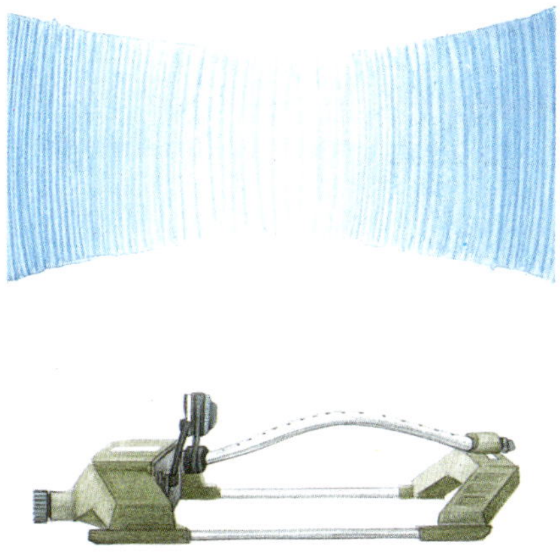

*Schwenk- oder Pendelregner sind unterschiedlich teuer. Sie bewässern eine rechteckige Fläche, sind bedingt einstellbar und verteilen das Wasser relativ gleichmäßig.*

Fläche eingestellt ist: Beim Wässern großer Flächen versetzt man den Regner so, daß sich die bewässerten Bereiche nicht überlappen. Stellt man den Regner nicht am Rand, sondern in der Rabatte auf, setzt man ihn auf eine alte Kiste, so daß er sich über den umliegenden Pflanzen befindet.

**Sprühschläuche** Sie sind in verschiedenen Längen erhältlich und haben auf einer Seite eine Doppelreihe kleiner Löcher. Wenn man sie an die Wasserversorgung anschließt, versprühen sie nach beiden Seiten das Wasser fein. Da sie flexibel sind, kann man sie um die Rabattenpflanzen herumlegen. Befinden sich die Löcher oben, wässern sie einen breiten Streifen, wobei jedoch viel Wasser verdunstet. Befinden sich die Löcher unten, geht das Wasser direkt in den Boden und durchfeuchtet einen V-förmigen Bereich.

**Sickerschläuche** Vor einigen Jahren wurde eine weitere Bewässerungsmethode entwickelt, für die perforierte Schläuche mit zahlreichen winzigen Löchern verwendet werden, durch die Wasser in die Erde sickert. Sie werden auf dem Boden verlegt und können sogar unter einer Mulchdecke liegen. Der große Vorteil dieses Systems ist, daß bei ihm kaum Wasser durch Verdunstung verlorengeht und so die notwendige Wassermenge reduziert wird. Doch es hat auch Nachteile. In kalkreichen Gegenden können die Löcher durch Kalk verstopfen, was zur Folge hat, daß weniger Wasser in die Erde gelangt. Überdies läßt sich möglicherweise schwer feststellen, wie gut der Boden durchfeuchtet wurde. Ein Sickerschlauch ist dort am nützlichsten, wo Jungpflanzen oder Schnittblumen gewässert werden müssen, da man ihn direkt entlang der Pflanzenreihen auslegen und so sicherstellen kann, daß das Wasser die Wurzeln erreicht.

**Berieselungssystem** Anstatt das gesamte Erdreich zu durchfeuchten, ist es auch möglich, einzelne Pflanzen zu wässern. Bei einem Berieselungssystem zweigen von einem Verteilerrohr in der Mitte des Beetes kleinere Schläuche ab, die zu den Pflanzen führen. Ein kleiner Tropfer am Ende jedes Schlauches verhindert, daß das Wasser Löcher in die Erde spült. Wo die Winter mild sind und strenger Frost unwahrscheinlich ist, kann man dieses Bewässerungssystem unter der Mulchdecke verborgen das ganze Jahr an seinem Platz lassen. In kälteren Gegenden muß man es entfernen oder entleeren, damit es nicht einfriert. Dieses System eignet sich auch für die Bewässerung von Pflanzgefäßen.

## Auswahl der richtigen Pflanzen

Eine Möglichkeit, das Wässern in Gegenden mit häufigen Trockenzeiten oder Verboten der Gartenbewässerung zu reduzieren, ist die Verwendung trockenheitsresistenter Pflanzen. Diese Pflanzen stammen meist aus mediterranen Regionen oder anderen Gegenden mit heißen, trockenen Sommern und überleben daher auch im Garten

In feuchten oder gut bewässerten Gärten können trockenheitsliebende Pflanzen wie diese *Euphorbia characias* ssp. *wulfenii* in Gefäßen wachsen, wo man sie unter trockeneren Bedingungen halten kann.

solche Bedingungen gut. Zu den trokkenheitsresistenten Stauden gehören beispielsweise Grasnelke *(Armeria)*, Nelke *(Dianthus)*, *Diascia*, *Elymus magellanicus*, Reiherschnabel *(Erodium)*, *Euphorbia characias* ssp. *wulfenii*, Schwingel *(Festuca)*, Sonnenröschen *(Helianthemum)*, *Iris unguicularis* und *Phlox douglasii*.

## Unkrautbekämpfung

Um Staudenrabatten unkrautfrei zu halten, ist sorgfältige Bodenvorbereitung und ständige Wachsamkeit erforderlich. Die Samen einiger Unkräuter wie etwa Mohn oder Nachtschatten können im Boden jahrzehntelang keimfähig bleiben, und die alte Bauernregel, nach der ein Jahr Aussamen sieben Jahre Jäten zur Folge hat, ist mehr als richtig.

### Vorbereitung

Wird eine neue Rabatte nicht sorgfältig von ausdauernden Unkräutern gesäubert, sind Probleme vorprogrammiert. Nicht zuletzt gräbt man die Erde deshalb vor dem Pflanzen um, damit man die Wurzeln ausdauernder Unkräuter entfernen kann. Leider wachsen manche Unkräuter wie Quecke *(Agropyron)* aus Wurzelstücken von weniger als einem halben Zentimeter neu, solange sie ein Auge haben. Daher ist es wichtig, beim Umgraben jedes Stück zu entfernen. Unweigerlich wird man dabei einige kleine Stücke übersehen, doch wenn man zwischen Umgraben und Pflanzen einige Monate verstreichen läßt, werden sie neu keimen, und dann kann man sie einzeln entfernen.

Mit dem Einarbeiten organischer Substanz dürfen keine neuen Unkräuter in den Boden gelangen. Deshalb sollte man nie Wurzeln ausdauernder Unkräuter auf den Komposthaufen bringen, und zudem muß man den Kompost sorgfältig aufsetzen, damit sich der Haufen gut erhitzt und alle Unkrautsamen zerstört werden.

Ausdauernde Unkräuter können zudem vor dem Umgraben des Bodens mit einem systemischen Herbizid vernichtet werden. Dies ist vor allem dann empfehlenswert, wenn man ein Beet auf einer Fläche anlegt, die noch nicht kultiviert wurde. Hier bringt man im Spätfrühjahr, Frühsommer oder zu einer anderen Zeit, wenn die Unkräuter kräftig wachsen, auf der gesamten Fläche ein breit wirkendes systemisches Herbizid aus. Nach einigen Wochen kann man die abgestorbenen Pflanzen entfernen und die Fläche umgraben. Falls hartnäckige Unkräuter wie Winden vorhanden sind, muß die Behandlung möglicherweise wiederholt werden. Eine Alternative zur Anwendung von Herbiziden bietet das Abdecken der Fläche mit einem undurchsichtigen Material, das das Unkraut unterdrückt. Zu diesem Zweck wird oft ein alter Teppich empfohlen; ebenfalls gut geeignet ist dicke schwarze Folie. Die Abdeckung muß ein Jahr an ihrem Platz bleiben, wenn die Unkräuter vollständig vernichtet werden sollen. Dies erfordert einige Vorausplanung.

### Bodendeckende Pflanzen

Ist das Beet vorbereitet und unkrautfrei, kann mit dem Pflanzen begonnen werden. Wenn Sie die zum Unkrautjäten notwendige Zeit auf ein Minimum reduzieren wollen, sollten Sie Stauden in Betracht ziehen, die Unkraut besonders wirkungsvoll unterdrücken. Viele winterharte Stauden wachsen so dicht, daß Unkräuter kaum eine Chance gegen sie haben. Funkien etwa haben so dichtes, breites Laub, daß sich unter ihnen Unkräuter fast nicht ansiedeln können, und viele winterharte Storchschnabel-Arten bilden dichte Hügel, die den gleichen Effekt haben. Aber man darf nie vergessen, daß auch bodendeckende Pflanzen Unkraut nur schlecht hemmen können, wenn sie in bereits verunkrauteten Boden gepflanzt werden. Zu den Stauden, die Unkräuter unterdrücken, gehören Bergenie *(Bergenia)*, Frauenmantel *(Alchemilla)*, Sterndolde *(Astrantia)*, Storchschnabel *(Geranium)*, *Heuchera*, Funkie *(Hosta)*, Taubnessel *(Lamium)*, Katzenminze *(Nepeta)*, Rhabarber *(Rheum)* und Beinwell *(Symphytum)*.

### Methoden der Unkrautbekämpfung

So sorgfältig der Boden auch bearbeitet wurde, es werden dennoch Unkräuter sprießen. Samen, die in der Erde geruht haben, keimen, andere Samen wird der Wind herbeitragen, und manche können sogar mit Pflanzen aus einer Gärtnerei oder einem Gartencenter eingeschleppt werden.

**Jäten von Hand** Für viele Gärtner ist das Unkrautjäten von Hand eine befriedigende Arbeit. Es ist nicht nur eine wirksame Methode (sofern die Unkräuter nicht zu zahlreich sind), sondern bietet auch die Möglichkeit, die Pflanzen genau zu prüfen. Einjährige Unkräuter wie Kreuzkraut *(Senecio)* und Vogelmiere *(Stellaria media)* lassen sich leicht herausziehen. Anschließend kann man von ihren Wurzeln die Erde abklopfen und sie auf den Kompost bringen. Diese Unkräuter müssen stets gejätet werden, bevor sie Samen entwickeln können. Für ausdauernde Unkräuter halten Sie einen Eimer oder Foliensack bereit, und vielleicht müs-

***Von Hand jäten***

*Mit der Handgabel hebt man Unkräuter heraus und schüttelt dann die Erde ab.*

sen Sie hier etwas tiefer graben, um wirklich alle Wurzeln zu entfernen. Später sollten diese Unkräuter verbrannt werden. Ein Vorteil des Handjätens besteht darin, daß man die Sämlinge von Zierpflanzen stehenlassen oder an einen geeigneten Platz umsetzen kann. Bei anderen Methoden der Unkrautentfernung ist es nicht möglich, zwischen Blumen und Unkraut zu unterscheiden.

**Mulchen** Das Verteilen eines unkrautfreien Mulchmaterials ist eine der effektivsten Methoden, die Entwicklung von Unkraut zu verhindern. Obwohl sich im Prinzip jedes unkrautfreie Material dazu eignet, sind die nützlichsten Materialien solche, die einerseits so dicht sind, daß sie die Keimung bereits im Boden vorhandener Unkräuter unterdrücken, andererseits aber so grob sind, daß sie für von Wind herangetragene Samen ein schlechtes Saatbett bilden. Ein gutes Beispiel sind hier Rindenschnitzel. Die Erde sollte von Unkraut befreit werden, bevor die Mulchdecke verteilt wird, da bereits wachsende Unkräuter möglicherweise kräftig genug sind, um die Mulchdecke zu durchdringen und sich anschließend auszubreiten.

**Hacken** Wenn kein Mulch ausgebracht wird, kann Unkraut wirksam durch Hacken bekämpft werden, insbesondere in den ersten Monaten nach dem Pflanzen. Ist eine Mulchdecke vorhanden, sollte man nicht hacken, da dadurch die Wirksamkeit des Mulches beeinträchtigt wird. Man hackt bei warmem Wetter, weil dann die Erdoberfläche trocken ist und die Unkräuter gewöhnlich in der Sonne verdorren. Es ist aber unbedingt notwendig, ausdauernde Unkräuter einzeln zu entfernen, da sie aus ihren Wurzeln fast immer neu austreiben.

Beim Hacken in einer Rabatte muß vor allem darauf geachtet werden, daß man die Stengel der Stauden nicht beschädigt. Eine sorglos geschwungene Hacke hat rasch einen Blütenstiel durchtrennt. Wenn die Stauden in der Rabatte kräftig wachsen, wird ihr Laub bald die Zwischenräume ausfüllen. Hakken wird damit zunehmend schwieriger und schließlich unmöglich. Dann muß man auf andere Methoden zurückgreifen und beispielsweise von Hand jäten oder mulchen.

**Unkrautvernichtungsmittel** Herbizide können eine wertvolle Hilfe sein, müssen aber mit großer Sorgfalt angewendet werden. Man unterscheidet zwei Hauptgruppen: Totalherbizide, die alles abtöten, egal, ob es sich um Unkräuter oder Stauden handelt, und selektive Herbizide, die nur bestimmte Pflanzen vernichten. Bei den Totalherbiziden unterscheidet man wiederum zwischen systemischen Mitteln, die über den Saftstrom in alle Teile der Pflanze gelangen, und Kontaktherbiziden, die die Blätter und Triebe bei Berührung zerstören.

- Systemische Totalherbizide lassen Blätter, Stengel und Wurzeln einjähriger und, was nützlicher ist, hartnäckiger ausdauernder Unkräuter eingehen. Man benutzt sie zur Bekämpfung von Unkräutern auf Flächen, auf denen keine Zierpflanzen wachsen, insbesondere, wenn man den Boden für eine Neubepflanzung vorbereitet. Man kann sie auch gegen ausdauernde Unkräuter in bestehenden Rabatten einsetzen, wenn man sie behutsam und selektiv mit einem Handspritzgerät oder einem Pinsel aufbringt. Manche Unkräuter müssen möglicherweise ein zweites Mal behandelt werden.
- Kontaktherbizide zerstören jedes grüne Gewebe, mit dem sie in Berührung kommen, und vernichten einjährige Unkräuter, die keine ausdauernden Wurzeln haben, jedoch nur die oberirdischen Teile mehrjähriger Unkräuter. Für Staudenpflanzungen sind sie von begrenztem Wert.
- Systemische selektive Herbizide werden hauptsächlich zur Beseitigung breitblättriger Unkräuter in Rasen verwendet. Auch sie haben in Staudenrabatten nur begrenzten Nutzen. Generell sind Herbizide in den ersten Stadien der Vorbereitung einer Rabatte und bei sehr gezielter Bekämpfung einzelner

***Unkräuter und ihre Wurzeln***

*Kreuzkraut hat viele fasrige Wurzeln, an denen reichlich Erde hängt; die Erde gut von den Wurzeln abschütteln.*

*Die Wurzeln der Quecke bilden ein dichtes Geflecht. Fast jedes kleine Wurzelstück treibt neu aus.*

*Löwenzahn hat eine Pfahlwurzel, die neu austreibt, wenn man die Blätter abbricht.*

ausdauernder Unkräuter in angelegten Rabatten am nützlichsten.

Einige Regeln für den Einsatz von Herbiziden:

- Lesen Sie immer genau die Gebrauchsanweisung, und befolgen Sie sie sorgsam.
- Verwenden Sie nie eine stärkere Konzentration als angegeben, denn das Herbizid wird dadurch nicht notwendigerweise wirksamer.
- Sofern Sie nicht das geeignete selektive Herbizid verwenden, muß stets sichergestellt werden, daß es nicht auf die Stauden gelangen kann.
- Wenden Sie das Herbizid, wenn möglich, gezielt mit einem Handspritzgerät oder einem Pinsel an.
- Bringen Sie Spritzmittel stets bei kühlem, trockenem, windstillem Wetter aus.

## Stützen

Wenn in freier Natur Pflanzen umfallen, leidet gewöhnlich ihre allgemeine Gesundheit kaum. Gartenpflanzen sollen jedoch möglichst schön aussehen, und daher ist das Stützen eine wichtige Arbeit bei der Pflege von Stauden. Im Garten fallen Pflanzen oft leichter um, da sie in dem nahrhaften Gartenboden gewöhnlich größer werden als in freier Natur. Überdies haben Sorten, die wegen ihrer großen oder gefüllten Blüten gezüchtet wurden, häufig weniger Standfestigkeit.

Pfingstrosen und Lupinen brauchen Stützen, weil sie andernfalls von Wind und Regen umgerissen werden. Die einfachste Stützhilfe besteht aus Bambusstäben und Schnur.

### Materialien

**Reiser** Früher wurden zum Stützen von Stauden verästelte Zweige sommergrüner Bäume und Sträucher verwendet. Sie hatten den Vorteil, daß sie natürlich wirkten und das Aussehen der Rabatte nicht verdarben. Zudem boten die Wälder in der Umgebung Material in Hülle und Fülle, das im Winter geschnitten werden konnte. In manchen Gegenden findet man heute noch Reiser, die häufig von regionalen Naturschutzorganisationen angeboten werden. Einige Gärtner, die viel Platz haben, pflanzen speziell Haselnußsträucher, um Pflanzenstützen zu erhalten. Wer auf diese Weise vorgehen möchte, schneidet Reiser in einer Länge, die etwas geringer ist als die Endgröße der zu stützenden Pflanze. Bevor die Pflanze drei Viertel ihrer Endgröße erreicht hat, steckt man die Reiser ringförmig um die Pflanze in den Boden; bei großen Pflanzen schiebt man am besten auch einige Reiser in die Mitte. Nachdem die Stützen fest in den Boden gedrückt wurden, sollten sie etwa drei Viertel der Endhöhe der Pflanzen entsprechen. Zum Schluß wickelt man Schnur um die Reiser, um zusätzlichen Halt zu bieten. Reiser halten oft auch noch ein zweites Jahr. Wenn am Ende der Wachstumsperiode die Stauden abgeschnitten werden, nimmt man die Reiser heraus, entfernt die Enden, die im Boden steckten, und lagert die Stützen in einem trockenen Schuppen.

**Bambusstäbe und Schnur** Wenn keine Reiser zur Verfügung stehen, sind Bambusstäbe und Schnur eine brauchbare Alternative. Wiederum sollten die Stäbe etwas kleiner als die Pflanze sein, und sie werden rund um die Pflanze mit 40 bis 45 Zentimeter Abstand zu einem Viertel in den Boden geschoben. Die Enden schützt man mit Gummikappen. Dann wickelt man rund um die Stützen Schnur, die man einmal um jeden Stab schlingt und anschließend durch die Mitte von Stab zu Stab führt. Auf diese Weise ist gewährleistet, daß die Pflanze sowohl außen als auch in der Mitte Halt bekommt. Man kann zunächst unten eine Schnur spannen und später etwas höher eine weitere Schnur hinzufügen, wenn die Pflanze größer wird. Am Ende der Wachstumsperiode können die Stäbe gesäubert und an einem trockenen Platz gelagert werden. Sie halten mindestens zwei bis drei Jahre.

**Metallstützen** Spezielle Staudenhalter aus Stahlreifen oder Drahtgeflecht werden schon seit dem 19. Jahrhundert hergestellt, und es gibt keine unkomplizierteren Pflanzenstützen. Es sind verschiedene Modelle erhältlich. Eines besteht aus zwei senkrechten Stützen, zwischen denen ein Ring befestigt ist. Es eignet sich am besten für weiche Pflanzen, deren Horste sehr stark auseinanderfallen. Ein zweites besteht aus Drahtgeflecht mit vier Füßen, das man zeitig im Jahr über die Staude setzt. Mit Fortschreiten der Wachstumsperiode wächst sie dann durch das Geflecht. Ein dritter Typ besteht aus einer Anzahl von Metallstäben und -querver-

***Stützmethoden***

***Reiser:*** *Die Reiser dicht bei den Pflanzen in den Boden stecken, aber nicht so nahe, daß man dadurch die Wurzeln oder die Zwiebeln verletzt. Um die Stiele kann ein in der Höhe verstellbarer Drahtring befestigt werden.*

***Bambusstäbe und Schnur:*** *Rund um die Pflanze Bambusstäbe fest in den Boden drücken und Schnur um sie herumführen. Bei großen Stauden schiebt man einige Bambusstäbe in die Mitte, um den Pflanzen zusätzlichen Halt zu geben.*

***Metallstützen:*** *Die Metallhalter rund um die Pflanze fest in den Boden stecken, damit eine fortlaufende Stütze entsteht. Die einzelnen Stützelemente werden jeweils einfach ineinandergehakt.*

***Einzelstützen:*** *Pflanzen mit hohen Blütenständen können mit weicher Gartenschnur an einzelne Stäbe gebunden werden. Die Schnur in Form einer Acht um Stengel und Stab führen und hinter dem Stab verknoten.*

bindungen, die jeweils einfach ineinandergehakt werden können.

Alle diese Stützen haben den Vorteil, daß sie ohne besondere Vorbereitung rasch aufgestellt werden können und viele Jahre halten, wenn man sie am Ende der Wachstumsperiode gut säubert. Aber sie sind nicht so vielseitig verwendbar wie Reiser oder Bambusstäbe und zudem teurer.

**Andere Pflanzen** Die natürlichsten Stützhilfen sind – insbesondere für kletternde Gewächse – andere Pflanzen. Kletternde Stauden wie Staudenwicke *(Lathyrus latifolius)* können unter kräftige Sträucher wie Holunder *(Sambucus)* gepflanzt werden, deren Zweige ihnen beim Wachsen als Stütze dienen. Kleinere Kletterpflanzen wie sommergrüne *Clematis* und *Codonopsis clematidea* lassen sich gut an niedrigen Sträuchern wie Fingerkraut *(Potentilla)* erziehen.

### Wann wird gestützt?

Die wichtigste Regel lautet, Pflanzen bereits zu stützen, bevor sie eine Stütze brauchen. Nichts sieht schlimmer aus als eine Pflanze, die umgefallen ist und nachträglich an Stützen aufgebunden wurde. Dagegen wirkt eine Pflanze, die durch ihre Stütze hindurchgewachsen ist, so natürlich, daß man die Stütze gar nicht bemerkt. Rechtzeitiges Stützen ist wichtig, was aber nicht heißen soll, daß die Stützen die Rabatte dominieren, bis die Pflanzen sie verdecken. Da Pflanzen unterschiedlich rasch wachsen, ist es nicht möglich, einen genauen Zeitpunkt festzulegen, an dem Stützen aufgestellt werden sollten. Man muß sie so rechtzeitig anbringen, daß sie wirklich effektiv sind, aber nicht so früh, daß sie über einen langen Zeitraum die Blicke auf sich ziehen.

### Wie wird gestützt?

Bei den meisten Stauden, die sich vergrößernde Horste bilden, werden nicht einzelne Triebe, sondern wird die ganze Pflanze gestützt. Aber es gibt auch einige Stauden, wie etwa *Crambe cordifolia*, die es schätzen, wenn jeder ihrer Stengel mit einem einzelnen hohen Stab gestützt wird. An windigen Plätzen kann auch Rittersporn auf diese Weise gestützt werden. Zu den Nachteilen dieses Verfahrens gehören nicht nur der erforderliche Zeitaufwand und die Kosten für die Stützen, sondern auch, daß die Stäbe mitunter selbst zur Blütezeit sichtbar sind. Zudem können hohe Triebe mit großen Blüten an der Stelle, an der sie festgebunden wurden, umknicken. Im allgemeinen sollten besser ganze Horste gestützt werden als einzelne Stengel.

## Welke Blüten entfernen

Es gibt drei Gründe, die für das Entfernen welker Blüten bei Stauden sprechen. Erstens entwickeln viele Stauden neue Blüten, wenn die alten regelmäßig entfernt werden. Läßt man welkende Blüten an den Pflanzen, verwenden diese einen großen Teil ihrer Kraft auf die Entwicklung von Samen, was sie im allgemeinen in keiner Weise reizvoller macht. Werden die welken Blüten aber entfernt, kommt diese Kraft gewöhnlich der Ausbildung neuer Blüten zugute. Einige Stauden entwickeln beim Entfernen der alten Blüten zwar keine neue Blüten, jedoch große Mengen neuer Blätter. Der zweite Grund für das Entfernen welker Blüten liegt einfach im ordentlichen Aussehen. Gärtner vertreten hier unterschiedliche Auffassungen. Manche beachten ein paar verwelkte Blüten kaum, andere stürmen, sobald Blütenblätter schlaff werden, mit der Gartenschere herbei, damit die Rabatte ja nicht unordentlich wirkt. Und drittens werden welke Blüten entfernt, weil manche Pflanzen so viele Samen ausbilden, daß ihre Sämlinge eine Plage sein können. So werden Fingerhut, Garbe und Nessel leicht zu Unkraut, wenn man ihre Samenstände nicht entfernt.

Bei einigen Pflanzen wie etwa Ziergräsern läßt man die Samenstände jedoch an den Pflanzen, da sie im Herbst und Winter sehr dekorativ wirken.

### Unterschiedliche Vorgehensweisen

Stauden lassen sich in zwei Hauptgruppen unterteilen. Bei einigen, wie *Phlox*,

Wenn man bei Pflanzen wie Hundskamille *(Anthemis)* welke Blüten entfernt, sehen sie nicht nur schöner aus, sondern sie werden dadurch auch zu neuer Blüte angeregt.

***Welke Blüten entfernen***

*Blüten mit Einzelstielen über einem Blatt oder einem Seitentrieb abschneiden.*

*Blütenstände können ganz über den grundständigen Blättern abgeschnitten werden.*

*Bei Pflanzen mit großen Blüten kann man diese einzeln entfernen, sobald sie welken.*

Salbei *(Salvia)* und Hundskamille *(Anthemis)*, die am unteren Teil ihrer Stengel zahlreiche Blätter und am oberen Blüten tragen, sollten die welken Blütenköpfe direkt oberhalb der Blätter abgeschnitten werden. Bei anderen Pflanzen, wie etwa winterhartem Storchschnabel *(Geranium)*, Lungenkraut *(Pulmonaria)* und Nieswurz *(Helleborus)*, die an relativ kahlen Stengeln blühen und grundständige Blätter haben, schneidet man verwelkte Blütenstengel in Bodenhöhe heraus.

Stauden sind jedoch so unterschiedlich, daß einige Gruppen gesondert betrachtet werden sollten.

- Bei Rittersporn *(Delphinium)* sollte nach Welken der letzten Blüte der ganze Blütenstand möglichst weit unten, jedoch über den Hauptblättern, abgeschnitten werden. Nimmt man den Stengel in Bodenhöhe heraus, fördert man damit eine zweite Blüte, doch geht sie möglicherweise auf Kosten einer guten Blüte im folgenden Jahr.
- Einige Pflanzen, wie winterharter Storchschnabel *(Geranium)*, Gemswurz *(Doronicum)*, Sterndolde *(Astrantia)* und Frauenmantel *(Alchemilla)*, können nach der Hauptblüte direkt über dem Boden abgeschnitten werden. Sie entwickeln dann üppiges neues Laub, dem möglicherweise weitere Blüten folgen. Unmittelbar nach dem Rückschnitt müssen die Pflanzen feucht gehalten werden.
- Bei winterharten *Chrysanthemum*-Arten und -Sorten und anderen Pflanzen, die über lange Zeit am gleichen Blütenstand neue Blüten öffnen, sollte man die welkenden Einzelblüten herausschneiden und, wenn alle verblüht sind, den ganzen Blütenstand.
- Türkenmohn entwickelt ungefüllte Blüten an kahlen Stengeln, die man in Bodenhöhe herausschneiden sollte, sobald die Blütenblätter herabhängen. Wenn kurz danach auch die Blätter welken, können die ganzen Pflanzen entfernt werden.
- Bei Pflanzen mit zahlreichen sehr kleinen Blüten wie Schleierkraut *(Gypsophila)* ist ein einzelnes Entfernen unmöglich. Einige Gärtner belassen sie einfach an den Pflanzen, andere scheren sie ab.

### Samenstände erhalten

Obwohl es gewöhnlich ratsam ist, welke Blüten zu entfernen, besitzen einige Pflanzen so reizvolle Samenstände, daß sie am besten erhalten werden. So können etwa die Samenstände vieler Gräser bis weit in den Winter hinein die Blicke auf sich ziehen. Sehr hübsch sind die duftigen Samenstände der Kuhschelle *(Pulsatilla)* sowie von *Clematis*, und die Beeren von *Iris foetidissima* lassen farbenfrohe Blickfänge entstehen. Beim Entfernen von Samenständen muß man auch zurückhaltend sein, wenn Pflanzen sich aussäen sollen oder man ihre Samen sammeln will, um sie zu verschenken oder selbst neue Pflänzchen zu ziehen. In diesem Fall sollte man einige Samenstände stehenlassen.

## Verjüngung

Viele Stauden beginnen häßlich zu werden, wenn sie einige Jahre am gleichen Platz standen. Das Wachstum ist nicht mehr so kräftig, die Triebe sind kürzer, die Blätter nicht mehr so üppig, und die Zahl der Blüten ist geringer.

### Warum verjüngt man Stauden?

Stauden werden manchmal häßlich, weil ihre Wurzeln die Pflanzennährstoffe im Boden verbraucht haben, oder aber, weil mit ihrer Ausbreitung die Mitten kümmern, während um sie herum ein Kranz aus relativ gesunden Trieben wächst. Gleichzeitig nimmt die Gesamtgröße der Pflanze zu, so daß sie schließlich zu groß für ihren Platz wird. Pflanzen, die sich stark ausbreiten, wie Türkenmohn und *Campanula takesimana*, können dann ihre Nachbarn bedrängen. Diese Probleme werden gelöst, wenn man die ganze Pflanze ausgräbt, den Boden anreichert und gesunde Pflanzenteile neu pflanzt. Obwohl Mulchen und Düngen eine Pflanze, die sonst kümmern würde, gesund erhalten kann, beschleunigt es nur das Näherrücken des Tages, an dem sie zu groß wird und geteilt werden muß.

## Welche Stauden werden verjüngt?

Pflanzen, die rasch wachsen und viele Nährstoffe brauchen, müssen häufig geteilt und wieder gepflanzt werden. Einige Stauden sollte man jedes zweite Jahr teilen, während man solche, die von Natur aus dichte Horste entwickeln, wachsen lassen kann, bis sie große Büschel bilden.

Pflanzen, die häufig verjüngt werden müssen, sind Hundskamille *(Anthemis)*, *Aster*, *Campanula* (vor allem *C. glomerata*, *C. takesimana* und ›Elizabeth‹), Maßliebchen *(Bellis)*, Gemswurz *(Doronicum)*, Schwertlilie *(Iris)*, *Lobelia*, Indianernessel *(Monarda)*, *Tanacetum* und Veilchen *(Viola)*.

Zu den Pflanzen, die große Büschel bilden und nicht geteilt werden sollten, gehören *Bergenia*, *Clematis*, Steppenkerze *(Eremurus)*, *Euphorbia characias*, Fenchel *(Foeniculum)*, Nieswurz *(Helleborus)*, Funkie *(Hosta)*, Fackellilie *(Kniphofia)*, Pfingstrose *(Paeonia)* und Rhabarber *(Rheum)*.

***Teilen und neu pflanzen***

*1 Alte Pflanze mit der Gabel herausheben; möglichst viele Wurzeln erhalten.*

*2 Am Rand des Horstes gesunde, kräftige Stücke abtrennen.*

*3 Die Stücke einpflanzen; den Boden vorher mit organischer Substanz anreichern.*

*4 Die frisch bepflanzte Fläche mit sieben gleichmäßig verteilten Teilstücken.*

## Wann und wie wird verjüngt?

Für den Zeitpunkt des Teilens und Neupflanzens gelten im wesentlichen die gleichen Regeln wie für das Pflanzen (siehe Seite 30 ff.). Einige Stauden werden besser im Frühjahr umgepflanzt, andere im Herbst.

Das Verfahren ist nicht schwierig. Man gräbt zuerst die ganze Pflanze aus, legt sie auf ein Stück Folie und deckt sie mit Folie oder feuchtem Sackleinen ab. Dann kann man den Boden bearbeiten. Man nimmt dazu entweder eine Gabel oder gräbt ihn in der gleichen Weise wie für Neupflanzungen um (siehe Seite 29 f.). Herausgenommene Pflanzen sollten geprüft und dann mit zwei Gabeln in Stücke handhabbarer Größe geteilt werden (siehe Seite 66). Alle abgestorbenen, schwachen oder häßlichen Teile sollten weggeworfen werden, während man die kräftigsten Stücke am Rand erhält.

Das verbliebene Pflanzenmaterial wird je nach Wuchsweise unterschiedlich behandelt (siehe Seite 65 ff.). Wenn man eine Pflanze einfach wieder an ihren alten Platz setzen und nicht ihre Fläche vergrößern will, kann man mit Gabeln, von Hand und mit der Schere eine Anzahl kräftiger Teilstücke abtrennen und neu pflanzen.

RECHTS Große Stauden wie diese beginnen irgendwann zu kümmern, wenn man sie nicht in regelmäßigen Abständen aus dem Boden nimmt, teilt und neu pflanzt.

# Pflanzenschutz

So gut man Stauden auch pflegen mag, irgendwann können sie trotzdem von Schädlingen und Krankheiten befallen werden. Durch vorbeugende Maßnahmen kann man dies vielleicht verhindern, wenn aber dennoch Schädlinge und Krankheiten auftreten, läßt sich durch die geeignete Bekämpfungsmethode der Schaden erheblich begrenzen.

## Regeln der Schädlings- und Krankheitsbekämpfung

Es ist hilfreich, sich in den Grundregeln der Schädlings- und Krankheitsbekämpfung auszukennen. Besonders wichtig sind Kenntnisse, wie man einem Befall vorbeugt, damit erst gar nicht so viele Pflanzen von ihm betroffen sind.

### Vorbeugung

Das oberste Gebot lautet: Denken Sie stets daran, daß gesunde Pflanzen seltener unter Schädlingen und Krankheiten leiden als kränkelnde Exemplare, und selbst wenn sie befallen werden sollten, werden sie widerstandsfähiger sein. Das Befolgen der nachstehenden Regeln ist der erste Schritt, zu verhindern, daß an Stauden Schädlinge und Krankheiten auftreten:

- Pflanzen Sie Stauden stets in den von ihnen bevorzugten Bodentyp. So leidet beispielsweise eine Pflanze, die eine gute Drainage braucht, in feuchter Erde leicht unter Wurzelfäule.
- Ziehen Sie Stauden unter den von ihnen bevorzugten Lichtverhältnissen. Wenn etwa eine sonnenliebende Pflanze in vollem Schatten wachsen muß, wird sie mit großer Wahrscheinlichkeit unter Fäule leiden.
- Sorgen Sie dafür, daß die Stauden die erforderliche Menge Wasser und Dünger erhalten, und vergessen Sie dabei nicht, daß Pflanzen unterschiedliche Bedürfnisse haben. Behandeln Sie jedes Exemplar als Individuum.
- Kaufen Sie, wenn möglich, von Stauden, mit denen sie bereits Probleme hatten, resistente Sorten.

Eine weitere wichtige Methode zur Verhinderung von Schädlingen und Krankheiten ist, die Wahrscheinlichkeit eines Befalls zu senken:

- Halten Sie den Garten unkrautfrei. Unkräuter können Infektionen übertragen, und Insekten und Pilzerkrankungen können sich von Unkraut wieder auf Rabattenpflanzen ausbreiten, nachdem Sie gerade glaubten, alle Probleme beseitigt zu haben.
- Lassen Sie keine Gartenabfälle in Ecken herumliegen, sondern kompostieren Sie sie.
- Inspizieren Sie alle neuen Pflanzen sorgfältig, um sicherzustellen, daß mit ihnen nicht neue Schädlinge und Krankheiten aus einem Nachbargarten oder der Gärtnerei eingeschleppt werden.
- Achten Sie auf Probleme, die an Pflanzen in Nachbargärten auftreten, und ergreifen Sie nötigenfalls vorbeugende Maßnahmen.
- Denken Sie daran, daß die Witterung Auswirkungen auf die Pflanzen haben kann. So begünstigen lange, heiße Trockenperioden Echten Mehltau und Spinnmilbe.

### Maßnahmen gegen Schädlinge und Krankheiten

Selbst bei sorgsamer Vorbeugung werden Pflanzen irgendwann unter Befall leiden. Damit sie möglichst wenig in Mitleidenschaft gezogen werden, ist es wichtig, wachsam zu sein. Wenn man bei den ersten Anzeichen reagiert, ist gewährleistet, daß der Schaden so klein wie möglich bleibt. Sobald Sie daher besorgniserregende Symptome feststellen, sollten Sie die Ursache ermitteln und sofort bekämpfen.

Wenn Pflanzen unter Schädlingen und Krankheiten leiden, gibt es drei Wege für ihre Bekämpfung: Mechanische Maßnahmen, die Methoden beinhalten wie das Absammeln von Raupen; biologische Verfahren wie das Aussetzen von Feinden, die die Schädlinge töten (die Anwendungsmöglichkeiten sind im Glashaus allerdings größer als in der Staudenrabatte); und chemische Bekämpfung, also den Einsatz von chemischen Pestiziden und Insektiziden.

**Mechanische Maßnahmen** Zu ihnen gehören viele Methoden, die bereits bei der Pflege von Pflanzen beschrieben wurden, aber es gibt noch eine Reihe weiterer nützlicher Vorgehensweisen:

- Suchen Sie die Blätter gefährdeter Pflanzen nach Eigelegen von Raupen ab, und zerdrücken Sie diese, bevor die Raupen schlüpfen können.
- Sammeln Sie Raupen von Pflanzen ab, die ihnen als Nahrung dienen.
- Bearbeiten Sie die Erde zwischen den Pflanzen mit der Gabel, um die im Boden lebenden Schädlinge für Vögel freizulegen.
- Pflücken Sie Blätter ab, die durch Minierfliegen entstandene Gänge unter der Blattoberfläche aufweisen.
- Sammeln Sie Schnecken ein, am besten abends mit der Taschenlampe – sie sind dann am leichtesten zu finden.
- Stellen Sie Zäune oder Netze auf, um größere Tiere wie Kaninchen oder Vögel fernzuhalten.
- Bringen Sie Abschreckvorrichtungen wie Silhouetten von Katzen oder Raubvögeln an. Sie können in manchen Situationen nützlich sein.

**Biologische Maßnahmen** Sie beinhalten den Einsatz von Nützlingen, die im Gegensatz zu anderen Bekämpfungsmethoden den Pflanzen keinen Schaden zufügen. Diese Nützlinge sind entweder Parasiten oder Räuber, und selbst einfache Maßnahmen wie das Anlocken von Vögeln können oft einen spürbaren Effekt auf die Raupen- und Blattlauspopulation haben.

- Sorgen Sie für Nistplätze, Futterstellen und Winterschutz, um Vögel in Ihren Garten zu locken.
- Setzen Sie gegen Schnecken natürliche Feinde ein. Es gibt zwei Grund-

typen: Der eine im Handel erhältliche Typ stört ihre Fortpflanzung, bei dem anderen handelt es sich um einen Parasiten, der in den Körper der Schnecken eindringt und sie erkranken läßt.

- Fördern Sie Nutzinsekten, indem Sie ihre Nahrungspflanzen ziehen. So mögen etwa Schwebfliegen, die bei der Blattlausbekämpfung helfen, Fenchel und einjährige Winden.
- Setzen Sie während der Vermehrungszeit im Glashaus einen der Feinde von Spinnmilben, Weißen Fliegen und anderen Schädlingen ein, die im Handel erhältlich sind.
- Wo Mäuse ein Problem sind, sollte eine Katze gehalten werden.

**Chemische Bekämpfung** Es sind verschiedene chemische Mittel zur Bekämpfung von Schädlingen und Krankheiten erhältlich. Einige gewinnt man aus natürlichen Substanzen, während andere synthetisch hergestellt werden. Doch selbst natürliche Substanzen können bei falscher Anwendung oder Dosierung gefährlich sein. Ganz allgemein sollten chemische Mittel stets die letzte Wahl sein, wenn der Schädlingsbefall ein nicht mehr tragbares Ausmaß erreicht hat. Zudem muß sichergestellt sein, daß das vorhandene Problem mit dem richtigen chemischen Präparat bekämpft wird. So kann naheliegenderweise Pilzbefall nicht mit Insektiziden behandelt werden.

## Sichere Anwendung von Pflanzenschutzmitteln

- Lesen Sie die Gebrauchsanweisung sorgfältig, und befolgen Sie sie genau.
- Tragen Sie, falls empfohlen, stets Schutzkleidung. Bei der Verwendung von Konzentraten sollten Sie Handschuhe anziehen.
- Verwenden Sie nie eine höhere Konzentration als empfohlen. Sie können damit die Pflanzen schädigen, ohne das Problem zu beseitigen.
- Verwenden Sie, wenn möglich, lieber Granulat als flüssige Konzentrate. Am geeignetsten sind bereits abgemessene Präparate oder Mittel, denen ein Meßbecher beiliegt.
- Mischen Sie niemals verschiedene Präparate, sofern die Gebrauchsanweisung dies nicht ausdrücklich angibt.
- Atmen Sie beim Spritzen niemals die Dämpfe ein, und bedecken Sie Ihre Haut so weit wie möglich.
- Bewahren Sie Pflanzenschutzmittel in einem verschlossenen Schrank auf. Halten Sie während des Spritzens Kinder und Haustiere fern.
- Spritzen Sie stets bei windstillem Wetter, vorzugsweise an einem bedeckten Tag. Geöffnete Blüten sollten abends gespritzt werden, um zu verhindern, daß Bienen in Mitleidenschaft gezogen werden.

*Selinum wallichianum* zieht viele Insekten an, die im Garten nützlich sind.

- Pflanzen sollten möglichst umfassend gespritzt werden, einschließlich Blattober- und Blattunterseiten.

## Biologischer Pflanzenschutz

Viele Menschen halten heute den Einsatz von chemischen Präparaten zur Bekämpfung von Schädlingen und Krankheiten für überflüssig und meinen, daß diese auch ohne Mittel, die möglicherweise Haustiere, Vögel und Insekten schädigen, wirksam bekämpft werden können. Zahlreiche Gärtner kommen mit biologischem Pflanzenschutz gut zurecht, auch wenn es häufig zutrifft, daß die Gartenarbeit ohne chemische Präparate zeitaufwendiger ist als bei der Verwendung eines Spritzmittels. Biologischer Pflanzenschutz kann in sechs Bereiche unterteilt werden:

- Auswahl resistenter Sorten,
- sorgfältige Anbaumethoden,
- Förderung natürlicher Feinde,
- mechanische Maßnahmen,
- biologische Maßnahmen,
- Einsatz sicherer Spritzmittel.

### Auswahl resistenter Sorten

Von vielen Nutzpflanzen, wie Gemüse und Obst, gibt es heute Sorten, die gegen die häufigsten Schädlinge und Krankheiten resistent sind, doch wurden bisher leider nur wenige Stauden mit diesem Ziel gezüchtet. Dies liegt daran, daß die Entwicklung solcher Pflanzen einerseits sehr zeitaufwendig sein kann und andererseits Krankheitsbilder in verschiedenen Landesteilen nicht zwangsläufig identisch sind, so daß eine Sorte in einer Gegend möglicherweise resistent ist, in einer anderen jedoch nicht. Eine sinnvolle Vorgehensweise kann daher sein, Sorten zu pflanzen, die sich in Nachbargärten als resistent erwiesen haben, selbst wenn sie nicht generell als resistent gelten. Eine andere Möglichkeit ist natürlich, solche Sorten zu wählen, die eine allgemeine Resistenz besitzen. Während beispielsweise purpurfarbene Rittersporn-Sorten wie ›Bruce‹ oder ›Chelsea Star‹ meist sehr mehltauanfällig sind, haben sich andere, wie die blaue ›Loch Leven‹ oder die tiefrosa ›Rosemary Brock‹, als sehr resistent erwiesen. Die Sorten der Star-Serie der Indianernessel *(Monarda)*, wie die rosa ›Pisces‹ und die purpurfarbene ›Scorpio‹, sind generell mehltauresistent. Und während die meisten Sorten von *Phlox paniculata* mehltauanfällig sind, leiden die verschiedenen Formen von *Phlox maculata* nicht darunter.

### Sorgfältige Anbaumethoden

Alle unter »Vorbeugung« beschriebenen Maßnahmen (siehe Seite 56) sind extrem wichtig, wenn im Garten auf die Verwendung von Chemikalien verzichtet werden soll. Bei robusten Pflanzen, die gut gedeihen, ist das Auftreten von Schädlingen und Krankheiten unwahrscheinlicher, und falls es doch zu einem Befall kommt, können sie ihn eher überstehen.

### Förderung natürlicher Feinde

Viele Lebewesen im Garten können bei der Schädlingsbekämpfung eine große Hilfe sein. Im besten Fall entsteht ein natürliches Gleichgewicht, und es sind gerade ausreichend Schädlinge vorhanden, um die Räuber zu ernähren, jedoch nicht so viele, daß sie Schaden anrichten können. Aber oft vermehren sich die Schädlinge so rasch, daß ihre Feinde ihnen nicht mehr Herr werden können, und der Gärtner muß eingreifen, indem er Nützlinge anlockt. Hier einige Tricks:

- Setzen Sie Pflanzen wie einjährige Ackerwinden (*Convolvulus*), Sumpfblumen (*Limnanthes*) und Buchweizen (*Fagopyrum*) zwischen die Stauden. Sie locken Schwebfliegen an, deren Larven im Garten nützlich sind, da sie große Mengen Blattläuse vertilgen. Stauden wie purpurblättriger Fenchel *(Foeniculum)* und *Selinum tenuifolium* ziehen ebenfalls Schwebfliegen an.
- Lassen Sie in einer entlegenen Ecke des Gartens Stammstücke liegen, um räuberischen Käfern einen Unterschlupf zu bieten.
- Stellen Sie eine flache Wasserschale mit einigen flachen Steinen auf, um Kröten anzulocken, die Nacktschnekken fressen.
- Hängen Sie während der Wintermonate in der Nähe von Staudenrabatten Nüsse auf, um Blaumeisen anzulokken. Die Vögel vertilgen überwinternde Insekteneier, Blattläuse und Larven an den Pflanzen, während sie darauf warten, an die Nüsse zu gelangen.
- Lassen Sie in einer Gartenecke einen Haufen aus Zweigen liegen, in dem

*Limnanthes douglasii* lockt Schwebfliegen an, deren Larven im Garten große Mengen Blattläuse vertilgen.

Igel überwintern können. Sie verspeisen eine große Zahl von Schnecken.

### Mechanische Maßnahmen

Mechanische Maßnahmen, wie das Einsammeln von Raupen oder Schnekken per Hand, können wirksame Methoden der Bekämpfung sein, doch es ist wichtig, die Pflanzen häufig zu inspizieren, um sicherzugehen, daß ein Befall erkannt und behandelt wird, bevor er großen Schaden anrichten kann. Dies ist möglicherweise sehr zeitraubend, und einige Tage schlechtes Wetter oder ein Wochenendurlaub können bereits zu Problemen führen (siehe auch Seite 56).

### Biologische Maßnahmen

Die meisten biologischen Bekämpfungsmaßnahmen haben den großen Vorteil, daß sie sich ausschließlich gegen die Schädlinge richten und Nutzinsekten oder andere Tiere unversehrt lassen. Leider erreichen die meisten biologischen Maßnahmen jedoch nur im Gewächshaus oder im Wintergarten ihre volle Wirksamkeit, vier Methoden eignen sich jedoch auch für das Freiland:

- Eine Älchen-Art, die Bakterien überträgt, welche Dickmaulrüßler und andere im Boden lebende Schädlinge befallen.
- Ein Raubinsekt, das Spinnmilben jagt.
- Eine Älchen-Art, die Schnecken mit tödlichen Bakterien infiziert.
- Bakterien, die Raupen töten. Stauden werden von einer Vielzahl großer und kleiner Raupen befallen, die jedoch alle durch Spritzen geeigneter Bakterienpräparate bekämpft werden können (siehe auch Seite 56 f.).

### Einsatz sicherer Spritzmittel

Viele biologische Gärtner greifen zu natürlichen Pestiziden, und die meisten Vereinigungen biologischer Gärtner billigen den Einsatz einer gewissen Zahl. Es darf jedoch nicht vergessen werden, daß Substanzen natürlichen Ursprungs nicht notwendigerweise unschädlich für Menschen und Tiere sind. So ist zum Beispiel Pyrethrum eine natürliche Substanz, die gegen eine große Zahl von Schädlingen wirkt, aber auch für Fische gefährlich ist. Die ungefährlichsten Spritzmittel sind als Insektizide verwendete Seifenlaugen, die jedoch den Nachteil haben, daß sie auch eine Vielzahl von harmlosen Insekten schädigen.

## Häufige Schädlinge an Stauden

Schädlinge wie etwa Insekten und andere kleine Lebewesen fressen Pflanzengewebe, saugen Pflanzensaft oder verursachen indirekt Schäden, indem sie beispielsweise Wurzeln unterhöhlen oder Krankheiten verbreiten.

*Tatsächliche Größe: 6 mm*

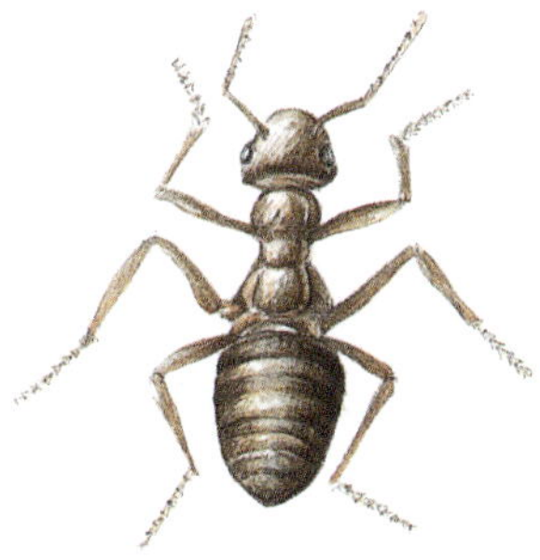

### Ameisen

Ameisen höhlen die Erde zwischen den Staudenwurzeln aus. Außerdem begünstigen sie die Vermehrung von Blattläusen: Während die Ameisen Blattläuse »melken«, indem sie deren Ausscheidungen fressen, tragen sie sie zu neuen Trieben, wo die Blattläuse sich weiter vermehren.
**Schadbild:** Pflanzen gedeihen schlecht und welken bei Hitze, da ihre Wurzeln nicht mehr von Erde umgeben sind und sie somit kein Wasser bekommen.
**Vorbeugung:** Wachsamkeit und sofortige Bekämpfung verringern die Ausbreitung der Ameisen. Pflanzgefäße auf Klötzchen stellen, um Ameisen fernzuhalten.
**Bekämpfung:** Mitunter wird empfohlen, kochendes Wasser in die Nester zu gießen, wodurch die Ameisen aber selten vollkommen vernichtet werden. Pulver und Köder sind wirksam, müssen aber wiederholt angewendet werden, bis keine Ameisen mehr vorhanden sind. Wertvolle Pflanzen, die unter schwerem Befall leiden, können aus der Erde genommen werden. Die gesamte Erde von den Wurzeln abspülen, die Triebe zurückschneiden und die Pflanzen eintopfen.

*Tatsächliche Größe: 3 mm*

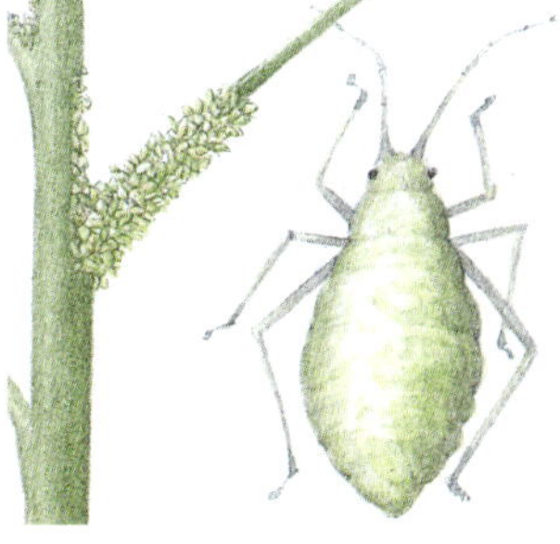

### Blattläuse

Sie verursachen Schäden, indem sie Saft aus ihren Wirtspflanzen saugen. Manche Formen befallen eine Vielzahl von Pflanzen, andere sind wählerischer. Blattläuse übertragen auch Viruserkrankungen.
**Schadbild:** Kümmerliches Wachstum und deformierte Triebe, Blätter, Knospen und mitunter auch Blüten. Die Insekten sitzen dicht an dicht vor allem unter Blättern und an Triebspitzen.
**Vorbeugung:** Feinde wie Marienkäfer, Schwebfliegen und Florfliegen fördern. Auf Breitbandinsektizide verzichten, da sie auch diese Nützlinge töten.
**Bekämpfung:** Mit Seifenlösung oder einem Insektizid gegen Blattläuse spritzen, vor allem Knospen, Blattunterseiten und Triebspitzen, da sich dort die Blattläuse konzentrieren.

*Tatsächliche Größe: 10 mm*

## Blattwanzen

Die winzigen blaßgrünen Larven und die größeren grünen erwachsenen Käfer befallen, vor allem zu Beginn der Wachstumsperiode, eine breite Palette von Stauden. Sie saugen Saft und sammeln sich oft an neuen Triebspitzen.
**Schadbild:** Neue Blätter an den Triebspitzen tragen zahlreiche kleine Löcher, die oft gelb gerandet sind und mit dem Wachsen der Blätter auch häufig größer werden.
**Vorbeugung:** Sofortige Bekämpfung bei den ersten Anzeichen eines Befalls.
**Bekämpfung:** Triebspitzen ausknipsen oder mit einem systemischen Insektizid spritzen. Kontaktinsektizide erreichen die Larven in den Triebspitzen nicht immer.

*Tatsächliche Größe: 2 cm*

## Engerlinge

Diese weichen, C-förmigen Larven verschiedener Blatthornkäfer sind weiß und haben braune Köpfe. Sie befallen Wurzeln von Pflanzen, die daraufhin welken oder kümmern.
**Schadbild:** Die Larven fressen Wurzeln, aber auch Zwiebeln und Knollen. Ein besonderes Problem sind sie dort, wo neue Blumenbeete auf einstigen Rasen- oder Grasflächen angelegt werden.
**Vorbeugung:** Wiederholte Bearbeitung des Bodens legt sie für Vögel frei.
**Bekämpfung:** Beim Pflanzen ein Bodeninsektizid ausbringen. Gegen einen Befall von Pflanzen kann man wenig tun.

*Tatsächliche Größe: 5 cm*

## Schnakenlarven

Diese weichen, dicken, graubraunen Larven der Wiesenschnake treten am häufigsten in neuen Blumenbeeten auf, die auf einstigen Rasen- oder Wiesenflächen angelegt werden, aber auch in Beeten, in deren Nähe sich grobes Gras befindet.
**Schadbild:** Pflanzen erscheinen schwächlich, welken und können sogar ganz absterben, da die Larven die Wurzeln abfressen.
**Vorbeugung:** Wiederholte Bearbeitung des Bodens vor dem Pflanzen legt die Larven für Vögel frei.
**Bekämpfung:** Bodeninsektizide und einige Schneckenmittel töten auch Schnakenlarven.

*Tatsächliche Größe: 5 cm*

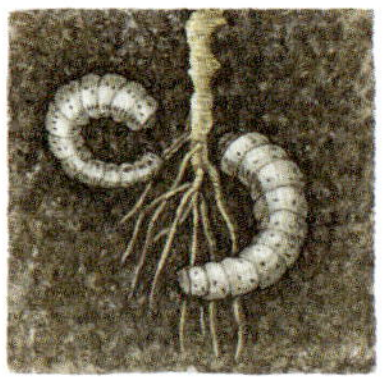

## Erdraupen

Dicke graue oder braune Larven, aus denen schließlich Falter schlüpfen.
**Schadbild:** Triebe sind in Bodenhöhe durchgefressen. Erdraupen treten häufig an Jungpflanzen und Sämlingen auf.
**Vorbeugung:** Wiederholte Bearbeitung des Bodens im Winter legt Larven für die Vögel frei.
**Bekämpfung:** Beim Pflanzen junger Stauden oder bei der Aussaat ein Bodeninsektizid anwenden.

*Tatsächliche Größe: 1,5–2 cm*

## Ohrwürmer

Diese braunen flinken Insekten haben eine auffällige »Zange« am Hinterleib.
**Schadbild:** Fraßschäden an Blüten mit fleischigen Blättern, insbesondere an gefüllten Chrysanthemen und Dahlien.
**Vorbeugung:** Den Garten in Ordnung halten und Abfälle sofort entfernen.
**Bekämpfung:** Ohrwürmer mit auf den Boden gelegten Orangenschalen, gerollter Wellpappe oder umgedrehten strohgefüllten Blumentöpfen fangen oder am Abend ein systemisches Insektizid spritzen.

*Tatsächliche Größe: 1 mm*

## Älchen (Nematoden)

Diese winzigen wurmartigen Lebewesen fressen Triebe und Blätter. Verschiedene Arten befallen unterschiedliche Pflanzen.
**Schadbild:** Deformationen an Phloxblättern; bei Bartfaden werden Blätter braun.
**Vorbeugung:** Gesunde Pflanzen kaufen. Phlox durch Wurzelschnittlinge vermehren, Bartfaden nur durch Triebspitzen.
**Bekämpfung:** Die einzige Bekämpfungsmöglichkeit besteht in der Vernichtung der Pflanzen.

*Tatsächliche Größe: 2,5 cm*

## Raupen

Stauden können von den Raupen einer Vielzahl von Schmetterlingen und Faltern befallen werden. Die Raupen haben sehr unterschiedliche Größen und Farben. Einige ernähren sich nur von bestimmten Pflanzen, andere sind weniger wählerisch.
**Schadbild:** Fraßschäden an Blättern, Blüten, Knospen und möglicherweise Trieben, mitunter an den Rändern, aber auch großflächiger.
**Vorbeugung:** Eigelege an den Blattunterseiten zerdrücken und insektenfressende Vögel wie Blaumeisen anlocken.
**Bekämpfung:** Raupen von Hand ablesen. Mit einem Bakterienpräparat oder geeigneten Insektizid spritzen.

## Minierfliegen

Wenn auf Blättern winzige weiße Flecken erscheinen, ist dies ein Zeichen, daß eine Minierfliege bereits ihre Eier abgelegt hat.
**Schadbild:** Aus den Eiern schlüpfen Larven, die direkt unter der Blattoberfläche Tunnel bohren und Pusteln oder ein Gewirr von Miniergängen hinterlassen. Mehrere Larvenarten verursachen große, braune, hohle Blasen. Minierfliegen befallen die meisten Pflanzen, besonders anfällig sind Chrysanthemen und Akeleien. Der Schaden ist gewöhnlich nicht schwerwiegend.
**Vorbeugung:** Unkräuter aus der Familie der Kreuzblütler wie Gänsedistel und Kreuzkraut vernichten, da sie Wirtspflanzen sind.
**Bekämpfung:** Befallene Blätter entfernen. Chemische Bekämpfung ist schwierig; anfällige Pflanzen regelmäßig inspizieren und beim ersten Erscheinen kleiner weißer Flecken mit einem systemischen Insektizid spritzen.

*Tatsächliche Größe: 4,5 cm*

## Tausendfüßler

Diese schlanken, langsamen, meist schwarzen Tiere rollen sich bei Gefahr zusammen. Man sollte sie auf keinen Fall mit den flinken Hundertfüßlern verwechseln, die eine rötliche Farbe haben und nützliche Räuber sind.
**Schadbild:** Fraßschäden an Sämlingen und fleischigen Pflanzenteilen.
**Vorbeugung:** Gartenabfälle stets wegräumen; dunkle Verstecke inspizieren.
**Bekämpfung:** Während des Pflanzens kann ein Bodeninsektizid in die Erde eingearbeitet werden.

*Tatsächliche Größe: 9 cm*

## Schnecken

Schnecken gibt es in vielen Formen und Größen und können beträchtlichen Schaden anrichten. Angeblich treten Gehäuseschnecken häufiger in kalkigen Böden und Nacktschnecken verstärkt in sauren Böden auf, viele Gärtner leiden jedoch unter beiden überreichlich.
**Schadbild:** Sämlinge, neue Triebe, alle weichen, saftigen Pflanzenteile einschließlich Blüten, Wurzeln und Früchte werden von Schnecken abgefressen.
**Vorbeugung:** Den Garten in Ordnung halten. Lange Gräser entfernen und alles, was feuchte Stellen entstehen läßt, an denen sich Schnecken tagsüber verbergen können, wegräumen.
**Bekämpfung:** Es gibt viele Möglichkeiten, von Orangenschalen und Bierfallen bis zu biologischen Bekämpfungsmaßnahmen.

*Tatsächliche Größe: 0,5 – 1 mm*

## Spinnmilben

Kaum sichtbarer saugender Schädling, der in warmen, trockenen Jahren starke Schäden anrichten kann und Pflanzen mit Gespinsten verunstaltet.
**Schadbild:** Die Blätter haben feine, helle Scheckung, danach folgen graue Gespinste. Spinnmilben befallen vorzugsweise Montbretie *(Crocosmia),* Bartfaden *(Penstemon)* und ganz besonders Primeln *(Primula)*, die eingehen können. In Glashäusern und Wintergärten sind sie ein häufigeres Problem als im Freien.
**Vorbeugung:** Unter trockenen, warmen Bedingungen keine anfälligen Stauden pflanzen.
**Bekämpfung:** Sie ist sehr schwierig; einige Insektizide sind bedingt wirksam.

*Tatsächliche Größe: 6 mm*

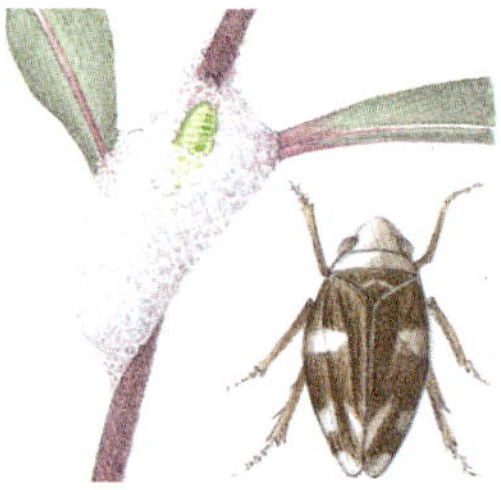

### Schaumzikaden

Diese kleinen grünen Sauginsekten umgeben sich mit einem schützenden weißen Schaum, der auch Kuckucksspeichel genannt wird und im Spätfrühjahr und Frühsommer an vielen Pflanzen zu finden ist. Die erwachsenen Insekten erinnern an winzige grüne Frösche.
**Schadbild:** Schaumzikaden befallen eine große Palette von Stauden, der Schaden ist aber meist gering. Mitunter verursachen sie Deformationen oder Welke.
**Vorbeugung:** Keine.
**Bekämpfung:** Mit einem kräftigen Wasserstrahl abspritzen oder von Hand absammeln. Bei schwerem Befall eventuell mit einem systemischen Insektizid spritzen.

*Tatsächliche Größe: 8 mm*

### Dickmaulrüßler

Dieser Schädling ist zunehmend zur Plage geworden, da früher in Gärtnereien verwendete Mittel vom Markt genommen wurden. Mittlerweile gibt es jedoch einen Ersatz.
**Schadbild:** Erwachsene Käfer verursachen Fraßschäden, typisch sind halbrunde Kerben an Blatträndern. Die weißen Larven haben orangefarbene Köpfe und ernähren sich von Wurzeln und Knollen, vor allem schädigen sie Primeln, Alpenveilchen *(Cyclamen)*, *Heuchera* und Schaumblüte *(Tiarella)*. Sie treten häufiger im Gewächshaus auf, zunehmend aber auch im Freien.
**Vorbeugung:** Die Erde von anfälligen Pflanzen abwaschen und sie in frisches Substrat setzen.
**Bekämpfung:** Einige Insektizide sind gegen die Käfer wirksam. Als biologische Maßnahme kann man eine parasitäre Älchen-Art einsetzen, die in die Larven des Dickmaulrüßlers eindringt.

*Tatsächliche Größe: 2,5 cm*

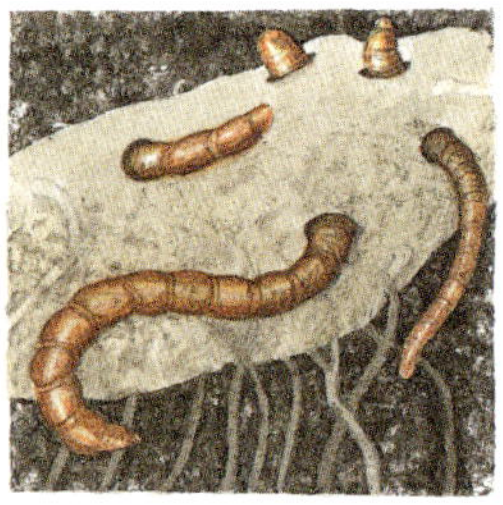

### Drahtwürmer

Diese schlanken cremefarbenen Larven, aus denen Schnellkäfer schlüpfen, finden sich besonders häufig in neuen Blumenbeeten, die in Rasen oder Gras angelegt wurden.
**Schadbild:** Löcher in fleischigen Wurzeln, Zwiebeln oder Knollen, wodurch die Pflanze meist geschwächt wird, aber nicht abstirbt.
**Vorbeugung:** Vor dem Pflanzen mehrmals Umgraben, um die Larven für Räuber freizulegen; regelmäßiges Hacken bestehender Rabatten reduziert ihre Zahl. Unkräuter bekämpfen, von denen sie sich auch ernähren können.
**Bekämpfung:** Einzelne Stauden durch Einarbeiten eines Bodeninsektizids beim Pflanzen schützen oder dieses um wachsende Pflanzen behutsam mit der Gabel einarbeiten.

## Häufige Krankheiten bei Stauden

Krankheiten werden hauptsächlich durch Pilze verursacht. Die Wahrscheinlichkeit ihres Auftretens erhöht sich, wenn extreme Wetterbedingungen herrschen oder die Wachstumsbedingungen im Garten schlecht sind.

### Umfallkrankheit

Diese Krankheit wird durch im Boden lebende Pilze verursacht, deren Vorhandensein erst aufgrund des von ihnen angerichteten Schadens offenbar wird. Sie tritt auf, wenn Sämlinge in nasser, verdichteter Erde wachsen oder zu dicht gesät wurde.
**Schadbild:** Sämlinge knicken infolge von Pilzbefall meist in Bodenhöhe um. Am gefährdetsten sind in einem Vermehrungskasten oder geheizten Glashaus gezogene Stauden.
**Vorbeugung:** Stets saubere Töpfe oder Saatschalen und frische Aussaaterde verwenden, niemals jedoch Gartenerde. Die Aussaaterde nicht zu fest andrücken und dünn säen. Zum Wässern Leitungswasser und kein Wasser aus der Regentonne verwenden. Beim Pikieren behutsam mit den Sämlingen hantieren.
**Bekämpfung:** Nach der Aussaat und dem Keimen der Sämlinge mit einem flüssigen Kupferfungizid gießen.

## Grauschimmel

Diese verbreitete Krankheit ist in der Staudenrabatte ein geringeres Problem als im Gewächshaus. Der verursachende Pilz gedeiht vor allem unter kühlen, feuchten Bedingungen, doch bei Nässe und hoher Luftfeuchtigkeit werden manche Pflanzen selbst im Hochsommer befallen.
**Schadbild:** Besonders gefährdet sind gefüllte Blüten mit weichen oder saftreichen Blättern, insbesondere Dahlien und Chrysanthemen. Manchmal ist der Grauschimmel auf Flecken begrenzt, aber welkende Blüten kann er auch vollständig überziehen und anschließend auf den Stengel übergreifen.
**Vorbeugung:** Bei anfälligen Pflanzen unbedingt regelmäßig welkende Blüten sowie durch schlechtes Wetter oder Frost geschädigte Blüten entfernen.
**Bekämpfung:** Pflanzen mit einem systemischen Fungizid spritzen.

## Blattfleckenkrankheit

Diese Krankheit wird durch eine Vielzahl verschiedener Pilze und Bakterien verursacht, die jeweils nur einen Pflanzentyp befallen. Am häufigsten tritt sie gewöhnlich bei warmem, nassem Wetter auf.
**Schadbild:** Dunkle Flecken entstellen das Laub einer Vielzahl von Staudenarten. In manchen Fällen ist der Schaden gering, eine schwere Erkrankung kann jedoch tödlich sein.
**Vorbeugung:** Die einzig mögliche Maßnahme ist das Entfernen erkrankter Blätter, um die Ausbreitung der Krankheit zu begrenzen.
**Bekämpfung:** Mitunter helfen systemische Fungizide.

## Mehltau

Echter Mehltau tritt vor allem bei warmem, trockenem Wetter an schattenliebenden Pflanzen auf, die in der Sonne oder an Plätzen mit schlechter Luftzirkulation wachsen. Zu den anfälligen Pflanzen gehören Lungenkraut, Akelei und Astern.
**Schadbild:** Der Pilz befällt Laub, Knospen, Blüten und Triebe und überzieht sie mit einem weißen Belag. Möglicherweise färben sich die Blätter gelb, und die ganze Pflanze kann eingehen.
**Vorbeugung:** Anfällige Stauden nur unter geeigneten Bedingungen pflanzen. Stauden häufig teilen, um sie klein zu halten.
**Bekämpfung:** Schwer erkrankte Pflanzen entfernen. Mit einem systemischen Fungizid spritzen.

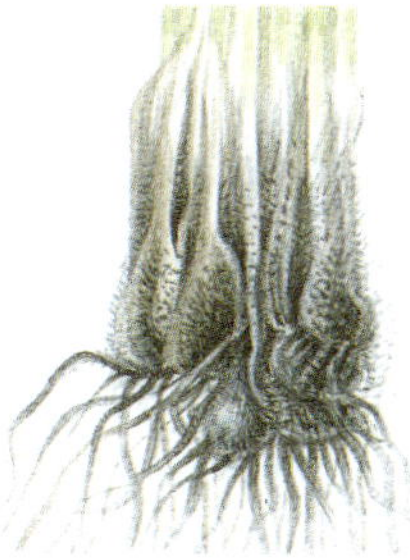

## Wurzelfäule

Viele Stauden leiden aufgrund einer Vielzahl von Pilzen an Wurzelfäule, die häufig der Grund ist, warum Pflanzen scheinbar unerklärlicherweise eingehen.
**Schadbild:** Durch den Befall von bodenbürtigen Pilzen kümmert zunächst der Wuchs, und Blätter vergilben. Die Pflanzen blühen schlecht, manche gehen ein.
**Vorbeugung:** Pflanzen unter geeigneten Bedingungen halten. Einige Pilze, die Wurzelfäule verursachen, können jahrelang im Boden ruhen; erkrankte Pflanzen deshalb niemals durch den gleichen Typ ersetzen.
**Bekämpfung:** Bisher ist kein Mittel gegen diese Krankheit erhältlich.

## Viren

Diese mikroskopisch kleinen Organismen können beträchtlichen Schaden anrichten, und tödliche Stämme werden zunehmend häufiger.
**Schadbild:** Viren können eine Vielzahl von Symptomen verursachen, wie etwa Kümmerwuchs, Deformationen von Blüten, Blättern und Trieben, blasse oder gelbe Streifen oder Scheckungen in vielen verschiedenen Formen.
**Vorbeugung:** Beim Schneiden von Stecklingen anfälliger Pflanzen Gartenschere sterilisieren, da sich das Virus mit dem Saft verbreitet. Blattläuse bekämpfen, die Hauptüberträger von Viruserkrankungen sind.
**Bekämpfung:** Erkrankte Pflanzen sofort ausgraben und verbrennen.

# Vermehrung

Für viele Hobbygärtner ist die Vermehrung von Pflanzen die aufregendste von allen Arbeiten, die mit der Staudenkultur verbunden sind, doch mitunter kommt es dabei auch zu Zweifeln und Unsicherheit. Glücklicherweise gehören winterharte Stauden zu den Pflanzen, die am einfachsten zu vermehren sind, und für die meisten braucht man nicht einmal besondere Geräte. Man unterscheidet zwei Grundarten der Vermehrung: die vegetative Vermehrung und die Aussaat. Bei der ersten Methode werden Stauden durch Teilung, Triebstecklinge oder Wurzelschnittlinge vermehrt, und die entstehenden neuen Pflanzen sind exakte Kopien ihrer Mutterpflanze. Auch aus Samen gezogene Pflanzen können ihren Elternpflanzen oder sich gegenseitig gleichen, oft weisen sie aber erhebliche Unterschiede auf.

## Teilung

Die Teilung ist die einfachste und wichtigste Vermehrungsmethode für winterharte Stauden. Hier sind keine besonderen Vorrichtungen erforderlich, der Erfolg ist praktisch sicher, und die meisten Stauden lassen sich auf diese Weise vermehren. Selbst wenn man seinen Bestand nicht vergrößern will, lohnen es viele Stauden, wenn man sie alle paar Jahre aus dem Boden nimmt, teilt und wieder pflanzt, da sie dann mit frischer Kraft wachsen (siehe Seite 54).

### Wann wird geteilt?

Stauden werden am besten entweder im Frühjahr oder im Herbst geteilt. (Viele können zudem im Winter geteilt werden, in dieser Zeit kommt es jedoch häufiger zu Verlusten.) Die Mehrzahl der Stauden läßt sich in beiden Jahreszeiten gut teilen, doch gibt es dabei noch einige andere Faktoren, die berücksichtigt werden müssen.

Wenn der Boden außergewöhnlich schwer ist und die Niederschlagsraten hoch sind, ist das Frühjahr meist die beste Zeit. Teilt man die Pflanzen im Herbst, befinden sich die wiederverwendeten Teile drei bis vier Monate in kaltem, nassem Boden, bis er sich wieder so weit erwärmt hat, daß sie wachsen können, und dies kann zu Verlusten führen. Bei sehr trockenen Böden und in Gegenden, in denen im Frühjahr wenig Regen fällt, wachsen dagegen Pflanzen möglicherweise aufgrund mangelnder Feuchtigkeit nur schlecht an. In diesem Fall ist eine Teilung im Herbst empfehlenswerter.

Einige Pflanzen haben ganz besondere Vorlieben. So werden Bartiris gewöhnlich im Sommer bald nach der Blüte geteilt, da ihre Wurzeln in dieser Zeit einen Entwicklungsschub erleben. Dann können sich neue Wurzeln sofort im Boden ausbreiten, und die Pflanzen wachsen rasch an. Nieswurzen werden am besten im Spätsommer oder Frühherbst geteilt, kurz bevor das Hauptwachstum ihrer Wurzeln einsetzt. Kissenprimeln teilt man im Spätfrühjahr oder Frühsommer nach der Blüte, und auch für Pfingstrosen ist dies die geeignetste Zeit, damit sie bis zum Winter neue Wurzeln entwickeln können.

Die Mehrzahl der Pflanzen bevorzugt eine Teilung im Frühjahr; sie bilden noch einmal zwei Gruppen: Die eine besteht aus Pflanzen, die sehr spät im Jahr blühen und daher vermutlich im Herbst am schönsten sind, wenn andere Pflanzen geteilt werden können. Die andere wird von jenen gebildet, die die nassen Wintermonate nicht gern ohne gut entwickeltes Wurzelsystem verbringen.

Zu den Pflanzen, die im Frühjahr geteilt werden, gehören Schmucklilie *(Agapanthus)*, Inkalilie *(Alstroemeria)*, Hundskamille *(Anthemis)*, *Aster*, *Chelone*, Rittersporn *(Delphinium)*, *Dendranthema*, Kokardenblume *(Gaillardia)*, Sonnenbraut *(Helenium)*, Son-

Einige Stauden, wie etwa diese Astern *(Aster)* und Fetthennen *(Sedum)*, werden am besten im Frühjahr geteilt, da sie im Herbst oft noch in voller Blüte stehen.

LINKS Mit selbstgezogenen Pflanzen kann man eine abwechslungsreiche und farbenfrohe Rabatte entstehen lassen.

nenblume *(Helianthus), Imperata,* Fakkellilie *(Kniphofia), Lobelia, Morina,* Fetthenne *(Sedum), Tanacetum,* Krötenlilie *(Tricyrtis)* und Veilchen *(Viola)*. Einige Pflanzen sind zwar nicht schwer zu teilen, sehen aber schöner aus, wenn sie einige Jahre ungestört wachsen können, wie etwa Bergenie *(Bergenia), Clematis, Cortaderia,* Nieswurz *(Helleborus),* Funkie *(Hosta),* Chinaschilf *(Miscanthus)* und Pfingstrose *(Paeonia)*.

## Wie wird geteilt?

**Ganze Pflanzen** Hier verwendet man die Zwei-Gabel-Methode. Mit einer Grabegabel hebt man die ganze Pflanze mit möglichst vielen Wurzeln aus dem Boden. Dann nimmt man eine zweite Gabel und sticht beide Gabeln senkrecht Rücken an Rücken in die Mitte der Pflanze. Bei einem dichten Wurzelballen ist hier einige Kraft erforderlich. Wenn man nun die beiden Griffe der Gabeln zusammendrückt, teilen die Zinken die Pflanze in zwei Hälften; durch Hin- und Herbewegen der Griffe trennt sich die Pflanze schließlich in zwei Stücke. Man kann den Arbeitsgang mit beiden Hälften wiederholen und die entstandenen Teile dann entweder von Hand auseinanderziehen oder mit der Gartenschere zerschneiden.

Am besten eignen sich zur Vermehrung starke, gesunde Teile, die meist vom Rand des Horstes stammen. Jedes Stück sollte ein bis zwei kräftige Knospen oder junge Triebe sowie genügend junge Wurzeln besitzen. Von den ausgewählten Stücken entfernt man mit der Gartenschere abgestorbenes Laub, alte oder abgestorbene Wurzeln und ausgefranste Schnittflächen. Die Größe der ausgewählten Stücke hängt bis zu einem gewissen Grad davon ab, ob sie ins Freie gepflanzt oder eingetopft in ein Frühbeet oder ungeheiztes Glashaus gesetzt werden. Wenn es nur darum geht, einen Horst in der Rabatte zu vergrößern oder an einer anderen Stelle im Garten eine zweite Pflanze zu ziehen, nimmt man Stücke mit drei bis vier Trieben oder Knospen und einem guten Wurzelsystem, wobei die Mehrzahl der Wurzeln relativ jung sein und wiederum Teile vom Rand des Horstes verwendet werden sollten. Die Stücke können, wie auf Seite 31 beschrieben, sofort ins Freiland gepflanzt werden. Benötigt man jedoch viele Pflanzen, vielleicht für den Verkauf, kann man kleinere Stücke verwenden. Möglicherweise ist es erforderlich, die besten Stücke in kleine Teile zu zerschneiden, von denen jeder einen schönen Trieb und einige Wurzeln besitzt. Es ist ratsam, von Stücken, die eingetopft werden sollen, die Erde abzuwaschen, damit keine Schädlinge oder Würmer in den Topf gelangen. Die Teilstücke wachsen in Töpfen mit neun bis zwölf Zentimeter Durchmesser und einer handelsüblichen Erde gut an, sofern sie während der ersten Wochen, beispielsweise in einem Glashaus oder Frühbeet, vor heißer Sonne und austrocknendem Wind geschützt werden.

Auch für schwächere Pflanzen und Pflanzen, die rasch durch eine junge Mutterpflanze vermehrt werden sollen, ist diese Methode geeignet. Sehr kleine Stücke, die im Freiland vielleicht um ihr Überleben kämpfen müssen, entwickeln sich in Töpfen oft gut, falls sie etwas Schutz erhalten. In einigen Fällen kann es unumgänglich sein, alte Pflanzenteile aus der Mitte des Horstes zu benutzen. Obwohl sie holzig oder schwach sein können, erholen sie sich in einem Topf an einem geschützten Platz oft ausreichend, um zu schönen Pflanzen heranzuwachsen.

**Pflanzenteile** Wenn nur wenige neue Pflanzen gebraucht werden, ist es nicht unbedingt notwendig, die ganze Pflanze auszugraben. So kann man etwa am Rand des Horstes einer Fackellilie Triebe mit Wurzeln abtrennen und eintopfen. Bei Funkien kann Vermehrungsmaterial mit einem Spaten keilförmig abgestochen werden, etwa so,

***Vermehrung durch Teilung***

*1 Die Zinken von zwei Gabeln Rücken an Rücken senkrecht in die Mitte des Horstes stechen.*

*2 Die Griffe zusammendrücken, dann hin und her bewegen, um die Wurzeln zu trennen.*

*3 Gegebenenfalls die entstandenen Teile mit der Schere in kleinere Stücke schneiden; die ältesten wegwerfen.*

wie man ein Stück aus einer Torte schneidet. Die abgenommenen Stücke werden gewaschen und auseinandergezogen. Anschließend pflanzt man die Teile einzeln in Töpfe. Das Loch an der Mutterpflanze wird mit alter Blumenerde aufgefüllt. Auch bei einigen anderen Pflanzen wie etwa Astern lassen sich am Rand leicht bewurzelte Triebe abstechen. Nimmt man jedoch wiederholt am Rand eines Horstes Vermehrungsmaterial ab, besteht die Gefahr, daß die Pflanze in der Mitte zunehmend schwächer wird und schließlich vielleicht sogar eingeht.

***Vorrichtungen für Stecklinge***

*Am schnellsten bewurzeln sich Stecklinge oft in einem beheizten Vermehrungskasten. Sie sollten aber regelmäßig besprüht werden, um feucht zu bleiben.*

*Die Stecklinge vieler Stauden können in einem Folienbeutel auf dem Fensterbrett oder in einem beheizten Gewächshaus bewurzelt werden.*

## Triebstecklinge

Es mag nicht die naheliegendste Methode sein, Stauden aus Stecklingen zu ziehen, doch sie hat den großen Vorteil, daß man auf diese Weise eine Staude vermehren kann, ohne sie auszugraben. Es sind mehr Dinge erforderlich als bei einer Teilung, doch auch die Stecklingsvermehrung stellt sicher, daß alle neuen Pflanzen genau wie die Mutterpflanze aussehen.

### Ausrüstung

Stecklinge müssen unter geschützten Bedingungen gezogen werden, um sich bewurzeln zu können, und am besten eignet sich hier ein thermostatgesteuerter Vermehrungskasten. Seine durchsichtige Abdeckung läßt Licht herein, während sie gleichzeitig eine feuchte Umgebung schafft, die verhindert, daß die Stecklinge in der Zeit vor der Wurzelbildung welken und eingehen. Die Bodenheizung beschleunigt den Bewurzelungsprozeß, so daß sich Wurzeln entwickeln können, bevor die Stecklinge faulen.

Im Idealfall steht der Vermehrungskasten in einem Glashaus, wo er zusätzlich vor Wind und Kälte geschützt ist. Man kann ihn auch auf ein sonniges Fensterbrett stellen, doch möglicherweise erhalten die Stecklinge dort nur von einer Seite Licht, wodurch sie lang und dünn werden. In beiden Fällen ist eventuell eine Schattierung notwendig, um die Stecklinge vor greller Sonne zu schützen, die zu Überhitzung führen und das Laub verbrennen kann.

Einige Stauden können auch in einem einfacheren ungeheizten Vermehrungskasten bewurzelt werden; dies geschieht besser im Haus, da es dort immer wärmer ist. Auf ein Fensterbrett gesetzt, kann man ihn leicht drehen, um sicherzustellen, daß die Stecklinge von allen Seiten Licht erhalten. Stauden lassen sich auch im Haus oder in einem beheizten Gewächshaus in einzelnen Töpfen (neun Zentimeter Durchmesser) vermehren, über die Folienbeutel gezogen werden; für diese Methode eignen sich besonders robustere Stauden.

### Wann und wie wird vermehrt?

Stecklinge von winterharten Stauden werden fast immer im Frühjahr genommen, oft zu Frühjahrsbeginn; manche können aber auch noch zu einem späteren Zeitpunkt geschnitten werden. Am besten sind junge Frühjahrstriebe geeignet; sie werden genommen, bald nachdem sie erschienen sind. Man schneidet sie so dicht wie möglich an der Basis ab, und ein Cutter oder Federmesser ist für einen sauberen Schnitt oft besser geeignet als eine Gartenschere. Die erforderliche Länge für Stecklinge ist je nach Art unterschiedlich. Üblich sind fünf bis acht Zentimeter, bei Pflanzen, die von Natur aus kleinwüchsig sind, nimmt man etwas kürzere Stücke.

Bei einigen Pflanzen wie Rittersporn und Dahlien werden die Stengel im Laufe der Zeit oft hohl. Da sich jedoch Stecklinge mit hohlen Stengeln selten gut bewurzeln, sollte man von diesen Pflanzen nur junge, kurze Triebe verwenden, die noch massiv sind. Pflanzen, von denen man Stecklinge nehmen will, sollten vor Schnecken geschützt werden. Wenn die Triebe eine ausreichende Länge haben, trennt man sie sauber ab und legt sie sofort in einen beschrifteten Folienbeutel.

Dann bringt man die Stecklinge ins Haus und schneidet das Ende direkt unterhalb eines Blattknotens ab. An solchen Stecklingen kann man die Blattknoten möglicherweise schlecht erkennen, da die Blätter an der Stengelbasis klein sind. Bei Stecklingen, die am unteren Ende normale Blätter tragen, sollten diese abgeknipst werden, damit sie nicht faulen. Dann taucht man das Ende jedes Stecklings in ein Bewurzelungsmittel und setzt die Stecklinge so in Töpfe, daß sie zur Hälfte in der feuchten Erde sitzen.

Es sollte ein handelsübliches Bewurzelungs- oder Aussaatsubstrat verwendet werden, niemals Gartenerde. Oft

***Stecklingsschnitt bei Chrysanthemen***

*1 Im Frühjahr kräftige junge Triebe von der Basis der Pflanze abnehmen.*

*2 Steckling direkt unter einem Blattknoten abschneiden und untere Blätter entfernen.*

*3 Das Ende des Stecklings in Bewurzelungsmittel tauchen, dann in feuchte Erde setzen.*

ist es jedoch empfehlenswert, groben Sand oder Perlit hinzuzufügen, je nach Durchlässigkeit des Ausgangssubstrates bis zu 50 Prozent. Relativ kleine Töpfe (neun Zentimeter Durchmesser) sind ausreichend. Werden von einer Pflanze mehr Stecklinge genommen, als in einem Topf Platz haben, verwendet man statt eines großen Topfes oder einer Saatschale lieber zwei Töpfe, um die Gefahr zu verringern, daß sich unter den Stecklingen Fäule ausbreitet.

Zum Einsetzen der Stecklinge nimmt man ein Pflanzholz oder einen Stift und drückt Löcher in die Erde, deren Tiefe dem Abstand zwischen Stecklingsenden und unterstem Blatt entspricht. Nun setzt man jeden Steckling in ein Loch und klopft anschließend den Topf fest auf den Tisch, damit sich die Erde setzt; sie wird nicht mit den Fingern angedrückt. In einem Topf mit neun Zentimeter Durchmesser haben, abhängig von ihrer Größe, etwa sechs Stecklinge Platz. Nach gründlichem Wässern setzt man die Töpfe in einen Vermehrungskasten – falls er einen Thermostat hat, stellt man diesen auf 21 Grad Celsius ein –, oder man setzt die Töpfe einzeln in Folienbeutel, die man oben verschließt.

In der Zeit vor der Bewurzelung ist es wichtig, die Erde wie auch die Luft um die Stecklinge feucht zu halten. Stecklinge in einem Folienbeutel oder unbeheizten Vermehrungskasten müssen oft kaum gewässert werden, bevor sich Wurzeln bilden, aber vielleicht muß man sie mit einem Zerstäuber und warmem Wasser regelmäßig besprühen, um eine hohe Luftfeuchtigkeit zu gewährleisten. Dagegen trocknen Stecklinge in einem beheizten Vermehrungskasten rascher aus und müssen deshalb sowohl gewässert als auch besprüht werden.

### Nach der Bewurzelung

Verschiedene Stecklinge brauchen unterschiedlich lange zur Bewurzelung. Während manche sich bereits nach einer Woche bewurzelt haben, kann es bei anderen erheblich länger dauern. Ob eine Bewurzelung stattgefunden hat, läßt sich gewöhnlich daran erkennen, daß die Triebe zu wachsen beginnen, Wurzelspitzen an den Abzugslöchern des Topfes erscheinen und ein Steckling Widerstand bietet, wenn man behutsam an ihm zieht.

Wenn Stecklinge ein bis zweieinhalb Zentimeter lange Wurzeln entwickelt haben, sollten sie, je nach Größe und Wuchskraft, in einzelne Töpfe mit handelsüblicher Blumenerde umgesetzt werden. Es empfiehlt sich, Stecklinge nach der Bewurzelung nicht zu lange in ihren alten Töpfen zu lassen, weil dadurch ihr Wachstum gehemmt wird. Unmittelbar nach dem Umtopfen sollten sie Schutz erhalten – beispielsweise in einem ungeheizten Vermehrungskasten – und dann nach und nach abgehärtet werden, bevor man sie schließlich auspflanzt.

### Andere Vorgehensweisen

Einige Stauden können später in der Wachstumsperiode bewurzelt werden, wobei jedoch die gleiche Methode angewendet wird. Oft ist es praktischer, etwas längere Stecklinge zu benutzen. Auch wenn Kopfstecklinge den größten Erfolg versprechen, lassen sich manchmal auch weiter unten befindliche Triebteile bewurzeln. Dies ist besonders nützlich, wenn man von einer neuen Sorte in möglichst kurzer Zeit viele Ableger ziehen will. Mitunter kann man sogar die Stengel von Schnittblumen bewurzeln. Auf diese Weise können längere Triebe von Bartfaden *(Penstemon), Phlox maculata,* panaschierte Formen von *Phlox paniculata, Chrysanthemum,* Nelke *(Dianthus),* Garbe *(Achillea)* und Ehrenpreis *(Veronica)* vermehrt werden.

## Wurzelschnittlinge

Einige Stauden, die sich schlecht teilen oder nicht aus Triebstecklingen ziehen lassen, entwickeln aus kurzen Wurzelstücken gesunde, kräftige Triebe. Dieses Wuchsverhalten, das bei hartnäckigen ausdauernden Unkräutern gefürchtet ist, kann bei der Vermehrung mancher Stauden ein Vorteil sein und macht es dem Gärtner möglich, eine große Zahl von Pflanzen zu ziehen, die sich andernfalls nur langsam oder schlecht vermehren ließen. Es erlaubt, große Mengen bestimmter Sorten in kürzerer Zeit zu ziehen, als dies mit den üblichen Methoden möglich wäre. Für panaschierte Formen ist die Methode aber ungeeignet, da aus Wurzelschnittlingen gezogene Pflanzen gewöhnlich grüne Blätter entwickeln.

***Wurzelschnittlinge von Türkenmohn***

*1 Mit einem Spaten die Pflanze mit möglichst vielen Wurzeln aus dem Boden heben. Im Boden verbleibende Wurzeln treiben vielleicht neu aus.*

*2 Die Erde abwaschen, dann bleistiftdicke Stücke junger, gesunder Wurzeln abschneiden. Die Pflanze wieder in die Erde setzen.*

*3 Die Wurzeln in fünf Zentimeter lange Stücke schneiden; am oberen Ende einen geraden, am unteren Ende einen schrägen Schnitt machen.*

*4 Die Stecklinge mit dem geraden Ende nach oben senkrecht einsetzen und mit Sand bedecken. In einen Vermehrungskasten oder ein Frühbeet stellen.*

## Wann und wie wird vermehrt?

Wurzelschnittlinge werden im Spätwinter oder zu Frühjahrsbeginn genommen, also bevor das Wachstum einsetzt. Für diese Methode ist ein Vermehrungskasten mit Thermostat sehr nützlich. Sollten Sie ein solches Gerät nicht haben, schützen Sie die empfindlichen Wurzeln in einem Frühbeet, bis sie gute Triebe entwickelt haben. Die genaue Verfahrensweise ist je nach Pflanze unterschiedlich.

**Pflanzen mit dicken Wurzeln** Pflanzen wie Türkenmohn (*Papaver orientale*) und Kugeldistel (*Echinops*) haben dicke, fleischige Wurzeln. Man nimmt die Mutterpflanze im Spätwinter aus dem Boden und wäscht die Erde ab, so daß gesunde Wurzeln leicht zu erkennen sind. Am besten eignen sich Wurzeln in Bleistiftdicke, die unbeschädigt und krankheitsfrei sind. Man schneidet mit der Gartenschere eine Wurzel ab und teilt sie dann in fünf Zentimeter lange Abschnitte. An den Enden, die ursprünglich zur Pflanze hin lagen, macht man einen horizontalen Schnitt, an den zur Wurzelspitze liegenden Enden einen schrägen Schnitt. Auf diese Weise kann man später das obere und untere Ende jedes Stecklings unterscheiden. Wenn eine genügende Menge Schnittlinge vorbereitet wurde, pflanzt man die Mutterpflanze wieder ein, es sollte jedoch nicht mehr als ein Drittel ihrer Wurzeln für Schnittlinge genommen werden.

In einigen Fällen lassen sich Wurzelschnittlinge nehmen, ohne die Mutterpflanze auszugraben. Hierfür kratzt man einfach mit einer Handgabel und den Fingern die Erde von den Wurzeln weg, schneidet ein oder zwei Wurzeln zur Vermehrung ab und bringt die Erde wieder an ihren Platz. Die Schnittlinge setzt man senkrecht mit mindestens zwei Zentimeter Abstand so in Töpfe (zwölf Zentimeter Durchmesser) mit handelsüblicher Erde, daß die geraden Schnittenden eben mit der Erdoberfläche abschließen. Dann bedeckt man die Schnittlinge mit gut einem halben Zentimeter Erde und einer ebenso dicken Schicht groben Sand. Der Topf wird mit einem Pflanzenschildchen versehen und bei etwa 13 Grad Celsius in einen Vermehrungskasten oder ein Frühbeet gestellt.

Es können sehr bald Triebe erscheinen, da die Wurzeln oft genügend Nährstoffreserven besitzen, um auszutreiben, noch bevor sie neue Faserwurzeln bilden; erliegen Sie daher nicht der Versuchung, sie sofort umzutopfen. Wenn aber sowohl neue Triebe als auch neue Wurzeln gut wachsen, können die Jungpflanzen einzeln in Töpfe (neun Zentimeter Durchmesser) gesetzt werden, in denen sie während des Sommers wachsen, bis man sie im Herbst ins Freiland pflanzt.

**Pflanzen mit Faserwurzeln** Auch Pflanzen mit Faserwurzeln wie Phlox können aus Wurzelschnittlingen gezogen werden, allerdings ist hier eine andere Methode erforderlich. Man sollte die Pflanzen im Spätwinter ausgraben und anschließend die Erde abwaschen, so daß die Wurzeln gut sichtbar sind. Dann schneidet man fünf bis acht Zentimeter lange Wurzelstücke ab; einige feine Wurzeln, die sich an ihnen befinden, brauchen nicht entfernt zu werden.

Das einfachste Verfahren ist nun, eine Saatschale mit Blumenerde zu füllen und die Schnittlinge flach darauf zu legen. Anschließend bedeckt man sie mit einer dünnen Schicht Blumenerde und ungefähr einem halben Zentimeter groben Sand. Die Schale stellt man in einen Vermehrungskasten oder ein Frühbeet. Etwas später im Frühjahr setzt man die jungen Pflanzen dann in Töpfe (neun Zentimeter Durchmesser) um.

Wo der Platz begrenzt ist, gibt es noch eine alternative Methode. Man bindet zehn bis 20 Wurzelstücke mit den oberen Enden in gleicher Höhe locker mit Gartenschnur zusammen und setzt sie senkrecht in die Mitte eines Topfes (zwölf Zentimeter Durchmesser) mit Blumenerde; oben sollte das Bündel eben mit der Erdoberfläche abschließen. Dann bedeckt man es mit etwas Erde und einem halben Zentimeter Sand. Wenn Triebe erscheinen, nimmt man das Bündel aus dem Topf, zieht es behutsam auseinander und pflanzt die Wurzelstücke einzeln in Töpfe (neun Zentimeter Durchmesser) mit Blumenerde.

Pflanzen, die aus Wurzelschnittlingen gezogen werden können, sind Akanthus *(Acanthus)*, herbstblühende Anemone *(Anemone)*, Rasselblume *(Catananche)*, Kugeldistel *(Echinops)*, Edeldistel *(Eryngium)*, einige Storchschnabel-(*Geranium*-)Formen, Varietäten von Türkenmohn *(Papaver orientale)*, *Phlox paniculata*, Varietäten von *Pulmonaria longifolia* und Kuhschelle *(Pulsatilla)*.

## Aussaat

Es gibt zwei gute Gründe dafür, Stauden aus Samen zu ziehen: Erstens kann man sehr preiswert eine große Zahl von Pflanzen ziehen, da ein Samenpäckchen oft weniger kostet als eine einzelne Pflanze der gleichen Sorte. Dies ist für denjenigen besonders wichtig, der ein kleines Budget hat und einen ganzen Garten neu bepflanzen muß. Der zweite große Vorteil liegt darin, daß man aus Samenkatalogen ausgefallene Arten bestellen kann und nicht in Spezialgärtnereien fahren muß, um sie zu finden.

Diese Vermehrungsmethode hat aber auch Nachteile. Viele der schönsten Sorten sind nicht als Samen erhältlich und müssen deshalb auf anderem Wege vermehrt werden. Ein weiteres Problem ist, daß einige beliebte Arten, wie beispielsweise Glattblattastern, nur als Mischungen erhältlich sind. Und schließlich sind aus Samen gezogene Stauden nicht immer gleich (was manche Gärtner allerdings als reizvolle Eigenschaft betrachten). Gewiß können einige Pflanzen ungewöhnlich schön sein, andere bleiben aber vielleicht hinter der Erwartung zurück.

Garbe *(Achillea)* ›Summer Pastels‹ blüht bereits im Jahr ihrer Aussaat schön.

### Aussaat im Freien

Am häufigsten wird während der Sommermonate im Freiland gesät. Diese Vorgehensweise ist aber nicht für die Stauden geeignet, deren Päckchen nur eine kleine Zahl teurer Samen enthalten. Um in einem solchen Fall eine ausreichende Zahl Jungpflanzen zu erhalten, ist mehr Hege und Pflege empfehlenswert. Wo jedoch viele Samen in den Tütchen sind, kann man mit großem Erfolg im Freien säen.

**Saatmethode** Die beste Zeit ist meistens der Frühsommer, wenn sich der Boden erwärmt hat und den Pflanzen noch reichlich Zeit bleibt, um sich entwickeln zu können. Die Aussaat erfolgt an einem geschützten, offenen Platz mit gutem, fruchtbarem Boden. Am besten eignet sich ein Platz, der vor der heißen Mittagssonne geschützt ist, doch leider gibt es ihn selten. Meiden sollte man Plätze mit überhängenden Bäumen und schlecht drainiertem, schwerem Boden. Wenn der Boden in gutem Zustand ist, muß die gesamte Fläche sorgfältig von Unkraut befreit, mit der Gabel bearbeitet, dann leicht festgetreten und zum Schluß eben geharkt werden.

Bevor man fortfährt, liest man zunächst die Gebrauchsanweisung auf der Packung, da verschiedene Samen mit unterschiedlichen Abständen und Tiefen gesät werden müssen. Möglicherweise finden sich auch Angaben, wie dicht gesät werden muß. Als Faustregel gilt jedoch: je dünner, desto besser. Nach Möglichkeit sollte mit ein bis zweieinhalb Zentimeter Abstand gesät werden. Nachdem man das Samentütchen mit einer Schere geöffnet hat, prüft man den Inhalt. Dann überlegt man – abhängig davon, ob man nur ein halbes Dutzend Pflanzen oder eine größere Zahl braucht –, wie lang die Saatreihe sein muß. Mit der Spitze eines Stockes zieht man auf dem Boden eine Rille in der auf der Packung angegebenen Tiefe; die Rille muß eine ausreichende Länge für die gewünschte Anzahl von Pflanzen haben. Es empfiehlt sich, die Reihe länger zu machen,

***Lupinen im Freien säen***

*1 Eine ein bis zweieinhalb Zentimeter tiefe Rille ziehen. Die Samen mit etwa zweieinhalb Zentimeter Abstand hineinlegen und sorgsam mit Erde bedecken.*

*2 In Jahren mit guten Standortbedingungen werden die meisten Samen keimen. Nach der Keimung zwischen den Reihen Unkraut hacken.*

*3 Sich entwickelnde Sämlinge mit etwa acht Zentimeter Abstand umsetzen, damit sie nicht zu eng stehen und vergeilen.*

*4 Wenn sie weiterwachsen und wieder zu dicht werden, die Sämlinge mit 15 bis 25 Zentimeter Abstand umsetzen.*

statt dicht zu säen. Lassen Sie sich nicht dazu verleiten, alle Samen zu säen, wenn dies nicht notwendig ist.

Bei trockenem Wetter sollten die Rillen vor dem Säen gewässert werden. Man füllt die Gießkanne, entfernt die Brause, deckt die Tülle teilweise mit dem Finger ab, damit nicht so viel Wasser herausfließt, und füllt dann behutsam die Rille auf der gesamten Länge mit Wasser.

Es gibt eine Reihe von Methoden für die eigentliche Aussaat, und jeder hat hier sein bevorzugtes Verfahren. Mit am einfachsten ist es, einige Samen aus dem Tütchen auf die linke Handfläche (sofern man Rechtshänder ist) zu geben, dann mit den Fingern der rechten Hand eine Prise zu nehmen und die Samen langsam herausrieseln zu lassen, während man die Hand über die Rille führt. Dabei achtet man sorgfältig darauf, daß die Samen gleichmäßig und mit dem empfohlenen Abstand verteilt werden; große Samen wie die von Lupinen können einzeln in genaueren Abständen ausgelegt werden. Nach der Saat steckt man am Ende der Reihe ein Pflanzschildchen in die Erde und zieht mit dem Rücken des Rechens etwas Erde von den Seiten über der Rille zusammen. Dann drückt man sie mit dem Rechen behutsam an. Wenn nach der Aussaat eine lange Warmwetterperiode folgt, gießt man gut, um die Keimung zu unterstützen.

**Nach der Keimung** Wenn die Samen gekeimt sind und die Sämlinge wachsen, kann in der Reihe von Hand Unkraut gejätet werden. So sehen Sie, wie viele Sämlinge gekeimt sind. War die Keimung gut, müssen die Sämlinge ausgedünnt werden, um mehr Platz zur Entwicklung zu haben. Auf der Samenpackung ist meist der erforderliche Abstand angegeben, im allgemeinen sollten Sämlinge jedoch acht Zentimeter voneinander entfernt wachsen. Unerwünschte Sämlinge kann man verschenken, an eine andere Stelle pflanzen oder wegwerfen. Bei schlechter Keimung muß vielleicht kaum oder gar nicht ausgedünnt werden.

Während ihrer Entwicklung verhalten sich Sämlinge verschiedener Pflanzen unterschiedlich. Einige wachsen rasch und können im Herbst aus dem Boden genommen und mit 15 bis 25 Zentimeter Abstand neu gepflanzt werden. Andere entwickeln sich langsamer und bleiben am besten bis zum Frühjahr ungestört. Wiederum gibt hier die Samenpackung Auskunft. Und denken Sie auch daran, daß bei vielen Stauden, die aus Samen gezogen werden, die Pflanzen nicht immer identisch sind. Deshalb ist es ratsam, die Blüte abzuwarten, bevor man entscheidet, welche Exemplare man in die Rabatte setzt.

## Aussaat unter Schutz

Bei der Aussaat in einer geschützten Umgebung ist die Erfolgsquote höher als bei einer Freilandsaat, doch braucht man dazu die geeigneten Vorrichtungen. Einigen Hobbygärtnern gelingt auch die Anzucht von Stauden in einem Vermehrungskasten auf dem Fensterbrett, aber ungenügende Lichtverhältnisse und eine schlecht kontrollierbare Temperatur machen dies komplizierter als oft angenommen. Ein ungeheiztes Frühbeet oder Gewächs-

*Ungeheiztes Frühbeet*

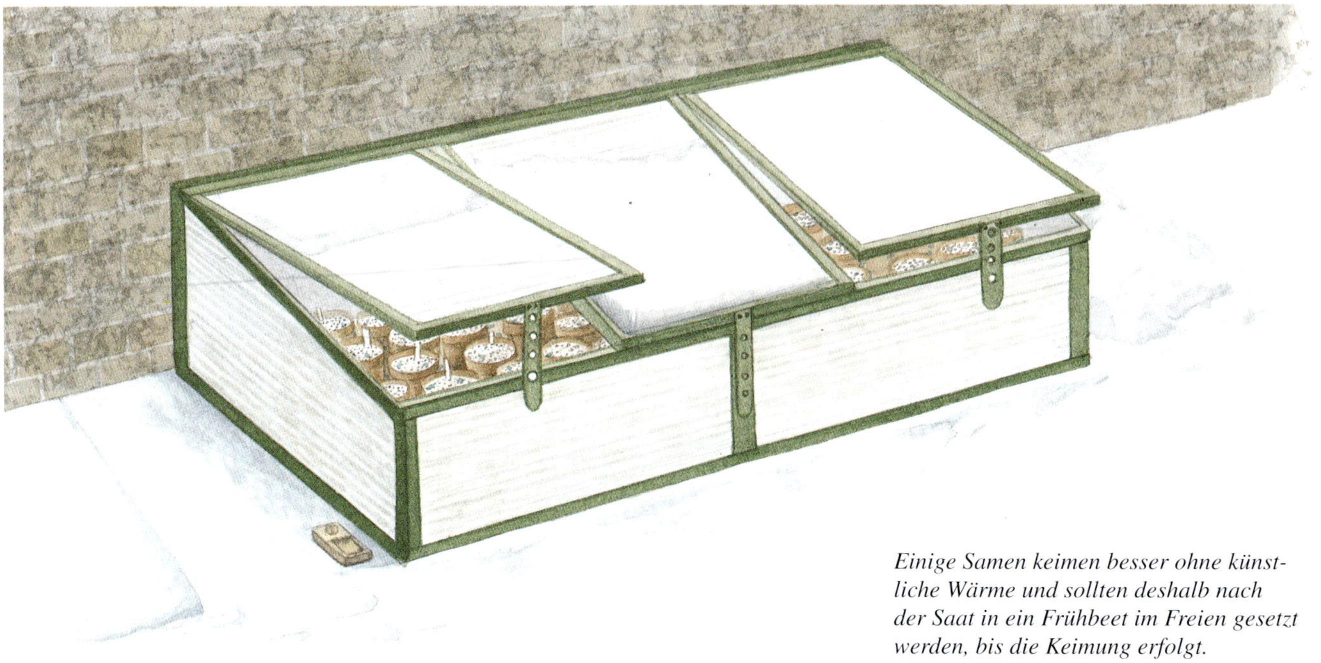

*Einige Samen keimen besser ohne künstliche Wärme und sollten deshalb nach der Saat in ein Frühbeet im Freien gesetzt werden, bis die Keimung erfolgt.*

haus bieten bessere Bedingungen und sind weitaus erfolgversprechender.

**Ungeheiztes Frühbeet** Ein ungeheiztes Frühbeet, das meist eine rechteckige Form hat, dient dazu, Pflanzen unter einer Abdeckung ziehen oder im Winter schützen zu können. Die Abdeckung besteht aus Kunststoff oder Glas, und einige Ausführungen haben überdies lichtdurchlässige Seitenwände. Ein Frühbeet ist von großem Wert, da es genügend Schutz bietet, um die Keimung von Samen und eine gute Sämlingsentwicklung zu erlauben. Darüber hinaus braucht es wenig Platz und ist preiswert und leicht zu handhaben. Vor allem bietet es die Möglichkeit, teure Samen unter günstigeren Bedingungen zu ziehen als direkt im Freiland, was besonders wichtig ist, wenn die Packung nur wenige Samen enthält. Zudem erreichen die Pflanzen durch den zusätzlichen Schutz eines Frühbeets bis zum Ende der ersten Wachstumsperiode eine bessere Größe. Die meisten Stauden können auf diese Weise gezogen werden. Bei manchen, wie etwa Nieswurzen, Kissenprimeln und Kuhschellen, ist die Sommersaat im ungeheizten Frühbeet die einzige Möglichkeit, die Keimung sicherzustellen. Aber einige Pflanzen, wie beispielsweise mehrjährige *Lobelia*, brauchen nicht nur die Wärme eines Gewächshauses, sondern im Anschluß an eine Frühjahrssaat auch eine lange Wachstumsperiode.

Die meisten ungeheizten Frühbeete sind zur Aussaat geeignet. Man kann einen Bausatz in Holz oder Aluminium kaufen oder aus alten Dielen oder Nut-und-Feder-Brettern einen eigenen Kasten bauen. Das Frühbeet wird am besten an einem offenen Platz im Garten aufgestellt, an dem es keine überhängenden Bäume gibt. Falls nur ein Platz in voller Sonne zur Verfügung steht, muß für eine Schattierung gesorgt werden, damit die Temperatur im Kasten nicht zu stark ansteigt.

Stauden werden am besten im Sommer gesät, wenn die meisten anderen Pflanzen, wie bedingt winterharte Einjahresblumen, zum Auspflanzen aus dem Frühbeet genommen wurden. Lesen Sie stets sorgfältig die Informationen auf der Samenpackung, die meisten Sorten können jedoch dünn in Kunststofftöpfe (neun Zentimeter Durchmesser) mit einem Substrat auf Torfbasis gesät werden. Gewöhnlich ist es empfehlenswert, 20 Prozent groben Sand oder Perlit zuzufügen, um die Drainage zu verbessern. Die Keimzeit variiert bei Stauden sehr stark, daher ist es sinnvoll, nach der Aussaat die Samen mit grobem Sand abzudecken, um die Entwicklung von Moos zu verhindern. Anschließend wässert man die Töpfe gründlich und stellt sie in das Frühbeet. Danach hält man die Fenster geschlossen, so daß im Kasten eine ausreichende Temperatur für die Keimung erreicht wird. Manche Pflanzen, insbesondere Kissenprimeln und andere Primeln, mögen jedoch sehr warme Bedingungen nicht, und für sie lohnt es sich gewöhnlich, das Frühbeet an einem völlig unbesonnten Platz aufzustellen.

Es ist wichtig, eine Überhitzung des Frühbeetes zu vermeiden, da sonst die Sämlinge leicht verbrennen. Dies bedeutet, daß die Fenster des Frühbeets teilweise geöffnet werden müssen, sofern es nicht schattig steht. In vielen Gegenden ist für Frühbeete während der wärmsten Monate auch eine Schattierung aus Kunststoffgewebe notwendig. Zudem muß gewährleistet sein, daß Samen und Sämlinge niemals austrocknen, deshalb müssen sie täglich überprüft und gegebenenfalls gewässert werden. Da Sämlinge vom Moment der Keimung an stark durch Schnecken gefährdet sind, sollte Schneckenkorn oder ein anderes Mittel ausgebracht werden. Einige Sämlinge werden gern von Mäusen gefressen, weshalb man am besten auch eine Mausefalle oder Giftköder in das Frühbeet legt.

Nach der Keimung sollte man die Töpfe in einen unschattierten Bereich des Frühbeetes umsetzen. Wenn sich die ersten Blätter entwickelt haben, pikiert man die Sämlinge in eine handelsübliche Blumenerde. Man kann sie in Pikierkisten umsetzen, kräftigere Exemplare auch direkt in Töpfe (neun Zentimeter Durchmesser), wo sie bis zum Auspflanzen später im Jahr oder im folgenden Frühjahr weiterwachsen.

Es gibt eine Reihe von Stauden, die zur Keimung kühle Bedingungen oder Frost benötigen. Zu ihnen gehören Enziane, Nieswurzen, Kuhschellen und einige Primeln. Auch sie werden am besten in ein Frühbeet gesät, keimen möglicherweise aber erst zu Beginn des Winters nach ihrer Aussaat oder sogar erst im folgenden Frühjahr. Am besten sät man die Samen, sobald sie von Samenfirmen angeboten werden. Anschließend setzt man die Töpfe in ein Frühbeet an einem kühlen Platz und wartet ab, wobei man darauf achtet, daß sie niemals austrocknen. Nach der Keimung kann man die Pflänzchen wie andere Sämlinge behandeln.

**Gewächshaus** Ein Gewächshaus kann weitgehend auf die gleiche Weise genutzt werden wie das Frühbeet, ist aber für eine Aussaat im Frühjahr besser geeignet. Eine ganze Reihe von Stauden blüht schon im ersten Jahr, wenn sie im Frühjahr gesät und etwa so gezogen werden wie bedingt winterharte Sommerblumen. Es wird auf die gleiche Weise gesät wie in einem Frühbeet, doch bei einer Aussaat unter warmen Bedingungen zu Frühjahrsbeginn erfolgt die Keimung rascher und vollständiger. Daher ist dies die beste Methode für teure Samen. Ideal ist eine Temperatur von 16 bis 18 Grad Celsius; sie kann in einem geheizten Gewächshaus gewährleistet werden, ein thermostatgesteuerter Vermehrungskasten ist hier allerdings erheblich wirtschaftlicher.

Ist die Keimung abgeschlossen, nimmt man die Sämlinge aus dem Vermehrungskasten und stellt sie auf einen Gewächshaustisch oder in einen kühleren Vermehrungskasten. Nach dem Pikieren werden sie kühl gehalten (Mindesttemperatur sieben Grad Celsius), bis man sie schließlich in einem Frühbeet abhärtet, um sie im Spätfrühjahr auspflanzen zu können. Viele Stauden sind so robust, daß man sie noch vor dem letzten Frost auspflanzen kann, sofern sie abgehärtet wurden.

Diese Art der Anzucht von Stauden hat einen Nachteil, aber zwei große Vorteile. Die Hauptschwierigkeit liegt darin, daß es im Frühjahr im Gewächshaus und im Vermehrungskasten häufig sehr eng wird, da bedingt winterharte Sommerblumen und Glashausgemüse zur gleichen Zeit ausgesät werden müssen. Andererseits ist es ein großer Vorteil, daß viele früh gesäte Stauden noch im ersten Jahr zu schönen Pflanzen heranwachsen (obwohl sie vielleicht etwas später blühen als üblich). Der zweite Vorteil einer frühen Aussaat besteht darin, daß Pflanzen, die nur als Saatmischungen erhältlich sind, für den Sommer auf eine freie Fläche im Garten gesetzt werden können und man im Herbst nur jene Exemplare mit besonders reizvollen Blütenfarben in die bestehende Rabatte pflanzen kann.

**Im ersten Jahr blühende Stauden** Die nachfolgenden Pflanzen blühen bereits im ersten Jahr gut, sofern sie zu Frühjahrsbeginn unter warmen Bedingungen gesät wurden: Garbe *(Achillea)* ›Summer Pastels‹, *Centranthus ruber,* Mädchenauge *(Coreopsis)* ›Early Sunrise‹, Rittersporn *(Delphinium)* ›Southern Noblemen‹, Nelkenwurz *(Geum)* ›Lady Stratheden‹ und ›Mrs. Bradshaw‹, *Lobelia* ›Compliment Scarlet‹, Lupine *(Lupinus)* ›Band of Nobles‹ und ›Gallery‹, *Polemonium caeruleum* und *Salvia* x *sylvestris* ›Blaukönigin‹ und ›Rose Queen‹.

***Vermehrungskästen***

*Im beheizten Vermehrungskasten (links) gezogene Sämlinge setzt man in einen unbeheizten (rechts) um, damit sie sich an Gewächshausbedingungen gewöhnen.*

# DIE VERWENDUNG VON STAUDEN

Stauden können vielseitig und wirkungsvoll eingesetzt werden – von traditionellen Staudenrabatten bis hin zu Pflanzgefäßen für Terrassen. Doch wie groß die Pflanzungen auch sein mögen, stets sollte überlegt vorgegangen werden. Verschiedene Faktoren tragen zum Gelingen dieser Pflanzungen bei. Sie können auf unterschiedliche Art und Weise gestaltet werden, doch die Grundregel lautet stets: erst denken und dann pflanzen. Bei übereiltem, planlosem Handeln ist der Mißerfolg gewöhnlich vorprogrammiert.

Eine Pflanzung planen bedeutet nicht unbedingt, auf Papier einen maßstabgetreuen Entwurf zu zeichnen, der dann auf eine Fläche im Garten übertragen wird. Aber es bedeutet, gründlich darüber nachzudenken, welche Wirkung erzielt werden soll und ob diese dem Platz, der zur Verfügung steht, angemessen ist.

Vor den aufrechten Blütenständen von Rittersporn und Lupinen und den hohen Blüten des Türkenmohns wächst buschigerer, winterharter Storchschnabel.

Ein weiterer wichtiger Faktor bei der Planung der Rabatte ist die Auswahl von Pflanzen, die die gewünschte Wirkung haben und am vorhandenen Standort auch gedeihen. Wenn all diese Dinge bedacht wurden, sollte man schließlich überlegen, wie die Pflanzen arrangiert und nebeneinandergesetzt werden können. Werden Pflanzen ausgewählt, die sich ergänzen oder interessante Kontraste bilden, und Faktoren wie endgültige Höhe, Blatt- und Blütenfarbe, Wuchsform und Blütezeit berücksichtigt, sollte die Pflanzung eigentlich gelingen.

Am wichtigsten ist jedoch, daß man die bepflanzten Beete und Rabatten immer wieder kritisch betrachtet und überlegt, wie man sie verbessern kann. Gärten wandeln sich gewöhnlich ständig: Es liegt in Ihrer Hand, dafür zu sorgen, daß es ein Wandel zum Besseren ist.

LINKS Diese gelungene Sommerrabatte wurde sorgfältig abgestuft: von hohem Sonnenhut im Hintergrund bis zu niedriger Fetthenne und Beifuß am vorderen Rand. Zusammenhalt entsteht durch die wiederholte Verwendung von Gelb- und Rosatönen in verschiedenen Bereichen; Laub verhindert farbliche Disharmonien.

# Pflanzstile

Früher wuchsen Stauden in formalen Rabatten großer herrschaftlicher Gärten, in denen auch hohe Pflanzen oder Arten mit einer kurzen Saison problemlos Platz fanden. In den Gärten einfacher Leute dagegen fand sich ein Durcheinander aus Stauden, Kräutern, Obstbäumen und Zwiebelblumen, und die Gärten von Stadthäusern waren oft reduzierte Versionen vornehmer Gärten. Als man zu Gärten kleinen Zuschnitts überging, wuchs die Beliebtheit gemischter Rabatten. Heute wachsen Stauden zusammen mit einer Vielfalt anderer Pflanzen.

Stauden zieht man auf unterschiedliche Weise, um einem breiten Spektrum von Gärten und Geschmäckern gerecht zu werden. So entstanden freiliegende Beete beispielsweise aus der Notwendigkeit heraus, auf der begrenzten Fläche kleiner Gärten Pflanzen von geringerer Größe, die ohne Stütze auskommen, ziehen zu müssen. Gleichzeitig begannen phantasievolle Gärtner ihre Pflanzideen der besonderen Situation anzupassen und nach eigenem Geschmack zu gestalten. Heute findet man wieder häufiger Sammlungen von speziellen Staudentypen, und oftmals werden Solitärpflanzen verwendet. Natürlichere Pflanzungen und naturnahe Gärten erfreuen sich zunehmender Beliebtheit, und in vielen Gärten sieht man nun dauerhafte Staudenpflanzungen in Pflanzgefäßen.

OBEN In dieser großartigen hochsommerlichen Rabatte gibt es zwei Farbthemen: Im Vordergrund sieht man überwiegend gelbe Blüten mit einzelnen roten Farbtupfern dazwischen, während weiter hinten rote Blüten und bronzefarbenes Laub dominieren.

OBEN Diese zurückhaltende, beruhigende Pflanzung aus purpurnen, violetten und fliederfarbenen Tönen sowie einigen weißen Glanzpunkten bildet einen schönen Kontrast zum dunkleren, schattigen Bereich dahinter. Sie wurde niedrig gehalten, um vom Weg aus auf den Hintergrund, der aus einer formierten Stechpalme und einigen üppigen Stauden besteht, blicken zu können.

OBEN In Rabatten mit einem jahreszeitlichen Thema wachsen Pflanzen, die zur gleichen Zeit blühen, um einen farbenfrohen Blickfang entstehen zu lassen. Hier überragen die weißen Korbblüten der hohen *Leucanthemella serotina* andere herbstblühende Stauden.

## Staudenpflanzungen

Es gab einmal eine Zeit, in der fast zu jedem großen Landhaus ein Beet mit Stauden gehörte, das einen der Höhepunkte des Gartens darstellte. Zweifellos ist dies die schönste Art, Stauden zu ziehen, aber sie können auch in weit kleinerem Rahmen sehr wirkungsvoll eingesetzt werden.

### Traditionelle Staudenrabatten

Früher waren Staudenrabatten gewöhnlich lange, gerade Beete, die, abhängig von der Gesamtgröße des Gartens, drei bis vier Meter breit und bis zu hundert Meter lang sein konnten. Hinter der Rabatte befand sich meist eine Mauer oder eine Hecke aus Eiben oder anderen immergrünen Pflanzen, die für Schutz sorgte und gleichzeitig einen reizvollen, neutralen Hintergrund für die Rabattenpflanzen entstehen ließ.

In vielen großen Gärten gab es zwei parallel angeordnete Rabatten, zwischen denen ein breiter Grasweg lag, von dessen Ende man Ausblick auf die umliegende Gegend, das Haus, ein Schmuckelement im Garten oder ein entfernteres markantes Element in der Landschaft hatte.

Diese großartigen Staudenrabatten waren stets Sommerpflanzungen, und angesichts ihrer Größe mußten die Pflanzen sehr farbenfroh sein, um zu wirken. Daher gehörten zu den beliebtesten Stauden *Leucanthemum-Maximum*-Hybriden, Phlox *(Phlox)*, Lupinen *(Lupinus)*, Rittersporn *(Delphinium)* und Türkenmohn *(Papaver orientale)*, die alle im Sommer blühen.

Die Tatsache, daß sich die Hauptblütezeit auf vielleicht nur zwei oder drei Monate konzentrierte, vergrößerte ihre Buntheit noch. Wenn die Rabatte in Blüte stand, gab es keine Lücken, weil frühere Blumen bereits verwelkt waren. Arrangements für die übrigen Jahreszeiten fanden in anderen Bereichen der gewöhnlich weitläufigen Gärten von herrschaftlichen Anwesen Platz.

Diese traditionellen Rabatten wurden meist auf sehr einfache Weise angelegt. Einzelne Sorten pflanzte man in Gruppen, deren Umfang von der Gesamtgröße der Rabatte abhing. Die höchsten Pflanzen setzte man nach hinten, nach vorne wurden die Stauden dann immer kleiner. Mitunter pflanzte man große Büsche der gleichen Sorte wiederholt auf der gesamten Länge der Rabatte, um dadurch einen einheitlichen Eindruck entstehen zu lassen. In Gartenbereichen, wo Rabatten parallel angelegt wurden, plante man sie häufig spiegelbildlich.

Die meisten Pflanzen wurden wegen ihrer farbenfrohen Blüten gezogen. Blattpflanzen verwendete man weitaus seltener und möglicherweise nur, um zwei Farben zu trennen, die nicht miteinander harmonierten. Tatsächlich waren Laubgewächse, verglichen mit der heute erhältlichen Auswahl, allgemein relativ unüblich.

### Niedergang der Staudenrabatte

Große Staudenrabatten waren aber sehr arbeitsintensiv. Für die notwendigen Pflegearbeiten wie Jäten, Stützen und das Entfernen welker Blüten bedurfte es einer ganzen Schar von Gärtnern, die viele Stunden beschäftigt waren. Zudem pflanzte man jedes Jahr ein Viertel oder gar ein Drittel der Rabatte neu. Zu diesem Zweck mußten die Pflanzen aus dem Boden genommen, die Rabatte umgegraben, große Mengen organische Substanz eingearbeitet und dann die geteilten Pflanzen wieder eingesetzt werden.

Die Zeiten änderten sich: Gärten wurden kleiner und Arbeitskräfte teurer. Nun war es kaum noch zu rechtfertigen, eine große Fläche im Garten für eine kurz anhaltende Blütenpracht zu reservieren, denn die meiste Zeit des Jahres gab es dort wenig zu sehen, und im Winter war das Beet fast kahl. Gleichzeitig machten es steigende Lohnkosten unmöglich, die für solche Rabatten notwendige regelmäßige Pflege zu gewährleisten.

Als Folge davon begannen die großartigen Rabatten zu verschwinden. Heute findet man sie nur noch in einigen öffentlichen oder historischen Gärten, doch die meisten Gärtner ziehen Stauden nun auf andere Weise.

### Moderne Staudenpflanzungen

In den vergangenen Jahren hat die Staudenrabatte eine Renaissance erlebt, auch wenn ihre Gestaltung radikal heutigen Gärten angepaßt wurde. Viele Gärtner pflanzen nun kleine Staudenrabatten, doch eine sorgfältige Auswahl der Sorten stellt sicher, daß die Rabatten einen bedeutenden Beitrag zur Gartengestaltung leisten.

Eine Möglichkeit der Gestaltung ist, die Pflanzen erheblich dichter zusammenzusetzen, so daß auf der gleichen Fläche mehr Sorten gezogen werden können. Dies steht im genauen Gegensatz zu der traditionellen Vorgehensweise, Stauden in großen Gruppen zu pflanzen und durch regelmäßiges Teilen und Neupflanzen ihr Ineinanderwachsen zu verhindern. Auch wenn die Auswahl der Stauden bei der heutigen Methode ganz wichtig ist, sorgt das dichte Pflanzen und selbst das Verschmelzen zweier Sorten dafür, daß mit dem Welken einer Sorte eine andere ihre Blüten öffnet und dadurch immer für Reiz gesorgt ist. Diese Vorgehensweise ist für große Flächen fast undenkbar, für kleine Flächen jedoch praktikabel und effektiv.

Eine weitere Möglichkeit, die traditionelle Staudenrabatte kleineren Gärten anzupassen, bietet die Auswahl von Stauden mit einer ungewöhnlich langen Blütezeit. Auf diese Weise wird sichergestellt, daß sie nicht nur während weniger kurzer Sommerwochen farbenfroh ist, sondern vom Frühsommer bis Mitte des Herbstes ein breites Spektrum an Farben bietet. Ein Pflanzenarrangement aus nur einem Dutzend Sorten kann bereits einen eindrucksvollen Blickfang entstehen lassen, der lange Zeit schön ist. Die Größe solcher Pflanzungen kann sogar noch weiter verringert werden, und an einem besonderen Platz bilden vielleicht bereits sechs sorgfältig ausgewählte Sorten einen Glanzpunkt.

Wahlweise kann man auch Arten und Sorten verwenden, die außer ihren Blüten noch weitere wertvolle Merkmale besitzen. Die einfachste Möglichkeit ist hier die Kultur von Pflanzen mit immergrünem Laub (beispielsweise Nelken). Pflanzen mit bunten oder ungewöhnlich schönen Blättern sind besonders nützlich, da sie auch vor und nach der Hauptblütezeit sehr lange reizvoll sind. Darüber hinaus sind Pflanzen mit farbenfrohen Früchten oder dekorativen Wintertrieben eine gute Wahl, denn sie bieten ebenfalls zusätzlichen Reiz. Zudem gibt es den starken Trend, Stauden mit anderen Pflanzen, wie etwa Sträuchern und Zwiebelblumen, zu ziehen, die außerhalb der Blütezeit der Stauden für Farbe sorgen.

## Cottage-Stil

Anders als die formalen Staudenrabatten, die in den großen Gärten der Anwesen wohlhabender Familien entstanden, entwickelten sich Cottage-Rabatten unter bescheideneren Umständen und auf erheblich engerem Raum. Ihre Schöpfer hatten nur begrenzte Mittel zur Verfügung und waren oft

**Die Staudenrabatte**

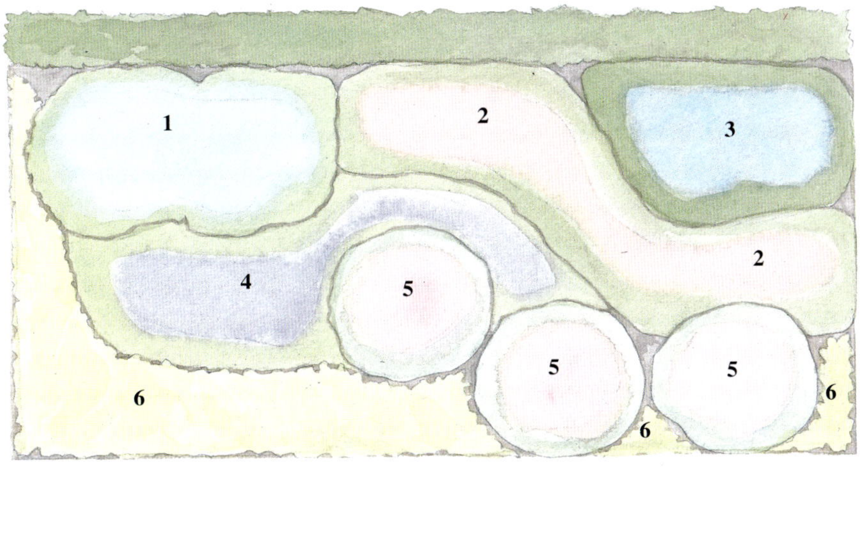


**1** *Delphinium* ›Blue Bird‹ (1 x)
**2** *Anemone* x *hybrida* ›Königin Charlotte‹ (2 x)
**3** *Echinops ritro* (1 x)
**4** *Aster* x *frikartii* ›Mönch‹ (1 x)
**5** *Sedum* ›Herbstfreude‹ (3 x)
**6** *Stachys byzantina* ›Primrose Heron‹ (3 x)

den täglichen Zwängen eines einfachen ländlichen Lebens unterworfen. Sie sahen deshalb wenig Notwendigkeit, verschiedene Pflanzentypen zu trennen, und pflanzten einfach, was ihnen gefiel. Das Ergebnis dieser Art von »Gestaltung« war ein farbenfrohes Durcheinander.

Lebensweisen und Vorstellungen haben sich aber geändert, und heute werden Cottage-Gärten gewöhnlich bewußter geplant. Damit ist das »Durcheinander« meist eher das Resultat einer durchdachten Planung. Der Gestaltungsstil wurde einer Zeit angepaßt, in der man zwar vermutlich über mehr Mittel verfügt, aber weniger Zeit für Gartenarbeiten hat.

### Traditioneller Cottage-Stil

Ansichten von Cottage-Gärten auf viktorianischen Gemälden vermitteln uns ein Bild, was sie einmal ausmachte: wogende Farben in einer ländlichen Umgebung und überraschende Pflanzenkombinationen mit dem Häuschen als Hintergrund. Häufig zeigen sie auch Menschen, die arbeiten, statt sich zu entspannen. Hinten in der Rabatte befanden sich Obststräucher und selbst große Obstbäume mit Gemüsereihen. Zugänglich waren sie oft über Wege mit Asche oder Ziegelbelag. Manchmal waren die Beete mit niedrigen Buchsbaumhecken eingefaßt, die verhinderten, daß Hühner in der Pflanzung scharrten, oder es gab eine Einfassung aus Gartennelken oder Steinbrech, die den Weg säumte.

**Die Cottage-Rabatte**

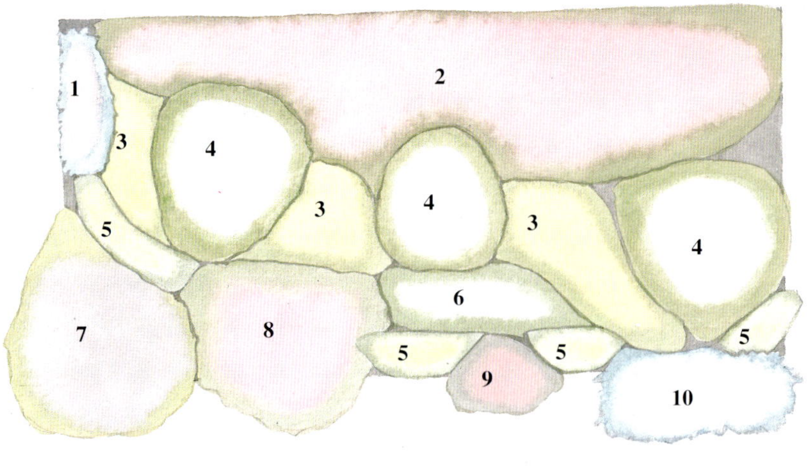


**1** *Dianthus* ›Doris‹ (1 x)
**2** *Echinacea purpurea* ›Magnus‹ (1 x)
**3** *Digitalis grandiflora* (3 x)
**4** *Lupinus* ›Noble Maiden‹ (3 x)
**5** *Sisyrinchium striatum* ›Aunt May‹ (4 x)
**6** *Gypsophila paniculata* ›Bristol Fairy‹ (1 x)
**7** *Limonium platyphyllum* (1 x)
**8** *Geranium endressii* (1 x)
**9** *Sedum* ›Ruby Glow‹ (1 x)
**10** *Dianthus* ›Haytor‹ (1 x)

Die Pflanzung war ein scheinbar chaotisches Durcheinander. Nutzpflanzen standen an leicht erreichbaren Stellen, an denen sie gepflegt und geerntet werden konnten, Zierpflanzen dort, wo sich die Wachstumsbedingungen eigneten. So wuchsen möglicherweise Kletter- oder Schlingrosen, Wicken und Geißblatt mit Stangenbohnen an Bäumen, Sträuchern, Zäunen oder Hauswänden empor. Einjährige Blumen wie Jungfer im Grünen und Godetien oder zweijährige Pflanzen wie Nachtviolen und Vergißmeinnicht säten sich nach Belieben selbst aus, blühten an unerwarteten Stellen und ließen zusammen mit Nachbarstauden farbenfrohe Kompositionen entstehen. Zwiebelblumen wie Narzissen und Lilien entwickelten sich stetig zu größer werdenden Büscheln.

Als Bindeglied dienten hier Stauden, die zu immer dickeren Büscheln heranwuchsen, doch nur, um geteilt und in kleineren Gruppen neu gepflanzt zu werden, wann immer sie zu viel Raum einzunehmen begannen. Die am häufigsten gezogenen Sorten waren sehr robust, und das mußten sie sein, um überleben zu können. Auch ließen sie sich meist leicht vermehren. Ableger wurden im Dorf getauscht, und so kam es oft vor, daß in vielen Gärten die gleichen Sorten wuchsen. Und alle Pflanzen konnten geschnitten und ins Haus gebracht werden, um, in eine Vase oder einen Krug gestellt, das Zimmer fröhlicher zu machen.

Pflanzen in Cottage-Gärten erhielten meist eine sehr einfache Pflege. Mist lieferte die Nährstoffe, und über Pflanzen, die Wasser nötig zu haben schienen, wurde Abwasser gegossen. Ein Schnitt erfolgte zur Schnittzeit oder unterblieb ganz, und jene Pflanzen, die sich für den Boden und das Klima der betreffenden Gegend eigneten, gediehen am besten.

**Stauden für den traditionellen Cottage-Garten** Die folgenden Stauden waren einst beliebte Pflanzen, die auch in heutigen Cottage-Gärten noch häufig Verwendung finden:

Diesen Cottage-Garten verschönern im Frühsommer Lupinen, Rittersporn und Fingerhut, der sich selbst ausgesät hat.

*Aquilegia* Akelei sät sich in vielen Farben selbst aus.

*Aster* Glattblattastern waren früher mehltauanfällig, viele moderne Sorten sind resistenter.

*Dendranthema* Robuste Sorten wie ›Clara Curtis‹ werden selbst heute noch gezogen.

*Dianthus* In jedem Cottage-Garten wuchsen einst duftende Nelken. Viele der neueren Sorten duften nicht.

*Iris* Schwertlilien sorgten während des Frühsommers für Blütenpracht.

*Lathyrus latifolius* Die Staudenwicke kletterte oft an Sträuchern und Zäunen.

*Leucanthemum* In den heutigen Gärten sind von den markanten weißen Margeriten häufiger kleine, etwas charakterlose Formen zu sehen.

*Lupinus* Die schlanken Blütenkerzen älterer Sorten wirkten weniger dominant als die hohen, dicken Blütenkerzen von heute.

*Paeonia* Wenn sie gelegentlich mit Mist gedüngt und nicht gestört wurden, blühten Pfingstrosen um so üppiger.

*Primula* Kissenprimeln gediehen besonders gut im Schatten höherer Stauden, die später blühten.

## Moderne Cottage-Gärten

Obwohl man die ungekünstelten Gärten vergangener Zeiten mitunter noch sieht, sind die Cottage-Gärten mit den

Veränderungen des ländlichen Lebens anspruchsvoller geworden. Auch wenn viele Gärtner anstelle moderner Formen immer noch die traditionellen Pflanzen ziehen, sind die Gestaltungseffekte oft geplant: Heutzutage bemühen wir uns bewußter um eine zwanglose Wirkung.

In Städten jeglicher Größe empfinden Gärtner in ungewöhnlichen Situationen ländliche Gärten nach, und sowohl Gärtner in der Stadt als auch auf dem Land versuchen voll Nostalgie, einen Stil zu kopieren, der unter den Bedingungen einer anderen Zeit entstanden ist. In diesen modernen Versionen des alten Cottage-Gartens findet man viel seltener Obstbäume, sieht man vielleicht von erzogenen Formen wie Cordons oder kleinen Bäumen mit schwachwüchsigen Unterlagen ab, und Gemüse und Blumen sind häufig eigene Bereiche vorbehalten.

## Stauden in modernen Cottage-Gärten

Zu Beginn des 20. Jahrhunderts wurden die prächtigen, stark gezüchteten Staudensorten in großen, formalen Gärten gezogen, in Cottage-Gärten wuchsen dagegen einfachere Formen, darunter Wildblumen. Mitunter fanden Pflanzen von größeren Anwesen ihren Weg in Dorfgärten, da sie aber häufig sorgfältige Pflege erforderten, gediehen sie dort nicht immer.

Für den zwanglosen modernen Cottage-Garten eignen sich robuste Stauden am besten. Da heute versucht wird, immer mehr Sorten in Rabatten zu ziehen, besteht eine harte Konkurrenz unter den Pflanzen. Auf kurze, kräftige Sorten mit unverhältnismäßig großen Blüten sollte man zugunsten von Formen mit offenerem Wuchs verzichten; auch auf solche, die auffällige Farbflächen entstehen lassen.

Ein modern gestalteter Cottage-Garten mit Salbei- und Bartfaden-Sorten.

Stauden mit der Tendenz zur Ausbreitung waren einmal sehr beliebt, und ihr offener Wuchs erlaubte es anderen Pflanzen, sich zwischen ihnen auszusäen. Dies ist nicht unbedingt negativ, aber es muß ein Gleichgewicht gefunden werden, indem man einerseits die Ausbreitung und das Ineinanderwachsen der verschiedenen Pflanzen erlaubt und andererseits aber verhindert, daß sie ihre Nachbarn einengen oder sogar ersticken.

**Stauden für den modernen Cottage-Garten** Folgende Stauden haben in jüngerer Zeit zunehmend begeisterte Anhänger unter den Hobbygärtnern gefunden und passen gut in Rabatten im Cottage-Stil:

*Alchemilla* Der gelbgrün blühende Weiche Frauenmantel *(A. mollis)* ist heute in vielen modernen Cottage-Gärten zu Hause.

*Allium* Früher waren die einzigen Vertreter dieser Gattung Küchenzwiebeln, die Samen ausbildeten, heute werden jedoch viele Zierformen gezogen.

*Astrantia* Sterndolden können sich manchmal allzu üppig aussäen, so daß man ein Auge auf sie haben sollte.

*Crocosmia* Auch neuere, leuchtende Formen der Montbretie besitzen immer noch eine gewisse Anmut.

*Eryngium* Der offene Wuchs der Edeldisteln eignet sich ideal für Pflanzungen im Cottage-Stil.

*Geranium* Winterharter Storchschnabel wurde noch vor einem Jahrhundert selten gezogen, eignet sich aber ausgezeichnet für Cottage-Gärten.

*Helleborus* Vor allem die Christrose gibt es heute in vielen reinen Farben mit und ohne Tupfen.

*Linaria* Einst war die gelbe Wildform des Leinkrauts mit ihren sich ausbreitenden Wurzeln ein Favorit. Heutzutage ist die schlanke rosa ›Canon Went‹ verbreiteter.

*Nepeta* Es sind viele neue Sorten der Katzenminze erhältlich, die die traditionelle Form ergänzen.

*Penstemon* Der Bartfaden ist oft kurzlebig, paßt aber gut in Cottage-Pflanzungen.

## Gemischte Rabatten

Die gemischte Rabatte, in der Stauden zusammen mit einer Vielzahl anderer Pflanzen gezogen werden, erfreut sich seit den 50er Jahren wachsender Beliebtheit. In ihr können sich einige wenige Sträucher befinden, die einen Hintergrund und Schutz für die Stauden bilden, doch sie kann auch aus einem breiten Spektrum von Pflanzentypen bestehen.

Sommer- und immergrüne Sträucher oder auch kleine Bäume bilden das Grundgerüst der gemischten Rabatte. Sie bieten zudem frühe Blüten, buntes Herbstlaub und Früchte und sind die ganze Wachstumsperiode hindurch hübsch anzusehen.

Stauden sorgen oft für die meiste Farbe und eine Vielfalt an Blüten und Blättern. Einjahresblumen und Beetpflanzen werden sorgfältig ausgewählt, damit sie nicht dominieren, sondern sich integrieren. Zwiebelblumen sind ein wichtiger Bestandteil der Rabatte, vor allem dort, wo sie zwischen Stauden wachsen können und reizvolle Farbkombinationen entstehen lassen. Kletterpflanzen suchen sich ihren Weg durch Sträucher und Bäume.

Die Pflanzung wird so geplant, daß sich die verschiedenen Bestandteile der Rabatte harmonisch zusammenfügen. Die Auswahl von Arten und Sorten, die sich weder durch ihre Wuchskraft noch durch ihre Laub- und Blütenfarbe gegenseitig beeinträchtigen, stellt eine ausgewogene, reizvolle Wirkung sicher.

Heute werden Stauden mit anderen Pflanzentypen gezogen wie etwa diesem Zierlauch und Stiefmütterchen.

### Vorteile gegenüber Staudenrabatten

Gemischte Rabatten haben gegenüber Rabatten, in denen nur winterharte Stauden wachsen, viele Vorteile. Erstens erlaubt es das Ergänzen der Stauden durch Sträucher und Zwiebelblumen, daß bereits früh im Jahr Blüten erscheinen, in vielen Klimalagen sogar das ganze Jahr über. Die meisten Staudenrabatten wirken zwischen Spätherbst, nachdem fast alle Pflanzen abgeschnitten wurden, und dem Spätfrühjahr, wenn sich der erste Schub Blüten öffnet, ziemlich kahl. Sträucher, Kletterpflanzen, Zwiebelblumen und zweijährige Blumen können in dieser Zeit, in der Staudenrabatten trist aussehen, für Farbe sorgen.

Zweitens bietet die enorme Vielfalt an Pflanzentypen, die in gemischten Rabatten gezogen werden können, die Möglichkeit, ihnen optimalen Reiz zu verleihen. Sträucher, Kletterpflanzen und Zwiebelblumen haben ein weit größeres Spektrum an Formen, als man es bei Stauden findet. Stauden werden vor allem ihrer Blüten und in zweiter Linie ihres Laubes wegen gezogen, Sträucher haben dagegen neben Blüten und Blättern noch eine Vielfalt an Rindenstrukturen, Früchten und Herbstfarben zu bieten.

Der wichtigste Vorteil einer gemischten Rabatte gegenüber der Staudenrabatte besteht jedoch darin, daß die Auswahl aus der ganzen Palette von Pflanzen es erlaubt, einen kleinen Garten viel länger farbenfroh und reizvoll zu gestalten.

Es entsteht aber auch ein Nachteil, wenn man die traditionelle Staudenrabatte durch die modernere gemischte Rabatte ersetzt: die größere Vielfalt an Pflanzentypen erfordert eine arbeitsintensivere Pflege.

## Planung gemischter Rabatten

Gemischte Rabatten können so einfach oder ausgefallen sein, wie man es wünscht. In der Praxis ist ihre Anlage zunächst oft relativ einfach, doch da Pflanzen ergänzt werden und andere sich selbst aussäen, können gemischte Rabatten kompliziert werden.

Als erstes sollte man die Sträucher und (sofern gewünscht) die kleinen Bäume auswählen. Einige bilden am hinteren Rand der Rabatte eine solides Gerüst, während kleinere Sorten weiter vorne für Substanz sorgen. An ihnen können Kletterpflanzen wachsen, die entweder gleichzeitig blühen oder aber zu einer anderen Zeit des Jahres ihre Blüten öffnen und so die reizvolle Periode verlängern.

Dann werden die Stauden ausgewählt, wobei man sowohl Arten und Sorten verwendet, deren Blütezeit mit der von Sträuchern und Kletterpflanzen zusammenfällt, als auch solche, die die Blühperiode verlängern. Einige sollten eine besonders lange Blüte haben, andere schöne Blattformen besitzen und wieder andere wegen ihrer spektakulären, wenn auch kurzen Blüte ausgewählt werden.

Nun werden Plätze für Einjahresblumen, Sommer-Beetpflanzen und zweijährige Pflanzen gesucht. Man kann jedes Jahr andere Sorten wählen und zudem Zwiebelblumen aussuchen, die zwischen den Stauden wachsen, damit im Laufe eines Jahres an einem Platz verschiedene Pflanzen blühen.

**Die gemischte Rabatte**

**1** *Clematis viticella* ›Madame Julia Correvon‹ (2 x)
**2** *Tropaeolum peregrinum* (1 x)
**3** *Aconitum carmichaelii* ›Bressingham Spire‹ (5 x)
**4** *Nicotiana langsdorffii* (5 x)
**5** *Spiraea* ›Goldflame‹ (1 x)
**6** *Stachys macrantha* ›Superba‹ (4 x)
**7** *Cosmos atrosanguineus* (7 x)
**8** *Kniphofia* ›Bressingham Comet‹ (4 x)
**9** *Aster amellus* ›Veilchenkönigin‹ (4 x)
**10** *Heuchera macrantha* ›Palace Purple‹ (1 x)
**11** *Helichrysum petiolare* ›Limelight‹ (2 x)
○ unter Astern gepflanzte frühjahrsblühende Zwiebelblumen

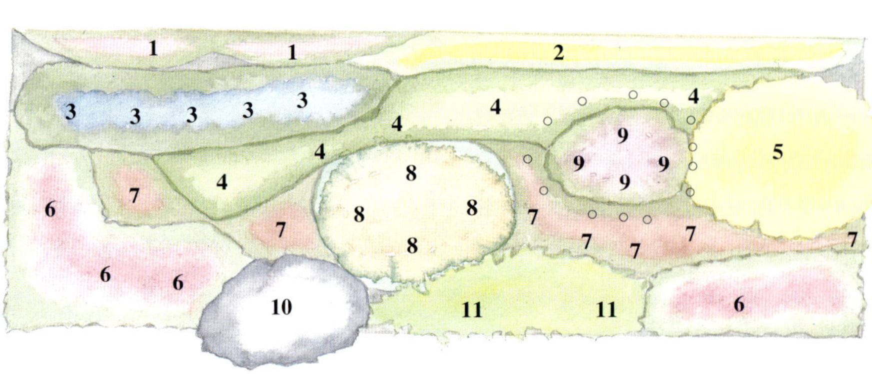

## Stauden in gemischten Rabatten kleiner Gärten

Der größte Vorteil bei der Verwendung von Stauden in gemischten Rabatten kleiner Gärten besteht darin, daß die Auswahl aus einer solch umfangreichen Palette von Gewächsen viele verschiedene Zwischenpflanzungen erlaubt, durch die jeder Zentimeter in der Rabatte so lange wie möglich farbenfroh bleibt.

**Stauden und Sträucher** Auch wenn Sträucher das Grundgerüst der gemischten Rabatte bilden, sind Stauden meist die wichtigsten Pflanzen. Hohe Stauden, die in anderen Situationen vielleicht eine komplizierte Stütze benötigen, wie etwa die weiße *Leucanthemella serotina*, profitieren vom Schutz großer Sträucher am hinteren Rand der Rabatte. Kletternde Stauden wie Staudenwicke (*Lathyrus latifolius*) oder *Clematis* können unter Sträucher gepflanzt werden und an ihnen emporwachsen.

**Stauden und Zwiebelblumen** Einige Stauden sind sehr wirkungsvoll, wenn man Zwiebelblumen zwischen sie pflanzt. Frühlingsblühende Zwiebelblumen wie zum Beispiel Buschwindröschen *(Anemone nemorosa)* können als Teppich zwischen sommerblühende Stauden wie *Salvia* x *sylvestris* gesetzt werden. Immergrüne Stauden wie *Bergenia* bilden einen wunderhübschen Hintergrund für Frühlings-Krokusse, und das schöne Laub von Funkien *(Hosta)* kann die Blätter von Zierlauch verbergen, die oft häßlich werden, wenn seine Blüten am schönsten sind.

**Stauden und einjährige Pflanzen** Einjährige Kletterpflanzen, wie die Kapuzinerkressen-Art *Tropaeolum peregrinum* und Wohlriechende Wicke *(Lathyrus odoratus)*, kann man so pflanzen, daß sie an Sträuchern klettern; sie ranken sich jedoch auch dekorativ durch Stauden, und oft sorgen sie für willkommene Farbe, nachdem die welken Blüten der frühen Stauden entfernt wurden. Sommer-Beetpflanzen mit schönem Laub, wie das silberblättrige *Helichrysum petiolare*, verbergen die kahlen unteren Stengel mancher Stauden wie etwa Phlox, während sie gleichzeitig harmonische Farbkombinationen entstehen lassen.

**Stauden mit mehrfacher Funktion** Stauden, die nicht nur eine, sondern mehrere reizvolle Eigenschaften besitzen, sind für gemischte Rabatten besonders wertvoll. So beginnt beispielsweise die Storchschnabel-Art *Geranium renardii* die Saison mit üppigem, salbeigrünem Laub, das einen hinreißenden Anblick bietet, wenn es an Frühlingsmorgen mit Tau benetzt ist. Zudem bildet diese Pflanze einen schönen Hintergrund für im Spätfrühjahr blühende Zwiebelblumen. Im Sommer trägt sie dann weiße Blüten mit purpurfarbenen Adern, und im Herbst dient ihr Laub schließlich als hübscher Hintergrund für die rosa und weißen Kelche der Herbstzeitlose *(Colchicum autumnale)*.

Einjähriger Türkenmohn, Rittersporn, Salbei und Fingerkraut wachsen in pflegeleichten Pflanzungen zusammen mit winterharten Zwiebelblumen, die im Frühjahr für Farbe sorgen.

## Freiliegende Beete

Drei wichtige Trends haben in den letzten Jahrzehnten die Methoden der Staudenkultur verändert. Erstens sind unsere Gärten und damit die Beete und Rabatten kleiner geworden, so daß sich viele größere Stauden wie Rittersporn und Rhabarber nicht mehr so leicht unterbringen lassen. Zweitens sind Hobbygärtner heute nicht mehr bereit oder nicht mehr in der Lage, viel Zeit für die Pflege ihres Gartens aufzubringen. Und drittens gibt es bei der Garten- und Rabattengestaltung eine Tendenz, die von der Formalität wegführt und einen freieren Stil begünstigt. Diese drei Faktoren haben zusammen zur Entstehung des freiliegenden Beetes (oder Inselbeetes) geführt.

### Besonderheiten freiliegender Beete

Freiliegende Beete können sich in Rasen, Kies oder Pflasterflächen befinden. Gewöhnlich haben sie zwanglose, fließende Formen, um die herum man leicht mähen kann. In einer Rasenfläche können mehrere freiliegende Beete angelegt werden, deren Größe jedoch von der Gesamtgröße des Gartens abhängt. Zwischen den Beeten befinden sich Graswege.

Die traditionelle Rabatte wird gewöhnlich nur von einer Seite betrachtet, ein freiliegendes Beet dagegen von allen Seiten, was bedeutet, daß dadurch auf einer kleinen Fläche mehr zu sehen ist. Werden mehrere freiliegende Beete angelegt, kann jedes in einer anderen Farbe oder mit einem anderen Thema gestaltet werden, um eine noch größere Vielfalt entstehen zu lassen.

Größere Pflanzen eignen sich oft nicht für freiliegende Beete, da sie fern von Hecken oder Mauern ungeschützter liegen und die Pflanzen dadurch stärker dem Wind ausgesetzt sind. Und wer möchte schon mehr Zeit als nötig mit Stützen verbringen. Ein weiteres Argument gegen hohe Pflanzen ist, daß ihre Größe vermutlich nicht mit der von Beeten harmoniert. Deshalb eignen sich viele der stattlichen traditionellen Stauden nicht für freiliegende Beete. Hier braucht man Pflanzen, die niedriger, kräftiger und buschiger sind. Mit zunehmender Beliebtheit freiliegender Beete wurden zahlreiche neue kleine Sorten gezüchtet, die diesen Ansprüchen genügen.

Diese in einem gepflegten Rasen angelegten Beete wurden dicht bepflanzt, um Unkraut zu unterdrücken.

### Vorteile freiliegender Beete

Dieser radikale Neuansatz bei der Verwendung von Stauden im Garten beinhaltet viele Vorteile:

- Kleine Beete fügen sich besser in die kleineren Gärten von heute ein.
- Durch die Möglichkeit, freiliegende Beete rundherum zu betrachten, entsteht auf kleinem Raum mehr Abwechslung.
- Kleinere Pflanzen mit untersetzterem Wuchs erlauben es, auf dem verfügbaren Raum mehr Sorten zu ziehen.
- Die zwanglose Gestaltung entspricht dem Zeitgeschmack und erlaubt es, daß Arrangements von allen Seiten betrachtet werden können.
- Freiliegende Beete bieten für viele Pflanzen günstige Bedingungen.

### Planung freiliegender Beete

Die traditionelle Staudenrabatte ist gewöhnlich ein langes Rechteck, das sich vor einem Hintergrund wie einer Mauer befindet. Freiliegende Beete sind häufig nierenförmig oder haben geschwungene Konturen. In der traditionellen Staudenrabatte stehen die größten Pflanzen im hinteren Bereich, nach vorne zu werden die Pflanzen kleiner. In freiliegenden Beeten setzt man die höchsten Pflanzen in die Mitte.

Höhere Pflanzen wirken zu formal, wenn sie einfach in einer Linie in das Beet gesetzt werden. Viel wirkungsvoller sehen sie aus, wenn man sie in Gruppen pflanzt und eine Anzahl kleinerer Pflanzen dazwischensetzt. Die Gruppen befinden sich am besten an der breitesten Stelle des Beetes, die kleineren Pflanzen arrangiert man um sie herum. Nur in großflächigen freiliegenden Beeten weitläufiger Gärten ist ein Kern aus hohen Pflanzen wirkungsvoll. Ansonsten ist es oft besser, Sträucher zu verwenden, was letztlich bedeutet, daß man zwei Rücken an Rücken befindliche einseitige Rabatten anlegt. Die beiden Seiten können einen sehr unterschiedlichen Charakter haben, nicht zuletzt deshalb, weil oft die eine sonnig und die andere schattig ist.

**Leitpflanzen** Die höheren, stattlicheren Pflanzen bestimmen meistens das Hauptthema der Pflanzung hinsichtlich der Farbe oder der Saison und beeinflussen auch die Wahl der Begleitpflanzen. Leitpflanzen sollten eine lange Saison oder schönes Laub haben

**Das freiliegende Beet**

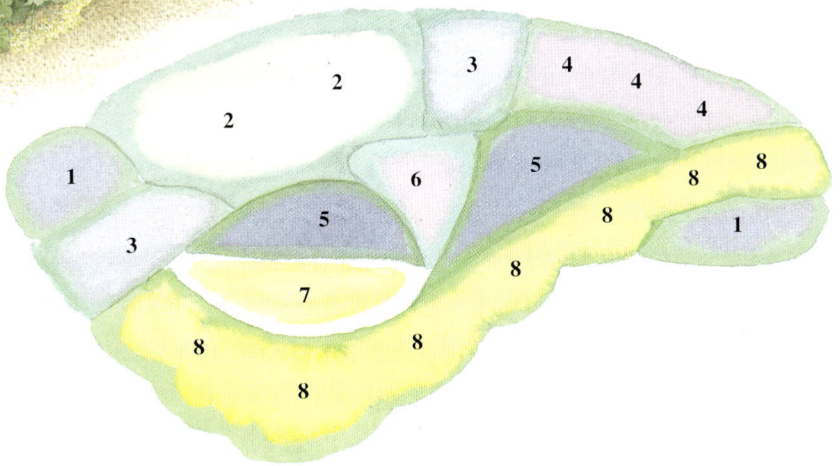


**1** *Nepeta nervosa* (2 x)
**2** *Aruncus dioicus* (2 x)
**3** *Verbena bonariensis* (2 x)
**4** *Nepeta* ›Six Hills Giant‹ (3 x)
**5** *Salvia nemorosa* ›East Friesland‹ (2 x)
**6** *Thalictrum aquilegifolium* (1 x)
**7** *Achillea* ›Moonshine‹ (1 x)
**8** *Alchemilla mollis* (7 x)

und nach dem Welken ihrer Blüten einen reizvollen Hintergrund für andere Pflanzen bilden. Einige Gärtner wählen hier statt Stauden lieber blühende und buntlaubige Sträucher, da bei ihnen eine größere Auswahl an Sorten zur Verfügung steht, die diese wichtigen Eigenschaften in sich vereinen.

Mit Leitpflanzen kann in der Rabatte auch auf andere Weise verfahren werden, wenngleich dies mehr Arbeit bedeutet. Statt markante Stauden mit einer langen Saison oder Sträucher zu pflanzen, kann man relativ hohe frühblühende Pflanzen wie Rittersporn verwenden, zwischen oder um die man hohe spätblühende Pflanzen wie Astern setzt. Die Ritterspornblüten werden nach dem Welken abgeschnitten, so daß die Astern Platz zur Entwicklung haben. Eine weitere Möglichkeit ist die Konstruktion einer zeltförmigen Stütze aus Bambusstäben oder Stangen für Kletterpflanzen, die mehrjährig (wie *Lathyrus latifolius*) oder auch einjährig sein können.

**Begleitstauden** Die Planung der Pflanzung um diese Leitpflanzen ist schwieriger als bei Rabatten, die man nur von einer Seite betrachtet. Als Begleitstauden müssen nicht nur Sorten gewählt werden, die mit den Leitpflanzen aus allen Blickwinkeln harmonieren, sie müssen sich auch gegenseitig ergänzen, um dem Pflanzplan (sofern vorhanden) zu entsprechen, und für die unterschiedlichen Wachstumsbedingungen um die Leitpflanzen geeignet sein. Was den letzten Punkt betrifft, muß zum Beispiel berücksichtigt werden, daß große Leitpflanzen mit einer langen Saison Schatten werfen und eine Begleitpflanze sich zwar vielleicht gut für die sonnige Seite eignet, aber auf der Schattenseite dahinsiecht.

Bei der Planung eines freiliegenden Beetes muß auch bedacht werden, daß das Beet keinen soliden Kern hat und es daher möglich ist, direkt durch die Pflanzung hindurch auf die andere Seite zu schauen. Daher sollte man auf die Farben und den Charakter aller Pflanzen achten, die in einer Blickrichtung liegen, selbst wenn sie sich tatsächlich in einiger Entfernung befinden. Wie bei den anderen Pflanzen im Beet kann man die Saison der Begleitstauden durch Zwischenpflanzungen verlängern.

Kleine freiliegende Beete können viele Sorten enthalten und sich dennoch gut einfügen.

## Kleiner Garten, kleiner Maßstab

Insbesondere in kleinen Gärten müssen bei freiliegenden Beeten noch zwei weitere Dinge berücksichtigt werden. Zum einen muß die Größe der Pflanzen der geringeren Beetgröße angepaßt sein. Zum anderen ist es in einem kleinen Garten notwendig, Pflanzen genauer und regelmäßiger zu beobachten als in größeren Gärten. Es lohnt sich daher, auf folgende Punkte zu achten:

- Versuchen Sie stets, die besten Sorten zu verwenden.
- Ersetzen Sie Pflanzen, die nicht gedeihen oder ungeeignet sind.
- Wählen Sie Sorten, die neben schönen Blüten ein zweites gutes Merkmal besitzen (wie dekoratives Laub oder Früchte), damit ihre reizvolle Zeit möglichst lang ist.
- Entfernen Sie regelmäßig welke Blüten, und halten Sie Pflanzen und Beete in Ordnung.
- Vermeiden Sie Lücken – falls eine Pflanze langsam anwächst oder eingeht, setzen Sie vorübergehend einjährige Blattpflanzen in die freie Fläche.

## Wildblumenpflanzungen

Die wachsende Begeisterung für Wildblumen hat zwei verschiedene Gründe. Zum einen besteht ein zunehmendes Interesse an der Kultur von Stauden, deren natürliche Anmut nicht durch Züchtung zerstört wurde, und zum anderen empfinden viele Gärtner es als befriedigender, Stauden auf natürliche Weise zu ziehen, als nach formalen, geplanten Strategien zu verfahren.

### Wilde Arten

Der Reiz von wilden Arten gegenüber ihren durch Züchtung veränderten Nachfahren liegt darin, daß sie oft anmutigere Wuchsformen, dezentere Farben und einen natürlichen Charme besitzen, die den modernen hochgezüchteten Sorten fehlen. Da sie nicht in oder für Gärten entwickelt wurden, haben sie eine enge Beziehung zur Natur, die den umweltbewußten Gärtner von heute anspricht.

Aber es gibt auch Nachteile. Einige wilde Staudenarten sind außerordentlich wuchsfreudig und können weniger kräftige Nachbarn behindern. Andere säen sich überreichlich aus und werden dadurch vielleicht zur Plage. Wieder andere sind zweifellos reizvoll, besitzen aber auch Eigenschaften, die zwar in der Natur kaum als Mangel betrachtet würden, im Garten aber weniger wünschenswert sind wie beispielsweise hoher Wuchs, kleine Blüten oder eine kurze Blühperiode.

Kurzum, einige wilde Arten lassen sich ohne weiteres in Staudenpflanzungen vielerlei Art einbeziehen, andere sind jedoch besser in Wildblumengärten aufgehoben.

**Wild und heimisch** Es gibt einen klaren Unterschied zwischen wilden Arten und heimischen Pflanzen. Bei wilden Arten handelt es sich um unveränderte Pflanzen, die man in natürlichen Lebensräumen auf der ganzen Welt findet. Unter heimischen Arten versteht man Wildpflanzen, die in einer bestimmten Gegend – einem Land oder einer Region – wachsen und ihr besonders gut angepaßt sind. So wie Gärtner sich allgemein stärker für Wildpflanzen interessieren, besteht auch ein wachsendes Interesse an heimischen Arten. Heute werden ganze Beete oder Gärten mit ihnen bepflanzt.

Neben ihren ästhetischen Reizen und ihrer Affinität zur Natur haben heimische Pflanzen einen weiteren wichtigen Vorteil. Da sie zur natürlichen Vegetation der Gegend gehören, sind sie den lokalen Bedingungen am besten angepaßt und locken am ehesten Insekten, Vögel und andere Lebewesen an. Nach Meinung vieler Gärtner ist dies der Hauptgrund für ihre Kultur.

### Wildblumen im Garten

Die Anlage von Biotopen im Garten, die natürliche Lebensräume von Wildblumen nachempfinden, ist die vielleicht reizvollste Art, sie zu ziehen, stellt aber auch die größte Herausforderung dar.

**Natürliche Lebensräume** Das Schaffen solcher Biotope steht im genauen Gegensatz zur üblichen Vorgehensweise im Garten, bei der es sich dem Wesen nach um einen unnatürlichen Prozeß handelt. Zunächst bereitet man den Platz in einer Weise vor, wie sie bei der Planung konventioneller Pflanzungen (siehe Seite 29) unbekannt ist. Hier gilt

Kornblumen, Klatschmohn und andere einjährige Ackerblumen bilden im Sommer einen bunten Teppich, während sich Stauden entwickeln, die im folgenden Jahr an ihre Stelle treten.

Kissenprimeln und Anemonen lassen in einer schattigen Ecke eine reizvolle Frühjahrspflanzung entstehen.

es, dem Lebensraum die Möglichkeit zu geben, sich auf seine eigene natürliche Weise zu entwickeln, aber gleichzeitig zu verhindern, daß Unkräuter oder wuchernde Arten dominant werden. Man versucht im Grunde, etwas Paradoxes zu schaffen: einen künstlich angelegten natürlichen Lebensraum.

- Bereiten Sie den Standort sorgfältig vor (siehe Seite 36ff.). Damit wird sichergestellt, daß die Pflanzen bestmögliche Bedingungen bekommen, um zu gedeihen, und die Gefahr möglichst klein gehalten, daß Unkräuter sie behindern können.
- Prüfen Sie regelmäßig das Gleichgewicht zwischen den Arten. Wenn eine Art droht, dominant zu werden, entfernt man bei ihr welke Blüten, damit sie sich nicht aussät, oder schränkt ihre Ausbreitung ein, indem man einige ihrer Wurzeln ausgräbt.
- Einige Arten sind vielleicht kurzlebig. Dies kann eine natürliche Eigenschaft sein oder die Folge ungeeigneter Wachstumsbedingungen. In beiden Fällen besteht die Lösung möglicherweise in einer ständigen Neupflanzung.
- In Pflanzungen, die nicht in konventioneller Weise gepflegt werden, können sich rasch Unkräuter ansiedeln. Man muß daher stets wachsam sein und sie nach Erscheinen baldmöglichst entfernen.
- Gleichzeitig sollte man sorgsam auf willkommene heimische Arten achten, die sich von selbst ansiedeln.
- Beobachten Sie den Gesundheitszustand der heimischen Arten. Sie können von unvertrauten Schädlingen und Krankheiten befallen werden, die an Zierpflanzen nur selten auftreten.

**Wilde Arten in Beeten und Rabatten**

Einige Wildpflanzen sind so farbenfroh und haben einen so ordentlichen Wuchs, daß sie mit anderen Stauden in herkömmlichen Beeten und Rabatten wachsen können und keine besondere Behandlung benötigen. Viele von ihnen finden sich im Pflanzenverzeichnis (siehe Seite 143 bis 228). Auf die gleiche Weise können auch relativ wenig gezüchtete Sorten wilder Arten, die vielleicht einfach nur eine ungewöhnliche Farbe haben, in die Pflanzung einbezogen werden.

Eine Möglichkeit, traditionelle Pflanzungen natürlicher erscheinen zu lassen, besteht darin, bei der Anlage des Beetes die Stauden mit größeren Abständen zu pflanzen und dann möglichst wenig in ihre natürliche Ausbreitung einzugreifen. Wenn man eine solche Entwicklung der Pflanzen erlaubt, ist es sinnvoll, einige Steine ins Beet zu legen, von denen aus Pflegearbeiten durchgeführt werden können, denn man darf auch solche Rabatten nicht einfach nur wachsen lassen. Sie benötigen eine sorgfältige Pflege, damit ein gutes Gleichgewicht zwischen den Arten und Sorten entsteht und die Rabatte aus verschiedenen Blickwinkeln hübsch aussieht.

In jüngerer Zeit wurde eine neue Methode entwickelt, bei der ausgewählte Formen wilder Arten und geeignete Gartensorten in natürlichen Pflanzgruppen vereint werden. Einzelne Pflanzen oder Horste, die unabhängig voneinander nur an einem Platz wachsen, wie es in Staudenbeeten geschieht, findet man in der Natur selten. Zweifellos sieht man dort gelegentlich auch Einzelexemplare, viel typischer ist jedoch eine weitaus gleichmäßigere Mischung von Arten, die sich oft über ganze Wiesen oder Berghänge erstreckt.

Dieses natürliche Wuchsverhalten wird heute in Gärten nachempfunden. Man pflanzt großflächig eine Anzahl verschiedener Wildarten oder Gartensorten, die durcheinanderwachsen. Sie können nacheinander blühen, damit im Laufe der Wachstumsperiode mehrmals für Farbe gesorgt ist, oder aber zusammen, wodurch sie eine sehr starke, mitunter spektakuläre Wirkung erzeugen.

Diese Art von Pflanzung erfordert aber nicht nur Platz, sondern auch eine sorgfältige Pflege, um ein Gleichgewicht zwischen den Arten sicherzustellen. Doch auf diese Weise können sehr schöne Flächen entstehen, die die besten Eigenschaften eines natürlichen Wildblumenbiotops mit denen einer gemischten Pflanzung vereinen.

RECHTS Feuchtigkeitsliebende Wild- und Gartenstauden können sich hier natürlich ausbreiten und durch Selbstaussaat vermehren.

## Schaubeete

Viele Hobbygärtner haben eine Vorliebe für bestimmte Stauden und möchten eine Sammlung anlegen. Um diesen Wunsch zu verwirklichen, gibt es mindestens zwei beliebte Methoden.

Die erste Möglichkeit ist, die einzelnen Sorten einfach dort zu pflanzen, wo sie natürlicherweise gut wachsen und am schönsten aussehen – so werden Sammlungen gewöhnlich begonnen. Eine Sammlung läßt sich aber nur gut in einen Garten einbeziehen, wenn die Pflanzen relativ klein und nicht zu leuchtend gefärbt oder zu dominant sind. Wenn man zum Beispiel eine Auswahl von Rittersporn im Garten verteilt, wird er während der Blüte so viel Aufmerksamkeit auf sich lenken, daß der Garten sonst wenig zu enthalten scheint. Dagegen kann eine Sammlung von winterhartem Storchschnabel, der kleiner ist und dezentere Farben hat, weit besser einbezogen werden. Storchschnabel ist genügend anpassungsfähig, um in einer Vielzahl von Situationen zu gedeihen, daher wird es kaum ein Problem sein, im Garten Plätze für ihn zu finden. Im Gegensatz dazu brauchen etwa Kissenprimeln oder Sumpfiris besondere Wachstumsbedingungen.

### Sammlungen in Schaubeeten

Eine zweite Möglichkeit, Sammlungen von Stauden unterzubringen, sind Schaubeete. Wenn eine Sammlung an einem Platz konzentriert wird, ist es einfacher, die für die Pflanzen erforderlichen Bedingungen zu schaffen, und ihre Pflege ist unkomplizierter. Zudem kann man die verschiedenen Pflanzen der Sammlung leichter vergleichen, und die Sammlung wird so zu einem eigenständigen Element. Pflanzungen aus Rittersporn oder Phlox etwa würden im Frühsommer spektakulär aussehen, eine Sammlung aus Nieswurzen wäre zu Frühjahrsbeginn faszinierend und schön, Funkien dagegen sähen mehr als die Hälfte des Jahres reizvoll aus.

Die harmonischen Laubfarben von Funkien bilden in einem Beet eine schöne Komposition.

Aber mit dieser Art der Pflanzenpräsentation sind mehrere Probleme verbunden. Erstens benötigt man eine erhebliche Fläche, die den gewünschten Pflanzen die richtigen Bedingungen bietet. Zweitens breitet sich in einer solchen Situation eine Krankheit oder ein Schädling rasch von einer Pflanze zur anderen aus. Drittens, und dies ist der wichtigste Punkt, ist die Sammlung möglicherweise unattraktiv, wenn die Pflanzen nicht in Blüte stehen.

Natürlich ist es grundsätzlich nicht sinnvoll, Pflanzen ziehen zu wollen, deren Bedürfnissen man im Garten nicht gerecht werden kann. In Ausnahmefällen mag man jedoch beschließen, daß sich eine etwas aufwendigere Bodenbearbeitung lohnt, etwa wenn zu der gewählten Gruppe auch einige Pflanzen gehören, die etwas anspruchsvoller sind als die gebräuchlicheren Formen. Falls eine Gruppe von Pflanzen für einen bestimmten Schädling anfällig ist, kann es möglicherweise sogar von Vorteil sein, sie an einem Platz zu ziehen, da man dann das Spritzen auf einen einzelnen Bereich des Gartens beschränken kann.

### Schaubeete außerhalb der Saison

Das Problem, daß Sammlungen außerhalb der Blütezeit wenig zu bieten haben, läßt sich mitunter recht einfach lösen, etwa indem man Pflanzentypen dazwischensetzt, die während dieser Zeit reizvoll aussehen. Solche Zwischenpflanzungen werden schlicht gehalten, so daß das Beet nicht auf unterschiedliche Weise gepflegt werden muß. Die beste Wahl sind oft Zwiebelblumen. So kann man in Sammlungen aus Sommer- oder Herbstblühern wie Pfingstrosen, Phlox oder Glattblattastern Krokusse setzen. Diese vermehren sich oft durch Selbstaussaat und bilden entzückende Frühjahrsteppiche, bevor die Sommerblumen in Aktion treten. Zwischen Winter- oder Frühjahrsblühern wie Nieswurzen können etwa Lilien wachsen, und zwischen Kissenprimeln oder Schwertlilien kann sich beispielsweise eine unkomplizierte winterharte Sommerblume wie Jungfer im Grünen aussäen.

Eine anmutige Sammlung von Astern, deren Farben wunderbar harmonieren.

### Kombinierte Sammlungen

Mitunter kann man zwei Sammlungen kombinieren, wenn ein Beet geeignete Wachstumsbedingungen für beide Pflanzengruppen bietet. So mögen sowohl Funkien als auch Farne kühle, schattige Bedingungen, und die breiten Blätter der Funkien harmonieren gut mit den filigranen Farnwedeln. Auch Nieswurzen und Kissenprimeln sehen zusammen hübsch aus und mögen ähnliche Bedingungen.

Manchmal ist es schwierig, Pflanzen die erforderliche Pflege zu geben, wenn Nachbarpflanzen dabei im Weg sind, und deshalb werden Sammlungen, die man in größerem Maß stützen, spritzen oder auch regelmäßig teilen muß, am besten für sich alleine gezogen. Beispiele sind hier Astern und Rittersporn. Dies gilt auch für Pflanzen, die sich leicht durch Ausläufer ausbreiten, wie Anemonen.

### Thematische Pflanzungen

Es gibt eine weitere Möglichkeit, schöne Schaubeete zu pflanzen. Besonders großartige Kompositionen können entstehen, wenn man nur wenige sorgfältig ausgewählte Sorten verwendet. Statt ein kleines Beet oder eine Rabatte mit einer gemischten Auswahl an Stauden, von denen man vielleicht jeweils nur ein Exemplar nimmt, zu bepflanzen, kann man sich auf drei oder vier Sorten beschränken, die in größerer Zahl verwendet einen eindrucksvollen Anblick bieten. Man kann sich für Pflanzen mit einer kurzen, spektakulären Blüte entscheiden, die vielleicht mit einer regelmäßig begangenen Jahresfeier zusammenfällt, oder Pflanzen mit einer ungewöhnlich langen Blütezeit wählen, die in einem wichtigen Bereich des Gartens, etwa im Blickfeld des Küchen- oder Wohnzimmerfensters oder der Terrasse, lange für Farbe sorgen.

Daneben gibt es noch viele andere Themen. So kann man Sorten wählen, die in der Familie vorkommende Vornamen tragen wie etwa *Dianthus* ›Diane‹ oder *Aster* ›Jenny‹. Mit silbernem Laub kann eine Pflanzung anläßlich einer bevorstehenden Silberhochzeit geschaffen werden, oder man zieht Pflanzen aus einer Gegend, in der man regelmäßig Urlaub macht. Solche Themenpflanzungen können viel Freude bereiten und Ihrem Garten eine individuelle Note verleihen.

## Blickfänge

Einige Stauden kann man sehr wirkungsvoll als Blickfänge einsetzen, statt sie nur als Bestandteil eines Beetes oder einer Rabatte zu verwenden. Sie können groß und farbenprächtig sein wie etwa *Gunnera manicata* und Rhabarber *(Rheum)*. Genauso wie Solitärsträucher oder kleine Bäume sehen diese Pflanzen oft schöner aus, wenn man sie aus einiger Entfernung sieht und in ihrer Umgebung nichts von ihnen ablenkt. Aber die Stauden können auch kleiner und anmutig sein wie einige der größeren Funkien oder reizvolle Charakteristika, wie etwa Wuchsform, Laub oder Blüten, aufweisen, die besser zur Geltung kommen, wenn die Pflanzen allein stehen.

Doch es gibt ein Problem. Anders als Sträucher sterben die meisten Stauden im Winter ab und hinterlassen eine häßliche Lücke im Garten. Dies muß eingeplant werden, entweder indem man während des Winters in anderen Teilen des Gartens für Interessantes sorgt oder vielleicht winter- und frühlingsblühende Zwiebelblumen oder einen niedrigen immergrünen Bodendecker dazwischensetzt.

### Auffallende Pflanzen

Einige Stauden sind so markant und imposant, daß eine eingehende Betrachtung notwendig ist, um ihre Struktur, ihre Wuchsform oder ihre großartige Farbe zu würdigen. Sie werden am besten als Blickfänge in Beeten oder Rabatten mit anderen Pflanzen verwendet. Dies gilt beispielsweise für hohe Arten wie *Leucanthemella serotina*, die möglicherweise ihre unteren Blätter verlieren oder vor allem im oberen Bereich reizvoll aussehen.

Andere, wie das Pampasgras *Cortaderia selloana*, wirken an einem freiliegenden Platz großartig. Sie können eine ins Auge fallende Ecke zwischen Zäunen oder Mauern schmücken, am Ende eines Weges einen Blickfang bilden oder allein am Rand einer breiten Kiesauffahrt stehen. In größeren Gärten kann man sie auf herkömmliche Weise in Beeten, die im Rasen liegen, verwenden; bei einigen ist jedoch möglicherweise eine Einfassung aus niedrigen Bodendeckern sinnvoll.

Wenn Pflanzen als auffallende Solitäre eingesetzt werden, ist eine gute Pflege besonders wichtig. Eine Pflanze an einem prominenten Platz kann großartig aussehen, doch bei schlechter Pflege oder unter ungeeigneten Bedingungen gepflanzt, wird sie dahinsiechen, was eine weit schlimmere Wirkung hat, als wenn man sie in die Rabatte setzt.

**Pflanzen, die sich als auffallende Solitäre eignen:** Pampasgras *(Cortaderia selloana)*, Gemüseartischocke *(Cynara cardunculus)*, hohe Arten der Edeldistel *(Eryngium)*, *Foeniculum vulgare* ›Purpureum‹, *Gunnera manicata*, Fackellilie *(Kniphofia)* ›Prince Igor‹, *Macleaya cordata, Miscanthus sinensis*, Rhabarber *(Rheum)* und die Federgras-Art *Stipa gigantea*.

Ein Beet aus Rittersporn bildet im Sommer einen außergewöhnlichen Blickfang.

### Kleinere Pflanzen

Auch für eine Reihe kleinerer Pflanzen ist es vorteilhaft, keine Nachbarn zu haben, die von ihnen ablenken. Sie können auf Flächen wachsen, die in Pflaster oder Kies angelegt sind, einige sogar in Pflanzgefäßen. Verwenden Sie Pflanzen, die eine geeignete Größe haben und mit der Umgebung harmonieren, und natürlich sollte ihr Wuchs anmutig oder zumindest nicht plump sein. Der wichtigste Faktor ist jedoch, daß eine Betrachtung der Pflanzen aus der Nähe lohnt.

Solche Arten und Sorten können besonders interessante Blüten haben, wie etwa gefüllte Kissenprimeln, oder Blüten, die zart geadert oder getupft sind. Sie können hängende Blütenköpfe besitzen, die für eine Überraschung sorgen, wenn man sie nach oben dreht, wie es bei einigen Nieswurzen der Fall ist, oder großartig duften wie viele Nelken. Auch Blätter stellen ein reizvolles Merkmal dar, wenn sie aus der Nähe betrachtet eine besonders schöne Färbung haben wie etwa bei *Athyrium niponicum* var. *pictum*.

**Pflanzen, die sich als kleine Solitäre eignen:** *Ajuga reptans* ›Variegata‹, *Aquilegia viridiflora, Athyrium niponicum* var. *pictum*, Gänseblümchen *(Bellis perennis)* ›Prolifera‹, *Campanula punctata*, gefranste und duftende Sorten der Nelke *(Dianthus)*, Storchschnabel *(Geranium renardii)*, Nieswurz

Ein großartiges Arrangement aus kräftigen Stauden: An den feuchtesten Stellen wachsen *Iris*, an etwas trockeneren Funkien und Wolfsmilch.

*(Helleborus), Primula* (vor allem gefüllte Kissenprimeln) und *Saxifraga fortunei* ›Wada‹.

### Elegante Pflanzen

Stauden, die nicht übermäßig groß sind, sich aber zu Pflanzen mit einem ausgeprägten Erscheinungsbild entwickeln, können einzeln gepflanzt sehr wirkungsvoll aussehen. Es gibt verschiedene Möglichkeiten, sie in die Gartengestaltung einzubeziehen.

Man kann aus dem Pflaster einer Terrasse oder eines Hinterhofs eine Platte nehmen, um für die Pflanze Platz zu schaffen. Neutrales Pflaster ist häufig ein idealer Hintergrund. Die Pflanzfläche kann in einer Ecke oder an einer Seite des Hofes liegen, oder man setzt die Pflanze als Blickfang an eine auffallende Stelle. In solchen Situationen muß das Licht gleichmäßig sein, damit die Pflanze sich ausgewogen entwickelt. Hat das Pflaster kräftige Farben, muß man seine Wahl sorgfältig treffen, denn Blüten oder Blätter in ebenso kräftigen Farben harmonieren vielleicht nicht mit dem Hintergrund.

Kies ist ebenfalls ein guter Hintergrund für elegante Einzelpflanzen und hat den Vorteil, daß er Unkraut unterdrückt. Aber in ihm erscheinen gern Sämlinge, die sich ausgesät haben und entfernt werden müssen, damit sie nicht mit der Einzelpflanze konkurrieren.

**Pflanzen, die sich als elegante Solitäre eignen:** *Acanthus, Agapanthus, Dryopteris erythrosora, Hakonechloa macra* ›Aureola‹, *Euphorbia characias,* größere Sorten der Funkie *(Hosta), Iris pallida* (panaschierte Sorten), *Molinia caerulea* ›Variegata‹, Sorten von Schildfarn *(Polystichum setiferum)* und Zimmerkalla *(Zantedeschia aethiopica)* ›Crowborough‹.

## Pflanzgefäße

Zweifellos gedeiht die Mehrzahl der Stauden im Freiland am besten, da sie

Ein einzelnes Exemplar von *Euphorbia characias* ssp. *wulfenii* kann sich zu einer imposanten Pflanze für Winter und Frühjahr entwickeln.

sich dort natürlich entwickeln können. Aber einige sind für Pflanzgefäße besser geeignet als andere.

### Warum Pflanzgefäße verwenden?

Boden, Besonderheiten des Gartens oder spezielle Probleme mit den Pflanzen können ein Grund für die Verwendung von Pflanzgefäßen sein.

**Boden** Wenn man den Boden im Garten nicht so verändern kann, daß die gewünschten Pflanzen in ihm gedeihen, stellen Pflanzgefäße vielleicht eine Lösung dar.

- Bei ungewöhnlich nassem Boden kann man in Pflanzgefäßen die durchlässigen Bedingungen für Pflanzen schaffen, die trockeneren Boden brauchen, wie Gänsekresse *(Arabis)*, Affodill *(Asphodelus)*, Nelke *(Dianthus)*, Kokardenblume *(Gaillardia)*, viele Typen von Schwertlilie *(Iris)* und Pfingstrose *(Paeonia)*.
- Auf trockenem Boden können Pflanzgefäße feuchtigkeitsliebenden Pflanzen wie *Astilbe*, Dotterblume *(Caltha)*, *Dicentra*, Farnen, Funkie *(Hosta)*, *Houttuynia cordata* ›Chameleon‹, *Iris ensata* und Trollblume *(Trollius)* nassere Bedingungen bieten.

### Gartensituationen

Pflanzgefäße eröffnen in Gartenbereichen, in denen sonst keine Stauden wachsen können, weitere Möglichkeiten für Pflanzungen. Für kleine, gepflasterte Höfe, in denen es wenig Erdreich zum Bepflanzen gibt, sind sie von unschätzbarem Wert.

Um Stauden an unvermuteten Plätzen zu ziehen, kann man sorgfältig ausgewählte Sorten in Fensterkästen und Ampeln setzen. Eine einzelne Pflanze in einem Kübel oder einer Spindel kann einen großartigen Mittelpunkt oder Blickfang entstehen lassen.

Auf gepflasterten Flächen sind Pflanzgefäße von großem Wert.

**Probleme lösen** Pflanzgefäße helfen, Probleme zu lösen, die die erfolgreiche Kultur einiger Stauden verhindern, wie zum Beispiel:

- Funkien lassen sich in Pflanzgefäßen leichter schneckenfrei halten.
- Stauden, die für die Rabatte zu wuchsfreudig sind, wie panaschierter *Aegopodium podagraria* ›Variegatum‹ und *Houttuynia cordata* ›Chameleon‹, lassen sich in Pflanzgefäßen leicht begrenzen.
- Pflanzen, die in kalten Gegenden nicht ganz winterhart sind wie die Schmucklilie *(Agapanthus)*, können im Garten in Pflanzgefäßen wachsen und dann im Herbst an einen geschützten Platz gebracht werden (in sehr kalten Gegenden überwintert man Pflanzen in Gefäßen im Glashaus oder auf der Veranda).

### Pflanzgefäße wirkungsvoll verwenden

Die Bepflanzung von Töpfen und Kübeln bedarf einer sorgfältigen Planung. Damit ein Arrangement optimal gelingt, müssen Pflanzen, Pflanzgefäß und Standort gut aufeinander abgestimmt sein.

### Pflanzen für Pflanzgefäße

Pflanzen für Pflanzgefäße lassen sich in verschiedene Kategorien unterteilen.

- Sie sollten anmutige Solitäre sein und daher nicht so hoch oder plump, daß sie deplaziert wirken. Runde oder breite Blätter sind oft sehr wirkungsvoll. Schöne Beispiele sind hier *Aegopodium podagraria* ›Variegatum‹, viele Formen der Segge *(Carex)*, Farne, manche Storchschnabel-Arten *(Geranium)*, viele Gräser und die meisten Funkien *(Hosta)*.
- Niedrige, kriechende Arten sind ideal für Pflanzgefäße, da sie die Ränder von Kübeln und Kästen auflockern und noch Platz für weitere Pflanzen im Gefäß lassen. Beispiele sind hier *Ajuga*, Nelke *(Dianthus)*, einige Storchschnabel-Arten *(Geranium)*, Taubnessel *(Lamium)*, Algiermalve *(Malva sylvestris)* ›Primley Blue‹, manche Ar-

ten der Katzenminze *(Nepeta)*, Verbene *(Verbena)* ›Homestead Purple‹.

- Immergrüne Stauden sind für Pflanzgefäße wertvoll, da sie das ganze Jahr hindurch reizvoll aussehen. Beispiele sind Günsel *(Ajuga), Bergenia*, Segge *(Carex)*, Nelke *(Dianthus), Heuchera*, Taubnessel *(Lamium)* und Hainsimse *(Luzula)*.

## Pflanzgefäße plazieren

In kleinen, gepflasterten Gärten, wo die meisten Pflanzen in Töpfen wachsen müssen, gibt es verschiedene Möglichkeiten, um eine optimale Wirkung zu erzielen:

- Stellen Sie große Holzkästen entlang von Mauern auf.
- Kleinere Kästen kann man auf niedrige Mauern setzen oder unter Fenstern anbringen.
- Ampeln lassen sich an Zäunen und Mauern befestigen.
- In Ecken können Töpfe verschiedener Größe gruppiert werden.
- Dekorative einzelne Töpfe können als Blickfang dienen.
- Kästen und große Kübel können Schachtdeckel verbergen.

In größeren Gärten wachsen die meisten Stauden im Freiland, und es gibt vielleicht nur wenige Pflanzgefäße. Diese müssen jedoch so plaziert werden, daß sie sich gut in die Umgebung einfügen:

- Große Kübel oder Kübelgruppen sehen wirkungsvoller aus als verstreut plazierte kleinere Gefäße.
- Pflanzgefäße eignen sich als Blickfänge am Ende schmaler Wege oder in Nischen.
- Ein Paar großer Kübel kann eine Tür oder ein Tor einrahmen.
- In Beeten und Rabatten können Pflanzgefäße jeglicher Größe völlig deplaziert wirken.

Ihr reizvolles Laub macht Farne zu idealen Pflanzen für Töpfe und Kübel.

*Euphorbia characias* ssp. *wulfenii* ist eine großartige Pflanze für Terrakottakrüge und bleibt in allen Jahreszeiten schön.

RECHTS Die dunkle immergrüne Hecke läßt einen schönen Hintergrund für den hellen Schuppenkopf und die Blütenstände des Rittersporns entstehen. Das graue Laub bildet ein Gegengewicht zu den kräftigen Farben des Storchschnabels.

# Beete und Rabatten

Die Planung neuer Beete und Rabatten ist eine der aufregendsten Arbeiten im Garten. Dies ist das Stadium, in welchem die Grundlagen für einen langfristigen Erfolg geschaffen werden, aber auch die Zeit, in der man Fehler begehen kann, die sich später vielleicht nur schwer korrigieren lassen. Es ist eine äußerst schwierige Aufgabe, Stauden so zu gruppieren, daß die fertige Komposition mehr als die Summe ihrer Teile ist. Was den Stil angeht, in dem die Pflanzen arrangiert werden sollen, so gibt es viele Faktoren zu berücksichtigen. Wie groß ist die Rabatte, und wie paßt sie in die Gartenanlage und zum Haus? Soll eine formale oder eine freie Gestaltung gewählt werden? Welche Höhe und Wuchsform haben die Pflanzen? Wie sind Blüten und Blätter gefärbt? Soll man sich auf Stauden beschränken oder Sträucher, Zwiebelblumen und andere Pflanzen einbeziehen?

Glücklicherweise gibt es einige Richtlinien für eine erfolgreiche Planung. Darüber hinaus werden Sie feststellen, daß viele der hier beschriebenen Ideen und Regeln auch auf andere Pflanzungen anwendbar sind.

OBEN Diese großartige Lupinenpflanzung bildet im Frühsommer einen spektakulären Blickfang. Auch eine kleinere Fläche wäre noch wirkungsvoll, am besten trennt man sie aber durch einen Zaun oder eine Hecke von anderen Rabatten.

OBEN Eine gemischte Rabatte in Rot- und Orangetönen, die durch bronzefarbenes Laub ergänzt werden. Die Sträucher bilden einen Hintergrund für Goldrute, Indianernessel, Sonnenbraut, Phlox und andere Stauden, zwischen die Dahlien, Verbenen und andere nicht winterharte Pflanzen gesetzt wurden.

## Neuanlage einer Pflanzung

Ein unbepflanzter Gartenbereich – oder ein ganzer neuer Garten – bietet wunderbare Möglichkeiten, kann aber auch entmutigend wirken.

Da es für jeden Garten geeignete Stauden gibt, ist es nicht sinnvoll, den natürlichen Bedingungen entgegenzuhandeln, sondern man sollte den Gestaltungsstil und die Pflanzen entsprechend der speziellen Situation wählen. Es kann nicht genug betont werden, daß es absolut falsch ist, den Platz eines einzelnen Beetes, einer Rabatte oder gar einer Pflanze festzulegen und dann zu versuchen, die anderen Elemente des Gartens rundherum zu arrangieren. Auf diese Weise entsteht ein unharmonisches Durcheinander. Keine Staudenpflanzung sollte für sich betrachtet werden, sondern stets als Bestandteil des Gesamtplanes.

Es besteht keine Notwendigkeit, von Beginn an jedes Element detailliert zu planen. Doch wer einen nicht angelegten Garten und damit die Chance hat, die Gestaltung ohne Einschränkungen durch existierende Elemente vorzunehmen, sollte diese Gelegenheit nutzen und einen klaren Gesamtplan machen. Aber selbst auf einem kahlen Grundstück gibt es Hinweise, wo sich die besten Plätze für verschiedene Typen von Staudenpflanzungen befinden.

### Beurteilung der Umgebung

Machen Sie eine Bestandsaufnahme von äußeren Faktoren, die Auswirkungen auf den Garten haben.

**Klima** Das örtliche Klima hat einen bedeutenden Einfluß auf die Auswahl der Stauden. Sind die Winter sehr streng, die Sommer ungewöhnlich heiß und trocken, der Wind besonders heftig? Wählen Sie geeignete Pflanzen.

**Wind und Schutz** Aus welcher Himmelsrichtung kommt gewöhnlich der Wind? Wird der Garten in irgendeiner Weise geschützt, insbesondere durch eine Mauer oder einen Zaun? Wenn ja, kann die Mauer oder der Zaun Hintergrund für eine traditionelle Staudenrabatte sein. Gibt es Hecken? Wenn ja, sind sie dicht? Wenn nein, kann ein solider Zaun errichtet oder eine immergrüne Hecke gepflanzt werden? Falls das nicht möglich ist, sind freiliegende Beete mit kleineren Pflanzen oder eine gemischte Rabatte, in der Sträucher für Schutz sorgen können, vielleicht die bessere Lösung.

**Licht und Schatten durch Bäume** Gibt es große Bäume, die den Garten überschatten? Sind sie immer- oder sommergrün? (Unter immergrünen Bäumen gedeihen nur wenige Stauden.) Beschatten sie den gesamten Garten, oder gibt es einige hellere Bereiche? Stehen die Bäume innerhalb des Gartens? Wenn ja, können sie ausgelichtet oder die unteren Äste entfernt werden, um die Lichtverhältnisse zu verbessern? (Der leichte Schatten eines hohen sommergrünen Baumes eignet sich hervorragend für einen waldigen Garten mit schattenliebenden Pflanzen. Falls es keinen permanent hellen Platz für sonnenliebende Arten gibt, macht man schattenliebende Pflanzen zur Hauptattraktion.)

**Licht und Schatten durch Gebäude** Lassen hohe Gebäude Schatten im Garten entstehen? Bekommt der Garten dadurch keine Sonne, oder befinden sich die Gebäude auf der Seite des Gartens, die von Natur aus schattig ist? Der Schatten von hohen Gebäuden ist weniger einschränkend als der von Bäumen, da er nicht von oben kommt, und zudem treten keine Baumwurzeln

In diesem schattigen Beet gedeihen Farne gut. *Stachys macrantha* sorgt für Farbe.

in Konkurrenz zu anderen Wurzeln. Man muß jedoch unbedingt daran denken, daß der Boden direkt an einer Gebäudewand trockener sein kann als in der übrigen Rabatte. Zudem sollten hier relativ niedrige Sorten verwendet werden, da sich die Pflanzen zum Licht recken. Je höher ein Gebäude ist, desto schlechter sind die Lichtverhältnisse, und schattenliebende Pflanzen gewinnen um so größere Bedeutung.

### Bedingungen im Garten

Die Charakteristika des Grundstückes haben Einfluß auf die Plazierung der Gartenelemente, die Auswahl der Pflanzen und den Gestaltungsstil.

**Aussichten** Niedrige Saisonpflanzungen sind für eine Fläche, die ständig im Blickfeld eines Hausbereiches liegt, ungeeignet, sofern man nicht auch noch andere Elemente sieht oder der Bereich nur zu bestimmten Zeiten genutzt wird. Als Glanzpunkt für Wege sollten Solitärpflanzen mit einer langen Blütezeit verwendet werden. Prüfen Sie die Wirkung von den Fenstern in Erd- und Obergeschoß.

**Nachbarn** Denken Sie daran, daß auch Ihre Nachbarn Einsicht in Ihren Garten haben können. Wenn Sie einen Bereich zum Entspannen planen, insbesondere einen, wo Sie vielleicht sitzen und sich an dem Duft von Stauden erfreuen möchten, stellen Sie fest, in welchem Maße er einsehbar ist.

**Gartenelemente** Merkmal einer guten Gartengestaltung ist, daß die einzelnen Elemente zueinander in Beziehung gesetzt sind. Eine Staudenrabatte läßt eine schöne Aussicht von einer Terrasse entstehen, denn sie wird dann den Höhepunkt ihrer Pracht erreichen, wenn die Terrasse am meisten genutzt wird. Die Pflanzung entlang eines Weges, der zur Garage oder zum Gartentor führt, sollte nicht so stark jahreszeitlich geprägt sein, da man den Weg ständig benutzt. Ein Weg wird interessanter, wenn er nicht einfach durch Rasen verläuft, sondern an einer üppig bepflanzten Rabatte entlangführt.

Die Staudenrabatte mit silberfarbenem Ziest, Glockenblumen, Nelken und Türkenmohn sowie einer ordentlichen Mähkante bietet von der Terrasse aus einen großartigen Anblick.

### Kulturfaktoren

Ein neuer Garten erlaubt es, vor Beginn der Anlage die Bodenbedingungen genauer zu prüfen.

**Boden** Ermitteln Sie pH-Wert und Nährstoffgehalt (siehe Seite 27). In einem neuen Garten entnimmt man auf der gesamten Fläche Proben. Vielleicht stellt sich heraus, daß es unfruchtbare und fruchtbare Bereiche gibt, was die Planung beeinflußt. Flächen, wo der Boden unfruchtbar oder schwer zu bearbeiten ist, können für einen Sitzbereich oder ein Gewächshaus genutzt werden.

**Folgen von Bautätigkeit** Im Laufe von Bauarbeiten wird der Boden oft bewegt. Heben Sie deshalb, bevor Sie detaillierte Pläne zeichnen, im Garten in regelmäßigen Abständen Löcher aus (siehe Seite 25 f.), um festzustellen, ob unfruchtbarer Unterboden nach oben gelangte, Schutt oder anderes Abfallmaterial begraben liegt und verborgene Elemente vorhanden sind. Eine Aufzeichnung Ihrer Ergebnisse ist eine wertvolle Grundlage für den Gartenplan.

**Frühere Bearbeitung** Durch das Ausheben von Probelöchern können Sie auch ungewöhnlich fruchtbare Bereiche entdecken, auf denen vielleicht einmal Gemüse angebaut oder Tiere gehalten wurden. Hier sollte der Boden genau untersucht werden, denn solche Flächen können die besten Plätze für Staudenrabatten sein.

## Wiederherstellung einer vorhandenen Pflanzung

Oft ist ein Garten bereits angelegt, so daß man nicht die Möglichkeit hat, neue Rabatten zu planen. Statt dessen muß man Beete und Rabatten verschönern oder komplett instand setzen. Möglicherweise wurden existierende Rabatten vom Vorbesitzer verkommen lassen, oder Sie haben die Pflanzungen in Ihrem Garten selbst vernachlässigt.

Nach mehreren Jahren der Vernachlässigung haben sich wuchsfreudige Pflanzen vielleicht über den vorgesehenen Platz hinaus ausgebreitet und bedrängen nun ihre Nachbarn. Viele Pflanzen können zu eng stehen und lang und dünn geworden sein. Weil niemand welke Blüten entfernt hat, haben vielleicht durch Selbstaussaat entstandene Pflanzen andere unter sich begraben. Einige Pflanzen können unter Nährstoffmangel leiden. Möglicherweise haben sich ausdauernde Unkräuter eingestellt, oder einjährige Unkräuter bilden erstickende Teppiche.

Nach Übernahme eines neuen Gartens wartet man ein Jahr ab. Dieser Zierlauch *(Allium sphaerocephalon)* etwa ist die meiste Zeit des Jahres nicht sichtbar und kann Schaden nehmen, wenn man die auffälligeren Prachtscharten *(Liatris)* und Glockenblumen entfernt.

### Beurteilung vorhandener Pflanzungen

**Im übernommenen Garten** Wenn Sie umgezogen sind und eine Rabatte mit unbekannter Geschichte übernommen haben, ist es am besten, ein Jahr lang fast nichts zu tun und abzuwarten, welche Pflanzen sich in dieser Zeit zeigen. Nur so können Sie wirklich genau feststellen, welche Pflanzen in der Rabatte wachsen, vor allem, wenn sie neben Stauden auch Zwiebelblumen enthält, die die meiste Zeit des Jahres ruhen oder schwer zu bestimmen sind.

Aber Sie sollten die Rabatte in dieser Zeit nicht völlig sich selbst überlassen. So ist es wichtig, das Unkraut zu bekämpfen. Durch die gezielte Behandlung ausdauernder Unkräuter mit einem systemischen Herbizid lassen sich einige nützliche Verbesserungen vornehmen. Man kann überdies den Boden testen und einige allgemeine Ideen zur künftigen Vorgehensweise bei der Planung entwickeln.

Während die einzelnen Pflanzen ihren Höhepunkt erreichen, müssen Sie entscheiden, ob ihre Erhaltung lohnt. Zu diesem Zeitpunkt ist der Standort einer Pflanze nicht wichtig. Pflanzen, die Sie nicht möchten, sollten auf den Komposthaufen kommen. Oft sind darunter durch Selbstaussaat entstandene Exemplare hübscher Pflanzen, die einfach zu reichlich wachsen (wie etwa Sterndolden-, Taubnessel- und winterharte Storchschnabel-Arten). Entfernen Sie unerwünschte Pflanzen spätestens nach der Blüte.

Manchmal entdecken Sie vielleicht eine hübsche Pflanze, die ums Überleben kämpft. In diesem Fall ist es ratsam, sie sofort aus dem Boden zu nehmen, in einen Topf zu pflanzen und dann in ein Frühbeet zu setzen, bis sie wieder gut gedeiht und im Freiland weiterwachsen kann. Andere Pflanzen, die erhalten werden sollen, versehen Sie, sofern sie Ihnen unbekannt sind, am besten mit einem Schildchen, das Höhe, Farbe und Blütezeit genau angibt; auch ein Foto erleichtert die Bestimmung während des Winters. Pflanzen, die ineinandergewachsen sind, müssen sorgfältig beschriftet werden, damit gewährleistet ist, daß die richtige Sorte erhalten wird.

In diesem Stadium darf man nicht der Vorstellung erliegen, daß nur einige Veränderungen notwendig sind, weil in der Rabatte bereits zahlreiche Büschel vollentwickelter Pflanzen stehen. Stellen Sie sich darauf ein, Pflanzungen gründlich nach Ihrem Geschmack umzugestalten, statt nur wenig zu ändern und dies später zu bereuen.

**Im eigenen Garten** Pflanzen, die im eigenen Garten häßlich geworden sind, weil sie vernachlässigt wurden, sind leichter zu handhaben. Hier braucht man nicht ein ganzes Jahr abzuwarten, um festzustellen, was wirklich in der Rabatte wächst. Man entfernt welke Blüten und durch Selbstaussaat entstandene Pflanzen und bekämpft gezielt Unkraut, bis die Zeit gekommen ist, um den Boden zu verbessern und neu zu pflanzen.

Der Umfang der Instandsetzung hängt davon ab, wie lange die Rabatte vernachlässigt wurde und ob man glaubt, daß eine Neuplanung besser ist als eine Wiederherstellung der Rabatte.

## Verbesserung vorhandener Pflanzungen

**Im übernommenen Garten** Nach einem Jahr hat man alle Pflanzen beurteilt und weiß nun, in welchem Umfang Pflanzungen instand gesetzt und verändert werden müssen. Es kann sein, daß Plan und Pflanzen im Grunde gut sind. In diesem Fall muß man wenig mehr tun, als die im Laufe des Jahres anfallenden Arbeiten durchzuführen und seine Lieblingssorten einzubeziehen. Aber die Rabatte kann auch übergroße Horste und kahle Stellen enthalten, und dann ist eine grundlegende Instandsetzung notwendig.

Mittlerweile sollten Sie eine Vorstellung von der zukünftigen Gestaltung der Fläche haben. Meist ist es von Nachteil, wenn man sich in diesem Stadium zu sehr von Größe und Position der Pflanzen, die erhalten werden sollen, beeinflussen läßt. Statt dessen sollte man überlegen, wie sich die Fläche im Gesamtkontext des Gartens am besten nutzen läßt. Die meisten Stauden können aus der Erde genommen, geteilt und am geeignetsten Platz neu gepflanzt werden. Dies hat den Vorteil, daß man dabei den Boden verbessern kann. Aber es gibt auch Pflanzen, wie beispielsweise Funkien, Nieswurzen und Pfingstrosen, die am schönsten aussehen, wenn sie über viele Jahre zu dicken Büscheln herangewachsen sind. Sie sollten an ihrem Platz bleiben, sofern sie sich dort gut in die Gestaltung einfügen.

Nachdem man über die grundsätzliche Gestaltung der Rabatte entschieden und alle unerwünschten Pflanzen entfernt hat, kann man mit der detaillierten Planung beginnen. Zunächst muß die Form der Rabatte überdacht werden. Alle Veränderungen der Größe oder Form sollten vorgenommen werden, bevor mit der Verbesserung des Bodens begonnen wird. Im folgenden Frühjahr oder Herbst kann man alle Pflanzen herausnehmen, die erhalten werden sollen, den Boden verbessern und dann eine Mischung aus alten Sorten und Neuerwerbungen pflanzen.

Alte Pflanzungen lassen sich schnell verschönern, wenn man sie mit raschwüchsigen Pflanzen wie *Anthemis* ergänzt, die schon in der ersten Wachstumsperiode gut blühen.

**Im eigenen Garten** Die Instandsetzung bereits angelegter Rabatten kann entweder eine radikale Umgestaltung oder eine bescheidenere Verjüngung bedeuten. Wurde eine Rabatte stark vernachlässigt – Horste sind ineinandergewachsen, andere fast eingegangen, und Unkräuter haben sich angesiedelt –, ist entschlossenes Handeln notwendig. Man nimmt die meisten Pflanzen aus dem Boden, jätet Unkraut oder wendet ein Herbizid an, verbessert den Boden und pflanzt dann die gesündesten Stücke der alten Pflanzen neu. Ist die Vernachlässigung weniger drastisch, kann es ausreichen, sorgfältig zu jäten und die Pflanzen, die regelmäßige Teilung schätzen, wie Astern und Schafgarben, aus dem Boden zu nehmen und neu zu pflanzen. Nachdem man diese Maßnahmen durchgeführt hat, muß man die Pflanzung regelmäßig pflegen.

## Größe und Struktur von Rabatten

Die Größenverhältnisse sind bei der Planung von Staudenpflanzungen in zweifacher Hinsicht wichtig. Zum einen müssen die Dimensionen von Beeten und Rabatten mit der Größe des gesamten Gartens und den vorhandenen Elementen in Einklang stehen. Zum anderen müssen Höhe und Breite der einzelnen Pflanzen mit der Größe der Rabatte harmonieren.

Diese einseitige gemischte Rabatte hat eine Hecke als Hintergrund und beheimatet hinten hohe Sträucher; die davor wachsenden Stauden werden nach vorne zu niedriger.

### Rabatte und Garten

Es ist schwierig, konkrete Ratschläge zur optimalen Größe von Beeten und Rabatten zu geben, es können jedoch einige Regeln für Pflanzungen unterschiedlichen Typs aufgestellt werden.

**Einseitige Rabatten** Generell kann gesagt werden, daß die optimale Breite einer Rabatte, die vor einer Mauer, einem Zaun oder einer Hecke liegt, von der Höhe des Hintergrundes und von der Länge der Rabatte abhängt: Je höher der Hintergrund und je länger die Rabatte, um so breiter muß sie sein, damit die Proportionen ausgewogen sind.

Oft ist ein solcher Hintergrund etwa 1,8 Meter hoch. In diesem Fall wirkt eine formale Rabatte, in der nur Stauden wachsen, selten gelungen, wenn sie weniger als 1,5 Meter breit ist. Eine gemischte Rabatte muß noch breiter sein, um größere Sträucher beheimaten zu können.

Wenn aus irgendeinem Grund die Breite einer Rabatte vor einer Mauer oder einem Zaun begrenzt ist, sollte man in vielen Fällen lieber nicht den Versuch machen, eine komplizierte Staudenpflanzung anzulegen. Besser zieht man hier eine Sammlung aus besonderen Pflanzen, die sich gut für Boden und Standort eignen und einer näheren Betrachtung wert sind, oder man begrünt den Hintergrund mit Kletterpflanzen und setzt auf den Streifen zu ihren Füßen Bodendecker.

In einem großen Garten müssen Rabatten vielleicht drei Meter Breite und mehr haben, wenn sie proportioniert wirken sollen. Bei der Planung solcher Rabatten muß man davon ausgehen, daß sie sowohl aus einiger Distanz betrachtet werden, um sie in ihrer Gesamtheit erfassen zu können, als auch aus der Nähe, um einzelne Pflanzen genauer in Augenschein zu nehmen. Bei einer großen einseitigen Rabatte ist am hinteren Rand ein Weg erforderlich, damit Pflegearbeiten durchgeführt werden können.

Die Vorderkante einer Rabatte wird oft parallel zum Hintergrund angelegt, doch in vielen Situationen ist es passender, wenn sie in einer geschwungenen Linie verläuft, vor allem, wenn man ein freigestaltetes Arrangement von Beeten innerhalb eines formalen Rahmens aus Mauern oder Hecken plant. In diesem Fall können Teile der Rabatte schmaler angelegt werden als sonst, wenngleich dies nicht willkürlich geschehen sollte. Läuft die Vorderkante an einem Punkt auf die Mauer zu, an dem es eine duftende Kletterpflanze oder einen sonnigen Platz für eine Bank gibt, ist der veränderte Kantenverlauf nachvollziehbar.

**Freiliegende Beete** Auch freiliegende Beete wirken oft nicht gelungen, wenn sie nicht mindestens 1,5 Meter breit sind. Es läßt sich nur schwer verhindern, daß schmalere Streifen eine stark lineare Wirkung entwickeln. Man kann jedoch eines oder auch beide Enden eines freiliegenden Beetes schmaler gestalten, vor allem, wenn es in der Mitte oder an einem Ende etwas breiter als 1,5 Meter ist. Werden die Stauden durch Sträucher oder kleine Bäume ergänzt, sollten Beete erheblich breiter sein, sonst bleibt, wenn die Sträucher sich entwickelt haben, nur noch wenig Platz für die Stauden. Die Mehrzahl der Sträucher und Bäume eignet sich dazu, dem Beet einen Kern zu geben, der als Schutz und auch als Hintergrund dient, während die Pflanzung zu beiden Seiten stärker von Stauden dominiert wird. Jede Seite hat meist besondere Wachstumsbedingungen und kann entsprechend bepflanzt werden.

### Pflanzen in Rabatten

Bei der Auswahl von Pflanzen geeigneter Größe für Beete und Rabatten

RECHTS In dieser gemischten Rabatte sorgen Sträucher für Höhe und Volumen, Koniferen setzen Akzente, Stauden und Zwiebelblumen ergänzen sie durch Farbe.

gibt es zwei wichtige Aspekte: ihre endgültige Wuchshöhe und die Ausdehnung der Gruppen, in denen sie zusammengesetzt werden.

**Höhe der Pflanzen** Als Faustregel gilt, daß die Höhe der größten Pflanzen in einer Rabatte nicht mehr als die Hälfte ihrer Breite betragen sollte. In einseitigen Rabatten vor einer Mauer, einem Zaun oder einer Hecke können die Pflanzen etwas höher sein, doch denken Sie daran: Wenn der Hintergrund die Lichtverhältnisse beeinträchtigt, neigen hintenstehende Pflanzen dazu, sich nach vorne dem Licht entgegenzustrecken. Weitere hilfreiche Regeln sind, daß in einer langen Rabatte die größten Pflanzen etwas höher sein sollten als in einer kurzen und in Rabatten vor einem hohen Hintergrund etwas höher als in Rabatten vor einem niedrigeren Hintergrund.

Setzen Sie die höchsten Pflanzen nicht nebeneinander in einer Linie hinten in eine einseitige Rabatte oder in die Mitte eines freiliegenden Beetes. Um eine künstliche Wirkung zu vermeiden, trennt man sie durch Gruppen niedrigerer Pflanzen. Zudem sollten Sie daran denken, daß Rittersporn und andere Pflanzen mit hohen Blütenständen Platz brauchen, um zur Geltung zu kommen. Höhere Pflanzen wirken auch spektakulär, wenn sich ihre Silhouetten vor einem neutralen Hintergrund abheben.

Interessante Variationen entstehen dadurch, daß man da und dort Gruppen aus hohen Pflanzen nach vorne wachsen läßt und es kleineren Pflanzen erlaubt, sich nach hinten auszudehnen. Setzen Sie kleinere, frühblühende Stauden dicht an den vorderen Rabattenrand und höhere, sich ausbreitende Pflanzen dahinter; sie werden sich später in der Wachstumsperiode auf die Fläche der kleineren ausdehnen.

In Gegenden, in denen starke oder eisige Winde die Auswahl der Pflanzen begrenzen, kann man einseitige gemischte Rabatten in einzelne Bereiche unterteilen, indem man zwischen die empfindlicheren Pflanzen markante immergrüne Sträucher setzt. Sie bieten einen wertvollen Schutz und einen abwechslungsreichen Hintergrund.

**Pflanzengruppen** Die Größe der einzelnen Büschel oder Gruppen ist ein weiterer Faktor, der bedacht werden muß. Eine Rabatte kann noch so schmal sein, gewöhnlich sieht sie unordentlich aus, wenn sie nur mit Einzelexemplaren bepflanzt ist. Ausgenommen sind solche Pflanzen, die aufgrund ihrer Eigenschaft, zusammenzuwachsen, ausgewählt wurden. Ein Arrangement aus wenigen, größeren Büscheln sieht meistens besser aus.

Die Zahl der für eine bestimmte Fläche erforderlichen Pflanzen ist abhängig von ihrer Form und ihrem Wuchs und variiert stark. So kann ein einzelnes Exemplar einer markanten und wuchsfreudigen Art, beispielsweise *Crambe cordifolia*, die gleiche Fläche ausfüllen wie sechs oder acht Rittersspornpflanzen gleicher Höhe. Im allgemeinen ist in einer 1,5 Meter großen Rabatte eine Mischung aus einzelnen Pflanzen und Gruppen von drei oder fünf Exemplaren am wirkungsvollsten.

In größerem Maßstab sind in einer einseitigen Rabatte mit drei Meter Breite von manchen Pflanzen möglicherweise zehn Exemplare erforderlich. Es ist jedoch ratsam, darauf zu achten, daß nicht alle Gruppen die gleiche Größe haben.

Eine der erfolgreichsten und wirkungsvollsten Vorgehensweisen besteht hier darin, jeder der verschiedenen Sorten unterschiedliche Flächen zuzuweisen. Dies kann geschehen, indem man bei allen Sorten eine andere Zahl von Exemplaren nimmt, wobei ihr Wuchsverhalten zu berücksichtigen ist.

Schließlich sollte man daran denken, daß jeder Garten individuell ist. Viele dieser Regeln sollten deshalb dem Stil des jeweiligen Gartens und den persönlichen Wünschen angepaßt werden.

Funkien sollten in dicken Büscheln wachsen; Storchschnabel läßt sich dagegen teilen.

## Haus und Garten

Staudenpflanzungen sollten so geplant werden, daß sie sowohl zu vorhandenen Gartenelementen als auch zum Baustil des Hauses passen, damit ein harmonisches Gesamtbild entsteht. Die Gestaltung von Pflanzungen, Haus und Garten hängt teilweise davon ab, wie gut dauerhafte Elemente zusammenpassen: Jede neue Mauer (oder Zaun) und jedes neue Pflaster sollten möglichst in einem ähnlichen Stil und mit ähnlichen Materialien gestaltet werden, und auch Gartenmöbel sollten sowohl in Gestaltung als auch Farbe harmonieren. In Gärten, in denen Pflanzen eine wichtige Rolle spielen, muß jedoch auch die Gestaltung der Pflanzungen dem Gesamteindruck entsprechen.

### Architektur und Gartenplanung

Der Gestaltungsstil der Staudenpflanzungen sollte zum Baustil Ihres Hauses passen. Wenn sich dies als nicht durchführbar erweist oder der Baustil Ihrem Geschmack nicht entspricht, dann entscheiden Sie sich zumindest für einen abweichenden Gestaltungsstil, statt so lange willkürlich zu planen, bis Sie schließlich in einem Garten stehen, der keine eindeutige Beziehung mehr zum Haus hat.

**Alte Häuser** Traditionelle Cottages (Landhäuser) oder Häuser mit Reetdächern beschwören Bilder von üppigen Cottage-Gärten herauf. Diese Kombination wirkt meistens auch sehr gelungen, obwohl sie keineswegs einfach herzustellen ist.

Nehmen wir beispielsweise einen Vorgarten mit einem Weg, der vom Tor zur Haustür führt. Diese Situation läßt sich auf zwei Weisen gestalten: Man kann zum einen den Weg mit Buchsbaum oder Nelken einfassen und den übrigen Garten mit dem gesamten Spektrum an Cottage-Pflanzen einschließlich Gemüse im hinteren Bereich bepflanzen (hier sind Zugangswege notwendig). Oder man legt neben dem Weg einen Streifen mit niedrigen Pflanzen wie Nelken und Zwiebelblumen an, hinter ihnen eine Rasenfläche und anschließend eine breite Rabatte. Die Größe des Rasens kann davon abhängig gemacht werden, wieviel Zeit man mit der Pflege der Rabatten verbringen will. Wen man nur begrenzte Zeit zur Verfügung hat, sollte man von

Für diesen Garten eines traditionellen Cottage (Landhaus) eignet sich Rittersporn *(Delphinium)* besonders gut.

Astern, Montbretien und *Lavatera* lassen einen rustikalen Eindruck entstehen.

der gewollt »chaotischen« Bepflanzung eines traditionellen Cottage-Gartens absehen und eher den Stil einer modernen gemischten Rabatte wählen, zu der größere Gruppen von Pflanzen sowie eine effektive Bodendeckung gehören. Trotzdem sollte man auch einige klassische Cottage-Pflanzen wie Fingerhut und Pfingstrosen einbeziehen, um das Thema lebendig zu halten.

Wenn das Haus besonders reizvoll ist, entscheidet man sich vielleicht dafür, den Garten modern zu gestalten. Kies oder Splitt in einer sorgfältig gewählten Farbe, die zu dem Gebäude paßt oder es ergänzt, läßt eine hübsche unkrautfreie Fläche entstehen, bei der die Sicht auf das Haus nicht durch Pflanzen gestört wird. In günstige Ecken setzt man Rabatten oder einzelne Rosen mit einer Unterpflanzung, und Mohn, Fingerhut und Königskerzen können sich im Kies aussäen (wenngleich sie ihn nicht dominieren dürfen). Man kann einige traditionelle Gartenmöbel aufstellen und rustikale Pflanzgefäße als Blickfänge verwenden, wobei wiederum gewährleistet sein muß, daß sie in Farbe und Stil mit dem Haus harmonieren.

Gärten im Cottage-Stil harmonieren gewöhnlich deshalb so gut mit Landhäusern, weil die Fülle an Details in der Bepflanzung zu vielen architektonischen Details des Hauses paßt. Eine solche Vielfalt kann jedoch im Garten eines größeren Hauses mit klareren Formen unangebracht wirken. Hier entscheidet man sich vermutlich für eine ausgedehnte Pflanzung mit größeren Pflanzengruppen, die nicht so stark ineinanderwachsen, und Pflanzungen für kleine Flächen, die durch Hecken vom Hauptbereich abgetrennt sind.

Die schmalen Gärten kleiner Stadthäuser scheinen starke Beschränkungen aufzuerlegen, tatsächlich aber bieten auch sie oft ein Spektrum an Möglichkeiten. Für ein Haus im viktorianischen Stil wählt man vielleicht eine viktorianische Gestaltung und sogar entsprechende Materialien wie etwa eine Terrakottaeinfassung, altes Ziegelpflaster und Schmiedeeisen. Man kann einen geraden Ziegelweg mit Fliesen einfassen und ordentliche Rabatten mit Stauden oder farbenfrohen Beetpflanzen anlegen. Einen interessanteren Kompromiß erzielt man möglicherweise, wenn man den Garten im viktorianischen Stil strukturiert, aber auf modernere, vielfältigere Art bepflanzt.

Eine andere Möglichkeit ist, einen langen, schmalen Garten durch Spaliere, Hecken und Zäune in eine Reihe von »Räumen« zu unterteilen. Der Bereich direkt beim Haus kann auf den Stil des Hauses abgestimmt werden, während man die anderen Bereiche freier gestaltet.

**Moderne Häuser** Sie verlangen nach einer anderen Vorgehensweise. Oft erfordern die starren Linien, das schnörkellose Aussehen und die rechteckige Form vieler moderner Häuser einen ebenso klar gestalteten Garten, um ein Gleichgewicht herzustellen. Ein Gerüst aus immergrünen Sträuchern ist hilfreich, vor allem, wenn es benutzt wird, um die Ecken des Gebäudes zu mildern. Die Form von Sträuchern harmoniert oft mit der eines modernen Gebäudes. Gleichzeitig stellen die Zweige und Blätter von Sträuchern auch eine optische Verbindung mit Staudenpflanzungen her – immergrüne Pflanzen können ein Bindeglied zwischen Haus und Stauden bilden. Eine ähnliche Wirkung können Kletterrosen an Hauswänden haben.

Ein Garten, in dem geschwungene Linien, zwanglose Pflanzengruppen und freiliegende Staudenbeete, die in Gras angelegt wurden, vorherrschen, mildert die eckige Form des Hauses ab. Selbst in Gärten von kleineren Häusern gelingt dies, sofern genügend Platz für Beete vorhanden ist.

Ein großes Haus braucht als Gegengewicht freien Raum. Deshalb ist die Planung jener unverhältnismäßig kleinen Gärten, die oft an große, moderne Häuser angrenzen, am schwierigsten. Hier wird der Blickfang des Gartens vom Haus weg an die Grundstücksgrenze – den Zaun oder die Mauer – gerückt, die gewöhnlich passendere Ausmaße hat. Wenn der Garten eines großen Hauses ebenfalls groß ist, empfiehlt sich oft eine formale Gestaltung (siehe Seite 112 f.). Man plant einen formalen Rahmen, der in Beziehung zum Haus steht, und bepflanzt ihn formal – vielleicht mit einer traditionellen Staudenrabatte. Für unterschiedliche Stile können mit Mauern oder Zäunen Bereiche abgetrennt werden.

Bei eingeschossigen Häusern ist die Gestaltung einfacher als bei höheren Gebäuden. Auch wenn ihre geringe Höhe die Möglichkeiten einschränkt, Kletterpflanzen an den Mauern zu ziehen, entspricht sie der Größe von Gartenpflanzen mehr. Da einstöckige Häuser nicht im gleichen Maß den Garten dominieren wie höhere Gebäude und deshalb die Atmosphäre nicht so stark prägen, kann man mehrere Gestaltungsstile in Betracht ziehen.

## Die vorhandene Gestaltung

Die Einbeziehung einer neuen Rabatte in einen bereits angelegten Garten ist verhältnismäßig einfach. Der Gestaltungsstil steht fest, und man muß nur dafür sorgen, daß die neue Pflanzung mit der alten harmoniert. Man schafft vielleicht nur ein weiteres freiliegendes Beet, besorgt zusätzliche Pflanzgefäße oder gestaltet ein Beet in einem neuen Farbthema. Aber möglicherweise möchten Sie eine neue Pflanzung anlegen, weil Sie auf der Suche nach etwas völlig anderem in einem neuen Stil sind.

Das Einbeziehen eines freiliegenden Beetes in eine formale Umgebung oder einer formalen Pflanzung in einen Cottage-Garten ist dagegen schwieriger. Die Lösung besteht oft darin, die verschiedenen Gestaltungsstile zu trennen, was auf mehrere Weisen erfolgen kann. Bei einem sehr kleinen Grundstück gibt es vielleicht nur die Möglichkeit, den Vorgarten in einem anderen Stil zu planen als den Garten hinter dem Haus, wobei das Haus selbst als Trennelement dient. Ist mehr Platz vorhanden, kann man verschiedene Stile ineinanderfließen lassen, indem man langsam von einem zum anderen übergeht, obwohl sich dieser Ansatz möglicherweise nur schwer mit Erfolg umsetzen läßt. Eine effektive Lösung ist hier, große freiliegende Beete mit einem Kern aus Sträuchern zu versehen und sie dann auf beiden Seiten in einem unterschiedlichen Stil zu bepflanzen. Am zuverlässigsten lassen sich verschiedene Stile jedoch in den Garten einbeziehen, wenn man sie durch Hecken, Zäune oder Mauern trennt. Dies hat zwei Vorteile: Die verschiedenen Stile können nicht kollidieren, und Besucher des Gartens erleben Überraschungen, während sie die einzelnen Bereiche entdecken.

Der Schatten großer Bäume macht die Kultur schattenliebender Pflanzen möglich und bewahrt die waldähnliche Atmosphäre des Gartens.

Der Gesamtgrundriß für den Garten eines modernen Hauses kann beispielsweise folgendermaßen aussehen: Eine am hinteren Ende gelegene Kiesfläche geht in eine Gruppe von Pflanzgefäßen beim Haus über, und in einem sonnigen Bereich wachsen mediterrane Pflanzen, die Wärme und durchlässigen Boden brauchen. Man stellt ein rustikales Gartenhaus in einem mit Hecken umgebenen Bereich auf, wo Pflanzen im Cottage-Stil wachsen und ein Bogen zu einem in einem Farbthema gestalteten Bereich oder einem Gemüsebeet weist. Eine Hecke, die als Schutz für die Terrasse gepflanzt wurde, öffnet sich bei einem Weg, der – zu beiden Seiten mit Staudenrabatten bepflanzt – zum Gartentor führt. Diese Einzelbereiche müssen nicht groß sein. Selbst kleine Gärten lassen sich unterteilen, wobei sich in ihnen Spaliere besser dafür eignen als Hecken.

## Jahreszeiten

In jüngerer Zeit – insbesondere, seit Gärten kleiner geworden sind – ist die Tendenz zu beobachten, Gärten so zu gestalten, daß sie das ganze Jahr über reizvoll sind, um die beschränkte Fläche möglichst farbig und interessant zu gestalten. Es gibt zwei Möglichkeiten zur Umsetzung dieser Idee. Zum einen kann man jede Rabatte so planen, daß dort fast immer interessante Pflanzen zu sehen sind. Zum anderen kann man den Garten in verschiedene Bereiche aufteilen, in denen je nach Jahreszeit abwechselnd Glanzpunkte entstehen.

### Die Jahreszeiten-Rabatte

Will man nicht eine Rabatte anlegen, die das ganze Jahr über Interessantes zu bieten hat, muß man in genau entgegengesetzter Weise planen. Hier geht es darum, den Garten so zu gestalten, daß verschiedene Bereiche zu verschiedenen Zeiten des Jahres auf den Höhepunkt ihrer Pracht gelangen. Man setzt Pflanzen mit der gleichen Blütezeit zusammen, damit sie während einer bestimmten Zeit einen kleinen, aber sehr farbenfrohen Blickfang entstehen lassen. Wenn eine saisonale Pflanzung ihren Reiz verliert, strebt eine andere ihrem Höhepunkt zu. So kann man sich im Laufe eines Jahres an einer Reihe solcher Blickfänge in verschiedenen Teilen des Gartens erfreuen. Diese Pflanzungen stützen sich nicht so sehr auf Sträucher und Zwiebelblumen, auch wenn sie zu ihrer Schönheit beitragen können.

Die Planung solcher Glanzpunkte ist einfacher als die Pflanzung einer ganzjährig reizvollen Rabatte und für denjenigen, der noch nie Rabatten geplant hat, erfolgversprechender.

**Vor- und Nachteile der Jahreszeiten-Rabatte** Die beiden wichtigsten Vorteile der jahreszeitlichen Rabatte bestehen darin, daß sie in voller Blüte einen weitaus farbenfroheren Anblick bietet, als ihn eine ganzjährige Rabatte jemals erreicht, und sie überdies leichter zu

Im Frühling wachsen Günsel und Primeln zusammen mit Phlox und Steingartenpflanzen.

Im Sommer sollten Rabatten ein wogendes Meer aus vielen farbenfrohen Stauden bilden.

Sommerpflanzen werden bereits von herbstlichem Wasserdost und Sonnenbraut dominiert.

Die abgestorbenen Staudentriebe sind im Winter morgens mit Rauhreif überzogen.

planen ist. Von Nachteil ist, daß dieser Bereich des Gartens reizlos wird, wenn die Pflanzen verblüht sind.

## Die ganzjährige Rabatte

Falls die Winter nicht zu streng sind, können Sie eine Staudenrabatte so planen, daß sie immer interessante Pflanzen bietet; vor allem Blattpflanzen sorgen im Winter für Farbe. Aber es ist einfacher, das ganze Jahr einen hübschen Anblick zu erreichen, wenn die Rabatte auch Sträucher und Zwiebelblumen beheimatet, die während der Monate, in denen es keine Stauden gibt, reizvoll sind.

Wenn Sie im Planungsstadium Pflanzen mit unterschiedlicher Blütezeit wählen und dabei Faktoren wie Höhe und Farbe im Auge behalten, sind Sie dem gewünschten Ergebnis bereits ein Stück näher gekommen. Zur Vermeidung kahler Stellen im Jahresverlauf sollten Sie aber auch folgende Dinge beachten:

- Lassen Sie Blattpflanzen mit langer Saison zusammen mit blühenden Pflanzen wachsen, statt sie zu trennen.
- Wählen Sie, wann immer möglich, immergrüne Arten, die Sie mit sommergrünen mischen.
- Setzen Sie spätblühende Sorten dicht zu frühblühenden; wenn diese absterben, füllen erstere ihren Platz aus.
- Lassen Sie kletternde Stauden an freistehenden Stützen wachsen.
- Beziehen Sie in gemischte Pflanzungen großzügig Sträucher für den Winter und Zwiebelblumen für Spätherbst und Frühjahr ein.

Die Auswahl der Pflanzen ist entscheidend. Stauden, die eine nur 14tägige flüchtige Pracht zu bieten haben, sind naheliegenderweise ungeeignet für ganzjährige Rabatten. Verwenden Sie statt dessen Pflanzen mit Eigenschaften, die die Saison in irgendeiner Weise verlängern. Suchen Sie nach Pflanzen, die folgende Merkmale besitzen:

- ungewöhnlich lange Blühperiode,
- attraktives Laub,
- Herbstfrüchte,

- schöne Herbstfärbung,
- dekorative Wintertriebe,
- immergrünes Laub,
- anmutige Wuchsform,
- reizvolle oder interessante Knospen.

**Vor- und Nachteile der ganzjährigen Rabatte** Ihr großer Vorteil ist, daß sie immer Farbe oder etwas Interessantes bietet. Vor allem in einem kleinen Garten können kahle Stellen sehr auffallen, weshalb man sie vermeiden sollte.

Doch es ist nicht einfach, allein mit Stauden eine ganzjährig reizvolle Pflanzung anzulegen. Die Wirkung im Winter hängt weitgehend von immergrünen Blattpflanzen wie *Bergenia,* Taubnessel *(Lamium)* und Nieswurzen *(Helleborus)* ab, doch wenn man sie so üppig pflanzt, daß die Rabatte im Winter interessant aussieht, bleibt wenig Platz für Sommerpflanzen – dies hat zur Folge, daß die Pflanzung nicht übermäßig spektakulär wirkt, wenn die blühenden Stauden den Höhepunkt ihrer Pracht erreichen. Das ist bei dieser Art von Rabatten ein großes Problem: Man kann sie zwar so planen, daß sie immer etwas zu bieten haben, aber nie sehen sie wirklich imposant aus. Daher kann man praktisch nicht darauf verzichten, frühjahrsblühende Zwiebelblumen, Lilien, *Tricyrtis* und nicht winterharte Sommerblumen dazwischenzusetzen, um auch dann für schöne Farben zu sorgen, wenn die Rabatte sonst vielleicht eher langweilig wirkt und nur Laub zeigt.

Vor und nach der Blüte sorgt silberfarbenes und gelbes Laub für Farbe.

### Praktische Lösungen

Es gibt zwei Kompromißlösungen, die die besten Aspekte beider Methoden bis zu einem gewissen Grad in sich vereinen.

Bei der einen plant man wie oben in verschiedenen Bereichen des Gartens eine Abfolge farbenfroher Pflanzungen für verschiedene Jahreszeiten. Man wählt jedoch in diesem Fall die Sorten sehr sorgfältig, damit sie auch nach der Blüte noch reizvoll aussehen, vor allem aufgrund ihres Laubs. Auch wenn die Wirkung eines Bereiches nach der Blüte nachläßt, bleibt er so dennoch interessant.

Die zweite Methode kann mit der ersten kombiniert werden. In diesem Fall werden die Stauden einfach mit Zwiebelblumen unterpflanzt, die zu einer anderen Zeit Saison haben. So könnte eine Pflanzung aus Stauden, deren Blütezeit sich auf den Hochsommer beschränkt, mit Narzissen einer oder mehrerer Sorten unterpflanzt werden, um die reizvolle Zeit dieser Fläche zu verlängern.

Auf diese Weise sorgt die Sommerpflanzung im Frühjahr für zusätzliche Farbe, auch wenn sich die eigentliche Frühjahrspflanzung in einem anderen Teil des Gartens befindet.

**Langblühende Stauden:** Inkalilie (*Alstroemeria* Princess-Hybriden), *Clematis integrifolia, Aster* x *frikartii* ›Mönch‹ und ›Wunder von Stäfa‹, moderne Sorten von Nelke *(Dianthus),* Bartfaden *(Penstemon), Geranium wallichianum* ›Buxton's Variety‹, *Salvia farinacea, Geranium* x *riversleaianum* ›Russell Prichard‹, *Scabiosa* ›Butterfly Blue‹.

**Blütenstauden mit schönem Laub:** *Achillea-clypeolata*-Hybriden, *Anthemis punctata* ssp. *cupaniana, Aquilegia vulgaris* ›Vervaeneana‹, *Astilbe simplicifolia* ›Sprite‹, Nelke *(Dianthus), Dicentra* (Waldbewohner), Edeldistel *(Eryngium), Euphorbia* x *martinii,* Vexiernelke *(Lychnis coronaria),* Lungenkraut *(Pulmonaria).*

## Formale und freie Gestaltung

Rabatten, aber auch ganze Gärten können in einem formalen oder freien Stil geplant werden. Für welchen man sich entscheidet, hängt vom Baustil des Hauses, vom Charakter existierender Gartenelemente und von eigenen Vorlieben ab.

### Haus und Garten

Alter und Baustil des Hauses sind wichtig. Ein älteres Haus mit symmetrischer Ausrichtung legt eine formale Gartengestaltung nahe, vielleicht mit Buchsbaumhecken oder einer doppelreihigen Staudenrabatte. Durch seine elegante Form kann das Haus selbst zu einem wichtigen Element im Garten werden, und die Bepflanzung darf nicht von ihm ablenken. Umgekehrt unterstreicht eine freie Gestaltung mit geschwungenen Linien, wenig Symmetrie und einer zwanglosen Bepflanzung die Architektur eines modernen Hauses. Hier können die Pflanzen sogar die Hauswände begrünen, so daß das Haus Teil des Gartens wird.

In vielen Fällen wird man diese allgemeinen Regeln der Situation anpassen und Gartenbereiche nahe beim Haus entsprechend seines Baustils gestalten. In weiter entfernt liegenden Teilen kann man jedoch andere Stilformen entwickeln; hier gibt es zwei Möglichkeiten: Entweder beschränkt man charakteristische Stile auf in sich geschlossene Bereiche des Gartens, oder man schafft einen fließenden Übergang zwischen kontrastierenden Gestaltungsweisen.

### Was ist formale und was freie Gestaltung?

Theoretisch ist die Trennung zwischen formaler und freier Gestaltung klar und eindeutig. In der Praxis kann sie aber verwischen.

In einer formalen Umgebung mit immergrünen Hecken kommt eine doppelreihige Staudenrabatte großartig zur Geltung.

**Formale Gestaltung** Formale Gestaltungen beruhen auf kräftigen, geraden Linien, wie den klaren Grenzen des gesamten Gartens, den Trennungen innerhalb des Gartens und den Formen von Beeten und Rabatten. Häufig werden diese Linien durch die Pflanzung von markanten, oft akkurat geschnittenen immergrünen Hecken, etwa hohen Eibenhecken oder niedrigen Buchsbaumhecken, betont.

Bei formalen Gestaltungen ist Symmetrie wichtig. Man kann zum Beispiel zwei gleiche Rabatten zu beiden Seiten eines geraden Weges anlegen, der an einem Ende einen markanten Blickfang hat. Der Blickfang kann ein Teil des Hauses sein, ein Gartengebäude, ein einzelner Baum oder eine Statue, in größeren Gärten auch ein Merkmal in der Umgebung, das jenseits der Gartengrenze liegt. Innerhalb des Gartens kann man einzelne Pflanzen entweder in Reihen oder sich gegenüberstehenden Paaren aufstellen, um den Eindruck von Regelmäßigkeit noch zu verstärken.

Weitere typische Elemente formaler Gartengestaltung sind:

- rechteckige Beete,
- quadratische Flächen, die in kleinere Quadrate unterteilt sind, wobei die Ecken durch identische Solitärpflanzen markiert werden können,
- paarweise plazierte Pflanzen, dekorative Pflanzgefäße, Sitzgelegenheiten oder Brunnen.

Eine reine Staudenpflanzung hat nie einen sehr formalen Charakter, da Stauden von Natur aus eine weiche, lockere Wuchsform haben. Während eine Hecke immer formal geschnitten werden kann, ist dies bei Stauden nicht möglich. Wenn man eine formale Gestaltung zum Ziel hat, ist es daher wichtiger, darauf zu achten, wie die Pflanzen arrangiert werden. Hier einige Regeln:

- Ziehen Sie Stauden getrennt von anderen Pflanzen.
- Verwenden Sie Nelken und andere niedrige Pflanzen für gerade Einfassungen.
- Beschränken Sie hohe Pflanzen auf den hinteren Bereich der Rabatte, und stufen Sie die Pflanzen nach vorne zu gleichmäßig ab; die niedrigsten wachsen am vorderen Rabattenrand.
- Pflanzen Sie stattliche Gruppen, die gut gestützt werden und von ihren Nachbarn getrennt wachsen.
- Führen Sie Pflegemaßnahmen, wie das Entfernen welker Blüten und Rückschnitt, rechtzeitig, regelmäßig und sorgfältig durch, damit die Pflanzen stets gut aussehen.

**Freie Gestaltung** Freie Gestaltungen haben eine natürliche Wirkung zum Ziel, was nicht bedeutet, daß der Gärtner die Pflanzen sich selbst überlassen sollte, wenngleich dies in manchen Situationen möglich ist. Hier sind ebenso viel Organisation und Planung erforderlich, aber mit einer anderen Absicht.

Die freie Gestaltung basiert, sowohl was den Garten als auch die Bepflanzung betrifft, auf einer zwanglosen Vorgehensweise; statt gerader Linien können geschwungene dominieren.

Ein asymmetrischer Grundriß läßt einen passenden natürlichen Eindruck entstehen. Verwenden Sie großzügige, geschwungene Linien, die, wo möglich, die Formen des Gartens nachempfinden und vorhandene Elemente wie Sträucher einbeziehen.

Während man bei der formalen Gestaltung Symmetrie und gerade Linien betont, werden sie hier überspielt, weicher gemacht und – bei ausgefalleneren freien Bepflanzungen – ganz unsichtbar. Man betont Unterschiede, nicht Gleichartigkeiten. Ziehen Sie keine klaren Trennungen zwischen Pflanzungen und angrenzenden Pflasterflächen oder Rasen. Robuste Stauden können in Gras eingebürgert werden, und kriechende Pflanzen dürfen sich von der Rabatte auf Kiesflächen oder Pflaster ausdehnen.

Man braucht sich nicht streng an die Regel zu halten, daß hohe Pflanzen hinten in die Rabatte und niedrigere nach vorne gesetzt werden sollten. Man kann Pflanzen ineinanderwachsen lassen oder sie sogar so pflanzen, daß sie sich überschneiden. Haben Pflanzen interessante Fruchtstände, so braucht man sie nicht zurückzuschneiden, wenn ihre Blüten welken. Pflanzen wie Glockenblumen und Garben kann man gestatten, daß sie sich aussäen und da und dort zwischen anderen Pflanzen für eine Überraschung sorgen. Gewiß muß man von wuchsfreudigen Arten viele Sämlinge entfernen, damit sie nicht andere ersticken, und manchmal vielleicht ein bißchen mogeln, indem man einen Sämling an einen besseren Platz setzt, wo er wirkt, als sei er zufällig dort gekeimt. Mit dem Stützen muß man es nicht so strengnehmen, und Pflanzen dürfen ruhig ein wenig durcheinandergeraten, auch wenn man darauf achten sollte, daß niedrige Sorten nicht erdrückt werden.

Eine formierte Buchsbaumhecke begrenzt eine üppige, farbenfrohe Staudenrabatte.

### Gestaltungsstile kombinieren

In vielen gelungenen Gärten wurden freigestaltete Pflanzungen in einen formalen Grundriß, der symmetrische Formen, klare Linien und Bezüge zum Haus hat, integriert. Diese Gestaltung gibt dem Garten eine eindeutige Struktur, erlaubt jedoch einen zwanglosen Bepflanzungsstil.

Eine rechteckige Rabatte kann im Hintergrund eine Eibenhecke haben oder selbst von einer niedrigen Buchsbaumhecke begrenzt sein, und dennoch können die in ihr wachsenden Stauden zwangloser arrangiert werden, als es eine formale Pflanzung erlaubt. Vor allem kann man die geraden Linien dadurch aufbrechen, daß man niedrige Pflanzen (wie etwa winterharten Storchschnabel) über und durch die Buchsbaumeinfassung wachsen oder sie über Pflaster wogen läßt. Und durch Selbstaussaat entstandene Sämlinge, die sich da und dort auf dem Weg angesiedelt haben, müssen nicht entfernt werden.

Für viele Gärtner ist die Verbindung einer formalen Gliederung mit einer zwanglosen Bepflanzung am befriedigendsten. Sie erlaubt einen Übergang vom Haus zu der natürlichen Atmosphäre des Gartens. Sie gibt eine gewisse Struktur vor, erlaubt es dem Gärtner jedoch dennoch, sich durch Auswahl und Anordnung der Pflanzen persönlich einzubringen.

RECHTS Durch niedrige Pflanzen, die über die Wegränder wachsen, und hohe, die willkürlich im hinteren Rabattenbereich verteilt sind, entsteht eine zwanglose, lockere Atmosphäre.

## Farbplanung

Die meisten Gärtner wählen Stauden vor allem aufgrund ihrer Farbe aus, und natürlich sind die Farben wichtig. Doch es ist gar nicht so einfach, sie wirkungsvoll einzusetzen. Es gibt im wesentlichen drei Möglichkeiten, bei der Planung von Beeten und Rabatten Farben zu verwenden:

- Farbkontraste können eine Rabatte entstehen lassen, die die Blicke auf sich zieht.
- Kühle Pastellfarben können eingesetzt werden, um eine harmonische Wirkung zu erreichen.
- Verschiedene Intensitäten der gleichen Farbe bewirken einen subtilen Eindruck.

Diese drei Möglichkeiten lassen sich einzeln oder in beliebiger Kombination in verschiedenen Bereichen der Rabatte anwenden, um ein anspruchsvolles Arrangement entstehen zu lassen.

### Einfarbige Rabatten

Rabatten, in denen Blüten und ein großer Teil der Blätter in einer Farbe gehalten werden, zählen zu den wirkungsvollsten und befriedigendsten Rabatten. Die Idee einer Rabattengestaltung in nur einer Farbe mag einfach erscheinen. Wenn man beispielsweise eine Rabatte plant, die hauptsächlich aus gelben Blüten besteht, und sicherstellt, daß alle Sorten etwa zur gleichen Zeit blühen, entsteht gewiß ein interessantes Arrangement. Mit etwas mehr Planung läßt sich jedoch ein spektakuläreres Ergebnis erzielen.

Zunächst wählen Sie Pflanzen in einer Grundfarbe, jedoch Sorten, deren Blüten und Blätter innerhalb dieser Farbe viele Schattierungen aufweisen. Würde man diese nun einfach pflanzen, wäre die Farbharmonie vielleicht vollkommen, das Arrangement aber dennoch etwas langweilig. Um für Abwechslung zu sorgen, muß man die anderen Eigenschaften der Pflanzen berücksichtigen. Wuchsform, Blätter und Blüten erhalten bei einer kleinen Farbpalette mehr Bedeutung.

Die Festlegung einer Grenze zwischen zwei Farben ist besonders wichtig. So sollte man sich entscheiden, ob man bei der Planung einer Rabatte aus gelben Blumen auch Sorten einbeziehen möchte, deren Blüten mehr zu Orange oder Creme tendieren. Die Nichteinhaltung von Regeln kann zu häßlichen Disharmonien führen – oder der Rabatte Pfiff geben.

Weiße Schmucklilien und duftender weißblühender Tabak lassen eine frisch wirkende Sommerrabatte entstehen.

### Farbkontraste

Kräftige Farbkontraste, etwa Scharlach und Weiß oder Purpur und Gelb, lassen die aufregendsten Rabatten entstehen – doch so großartig sie zweifellos sind, ruhig wirken sie nicht.

Die Formen der Pflanzen sehen manchmal seltsam zufällig aus, wenn sie nicht sorgfältig gewählt wurden. Am besten wirken solche Rabatten aus einiger Entfernung. Mitunter sind sie so überwältigend, daß sie in Bereiche gelegt werden müssen, die durch Bäume, einen Rasen, eine Hecke, einen Zaun oder auch einen Obstgarten von anderen Teilen des Gartens getrennt sind, da sie sonst die Wirkung benachbarter subtilerer Kombinationen zunichte machen. In der Praxis wird man vermutlich keine ganze Rabatte in kontrastierenden Farben anlegen wollen. Auf kleineren Flächen können sie aber wirkungsvoll sein und in Pflanzgefäßen oder kleinen Ecken für hübsche Überraschungen sorgen.

Rosa, malvenfarbene und weiße Stauden passen gut in einen Garten im Cottage-Stil.

### Harmonische Farben

Rabatten in einer breiteren Farbpalette, etwa zwei oder drei harmonierenden Blüten- und Blattfarben, sind einfacher zu planen und gelingen mit größerer Wahrscheinlichkeit.

Die Kombination harmonierender Farben läßt einen ruhigen, lockeren Eindruck entstehen. Zarte Pastellfarben wie Rosarot und blasses Himmelblau, die zusammen mit grauem Laub verwendet werden, eignen sich für kleine Pflanzungen am besten. Große Pflanzungen, die von weitem betrachtet werden, können die Atmosphäre des Gartens insgesamt verbessern und das Auge auf sich lenken, wirken aber zu zart, um beeindruckend zu sein. Harmonische Farbkombinationen sind am schönsten, wenn man sie aus der Nähe betrachtet und sie so in ihrer ganzen Subtilität erfaßt.

### Raffinierte Farbzusammenstellungen

Alle gestalterischen Möglichkeiten in einer Pflanzung zu vereinen ist eine schwierige Aufgabe. Mitunter ist es vernünftiger, sich die Ziele am Anfang nicht zu hoch zu stecken und dann auf Anfangserfolgen bei der Rabattenplanung aufzubauen, wenn man feststellt, daß man größeres Selbstvertrauen entwickelt hat.

Es ist ein aufregendes Unterfangen, Pflanzungen so zusammenzustellen, daß nicht nur die Farben, Blüten, Blätter, Wuchsformen und Strukturen der Pflanzen harmonieren, sondern auch die Jahreszeiten berücksichtigt und Sträucher, Kletterpflanzen, einjährige Blumen und Zwiebelblumen einbezogen werden. Wenn dies gelingt, kann der Erfolg großartig sein. Es lohnt sich also durchaus, soviel Sorgfalt und Mühe in die Planung einer Pflanzung zu investieren, denn das Resultat übertrifft bei weitem die Wirkung einer durchschnittlichen Rabatte.

Purpurfarbene Lupinen, Salbei und Katzenminze harmonieren mit hellgrünem Laub.

# Pflanzenkombinationen

Das Gelingen von Beet- und Rabattenpflanzungen hängt nicht allein davon ab, wie gut man die Pflanzen pflegt, sondern auch von der Art und Weise, wie die Pflanzen zusammengestellt werden. Das Nebeneinandersetzen der richtigen Blüten- und Blattfarben, interessante Kombinationen von Wuchsformen und Strukturen, die Einbeziehung anderer Elemente, wie etwa Früchten, in die Gesamtpflanzung – all dies kann ein Durcheinander in ein Kunstwerk verwandeln.

OBEN In dieser gemischten Rabatte sind die Farben sorgfältig abgestimmt: purpurfarbene Kugeldistel *(Echinops)* und Eibisch *(Hibiscus)*, blaue *Perovskia*, silberblättrige *Stachys* und Beifuß *(Artemisia)* sowie malvenfarbener Phlox. Löwenmäulchen *(Antirrhinum)* lassen weiße Glanzpunkte entstehen.

LINKS Eine Staudenrabatte, die den ganzen Sommer schön ist. Das Blau des Rittersporns *(Delphinium)* wiederholt sich in den violetten Salbeiblüten *(Salvia)*; gelbe Wiesenraute *(Thalictrum)* sorgt für eine heitere Note. Montbretie *(Crocosmia)* und Sonnenbraut *(Helenium)* werden die Blütenpracht bis in den Herbst verlängern.

LINKS Auch eine schlichte Gruppe aus nur zwei Pflanzen kann eine große Wirkung haben. Hier bilden die gelben Blätter von *Catalpa bignonioides* ›Aurea‹ einen perfekten Hintergrund für die mahagoniroten Blüten der alten Taglilien-*(Hemerocallis-)*Sorte ›Stafford‹, die immer noch zu den schönsten gehört.

## Blütenfarbe

Eine wirkungsvolle Kombination von Blütenfarben ist unverzichtbar, wenn eine schöne Staudenrabatte entstehen soll. Es gibt Regeln für die Planung, die allen, die zum erstenmal eine Rabatte anlegen, helfen, ausschlaggebend ist jedoch der persönliche Geschmack. Die Regeln für die drei Grundmethoden der Farbplanung wurden bereits auf Seite 116 beschrieben. Im folgenden werden nun Ideen anhand bekannter Pflanzen ausführlicher dargestellt.

### Farbkontraste

Kräftige Kontraste wirken aus der Entfernung am schönsten, und am eindrucksvollsten sehen sie über eine Rasenfläche hinweg betrachtet aus. Die Wahl von Farbkontrasten hat Priorität, doch können diese noch unterstrichen werden, wenn man auch anderen Arten von Kontrasten Aufmerksamkeit schenkt.

Ein Gruppe von Rittersporn, etwa die leuchtendgefärbte Sorte ›Blue Nile‹ mit ihren gelben Mitten, ergibt einen wunderschönen Anblick und erreicht 1,5 bis 2 Meter Höhe, so daß etwas seitlich versetzt von ihr die flachen, tief buttergelben Köpfe der niedrigeren Garbe *(Achillea)* ›Coronation Gold‹ stehen können. Bei dieser Pflanzenkombination geht es jedoch nicht allein um Farbe: Die flachen Köpfe der Garbe bilden einen Formenkontrast zu den aufrechten Blütenständen des Rittersporns.

Neben die *Achillea* kann man die ziegelroten fedrigen Rispen von *Astilbe* ›Red Sentinel‹, die auch ungewöhnlich dunkles Laub hat, setzen. Vorne können kleinere Sommersorten hinzugefügt werden wie etwa *Leucanthemum* ›Snowcap‹ mit seinen weißgelben Korbblüten, Salbei *(Salvia)* ›East Friesland‹ mit seinen langlebi-

LINKS In diesem feuchten Beet kontrastieren weiße und blaue Glockenblumen *(Campanula)* mit purpurfarbenem Weiderich *(Lythrum)*.

gen, schlanken, blauvioletten Blütenkerzen und der grünlich-gelbe Weiche Frauenmantel *(Alchemilla mollis)*, der duftige Schwaden bildet.

Ist noch Platz vorhanden, kann man das Bild mit niedrigen Einfassungspflanzen wie der lachsrosa Nelke *(Dianthus)* ›Doris‹, den lebendigroten und gelben Korbblüten der Kokardenblume *(Gaillardia)* ›Kobold‹ und dem vielfarbigen Laub von *Houttuynia cordata* ›Chameleon‹ am Vorderrand der Rabatte abrunden.

Dies ist ein Arrangement mit sehr unterschiedlichen Blütenfarben, doch auch die Wuchsformen der Blüten bilden Kontraste. Es entsteht eine unbestreitbar farbenfreudige Zusammenstellung, aber durch die sorgfältige Auswahl der Pflanzen werden grelle Disharmonien verhindert, die es manchmal gibt, wenn man Sorten in kräftigen Farben nebeneinandersetzt.

## Harmonische Farben

Durch die Verwendung weicher, harmonischer Pastelltöne entsteht eine ruhige Atmosphäre. Aus einiger Distanz wirken sie möglicherweise verschwommen, von nahem betrachtet jedoch sehr reizvoll.

Zwei der wichtigsten Stauden für herbstliche Beete und Rabatten sind Astern und Anemonen. *Aster* x *frikartii* ›Wunder von Stäfa‹ ist eine sehr hübsche zartlavendelblaue Sorte mit gelber Mitte und einer langen Blütezeit. Bei den Anemonen ist die reinweiße ungefüllte *Anemone* x *hybrida* ›Honorine Jobert‹, die ebenfalls eine gelbe Mitte hat, wunderschön.

Silberfarbenes Laub, das man vor diese Stauden setzt, verbindet die beiden Farben und integriert sie in die übrige Pflanzung. Diese Aufgabe erfüllt Beifuß *(Artemisia)* stets gut, doch hier ist *Anaphalis margaritacea* var. *yedoensis* die bessere Wahl; ihr flaumiges Laub ist etwas weißer. Darüber hinaus hat sie den Vorteil, daß sie kleine silbrigweiße Blüten trägt und zur Ausbreitung neigt, wodurch sie sich gut mit ihren Nachbarn verbindet.

Vor die Aster kann man die weiße pomponförmige Chrysanthemen-Sorte ›Purleigh White‹ setzen, die sich mit fortschreitender Wachstumsperiode rötlich färbt. Auf der anderen Seite von *Anaphalis* versucht man es vielleicht mit *Phygelius* x *rectus* ›Pink Elf‹, dessen blaßrosa Röhrenblüten in anmutigen, lockeren Rispen stehen.

Im Ergebnis bilden die silberfarbenen Pflanzen ein Bindeglied zwischen dem Lavendelblau, Reinweiß und Zartrosa, was möglicherweise insgesamt eine zu blasse Kombination entstehen läßt. Daher empfiehlt es sich, an den vorderen Rand die kleine, gefüllte blaue *Aster* ›Professor Anton Kippenberg‹ zu setzen, die gut zu den flachen, roten Blütenköpfen der Fetthennen-*(Sedum-)*Sorte ›Herbstfreude‹ paßt. Diese beiden Pflanzen mit ihren etwas kräftigeren Farben harmonieren auch gut mit den vielen anderen herbstlichen Farbtönen. Zudem lockt diese Gruppe Schmetterlinge an, die Astern und *Sedum* besonders mögen.

## Einfarbige Rabatten

Mancher mag sich zu sehr eingeengt fühlen, wenn er die Mehrzahl der Pflanzen für eine Rabatte aus den Schattierungen eines Grundtons der Blütenfarben auswählen soll. Tatsächlich ist dies aber eine einfache Möglichkeit, interessante Pflanzungen entstehen zu lassen. Laub in den gleichen Farben einzubeziehen gewährleistet während der Wachstumsperiode farbliche Kontinuität.

**Rote Rabatten** Bevor man eine rote Rabatte gestaltet, muß man zwei wichtige Fragen beantworten: Was genau ist eigentlich Rot? Will man satte karminrote Töne einbeziehen, und inwieweit möchte man das Rotspektrum in Richtung Orange, Rotbraun und Gold ausdehnen?

Bis zu einem gewissen Grad hängt die Beantwortung der ersten Frage von der Antwort auf die zweite Frage ab: Soll bronze- und kupferfarbenes Laub einbezogen werden? Rote Blüten und bronzefarbenes Laub passen gut zusammen. Tatsächlich vereinen Pflanzen wie *Lobelia* ›Queen Victoria‹ die beiden Farben in sich. Verwendet man jedoch rote Blüten und kupferfarbenes Laub zusammen, entsteht eine Rabatte, deren Farben und Stimmung düster sind. Und so kommen wir zur Beantwortung der ersten Frage zurück: Eine rote Rabatte kann ohne weiteres kräfti-

Eine einfarbige Rabatte, in der rote und bronzefarbene Stauden sich mit Dahlien mischen.

gere rotbraune und orangefarbene Töne enthalten, da sie eine erfrischende Wirkung haben.

Wer beschließt, verschiedene Nuancen von leuchtendroten Blüten zu verwenden, ist am besten beraten, wenn er vor allem grünes Laub wählt. Auf diese Weise entsteht eine farbenfrohe, schöne Pflanzung. Doch die Einbeziehung von bronzefarbenem Laub macht sie noch wirkungsvoller. Zudem lohnt es sich, Sorten mit gelben und orangefarbenen Blüten aufzunehmen, wodurch eine wunderbar warme, feurige Komposition entsteht.

**Gelbe Rabatten** Da Gelb eine fröhliche Farbe ist, erfreuen sich Rabatten mit gelbblühenden Stauden großer Beliebtheit. Doch gibt es für sie auch noch andere Gründe. Gelbe Blüten harmonieren gut mit grünen Blättern, und ein großes Spektrum von gelblaubigen Stauden kann das Farbthema fortführen, wenn die blühenden Sorten keine Saison haben.

Mitunter heißt es, daß zu viele gelbe Blumen zur Familie der Korbblütler gehören und im Spätsommer blühen würden. Aber im Frühjahr gibt es Kissenprimel *(Primula vulgaris)*, Wolfsmilch *(Euphorbia)* und Schwertlilie *(Iris)* und im Sommer Taglilie *(Hemerocallis)*, Schwertlilie, Fackellilie *(Kniphofia)* und Garbe *(Achillea)*, so daß man also eine ausreichende Auswahl zur Verfügung hat, um eine Rabatte mit langer Saison anzulegen.

Obwohl viele Blüten reingelb sind, fehlt es einigen an Intensität. Durch das Hinzufügen von goldfarbenen und orangegelben Arten und Sorten kann die Rabatte mehr Substanz und tiefere Farben erhalten.

**Weiße Rabatten** Weiße Blüten wirken kühl und an sonnigen Plätzen sehr erfrischend. Zudem sind sie für dunklere Bereiche im Garten wertvoll. Es überrascht kaum, daß weiße Rabatten die beliebtesten einfarbigen Rabatten sind. Weiße Blüten haben den Vorteil, daß sie sich besonders gut vom Laub abheben. Zu grünen Blättern ist der Kontrast sehr kräftig, zu silberfarbenen etwas weicher.

Beim Zusammenstellen weißblühender Arten wird man bald feststellen, daß einige weißer als andere sind. Zum Teil liegt dies daran, daß sich die Farbe mit dem Altern ändert: Einige Blüten sind im Knospenstadium grünlich oder zartrosa überhaucht, andere werden später rötlich, wieder andere sind niemals reinweiß, sondern eher cremefarben. Wenn man die Sorten zusammenpflanzt, werden die Unterschiede offenbar. Einige Gärtner mögen diese leichten Unterschiede und verwenden sie bewußt. Setzt man Blattpflanzen mit einer cremefarbenen Panaschierung wie Beinwell ›Goldsmith‹ oder Funkie ›Shade Fanfare‹ zwischen die Blütenpflanzen, können sehr hübsche Effekte entstehen.

Man kann also Sorten mit reinweißen Blüten wählen und sie mit hellgrünem Laub kombinieren oder cremigfarbene Schattierungen hinzunehmen und mit entsprechendem Laub zusammenstellen.

**Blaue Rabatten** Leider gibt es nur relativ wenige blaublühende Stauden, und eine unverhältnismäßig große Zahl davon sind Rittersporne und Salbei-Arten und -Sorten. Dadurch gerät die Auswahl leicht ins Ungleichgewicht. Zudem muß man bei violettblauen Blüten, etwa denen von manchen der dunkleren Bartfaden-*(Penstemon-)*Sorten, vorsichtig sein, da ihre Farbe möglicherweise nicht mit den reinen, intensiven Blautönen einiger Formen des buschig wachsenden Belladonna-Rittersporns harmoniert.

Blautöne sehen besonders hübsch vor frischem, leuchtendgrünem Laub aus. In blauen Rabatten kann Laub allgemein gut eingesetzt werden. Vor allem die blaublättrigen Funkien sind großartige Partner für blaue Blüten, und solange der Boden nicht austrocknet, gedeihen sie in voller Sonne oft besser als andere Funkien. Von den kleinen Sorten wie ›Halcyon‹ und ›Blue Moon‹ über die kräftigere *Hosta sieboldiana* var. *elegans* bis zu der riesigen ›Krossa Regal‹ sind sie alle gute Begleitpflanzen für blaue Blüten und können einen erheblichen Beitrag zum Gesamtbild leisten.

Gelbe Blüten haben eine heitere Wirkung und sind im Spätsommer am schönsten.

## Raffinierte Farbzusammenstellungen

Es ist nicht einfach, alle diese verschiedenen Elemente der Farbplanung erfolgreich in einer einzigen, anspruchsvollen Pflanzung zu vereinen, doch wenn es gelingt, ist das Ergebnis ein ungemein befriedigendes Arrangement, und daher werden sich die meisten Gärtner daran versuchen wollen.

In einer Rabatte vor einer immergrünen Hecke kann man zunächst mit einer großen Wolke aus den cremeweißen Blüten des Meerkohls *(Crambe cordifolia)* einen Hintergrund schaffen. Davor setzt man eine kontrastierende Wuchsform, etwa die kompakten, aufrechten Blütenstände der rosa *Phlox*-Sorte ›Eva Callum‹ und neben sie Belladonna-Rittersporn ›Peace‹, dessen intensives Blau zwar einen kräftigen Farbkontrast zum Phlox bildet, in seiner offenen, luftigen Wuchsform aber eher dem Meerkohl im Hintergrund ähnelt. Zwischen Phlox und Rittersporn kann man die cremegelben Korbblüten der Hundskamille *(Anthemis)* ›E. C. Buxton‹ verwenden, die farblich mit dem Meerkohl harmonieren und gleichzeitig einen Kontrast zu Phlox und Rittersporn darstellen.

Den Mittelpunkt der nächstkleineren Pflanzen bildet das silberfarbene Laub des Beifußes *(Artemisia)* ›Silver Queen‹, dessen Triebe sich zu seinen Nachbarn neigen und so eine gute Verbindung entstehen lassen. Zur einen Seite stehen, vor dem Phlox, die flachen gelben Blütenköpfe und graugrünen Blätter der Garbe *Achillea* ›Moonshine‹, zur anderen die weißen Glockenblüten von *Campanula persicifolia* ›Hampstead White‹.

Für die Vorderreihe aus kleineren Pflanzen kann man den ordentlichen *Agapanthus* ›Lilliput‹ mit seinen runden blauen Blütenköpfen wählen, die bronzeblättrige *Heuchera* ›Palace Purple‹ mit ihren tiefpurpurfarbenen Blättern und weißen Blüten, zwei Rabattennelken *(Dianthus)*, wie die stark duftende Sorte ›White Ladies‹ und die rosarote ›Houndspool Ruby‹, und das langblühende rosa *Geranium endressii* ›Wargrave‹.

Auf diese Weise entsteht eine Rabatte mit einer Mischung aus vorwiegend im Frühsommer blühenden Pflanzen, die bis in den Herbst hinein für Farbe sorgen, und eine wunderbare Komposition aus Kontrast, Harmonie und interessanten Formen.

Leuchtende Blütenfarben werden durch *Verbena bonariensis*, blaßgelbe Goldruten *(Solidago)* und gelbgrünen Tabak *(Nicotiana)* gedämpft.

## Wuchsbild und Blütenform

Die Blütenfarbe mag das erste sein, an das Sie bei der Planung einer Staudenrabatte denken, aber andere Faktoren sind nicht weniger wichtig. Die Wuchsformen der Pflanzen und die Weise, wie sie blühen, haben eine große Auswirkung auf die Lebendigkeit jeder Pflanzung.

Bei den Wuchsformen unterscheidet man im wesentlichen sechs Arten: aufrecht, bogig oder übergeneigt und sparrig wachsende Pflanzen, Pflanzen mit abgeflachten Blütenständen, Polsterpflanzen und Bodendecker.

**Aufrechte Pflanzen** Viele hohe Stauden wie Rittersporn *(Delphinium)*, Federmohn *(Macleaya)* und Lupine *(Lupinus)*, aber auch niedrigere Arten wie *Salvia* x *sylvestris* und Fackellilie *(Kniphofia)* in vielerlei Größen haben verblüffend gerade Triebe mit stark vertikalem Charakter. Sie lassen einen markanten, strengen Eindruck entstehen, auch wenn dieser mitunter durch die Formen der Blüten gemildert wird. Zu viele aufrecht wachsende Pflanzen können seltsam aussehen, vor allem, wenn sie in Reihen angeordnet wachsen statt in natürlichen Gruppen. Sie eignen sich jedoch ausgezeichnet, um hinter Pflanzen mit flachen Blütenständen wie Garben *(Achillea)* gesetzt zu werden. Dadurch entstehen interessante Winkel zwischen den senkrechten Trieben und den waagrechten Blütenköpfen.

Harmonische Farben und kontrastierende Formen ergeben eine interessante Pflanzung.

**Bogige oder übergeneigte Pflanzen** Es gibt relativ wenig Stauden mit dieser Wuchsform, und viele sind Ziergräser. Höhere Arten, wie das graublättrige Gras *Helictotrichon sempervirens*, haben eine besondere Anmut, die am besten ohne direkte Konkurrenz zur Geltung kommt. Als Nachbarn eignen sich nur Pflanzen, die sich an den Boden schmiegen. Kleinere Gräser mit einem übergeneigten Wuchs wie *Hakonechloa macra* ›Alboaurea‹ sind ausgezeichnete Pflanzen für Töpfe und sehen hübsch aus, wenn sie sich über niedrige Mauern neigen.

**Pflanzen mit abgeflachten Blütenständen** Auch in dieser Kategorie gibt es nicht viele Stauden. In den meisten Fällen bezieht sich die Wuchsform nicht auf die Pflanze selbst, sondern lediglich auf ihre Blütenstände. Am häufigsten sieht man hier Garbe *(Achillea)*, herbstblühende Fetthennen-(*Sedum*-)Arten und Brennende Liebe *(Lychnis chalcedonica)*. Zu den Pflanzen mit einer abgeflachten Wuchsform gehören einige der niedrigen Astern, und auch Funkien haben, wenn sie groß werden, oft flache Konturen. Zu beiden Gruppen bilden aufrechte Triebe schöne Kontraste, während runde, schwadenartige Pflanzen wie Schleierkraut die horizontalen Konturen wirksam mildern können.

**Polsterpflanzen** Viele Stauden haben eine annähernd runde Form, wenngleich bei einigen der Wuchs dichter ist als bei anderen. So lassen Rabattennelken in vielen Farben, die schattenliebende Storchschnabel-Art *Geranium macrorrhizum*, die frühjahrsblühende Frühlingsplatterbse *(Lathyrus vernus)* und die gelbe *Euphorbia polychroma* solide, runde Formen entstehen – allerdings kann sich das Aussehen ändern, wenn sich eine Pflanze ausdehnt und oben flach wird. Schleierkraut *(Gypsophila)* und Weicher Frauenmantel *(Alchemilla mollis)* entwickeln weichere, duftigere Konturen.

**Sparrige Pflanzen** Diese Pflanzen besitzen eine lockere, offene Form, und ihre Triebe haben eine wichtige Funktion, da sie mit ihren Nachbarn verwachsen und so reizvolle, zwanglose Gemeinschaften entstehen lassen. Sie sind ein nützliches Bindeglied, denn sie vereinen Pflanzen zu einer zusammenhängenden Gruppe. Zu dieser Kategorie gehören *Campanula punctata* ›Elizabeth‹ mit ihren hübschen roten Glockenblüten, die Algiermalve *(Malva sylvestris)* ›Primley Blue‹ mit ihren eckigen, aufrechten Trieben, das lang blühende *Geranium* ›Johnson's Blue‹ und *Geranium* ›Ann Folkard‹ in kräftigem Magentarot.

**Bodendecker** Stauden mit niedrigem, breitem Wuchs gehören in den vorderen Bereich einer Rabatte. Sie wachsen um die Wurzelhälse der aufrechten Pflanzen, bilden Teppiche am Rabattenrand und dehnen sich in Kies oder Pflaster aus (man muß jedoch verhindern, daß sie sich auf den Rasen ausbreiten.) Zu dieser Gruppe gehören Pflanzen wie etwa Günsel *(Ajuga)*, der Blätter in vielen Farben und zumeist blaue Blüten hat, die beinahe weißlaubige Beifuß-Art *Artemisia stelleriana*, *Potentilla* x *tonguei*, die rotgelbe Blüten mit karminroten Mitten trägt, und Wollziest *(Stachys byzantina)* ›Silver Carpet‹, der reizvolle silberne Teppiche bildet.

RECHTS Wogender grüngelber Frauenmantel vor den unterschiedlichen Blütenständen von *Sisyrinchium striatum*, gelben Lupinen und Buschrosen.

## Blattfärbung

Bei der Gestaltung einer Rabatte leistet Laub einen langanhaltenderen Beitrag als die meisten Blüten, daher ist es wichtig, Blattpflanzen sorgfältig auszuwählen. Meist entstehen durch Laub keine farblichen Disharmonien. Grün, die natürliche Blattfarbe, bildet immer einen guten Hintergrund, und selbst anderen Blattfärbungen liegt Grün zugrunde.

Die Blattfärbungen sind in folgende Gruppen unterteilt: grün; gelb und goldfarben; blau und graublau; grau und silberfarben; rot, bronze- und purpurfarben; Panaschierungen.

### Grüne Blätter

Grün läßt einen äußerst ruhigen Hintergrund für Blüten entstehen und paßt gut zu den meisten anderen Blattfarben. Doch Grün gibt es in einer Vielzahl von Abstufungen, die vom Tiefgrün einer Eibenhecke im Hintergrund bis zu den leuchtenden Tönen junger Funkienblätter reichen. Überdies können die Blätter einer Pflanze im Laufe der Monate ihre Farbe wechseln, und viele der gelbblättrigen Stauden werden mit Fortschreiten der Wachstumsperiode grün. Hat man sich entschlossen, nur wenige andere Blattpflanzen einzubeziehen, kann man für optische Abwechslung sorgen, indem man Pflanzen mit unterschiedlichen Blattformen und -strukturen verwendet.

### Gelbe und goldfarbene Blätter

Die Bezeichnungen »gelb« und »goldfarben« werden oft für eine breite Palette von Gelbtönen verwendet. Tatsächlich gibt es nur wenige Pflanzen, die wirklich goldfarbene Blätter haben, doch die Farbkategorie »Gelb« umfaßt ein breites Spektrum von sattem Cremefarben über Zitronengelb bis zu kräftigem Tiefgelb.

Gelblaubige Stauden lassen die Rabatte hell und heiter erscheinen, doch muß man bei ihrer Plazierung vorsichtig sein. Bei manchen Sorten verbrennen die Blätter in praller Sonne: Die Ränder werden braun und trocken, und die Schönheit der Pflanzen ist dahin. Der Umfang der Schäden hängt bis zu einem gewissen Grad auch von der Bodenfeuchtigkeit ab; Pflanzen in feuchtem Boden sind robuster. Andererseits verlieren viele gelbe Sorten, die in schattigen Bereichen gepflanzt werden, ihre Farbintensität und werden grüner, wie beispielsweise zahlreiche Funkien.

Ungeachtet dieser Probleme kann gelbes Laub mit Pflanzen, die orangefarbene oder blaue Blüten haben, sehr wirkungsvoll aussehen und, vorsichtig verwendet, selbst mit roten Blüten. Zudem paßt es gut zu grünen oder bronzefarbenen Blättern, die kontrastierende Formen haben.

Diese Pflanzung aus Funkien, *Ligularia* und Farnen umfaßt eine Vielzahl von Grüntönen.

### Blaue und graublaue Blätter

Nur wenige Pflanzen haben wirklich blaue Blätter. Viel häufiger findet man, vor allem bei Funkien und Gräsern, bläulichgrüne und graublaue Töne oder einen blauen Glanz auf den Blättern. Oft lieben diese Pflanzen die Sonne und harmonieren gut mit Blüten in vielerlei Farben, insbesondere Gelb, Blau und Weiß. Ein Formenkontrast erlaubt mehr Möglichkeiten. So kann beispielsweise ein markantes gelbes Blatt neben einem markanten blauen grell wirken, doch sieht die blaublättrige *Hosta* ›Halcyon‹ sehr schön aus, wenn sich gelbblättrige Gräser über sie neigen.

Einige Pflanzen mit bläulichen Blättern – vorwiegend Funkien wie ›Frances Williams‹, die Laub mit breiten, aber unregelmäßigen cremefarbenen

Rändern hat – sind zudem cremefarben oder gelb panaschiert. Diese Kombination kann sehr schön aussehen, manchmal erweist es sich jedoch als schwierig, sie mit anderen Pflanzen zu ansprechenden Gruppen zu arrangieren. Verwenden Sie solche Formen besser entweder als Solitäre oder zusammen mit grünem Laub, blaßgelben oder blaßblauen Blüten.

### Graue und silberfarbene Blätter

Die Mehrzahl der grau- und silberblättrigen Pflanzen stammt aus heißen Regionen. Der Haarüberzug ihrer Blätter, der ihnen ihre Färbung verleiht, trägt dazu bei, daß sie nicht in der Sonne verbrennen, und senkt zudem die Verdunstung. Im Garten sind viele dieser Pflanzen äußerst trockenheitsresistent und besonders für sonnige, gut drainierte Plätze geeignet.

Silberfarbenes und graues Laub haben den großen Vorteil, daß sie mit den meisten anderen Blüten- und Blattfarben harmonieren, und gleichzeitig haben sie auf diese eine neutralisierende Wirkung. So sind Pflanzen wie Beifuß *(Artemisia)* und Perlpfötchen *(Anaphalis)* von großem Wert, um eine harmonische Verbindung zwischen Pastelltönen zu schaffen, aber auch, um zu verhindern, daß kräftige Primärfarben zu grell wirken.

### Rote, bronze- und purpurfarbene Blätter

Laub in diesen dunklen Tönen muß vorsichtig eingesetzt werden: eine zu reichliche Verwendung kann Beete und Rabatten dunkel machen und eine unnötig bedrückende Atmosphäre entstehen lassen.

Meistens eignen sich leuchtendblaue Blüten oder Blüten in warmen Farben gut als Partner, zusammen mit grauem und silberfarbenem Laub. Am wirkungsvollsten sieht rotes, bronze- oder purpurfarbenes Laub jedoch in Rabatten mit scharlachroten, karminroten, rostroten, braunroten und orangefarbenen Blüten aus, da es diesen feurigen Farben Tiefe verleiht.

*Heuchera* ›Palace Purple‹ hat eine kräftige Farbe.

### Panaschierte Blätter

Panaschierte – weiß, cremefarben oder gelb gestreifte, geränderte, getupfte oder gefleckte – Blätter sieht man nach grünem Laub in Gärten am häufigsten. Als allgemeine Regel gilt, daß man panaschiertes Laub sparsam verwenden sollte. Zu große Mengen ohne schlichtes Grün als Kontrast können künstlich wirken. Der Grad der Panaschierung kann stark variieren und von den schmalen, reinweißen Blatträndern des *Polygonatum falcatum* ›Variegatum‹ bis zum cremefarbenen Streifen von *Hosta undulata* var. *univittata*, der beinahe das ganze Blatt überzieht, reichen. Bei manchen Pflanzen bildet die leuchtende Panaschierung einen kräftigen Kontrast zu der Grundfarbe des Blattes. Bei anderen ist die Wirkung subtiler. Aus der Entfernung gesehen, verschwimmen viele Panaschierungen zu einer blassen Färbung, und nur bei naher Betrachtung entdeckt man die Einzelheiten der Zeichnung.

Einige panaschierte Stauden wie *Pulmonaria rubra* ›David Ward‹ verbrennen in praller Sonne, so wie auch viele gelbblättrige Pflanzen. Einige entwickeln gelegentlich reingrüne, kräftigere Triebe, die die panaschierten verdrängen, wenn man sie nicht vollständig entfernt.

Die Blätter von *Houttuynia cordata* ›Chameleon‹ sind leuchtender gefärbt als viele Blüten.

## Blattform und -struktur

Gräser, Nieswurzblätter und Salomonssiegel ergeben eine reizvolle Laubkombination.

Farbe ist nicht alles. Auch wenn die meisten Stauden vor dem Winter einziehen, gibt es einige immergrüne Pflanzen, die den Reiz des winterlichen Gartens vergrößern. Bei diesen und anderen Stauden sind auch Form und Struktur des Laubs wichtig. Eine phantasievolle Verwendung dieser beiden Charakteristika kann sehr zum Gelingen sowohl kleiner als auch großer Pflanzungen beitragen. Meistens kann man die interessanten Formen und Strukturen von Blättern von nahem besser erkennen als aus der Distanz, aus der solche Details mitunter nicht sichtbar sind.

### Blattformen

Blattformen reichen von den »Elefantenohren« der *Bergenia* über die markanten, runden Blätter der Schildblatt-Art *Darmera peltata* bis zu den fedrigen Farnwedeln und den langen, schmalen Halmen von Seggen wie *Carex comans* ›Bronze Form‹.

Die Größe ist ebenso wichtig wie die Form. An einem Ende der Skala stehen die gewaltigen, rhabarberähnlichen Blätter von *Gunnera manicata*, am anderen die kurzen, schmalen Blätter von *Coreopsis verticillata*. Dazwischen liegt ein riesiges Spektrum an ovalen und geteilten Formen, die winzig bis riesengroß sein können und bei der Planung und Gestaltung von Staudenrabatten oft zugunsten der Blüten vernachlässigt werden.

Als wichtige Regel gilt stets: Verwenden Sie nie zu viele Pflanzen, deren Blätter mehr oder weniger die gleiche Form und Größe haben. Wie immer bei Laub, sind die kräftigsten Kontraste oft die besten. So sind zarte, filigrane Farnwedel, breite, herzförmige Funkienblätter und die schmalen, übergeneigten Blätter von *Carex pendula* drei kontrastierende Formen, die eine schöne Gruppe für eine schattige Ecke bilden.

Blattformen können zudem sehr wirkungsvoll mit Blütenpflanzen kombiniert werden. Geteilte Blätter, vor allem solche mit weichen Stengeln (wie sie beispielsweise viele *Geranium*-Arten haben), fügen sich ordentlich zwischen den senkrechten Trieben von Pflanzen wie Glockenblumen *(Campanula)* ein und helfen, der Pflanzung Zusammenhalt zu geben. Oder ein anderes Beispiel: Dichtes markantes Laub, wie das der größeren Funkien *(Hosta)*, kann verwendet werden, um die Stengel von *Aster novi-belgii* zu verbergen, die im Spätsommer oft ihre unteren Blätter verliert.

Diese Kombination von Laub und Blüten ist bei der Bepflanzung gemischter Rabatten besonders nützlich. Das Laub von Stauden setzt zu ihren aufrechten Konturen einen starken, wirkungsvollen Kontrast und verdeckt darüber hinaus die blattlosen Stengel von Zwiebelblumen.

### Blattstrukturen

Blätter haben sehr unterschiedliche Strukturen, die in der Rabatte gut eingesetzt werden können. So sind etwa die Blätter von Bartiris steif und haben eine matte Oberfläche, während die schön gelappten Blätter von *Geranium renardii* weich und geadert sind wie die des Gartensalbeis und die Sumpfdotterblume Blätter mit einem ungewöhnlichen Glanz hat. Eine Kombination dieser verschiedenen Strukturen sieht gut aus, und der Kontrast kann selbst dann sehr wirkungsvoll sein, wenn sich die Formen ähneln. Bei vielen Stauden ist es das Zusammenspiel von Form und Struktur, das die Wirkung entstehen läßt. So sind die weichen Blätter vieler Arten der Katzenminze so klein und ordentlich, daß man nur einen Gesamteindruck von Farbe und Zartheit hat.

## Früchte

Die meisten blühenden Stauden entwickeln nach der Blüte Früchte. Dekorative Früchte können Rabatten noch viele Monate, nachdem die Hauptblüte vorbei ist, sehr viel Reiz verleihen.

Früchte lassen sich in zwei Gruppen unterteilen: fleischige Früchte wie Beeren und verschiedene Samenstände, die im Herbst trocken und braun werden. Beide entwickeln sich nicht, wenn bei Pflanzen die welken Blüten entfernt werden, und die Ausbildung von Fruchtständen muß möglicherweise mit weniger Blüten und unerwünschten Sämlingen bezahlt werden.

### Stauden mit Beeren

Viele Pflanzen, die Beeren tragen, haben keine besonders farbenfrohen Blüten. Die weißen Beerenbüschel der Christophskraut-Art *Actaea pachypoda* und die roten Beeren von *Actaea rubra* folgen relativ reizlosen cremeweißen Blüten. Doch sie sorgen in einer schattigen Rabatte für eine echte Überraschung, lange nachdem alle Frühjahrsblüten verwelkt sind. Die orangefarbenen lampionähnlichen Kelche von *Physalis franchetii* mit ihren orangefarbenen Beeren im Innern sind ein anderer Fall. Auch hier sind die Blüten zweitrangig, doch die Wurzeln breiten sich oft in andere kräftige Pflanzen wie *Aster ericoides* ›Golden Spray‹ und gelbblättrige Sträucher aus, zwischen denen die aufgeblähten orangefarbenen Kelche sehr hübsch aussehen.

### Weitere Früchte

Bei einigen Stauden sind die getrockneten Fruchtstände sehr reizvoll, auch wenn sie vielleicht nicht so bunt sind wie Beeren. Um gut zur Geltung zu kommen, benötigen sie entweder einen einfarbigen Hintergrund, oder sie müssen nahe bei Wegen stehen, wo sie besser zu sehen sind.

Die dunklen, schlanken Triebe von *Veratrum nigrum* halten gut, ebenso die Früchte von *Hosta sieboldiana*. Wenn sie mit dem ersten Rauhreif des Herbstes überzogen sind, sehen sie besonders attraktiv aus. Auch Gräser halten gut, und obwohl die Samenstände im Laufe der Zeit leicht auseinanderfallen, sind, beispielsweise, die verblichenen Stengel und Samenstände von *Miscanthus sinensis* ›Silberfeder‹ noch mitten im Winter reizvoll, insbesondere vor einem Hintergrund aus dunklen immergrünen Pflanzen.

So sind auch noch die abgestorbenen Triebe von Stauden ein nützliches Element im Garten. Früher pflegte man im Herbst fast alle Stauden in Bodenhöhe abzuschneiden, doch wenn man sie stehenläßt, schützen sie im Winter nicht nur die ruhenden Knospen an der Basis, sondern sorgen auch viele Wochen für zusätzlichen Reiz. Allein die Struktur der kahlen, toten Triebe kann dekorativ sein, doch wenn sie dann im Winter mit weißem Reif bedeckt sind und zwischen ihnen Spinnweben baumeln, sehen sie hinreißend aus. Sie sind vor allem in den Teilen des Gartens wertvoll, die begangen werden oder im Blickfeld des Hauses liegen.

Die roten Früchte von *Actaea rubra* entwickeln sich aus cremefarbenen Blüten.

Die orangefarbenen Kelche von *Physalis* sehen sehr hübsch aus, doch da sich die Pflanze ausbreitet, erscheinen sie auch zwischen dem Laub von Nachbarpflanzen.

LINKS In kleinen Rabatten können Pflanzen eng zusammenstehen. Hier laden die silberblauen Sterne der Edeldistel *(Eryngium)* zu näherem Hinsehen ein, wenn sie zwischen den rötlichen Trieben und rosa Blütenständen von *Polygonum amplexicaule* erscheinen.

OBEN Die schlanken, cremefarbenen Kerzen der Fackellilie *(Kniphofia)* ›Little Maid‹ bilden durch Farbe und Form einen schönen Kontrast zu den flachen, rosa Blüten von *Sedum spectabile*.

# Auswahl von Stauden

Es werden so viele Stauden angeboten, daß es schwierig sein kann, die richtige Wahl zu treffen. Natürlich müssen Sie vor allem nach Ihrem persönlichen Geschmack gehen. Es hat keinen Zweck, Pflanzen zu ziehen, die Ihnen nicht gefallen. Andererseits macht es wenig Sinn, Stauden in Böden oder an Standorten pflanzen zu wollen, an denen sie niemals gedeihen werden. Daher ist es von großer Bedeutung, die richtige Pflanze für den richtigen Platz zu finden.

OBEN Fruchtbarer, feuchter Boden im Halbschatten bietet ideale Bedingungen für leuchtendblauen Scheinmohn *(Meconopsis grandis)*, der sich über Etagenprimeln und *Hosta fortunei* ›Aurea‹ sowie über dem dichten Laub panaschierter Funkien im Vordergrund erhebt.

## Anpassungsfähige Stauden

Stauden sind äußerst anpassungsfähige Pflanzen, die sich gut in verschiedene Gartensituationen einfügen. In den letzten Jahren ist das Angebot in Reaktion auf sich verändernde Gartentrends größer geworden. So gibt es heute mehr denn je eine Pflanze für jeden Platz.

Diese Anpassungsfähigkeit zeigt sich in zweifacher Hinsicht. Erstens: Da Stauden aus einer Vielzahl natürlicher Lebensräume – Wiesen, Wälder, Ufer und Moore – stammen, finden sich für beinahe jeden Boden und jeden Standort geeignete Arten. Aus diesen Arten sind – nachdem sie sich einmal an die Kultur in Gärten angepaßt hatten – viele Sorten unterschiedlicher Farbe und Größe entstanden, wodurch sich das Spektrum enorm vergrößert hat. Zweitens: Einige Stauden tolerieren eine große Bandbreite an Lebensbedingungen. So wachsen beispielsweise viele winterharte Storchschnabel-Arten und -Sorten – sofern die Bedingungen nicht zu extrem sind – in der Sonne und im Schatten, in Tonboden und Kies, in trockener und in feuchter Erde. Bei der Pflanzung von Stauden macht man daher nicht so leicht einen Fehler wie etwa bei der von Steingartenpflanzen oder einjährigen Blumen.

Dies bedeutet aber nicht, daß Stauden unter allen Bedingungen gedeihen. Sie entwickeln sich nur zu voller Pracht, wenn ihnen Boden und Standort zusagen. Doch es ist wichtig zu wissen, daß Bedingungen, die für Stauden verhältnismäßig ungeeignet sind, verbessert werden können, so daß die Kultur einer breiten Palette möglich ist.

## Besondere Böden

Es ist unmöglich, einen Gartenboden grundlegend zu ändern, doch oft kann man ihn so bearbeiten, daß er für einen bestimmten Zweck geeigneter wird. Die Verbesserung des Bodens erlaubt es, anpassungsfähige Pflanzen zu ziehen und Bedingungen zu schaffen, die auch anspruchsvollen Pflanzen zusagen.

### Schwerer Tonboden

Tonboden ist oft klebrig und schwer zu bearbeiten, hält Wasser, erwärmt sich im Frühjahr nur langsam und bekommt bei trockenem Wetter leicht breite Risse. Er kann durch Drainage verbessert werden und insbesondere durch Hinzufügen großer Mengen organischer Substanz. Jede Maßnahme, die durchgeführt wird, um die negativen Eigenschaften eines Tonbodens zu verringern, vergrößert die Palette von Pflanzen, die im Garten wachsen können, ohne daß dies nachteilige Auswirkungen auf das Wachstum von Arten hat, die Tonböden mögen. Tonböden, die über Jahre beständig verbessert wurden, sind oft sehr fruchtbar und erlauben die Kultur eines sehr breiten Spektrums an Pflanzen.

**Geeignete Pflanzen** Viele der besten Pflanzen für schwere Böden sind Sommer- oder Herbstblüher: malvenfarbener Wasserdost *(Eupatorium)*, Sonnenbraut *(Helenium)* in Gelb- und Rosttönen oder Taglilie *(Hemerocallis)*, die man heute in einer enormen Vielfalt bekommt. Auch viele der gelben sommer- und herbstblühenden Korbblütler gedeihen in schwerem Boden gut. Diese Pflanzen haben kräftige Wurzelsysteme, so daß sie mit schwerem Boden von Natur aus zufrieden sind, auch wenn eine gründliche Bearbeitung (siehe Seite 26) sie noch kräftiger wachsen läßt.

Ebenfalls erfolgversprechend sind Frühlingsblumen mit kräftigen Wurzeln wie *Helleborus-orientalis*-Hybriden, dagegen fühlen sich frühjahrsblühende Waldpflanzen hier nicht sehr wohl. Glücklicherweise wurzeln sie relativ flach, so daß man das Beet erhöhen und Lauberde zufügen oder

*Helenium* ›Moerheim Beauty‹ ist einer der Korbblütler, die in schwerem Boden gedeihen.

einfach die oberen Zentimeter des Tonbodens mit Kompost verbessern kann, um für sie geeignete Bedingungen zu schaffen. Solche Maßnahmen erlauben es, Pflanzen wie Günsel *(Ajuga)*, Haselwurz *(Asarum)*, Farne und Kissenprimeln *(Primula)* zu ziehen.

**Ungeeignete Pflanzen** Manche Pflanzen gedeihen in Tonboden schlecht, sosehr man ihn auch verbessert haben mag. Es gibt einige mediterrane Pflanzen wie *Euphorbia characias*, die in schwerem Boden gut wachsen, generell sollte man jedoch mediterrane oder trockenheitsliebende Pflanzen meiden. Das gilt auch für die meisten Pflanzen, die in der Natur in Strandkies gedeihen, wenngleich Meerkohl *(Crambe maritima)* verblüffend tolerant ist.

Bei Pflanzen, die zu Wurzelhalsfäule neigen, wie Rittersporn, kann die Kultur schwierig sein. Schleierkraut *(Gypsophila)* gedeiht oft gut in schweren Böden, aber nur für einige Jahre.

Auch Nelken *(Dianthus)*, einige silberfarbene Garben-(*Achillea*-)Sorten (wie ›Anthea‹ und ›Moonshine‹), *Heuchera*, Pfingstrosen-(*Paeonia*-) und Skabiosen-(*Scabiosa*-)Arten mögen die nassen Bedingungen nicht, die schwerer Ton oft entstehen läßt, da sie leicht faulen. Pflanzen, die nicht absolut winterhart sind, können während des Winters in Tonboden Schaden nehmen. Vorsichtshalber sollte man von ihnen Stecklinge nehmen und sie unter frostfreien Bedingungen überwintern.

## Felsiger Boden

In einigen Gärten befindet sich nur wenige Zentimeter unter der Oberfläche Fels. Wenn es sich um poröses Gestein handelt, kann der Boden sehr trocken sein, ist es jedoch wasserundurchlässig, können die Bedingungen enorm variieren und von sehr naß – in manchen Jahreszeiten und nach Regen – bis sehr trocken reichen.

In beiden Fällen ist es die vernünftigste Lösung, die Erdtiefe durch Anlage von Hochbeeten zu vergrößern, da man so ein breiteres Spektrum von Pflanzen ziehen kann. Manchmal kann man das Gestein im Boden sogar zum Bau der Mauern verwenden. Über porösen Fels aufgeschüttete Erde dient als Wasserspeicher; bei undurchlässigem Fels stehen die Pflanzen durch das Anheben des Bodenniveaus nach schweren Regenfällen über der durchnäßten Erde.

**Geeignete Pflanzen** Die beste Wahl sind Pflanzen, die eine gute Drainage schätzen, aber keine zu tiefen, kräftigen Wurzeln haben. Neben alpinen Pflanzen und Heide gedeihen viele kleinere Stauden gut, in sonnigen Bereichen auch Pflanzen wie weiße Gänsekresse *(Arabis)*, niedriger Beifuß *(Artemisia)*, Blaukissen *(Aubrieta)*, Nelken *(Dianthus)* aller Art, *Diascia*, blaublättriger Schwingel *(Festuca)*, Ballonblume *(Platycodon)* und Kuhschelle *(Pulsatilla)*. Eine Mulchdecke aus Kies bewahrt die Feuchtigkeit.

Auf schattigen Flächen, deren Erde verbessert wurde, können viele der kleinen Waldpflanzen wachsen wie *Ajuga reptans*, Haselwurz *(Asarum)*, *Corydalis flexuosa*, *Dicentra*, Elfenblume *(Epimedium)*, einige der kleinen winterharten Storchschnabel-Arten und Kissenprimeln. Hier ist ein Rindenmulch empfehlenswert. Wo der Schatten durch Bäume entsteht, deren Wurzeln in das Beet eindringen und die Erde austrocknen, gedeihen nur Pflanzen, die sich für trockene, schattige Plätze eignen (siehe Seite 135).

**Ungeeignete Pflanzen** Auf hohe Pflanzen wie Rittersporn und *Helianthus* sollte man verzichten, nicht nur, weil sie kräftige Wurzeln haben, sondern auch, weil sie bei ungenügender Bodentiefe keinen festen Halt finden und leicht vom Wind umgerissen werden. Auch kleinere Pflanzen mit tiefgehenden Wurzeln, wie Nieswurz *(Helleborus)*, Taglilie *(Hemerocallis)* und *Symphytum* x *uplandicum* ›Variegatum‹, gedeihen möglicherweise nicht, da sie nicht den erforderlichen Wurzelraum haben und überdies in Zeiten, in denen sie kräftig wachsen sollten, vermutlich nicht die Feuchtigkeit bekommen, die sie brauchen.

Violettblühende Küchenschelle *(Pulsatilla vulgaris)* fühlt sich in steinigem, durchlässigem Boden und voller Sonne wohl.

## Nasser Boden

Wenn Gartenbereiche von Natur aus feucht sind oder der ganze Garten eine schlechte Drainage hat, gilt die Regel, mit den Bodenbedingungen zu arbeiten und nicht gegen sie. Ein Drainieren des Gartens kann eine Verbesserung der Situation bewirken, aber diese Arbeit ist aufwendig und an Bachufern und verschiedenen anderen Plätzen nicht durchführbar. Daher ist es die beste Lösung, feuchtigkeitsliebende Pflanzen zu wählen. Trotzdem möchte man vielleicht einige Bereiche Pflanzen vorbehalten, die Nässe schlechter vertragen. Man kann Bedingungen für die Kultur von kleinen Pflanzen schaffen, indem man ein Hochbeet anlegt und es mit sandiger Erde füllt. Kübel oder Tröge lassen sich für Steingartenpflanzen nutzen. Generell kann man die verschiedensten Pflanzgefäße (siehe Seite 95 ff.) mit durchlässiger Erde füllen, um Pflanzen, die feuchte Bedingungen nicht mögen, eine Heimat zu geben.

**Geeignete Pflanzen** Viele Pflanzen, die in freier Natur an Bächen und Seen oder in sumpfigem Boden wachsen, gedeihen auch an nassen Plätzen im Garten. Einige dieser Pflanzen, wie *Astilbe* und mehrjährige *Lobelia*, sind anpassungsfähig und fühlen sich auch in anderen Rabatten wohl, sofern sie nicht austrocknen.

Feuchtigkeitsliebende Pflanzen sind etwa *Ligularia*, deren Blätter bei warmem Wetter leicht umfallen, wenn sie unter zu trockenen Bedingungen wachsen, Sumpfdotterblume *(Caltha palustris)* mit ihren anmutigen, runden Blüten und Schwertlilie *(Iris)*. Schwertlilien sind unterschiedlich: Einige, etwa Sorten von *I. ensata, I. pseudacorus* und auch *I. sibirica,* gedeihen in feuchtem Boden, andere wie *I. unguicularis* bevorzugen trockenere Bedingungen.

**Ungeeignete Pflanzen** Naheliegenderweise mögen trockenheitsliebende Pflanzen feuchten Boden nicht, doch nicht nur alpine und mediterrane Arten hassen Nässe. Auch viele andere Pflanzen, die unter normalen Rabattenbedingungen gedeihen, gehen in nassem Boden ein, da zu viel Feuchtigkeit ihre Wurzeln faulen läßt.

Nicht alle Schwertlilien gedeihen in nasser Erde, doch *Iris sibirica*, hier die Sorte ›Orville Fay‹, bildet schnell eine dichte Pflanzung, die keine Stütze braucht.

### Steiniger Boden

Steiniger Boden kann nicht nur für Pflanzen ein Problem sein, sondern auch für den Gärtner, denn ein Boden, der zu viele Steine enthält, läßt sich schwer bearbeiten. Steine oder Kies machen den Boden zwar durchlässiger, was von großem Vorteil sein kann, besonders wenn man hauptsächlich trockenheitsliebende oder alpine Pflanzen ziehen will, doch für viele Pflanzen, die es feuchter mögen, können diese Bedingungen schlecht sein.

Die wichtigste Maßnahme bei steinigem Boden ist das Hinzufügen lokkerer organischer Substanz, die sein Wasserhaltevermögen verbessert. Man muß sie regelmäßig in Form von Mulch ausbringen, denn in trockenen Böden verschwindet organische Substanz oft sehr schnell.

**Geeignete Pflanzen** Für offene, sonnige Standorte eignen sich besonders Pflanzen, die nassen Boden nicht vertragen und trockenere, durchlässige Böden mögen. Zu diesen Pflanzen gehören Gänsekresse *(Arabis),* Blaukissen *(Aubrieta), Campanula isophylla* und *Pulsatilla vulgaris*, ferner *Agapanthus,* Hundskamille *(Anthemis),* Nelke *(Dianthus)* und Bartiris sowie mediterrane Pflanzen wie Affodill *(Asphodelus), Convolvulus altheoides* und *Euphorbia characias.*

An schattigen Plätzen gedeihen kleine Waldpflanzen, selbst tiefwurzelnde Arten, wenn im Laufe der Jahre organische Substanz zuführt wird. In den ersten Jahren wachsen aber nur robustere wie Günsel *(Ajuga), Dicentra* und Formen von *Geranium* x *cantabridgense.* Mit steigendem Humusgehalt des Bodens kann man es auch mit weniger anpassungsfähigen Pflanzen, wie Kissenprimeln *(Primula vulgaris)* und Elfenblume *(Epimedium)*, versuchen.

**Ungeeignete Pflanzen** Feuchtigkeitsliebende Pflanzen gedeihen selten in steinigen Böden, sofern nicht die Erde durch eine Verringerung der Durchlässigkeit unerwartet feucht ist. Daher sollte man sich nicht für Sumpfiris, Sumpfprimeln und andere Pflanzen entscheiden, die Feuchtigkeit brauchen. Dennoch gedeihen an schattigen Plätzen einige scheinbar anspruchsvolle Pflanzen wie Funkien.

### Trockener Boden

Alle Pflanzen brauchen Wasser, daher gibt es bei trockenem Boden natürlich ein Problem. Glücklicherweise ist es in vielen Fällen möglich, es wenigstens teilweise zu beheben und eine hübsche Palette von Pflanzen zu ziehen. Wenn die Trockenheit dadurch bedingt wird, daß der Boden ungewöhnlich durchlässig oder sandig ist, kann man seine Beschaffenheit durch Einarbeiten organischen Materials und Mulch verbessern. Auch hier ist die Anlage eines Hochbeetes sinnvoll, denn es erhöht die Erdtiefe, in der Bodenverbesserungsmittel wirksam werden können.

Wo die Trockenheit durch Baumwurzeln verursacht wird, die dem Boden Feuchtigkeit entziehen, steht man vor einem schwierigeren Problem: vermutlich ist es unmöglich, einige Wurzeln zu entfernen, ohne den Baum zu schädigen. Zudem schränkt der vom Baum geworfene Schatten die Auswahl geeigneter Pflanzen weiter ein. Eine Erhöhung der Erdtiefe sowie eine vertikale Barriere im Boden können eventuell die Wurzeln fernhalten.

**Trockene, schattige Plätze** Für eine trockene, schattige Fläche lassen sich am schwersten schöne Pflanzen finden, denn hier fehlen zwei elementare Dinge, die Pflanzen mehr als alles andere brauchen: Feuchtigkeit und Licht.

Der erste Schritt besteht darin, die Situation durch eine der oben genannten Maßnahmen möglichst weitgehend zu verbessern. Bei der eigentlichen Auswahl der Pflanzen zieht man zunächst die immergrünen Stauden in Betracht, denn sie können ganzjährig das wenige vorhandene Licht nutzen. Besonders wertvoll ist der Schildfarn *(Polystichum)*, vor allem *P. setiferum*, sowie der erstaunlich robuste Wurmfarn *(Dryopteris filix-mas)*. Andere schöne immergrüne Stauden für trockene, schattige Standorte sind die anmutige Seggen-Art *Carex pendula* und die Stinkende Nieswurz *(Helleborus foetidus)* mit ihren tiefgeteilten Blättern. Man mag versucht sein, anspruchsvollere Waldpflanzen zu ziehen wie Elfenblume *(Epimedium)* und Kissenprimeln *(Primula vulgaris)*, doch sie gedeihen unter solch trockenen Bedingungen vermutlich nicht.

**Trockene, sonnige Plätze** Viele der Pflanzen, die steinigen Boden mögen, gedeihen auch an trockenen, sonnigen Plätzen, da die Bedingungen hier ähnlich sind. Doch wenn man sich die Zeit nimmt, den Boden zu verbessern, kann man ein breites Spektrum an Pflanzen ziehen, darunter etwas frostempfindliche Pflanzen, für die nasse, kalte Bedingungen im Winter gewöhnlich den Tod bedeuten. Wenn sich daher die folgenden Pflanzen in Ihrer Gegend an der Grenze der Winterhärte befinden und Sie ein trockenes, sonniges Beet besitzen, verbessern Sie den Boden,

*Polystichum setiferum* ist einer der wenigen Farne, die gut in trockenem Schatten gedeihen.

und versuchen Sie sie: *Agapanthus, Diascia*, schokoladenbrauner, nach Schokolade duftender *Cosmos atrosanguineus* und die Salbei-Arten *Salvia patens* und *S. farinacea*.

Verzichten Sie auf feuchtigkeitsliebende Pflanzen wie Dotterblume *(Caltha)*, Trollblume *(Trollius)*, Sumpfiris und Sumpfprimeln.

### Kalkboden

Im allgemeinen hat der Kalkgehalt des Bodens bei der Auswahl von Stauden geringere Bedeutung als bei der von Sträuchern, da weniger Stauden spezielle Vorlieben haben, auch wenn einige bei einem sehr hohen Kalkgehalt besonders gut gedeihen.

In den meisten Gärten ist es unmöglich, den Kalkgehalt des Bodens zu reduzieren. Mitunter kann man dies durch die regelmäßige Anwendung von Schwefelblüte erreichen, doch es ist generell besser, mit der Natur zu arbeiten als gegen sie.

**Geeignete Pflanzen** In Kalkböden gedeiht eine große Zahl von Arten, doch darf man nicht bei allen Pflanzen davon ausgehen, vor allem, wenn der Kalkgehalt sehr hoch ist. In leichten Böden wachsen viele Nelken sehr gut, zudem Skabiosen und Glockenblumen. In nährstoffreichen Böden gedeihen viele Sorten der Bartiris, ebenso Nieswurzen, die entzückenden Stauden-*Clematis* und Pfingstrosen-Hybriden.

**Ungeeignete Pflanzen** Es gibt nur wenige Stauden, die Kalkboden nicht mögen, auch wenn dies manchmal von *Phlox glaberrima* und Lupinen gesagt wird. Oft ist dies aber auf die mageren, trockenen Bedingungen oder den schweren Ton zurückzuführen, die mit einem hohen Kalkgehalt einhergehen.

Gartennelken, *Diascia*, Lichtnelken und Mohn fühlen sich in alkalischem Boden wohl.

## Besondere Standorte

In den meisten Gärten gibt es Flächen, die Pflanzen schlechte Bedingungen bieten, gelegentlich können sogar ganze Gärten ein Problem sein. Dies mag durch schwierige Böden, das Klima oder die geographische Situation bedingt sein. Glücklicherweise gibt es stets Möglichkeiten, solche Probleme zu lindern, und es werden sich immer einige Pflanzen finden, die die vorhandenen Bedingungen tolerieren oder sogar bevorzugen.

### Neue Gärten

Ein neuer Garten stellt eine besondere Herausforderung dar. Bei der Anlage eines neuen Gartens ist es ermutigend, wenn man schnell reizvolle Rabatten und Beete entstehen lassen kann. Gleichzeitig vermeidet man am besten alles, was unnötige Arbeit oder Ausgaben erfordert, denn eine Neuanlage ist ohnehin eine arbeitsreiche und kostenintensive Angelegenheit.

In neuen Gärten ist der Boden oft schlecht, vor allem, wenn er durch Baumaschinen bewegt und verdichtet wurde. Unter solchen Bedingungen gedeihen nicht alle Pflanzen, und diejenigen, die ausreichend robust sind, erweisen sich vielleicht später, wenn die Bodenbedingungen verbessert wurden, als zu wuchsfreudig.

**Günstige Pflanzen** Die Neuanlage eines Gartens erfordert eine große Anzahl von Pflanzen. Es empfiehlt sich deshalb, stets Pflanzen zu verwenden, die man günstig oder umsonst bekommt.

- Bringen Sie, um einen Anfang zu machen, Ableger aus Ihrem alten Garten mit.
- Nehmen Sie Pflanzen an, die Sie von Ihrer Familie, Freunden oder Nachbarn geschenkt bekommen. Im schlimmsten Fall können Sie sie nach einigen Jahren ersetzen.
- Wenn Sie im Frühjahr Gartencenter und Gärtnereien besuchen, achten Sie auf Stauden, die ihre Töpfe ganz ausfüllen. Sie lassen sich häufig sofort in drei kleinere Stücke teilen.

● Ziehen Sie Stauden aus Samen. Manchmal kostet ein Tütchen Samen für Hunderte von Pflanzen nicht mehr als eine einzelne Pflanze aus dem Gartencenter.

**Wuchsfreudige und tolerante Pflanzen** Stauden, die sich rasch ausbreiten und dicke Büschel oder markante Solitärpflanzen bilden, sind für neue Gärten besonders nützlich: Sie lassen den Garten älter erscheinen, als er tatsächlich ist. Leider breiten sich Pflanzen, die schnell zu dichten Horsten heranwachsen, oft auch weiterhin aus, so daß man sie später vielleicht begrenzen oder sogar entfernen muß, damit sie nicht kostbarere Nachbarn verdrängen.

Vielleicht gehören die robusten Pflanzen, die unter den schwierigen Wachstumsbedingungen in neuen Gärten gedeihen, nicht gerade zu Ihren Lieblingsstauden. Doch wenn sie schlechte Drainage und nährstoffarmen Boden tolerieren, sind sie möglicherweise als Zwischenlösung sinnvoll. Daher ist es am besten, sie so lange zu ziehen, bis im Garten auch andere Pflanzen gedeihen.

**Pflanzen für neue Gärten** Garbe *(Achillea)* ›Summer Pastels‹, Sumpfgarbe *(Achillea ptarmica)* ›The Pearl‹, *Ajuga reptans*, Weicher Frauenmantel *(Alchemilla mollis)*, *Aquilegia*-Hybride ›McKana‹, *Geranium* x *oxonianum* ›Claridge Druce‹, *Lamium maculatum*, Lupine *(Lupinus)*, *Persicaria bistorta* ›Superba‹ und Glanzgras *(Phalaris)*.

## Hanglagen

Hanggrundstücke beinhalten aus einer Reihe von Gründen Probleme. In trockenen Gegenden sind Hänge oft noch trockener als der übrige Garten, und wenn es einmal regnet, läuft der Regen rasch auf der Oberfläche ab, ohne im Boden zu versickern. In regenreichen Gegenden kann der Regen die Erde vielleicht genügend durchdringen, aber die Niederschlagsmenge ist möglicherweise so groß, daß das Wasser wiederum oberflächlich abfließt und Erde mit fortwäscht.

**Gegenmaßnahmen** Am besten läßt sich diese Situation durch eine Terrassierung des Geländes verbessern. Man errichtet eine Reihe niedriger Mauern aus Stein, Ziegeln, Holz oder einem anderen verfügbaren Material, das mit der Umgebung harmoniert, und füllt dann die neu entstandenen Flächen hinter den Mauern mit Erde auf, so daß am Hang waagrechte Beete entstehen. Hier dringt der Regen in die Erde ein, ohne sie fortzuwaschen.

**Pflanzen auswählen** Nach der Anlage der Terrassenbeete wählt man Pflanzen, die sich für die allgemeinen Bedingungen eignen. Da man ebene Beete geschaffen hat, kann man sie wie jedes andere Beet behandeln, wenngleich sie vermutlich besonders gut drainiert sind.

Wo ein Hang direkt bepflanzt werden soll, ist es wichtig, das Erdreich zu stabilisieren, damit es der Regen nicht fortspülen kann, sondern er vielmehr im Boden versickert. Um dies zu erreichen, sollte man auf Pflanzen verzichten, die einen dichten, zentralen Wurzelballen haben, und statt dessen Arten wählen, die Ausläufer bilden und die Erde durchwurzeln, oder solche, die zu breiten Büscheln heranwachsen (sie sammeln mit ihren Blättern Regenwasser, stabilisieren die Erde und verlangsamen den Wasserfluß). Möglicherweise sind hier Teppiche aus bodendeckenden Pflanzen eine bessere Lösung als normale Rabattenstauden.

Günsel *(Ajuga)* bewurzelt sich, während er über den Boden kriecht, an jedem Blattknoten, *Diascia* schickt aus einem sich immer weiter ausbreitenden Wurzelsystem Triebe empor. Wuchsfreudige *Dicentra*-Sorten wie ›Stuart Boothman‹ und ›Snowflakes‹ eignen

*Erigeron karvinskianus* hat sich an dieser steilen, steinigen Böschung üppig ausgesät.

sich gut für den Schatten, und besonders wirkungsvoll sind auch viele ausläuferbildende Gräser wie *Glyceria maxima* ›Variegata‹ und *Phalaris arundinacea* ›Picta‹.

### Küstengärten

In Gärten am Meer gibt es zwei schwierige Faktoren: Wind und Salz. Die durch Wind verursachten Probleme sind wie unten beschrieben lösbar, doch wenn er Salz mit sich führt, kann er besonders zerstörerisch sein, und viele Pflanzen überleben ihn nicht. Wenn feuchte, salzhaltige Luft in Kontakt mit Laub oder Blüten kommt, verdunstet das Wasser, und das Salz bewirkt Schäden. Darüber hinaus wird Salz in den Boden gewaschen, und obgleich dies einigen Gemüse-Arten wie Roten Rüben und Kohl, die von Küstenpflanzen abstammen, behagt, können viele Stauden darunter leiden.

In manchen Küstengärten ist der Boden ungewöhnlich sandig. In diesem Fall versickert Wasser oft sehr rasch, und als Folge davon kann der Boden nährstoffarm sein. Manche Pflanzen, vor allem Arten, die heiße, trockene Bedingungen gewohnt sind, wie *Euphorbia characias* und *Asphodelus fistulosus*, gedeihen hier, doch weniger robuste Pflanzen benötigen großzügige Gaben organischer Substanz, die Wasserhaltevermögen und Fruchtbarkeit des Bodens verbessern.

Sie können Ihre Stauden vor Schäden bewahren, indem Sie eine Schutzpflanzung aus salzunempfindlichen Bäumen und Sträuchern anlegen. Generell sollten Sie die schlimmsten Probleme dadurch vermeiden, daß Sie geeignete Pflanzen verwenden.

**Pflanzen auswählen** Die naheliegendste Wahl sind Pflanzen, die in freier Natur am Meer wachsen, doch nur wenige von ihnen stehen auf der Beliebtheitsskala der Stauden ganz oben, obwohl sich unter ihnen der Meerkohl *(Crambe maritima)* mit seinem bläulichen Laub und weißen Blüten befindet. Generell sollte man Pflanzen wählen, deren Blätter und Blüten ausreichend robust sind, um dem Salz zu trotzen. Viele von ihnen – etwa Nelke *(Dianthus)*, Edeldistel *(Eryngium)*, *Elymus hispidus*, *E. magellanicus* und *Limonium latifolium* – haben einen schützenden wachsartigen Überzug auf den Blättern. Er läßt das salzhaltige Wasser nicht nur rasch ablaufen, sondern bildet auch eine Barriere gegen das Salz, das möglicherweise zurückbleibt, wenn die Feuchtigkeit verdunstet.

### Windige Standorte

Wind kann große Schäden anrichten. Er kann über Pflanzen hinwegpeitschen und sie umreißen, Blätter zerfetzen oder braun werden lassen oder die Wurzeln lockern, so daß die Pflanzen langsam eingehen.

Diese Probleme treten in zwei Situationen auf: in Gärten, die in windigen Regionen liegen, und in einzelnen Gartenbereichen, die dem Wind in besonderer Weise ausgesetzt sind.

**Windige Gärten** Gärten in windreichen Gegenden oder an außergewöhnlich windigen Standorten kommt ein Schutz sehr zugute. Es kann jedoch ein großer Aufwand sein, einen ganzen Garten zu schützen. Hecken und Schutzgürtel aus Bäumen und Sträuchern sind generell wirkungsvoller als Mauern und Zäune, da sie ausreichend flexibel sind, um den Wind zu filtern, aber keinen Schaden durch ihn nehmen. Wenn Wind auf eine Mauer oder einen Zaun trifft, steigt er auf und wird auf der windabgewandten Seite nach unten gesogen, wodurch Wirbel entstehen. Diese können vor allem in einer Staudenrabatte, die mit einer Mauer im Hintergrund angelegt wurde, großen Schaden anrichten. Leider nehmen Bäume und Sträucher im Vergleich zu Mauern oder Zäunen viel Platz weg, und ihre Wurzeln entziehen Rabatten Wasser und Nährstoffe.

**Windige Gartenbereiche** Manchmal entsteht durch ein Zusammenwirken mehrerer Faktoren in einem Garten eine besonders windige Fläche – oft ist dies in einem Durchgang zwischen zwei Mauern wie einer Hauswand und einer Grenzmauer der Fall. Es entsteht eine Art Windkanal, wo Böen Pflanzen stark schädigen können.

In einigen Situationen läßt sich dieses Problem leicht dadurch lösen, indem man ein Tor vor dem Durchgang anbringt, um die Kanalwirkung zu mildern, oder ein Spalier errichtet, das sich im Bedarfsfall entfernen läßt. Das Spalier filtert den Wind, wodurch er weniger Schaden verursacht. Robuste immergrüne Sträucher oder niedrige Hecken können an Stellen im Garten gepflanzt werden, wo Schutz besonders notwendig ist.

**Pflanzen auswählen** Stauden für windige Standorte müssen eine von vier Eigenschaften besitzen:

- Manche Stauden sind ausreichend kräftig und flexibel, um an einem exponierten Platz zu wachsen und dem Wind nachzugeben, ohne zu brechen. Zu dieser Kategorie gehören viele Gräser, insbesondere Formen von *Miscanthus sinensis*. Pflanzen, die von Natur aus sehr zart sind, wie *Dicentra*, sollten nicht verwendet werden.
- Eine nützliche Eigenschaft sind auch schmale Blätter, die nicht so leicht Schaden nehmen. Solche Blätter besitzen etwa kleinere Gräser, *Dianthus* und *Kniphofia* sowie einige der niedrigen Schwertlilien-Arten.
- Blüten, durch die der Wind hindurchgehen kann, werden nicht so leicht geschädigt. Gräser, Flockenblume *(Centaurea)* und *Perovskia* können ihm daher weit besser standhalten als Pfingstrosen, Mohn, große Fackellilien, Rittersporn und große gefüllte *Chrysanthemum*-Arten und -Sorten.
- Niedrige Pflanzen kommen mit windigen Situationen besser zurecht, weil sie weniger Angriffsfläche bieten und häufig durch ihre Nachbarn geschützt werden wie etwa Günsel *(Ajuga)*, Gänsekresse *(Arabis)*, Blaukissen *(Aubrieta)* und Taubnessel *(Lamium)*.

RECHTS In diesem windigen Garten schützen Hecken die Rabatten und dienen zudem Staudenwicken als Stütze.

## Leitfaden für die Auswahl von Stauden

In der folgenden Übersicht finden Sie Pflanzen, die für bestimmte Situationen besonders nützlich sind oder wertvolle Eigenschaften besitzen. Alle Pflanzen sind im Pflanzenverzeichnis (siehe Seite 143 bis 228) beschrieben.

**Tonböden**
*Anemone, Doronicum orientale* ›Magnificum‹, *Eupatorium, Helenium, Hemerocallis, Hosta, Inula, Ligularia, Monarda didyma, Persicaria.*

**Kalkböden**
*Bergenia, Campanula, Clematis integrifolia, Dianthus, Eremurus robustus, Iris* (hohe und niedrige Bartiris), *Knautia macedonica, Linaria, Paeonia* (keine Arten), *Scabiosa.*

**Nasse Böden**
*Astilbe, Caltha palustris* ›Flore Pleno‹, *Darmera peltata, Filipendula purpurea, Gunnera manicata, Iris* (*I. pseudacorus* und *I. sibirica), Ligularia dentata, Lobelia, Primula japonica, Trollius.*

**Trockene, schattige Standorte**
*Acanthus mollis, Alchemilla mollis, Carex pendula, Dryopteris filix-mas, Epimedium* x *versicolor, Helleborus foetidus, Lamium, Liriope muscari, Polystichum setiferum.*

**Feuchte, schattige Standorte**
*Dicentra* (Waldbewohner), *Epimedium, Gentiana asclepiadea, Helleborus-orientalis*-Hybriden, *Hosta, Primula vulgaris, Pulmonaria, Saxifraga fortunei, Smilacina racemosa, Tricyrtis hirta.*

**Windige Standorte**
*Achillea* ›Coronation Gold‹, *Ajuga reptans, Anemone, Campanula portenschlagiana, Centaurea montana, Festuca glauca, Miscanthus sinensis* ›Silberfeder‹, *Nepeta* x *faassenii, Phalaris arundinacea* ›Picta‹, *Stipa gigantea.*

**Hanglagen**
*Aegopodium podagraria* ›Variegatum‹, *Ajuga reptans* ›Silver Shadow‹, *Convolvulus altheoides, Diascia* ›Ruby Field‹, *Dicentra* ›Snowflakes‹, *Geranium macrorrhizum, Glyceria maxima* ›Variegata‹, *Phalaris arundinacea* ›Picta‹, *Symphytum* (›Goldsmith‹, ›Hidcote Blue‹ und ›Hidcote Pink‹), *Waldsteinia ternata.*

**Küstengärten**
*Artemisia, Catananche caerulea, Crambe maritima, Dianthus, Dierama pulcherrimum, Eryngium, Euphorbia characias, Kniphofia* ›Atlanta‹, *Limonium latifolium, Persicaria bistorta* ›Superba‹.

**Kalte Standorte**
*Achillea millefolium, Cimicifuga simplex, Coreopsis verticillata, Echinops ritro, Iris sibirica, Malva moschata, Osmunda regalis, Phlox maculata, Primula vulgaris, Tiarella wherryi.*

**Heiße, trockene Standorte**
*Achillea ptarmica* ›The Pearl‹, *Alstroemeria-ligtu*-Hybriden, *Anthemis punctata* ssp. *cupaniana, Cynara cardunculus, Dianthus deltoides* ›Brilliant‹, *Epilobium canum, Eryngium, Euphorbia characias, Malva alcea* ›Fastigiata‹, *Sedum* ›Ruby Glow‹.

**Wildsichere Pflanzen**
*Agapanthus, Aquilegia, Cordateria, Delphinium, Digitalis, Helleborus, Kniphofia, Leucanthemum, Lupinus, Rheum.*

**Kaninchensichere Pflanzen**
*Acanthus, Aconitum, Agapanthus, Alchemilla, Anaphalis, Aquilegia, Aster, Astilbe, Bergenia, Brunnera, Delphinium, Digitalis, Euphorbia, Helleborus, Hemerocallis, Iris, Kniphofia, Liriope, Lupinus, Papaver.*

**Raschwüchsige Stauden**
*Achillea ptarmica* ›The Pearl‹, *Aegopodium podagraria* ›Variegatum‹, *Alchemilla mollis, Convolvulus altheoides, Dicentra* ›Snowflakes‹, *Geranium* x *oxonianum* ›Claridge Druce‹, *Houttuynia cordata* ›Chameleon‹, *Lamium galeobdolon* ›Florentinum‹, *Persicaria bistorta* ›Superba‹, *Tanacetum vulgare* ›Crispum‹.

**Solitärstauden**
*Aruncus dioicus, Cortaderia selloana, Crambe cordifolia, Delphinium* ›Southern Noblemen‹, *Eremurus robustus, Gunnera manicata, Helianthus salicifolius, Hosta* ›Krossa Regal‹, *Kniphofia* ›Prince Igor‹, *Macleaya cordata.*

**Schmetterlingsstauden**
*Aster amellus, Centranthus, Cynara, Echinops, Erigeron, Nepeta, Phlox paniculata, Scabiosa, Sedum, Solidago.*

**Bienenweiden**
*Anchusa, Anemone, Asclepias, Centaurea, Galega, Helleborus, Inula, Origanum, Salvia, Sedum.*

**Stauden für Pflanzgefäße**
*Aegopodium podagraria* ›Variegatum‹, *Agapanthus, Cosmos atrosanguineus, Dianthus, Diascia, Dryopteris wallichiana, Hakonechloa macra* ›Aureola‹, *Hosta, Lamium maculatum, Penstemon.*

### BLÜTE NACH JAHRESZEITEN

**Frühjahrsblüher**
*Aquilegia, Dicentra, Doronicum, Epimedium, Euphorbia characias, Geranium, Iris* (kleine Bartiris), *Primula, Pulmonaria, Viola.*

**Sommerblüher**
*Astilbe, Delphinium, Dianthus, Hemerocallis, Iris (I. sibirica* und hohe Bartiris), *Kniphofia, Lupinus, Paeonia, Papaver orientale, Penstemon.*

**Herbstblüher**
*Anemone, Aster, Boltonia, Cimicifuga, Dendranthema, Eupatorium, Helenium, Leucanthemella serotina, Liriope muscari, Sedum.*

## BLÜTENFARBEN

**Weiße Blüten**
*Anemone* x *hybrida* ›Honorine Jobert‹, *Aster novae-angliae* ›Herbstschnee‹, *Campanula persicifolia* ›Hampstead White‹, *Dianthus* ›White Ladies‹, *Dicentra spectabilis* ›Alba‹, *Paeonia* ›White Wings‹, *Papaver* ›Black and White‹, *Penstemon* ›White Bedder‹, *Primula vulgaris* ›Alba Plena‹, *Pulmonaria officinalis* ›Sissinghurst White‹.

**Rosa Blüten**
*Anemone* x *hybrida* ›Königin Charlotte‹, *Aster novi-belgii* ›Little Pink Beauty‹, *Dendranthema* ›Clara Curtis‹, *Dianthus* ›Doris‹, *Geranium* x *oxonianum* ›Claridge Druce‹, *Paeonia* ›Bowl of Beauty‹, *Papaver orientale* ›Cedric Morris‹, *Penstemon* ›Evelyn‹, *Phlox paniculata* ›Mother of Pearl‹, *Sedum spectabile* ›Brilliant‹.

**Rote und orangerote Blüten**
*Aster novae-angliae* ›Septemberrubin‹, *Aster* ›Fanal‹, *Dianthus* ›Houndspool Ruby‹, *Geum chiloense* ›Mrs. Bradshaw‹, *Kniphofia* ›Atlanta‹, *Lobelia* ›Compliment Scarlet‹, *Paeonia* ›Inspecteur Lavergne‹, *Papaver orientale* ›Beauty of Livermere‹, *Penstemon* ›Chester Scarlet‹, *Pulmonaria rubra* ›Redstart‹.

**Gelbe Blüten**
*Achillea filipendulina* ›Gold Plate‹, *Anthemis* ›E. C. Buxton‹, *Aster ericoides* ›Golden Spray‹, *Caltha palustris* ›Flore Pleno‹, *Doronicum orientale* ›Magnificum‹, *Helianthus* ›Lemon Queen‹, *Hemerocallis* ›Stella de Oro‹, *Kniphofia* ›Little Maid‹, *Lysichiton americanus, Paeonia mlokosewitschii, Rudbeckia* ›Goldsturm‹.

**Blaue Blüten**
*Aquilegia vulgaris* ›Adelaide Addison‹, *Aster* x *frikartii* ›Mönch‹, *Campanula carpatica* ›Blaue Clips‹, *Delphinium* ›Blue Nile‹, *Geranium wallichianum* ›Buxton's Variety‹, *Iris* ›Jane Phillips‹, *Iris sibirica* ›Cambridge‹, *Polemonium reptans, Viola* ›Ardross Gem‹.

**Violette, purpur- und fliederfarbene Blüten**
*Aster amellus* ›Veilchenkönigin‹, *Campanula latifolia* ›Brantwood‹, *Geranium phaeum, Lobelia* ›Tania‹, *Penstemon* ›Alice Hindley‹, *Polemonium* ›Lambrook Mauve‹, *Primula* ›Miss Indigo‹, *Salvia* x *superba* ›Mainacht‹, *Verbena bonariensis, Viola* ›Maggie Mott‹.

**Duftende Blüten**
*Asphodeline lutea, Astilbe* ›Deutschland‹, *Clematis* x *jouiana* ›Praecox‹, *Crambe cordifolia, Dianthus* ›Mrs. Sinkins‹, *Hosta* ›Honeybells‹, *Iris unguicularis, Paeonia* ›Ducesse de Nemours‹, *Phlox carolina* ›Miss Lingard‹, *Phlox paniculata* ›White Admiral‹.

## STAUDEN MIT SCHÖNEM LAUB

**Panaschierte Blätter**
*Ajuga reptans* ›Variegata‹, *Aquilegia vulgaris* ›Vervaeneana‹, *Astrantia* ›Sunningdale Variegated‹, *Carex morrowii* ›Variegata‹, *Hakonechloa macra* ›Aureola‹, *Hosta* ›Shade Fanfare‹, *Iris foetidissima* ›Variegata‹, *Lamium maculatum, Phlox paniculata* ›Norah Leigh‹, *Symphytum* ›Goldsmith‹.

**Goldfarbene oder gelbe Blätter**
*Acorus gramineus* ›Ogon‹, *Centaurea montana* ›Gold Bullion‹, *Deschampsia cespitosa* ›Goldschleier‹, *Filipendula ulmaria* ›Aurea‹, *Hosta* ›Zounds‹, *Milium effusum* ›Aureum‹, *Origanum vulgare* ›Aureum‹, *Stachys byzantina* ›Primrose Heron‹, *Tanacetum parthenium* ›Aureum‹, *Valeriana phu* ›Aurea‹.

**Silberfarbene, graue und bläuliche Blätter**
*Anaphalis margaritacea* var. *yedoensis, Anthemis punctata* ssp. *cupaniana, Cynara cardunculus, Euphorbia myrsinites, Helictotrichon sempervirens, Hosta* ›Halcyon‹, *Nepeta* x *faassenii, Stachys byzantina* ›Silver Carpet‹.

**Purpurfarbene Blätter**
*Ajuga reptans* ›Braunherz‹, *Bergenia* ›Bressingham Ruby‹, *Foeniculum vulgare* ›Purpureum‹, *Heuchera micrantha* ›Palace Purple‹, *Imperata cylindrica* ›Rubra‹, *Lobelia* ›Queen Victoria‹, *Rheum palmatum* ›Atrosanguineum‹, *Veronica peduncularis* ›Georgia Blue‹.

**Markante Blätter**
*Acanthus mollis* ›Latifolius‹, *Bergenia* ›Ballawley‹, *Brunnera macrophylla, Crambe cordifolia, Darmera peltata, Helleborus-orientalis*-Hybriden, *Hosta* ›Krossa Regal‹, *Ligularia stenocephala, Lysichiton americanus, Rodgersia podophylla.*

**Filigrane Blätter**
*Achillea-millefolium*-Hybriden, *Artemisia canescens, Aruncus dioicus* ›Kneiffii‹, *Athyrium filix-femina, Corydalis flexuosa, Dryopteris filix-mas, Foeniculum vulgare* ›Purpureum‹, *Polystichum setiferum, Thalictrum delavayi.*

**Schmale Blätter**
*Carex, Dianthus, Festuca, Iris, Kniphofia* ›Little Maid‹, *Liriope muscari, Miscanthus sinensis, Molinia caerulea* ›Variegata‹, *Morina longifolia, Sisyrinchium striatum.*

## STAUDEN MIT REIZVOLLEN FRÜCHTEN

*Actaea pachypoda* und *A. rubra* (Beeren), *Clematis integrifolia, Dictamnus albus, Hosta sieboldiana* var. *elegans, Paeonia mlokosewitschii, Physalis franchetii* (Beeren), *Phytolacca americana* (Beeren), *Smilacina racemosa* (Beeren), *Veratrum nigrum.*

# STAUDEN VON A–Z

OBEN *Sedum spectabile* und Bergaster *(Aster amellus)* gehören zu den schönsten Herbststauden und bilden über lange Zeit eine reizvolle Gruppe.

LINKS Das leuchtende Gelb von *Achillea* ›Moonshine‹ und das kräftige Magentarot von *Geranium psilostemon* werden durch Schwaden blauer Katzenminze *(Nepeta)* gedämpft.

**Die Klimazonen**
Die klimatischen Bedingungen einer Gegend sind für die Auswahl von Pflanzen von höchster Bedeutung. Ob eine Pflanze gedeiht, hängt in starkem Maße davon ab, welches Klima in ihrer Heimat herrscht und wie gut sie sich, falls nötig, an ein anderes Klima anpassen kann. Auf Seite 228 ff. ist angegeben, welche Kältegrade die verschiedenen Pflanzen vertragen.

## ACANTHUS
### Akanthus, Stachelähre

Eine der skulpturalsten Pflanzen für die Staudenrabatte. Sie entwickelt Büschel gelappter, glänzender Blätter, über denen steife Blütenähren sitzen. Die Blüten erscheinen im Sommer, bleiben jedoch bis zum ersten Frost reizvoll. Sie eignen sich gut für Trockenblumenarrangements.

Diese große Gattung umfaßt etwa 20 Arten, von denen sich sechs in Kultur befinden. Sie wachsen willig in jedem fruchtbaren, vorzugsweise durchlässigen Gartenboden an einem sonnigen bis leicht schattigen Standort. Die Pflanzen sind stark durch Schnecken gefährdet. Vermehrung erfolgt in der Ruheperiode durch Samen oder Wurzelschnittlinge.

*Acanthus mollis*

***A. mollis*** (oben)
Dies ist die beliebteste Art der Gattung. Ihre stark eingebuchteten Blätter sind mittelgrün, ihre Blütenähren werden bis 1,5 Meter hoch. Die Blüten sind rosa oder weiß mit einem purpurfarbenen oberen Blütenblatt. ›Latifolius‹ hat große, glänzende Blätter.

*Acanthus spinosus*

***A. spinosus*** (oben)
Diese Art ähnelt *A. mollis*, trägt jedoch glänzende, dunkelgrüne Blätter mit auffälligen Stacheln. Die Blüten, die an 1,2 Meter hohen Ähren stehen, sind weiß, das obere Blütenblatt ist purpurrosa gefärbt. ›Spinosissimus‹ entwickelt eine noch größere Zahl stacheliger Blätter; die Stacheln haben einen silbrigweißen Schimmer.

## ACHILLEA
### Garbe

Diese robusten, wuchsfreudigen Pflanzen haben sehr dekoratives filigranes Laub und Blütenschirme mit kurzen Petalen. Die meisten tragen gelbe Blüten, doch die Palette von Pastelltönen und leuchtenden Farben wird zunehmend größer. Die Blütenstände lassen sich gut für Arrangements trocknen.

Garben sind schöne Rabattenpflanzen sehr unterschiedlicher Größe. Sie breiten sich aus und bilden große Gruppen. Manche Sorten sind dabei etwas übereifrig und können wuchern.

Geeignet ist jeder gute Gartenboden, doch sollte er durchlässig sein. Garben bevorzugen Trockenheit und brauchen einen sonnigen Standort. Vermehrung erfolgt am besten durch Teilung. Eine Aussaat ist möglich, die Ergebnisse sind jedoch unsicher.

***A.-clypeolata*-Hybriden**
Sie haben wunderschönes silbriggraues Laub und leuchtendgelbe Blüten, die an 60 Zentimeter hohen Stielen stehen. Da sie kurzlebig sind, müssen sie regelmäßig neu gepflanzt werden.

›Anthea‹ trägt silberfarbene Blätter und blasse Blüten, ›Moonshine‹ hat zwar ähnliche Blätter, aber eine kräftigere Blütenfarbe.

***A. filipendulina***
Die Goldgarbe ist die größte Garbe und sieht im hinteren Bereich einer Rabatte reizvoll aus. Sie hat gefiedertes grünes Laub und große goldgelbe Blütenstände. Die hohen, aufrechten Stengel werden bis zu 1,2 Metern hoch und müssen gestützt werden.

›Cloth of Gold‹ entwickelt zahlreiche goldgelbe Blüten. ›Coronation Gold‹ ist zu Recht eine der beliebtesten Sorten. Ihre Blütenköpfe haben etwa acht Zentimeter Durchmesser und sind leuchtendgelb, die Blätter sind grauer als bei anderen Sorten. ›Gold Plate‹ hat große Blütenköpfe von bis zu 15 Zentimeter Durchmesser und grüneres Laub; sie ist eine der größten Formen.

*Achillea millefolium* ›Cerise Queen‹

***A.-millefolium*-Hybriden** (oben)
Die Schafgarbe ist eine einfache Pflanze, von der es aber ausgezeichnete Hybriden gibt. Sie werden bis zu 75 Zentimetern hoch und tragen gefiedertes Laub und flache Blütenköpfe von fünf Zentimeter Durchmesser und mehr. ›Apfelblüte‹ blüht blaßrosa, ›Cerise Queen‹ tiefrosa. ›Fanal‹ (›The Beacon‹) hat leuchtendrote Blüten, ›Forncett Fletton‹ orangebraune. ›Hoffnung‹ blüht cremegelb, und die Blüten von ›Lachsschönheit‹ öffnen sich lachsrosa.

**A. ptarmica** (unten)
Die Bertramsgarbe kann stark wuchern und muß daher sorgfältig plaziert werden. Sie wird 60 Zentimeter hoch, trägt dunkelgrüne Blätter und hat lockerere Blütenstände als andere Formen. Die weißen Blüten der meisten Cultivare sind gefüllt. ›Boule de Neige‹ und ›The Pearl‹ haben reinweiße Blüten und sehen sich so ähnlich, daß sie oft miteinander verwechselt werden.

*Achillea ptarmica* ›The Pearl‹

## ACONITUM
### Eisenhut

Eisenhut bildet eine sehr große Gattung mit etwa 200 Arten, von denen sich ein Dutzend in Kultur befindet. Sie werden wegen ihrer reizvollen, ungewöhnlichen Blüten gezogen, deren oberes großes Blütenblatt wie ein Helm oder Hut geformt ist. Die Blüten haben meist eine wundervolle tiefblaue Farbe, aber es gibt auch Formen in hellerem Blau, Weiß und Cremegelb. Die Blüten erscheinen im Sommer und im Herbst.

Bei der Mehrzahl handelt es sich um steife, aufrechte Pflanzen von bis zu 1,5 Meter Höhe, deren Blüten in Trauben stehen, einige sind jedoch rankend und brauchen eine Stütze.

Eisenhut gedeiht in jedem Boden, dem reichlich gut verrottete organische Substanz hinzugefügt wurde, damit er Feuchtigkeit hält. Die höheren Formen brauchen an exponierten Plätzen vielleicht eine Stütze. Vermehrung erfolgt durch Teilung oder Aussaat. Alle Teile der Pflanze sind giftig.

*Aconitum* ›Bressingham Spire‹

**Blaue Formen** (oben)
›Bressingham Spire‹ trägt violettblaue Blüten und ist kleiner als die meisten anderen blaublühenden Formen. *A.* x *cammarum* ›Bicolor‹ ist mittelhoch und hat weiße Blüten, die violettblau gescheckt sind. Die Sorte *A. carmichaelii* ›Arendsii‹ blüht tiefblau. ›Spark's Variety‹ ist eine frühblühende Form und hat ebenfalls intensivblaue Blüten. *A. carmichaelii* var. *wilsonii* ist höher und wuchsfreudiger. Alle diese Formen blühen im Herbst.

*Aconitum* ›Ivorine‹

**Cremefarbene Formen** (oben)
In diesem Farbton gibt es zwei Hauptformen. Die Sorte ›Ivorine‹ hat rahmweiße Blüten und blüht früh. Sie wird nur 75 Zentimeter hoch. *A. vulparia* ist cremegelb und größer; am richtigen Platz erreicht sie bis zu 1,5 Meter Höhe.

## ACORUS
### Kalmus

Obwohl der Kalmus eine Blütenpflanze ist, wird er mehr wegen seiner schwertförmigen Blätter als wegen seiner Sommerblüten gezogen. Er gedeiht gut in flachem Wasser und eignet sich hervorragend, um in Gruppen im Uferbereich von Teichen und Bächen gezogen zu werden. Die kleinen Blüten stehen an eigenartigen Kolben, die wie Hörner aussehen und aus dem Laub ragen.

Die Pflanzen können am Rand des Wassers in Erde oder in Wasserpflanzenkörben wachsen und sollten sonnig stehen. Sie lassen sich leicht durch Teilung vermehren.

*Acorus calamus* ›Variegatus‹

**A. calamus** (oben)
Der heimische Kalmus hat schwertlilienähnliche Blätter, die bis zu 90 Zentimetern lang werden. Sie sind dunkelgrün und an den Rändern oft gewellt. Wenn man sie zerdrückt, riechen sie nach Mandarinen. Die Sorte ›Variegatus‹ hat cremegelbe Streifen, die an der Basis rosa überhaucht sind.

**A. gramineus**
Das Laub dieser Pflanze ist kürzer und feiner als das anderer Formen und erinnert an Gras. Die Blütenkolben stehen aufrechter. *A. gramineus* ist nicht so winterhart wie die verwandte Art *A. calamus*. Die Sorte ›Variegatus‹ ist cremefarben gestreift, ›Ogon‹ hat tiefgelbe Streifen. ›Pusilus‹ wächst büscheliger als die anderen Cultivare.

## ACTAEA
### Christophskraut

Die Pflanzen dieser kleinen Gattung werden hauptsächlich wegen ihrer farbigen Früchte gezogen. Die reizvollen Laubpflanzen haben gefiederte Blätter und unscheinbare, duftige Blütentrauben, die sich im Spätsommer öffnen. Ihnen folgen die typischen Beeren, die dekorativ, aber giftig sind.

Das Christophskraut ist eine Waldpflanze und bevorzugt einen kühlen, humusreichen Boden in leichtem Schatten. Vermehrung erfolgt durch Teilung oder Aussaat.

***A. pachypoda***
Diese Art wird auch unter dem Namen *A. alba* geführt. Sie hat rote Stiele, an denen in lockeren Trauben runde weiße Beeren mit schwarzem Auge stehen.

*Actaea rubra*

***A. rubra*** (oben)
Die Blätter dieser Art sind filigraner als bei *A. pachypoda*. Ihre Blüten sind weiß, die elliptischen, glänzenden Beeren sehr reizvoll rot gefärbt.

## ADIANTUM
### Frauenhaarfarn

Sommer- bis immergrüne Farne, die für den Garten besonders gut geeignet sind. Sie haben charakteristische schwarze, drahtige Blattstiele, wirken stets frisch und sehen sehr zart aus.

Frauenhaarfarne mögen einen feuchten, schattigen Standort. Für die Mehrzahl der Pflanzen sollte der Boden neutral oder sauer sein und am besten reichlich Lauberde oder gut verrotteten Humus enthalten. Vermehrung erfolgt im Spätsommer durch Sporen oder im Frühjahr durch behutsame Teilung.

***A. pedatum***
Der großartige Pfauenradfarn ist gewöhnlich sommergrün, kann in milderen Gegenden aber auch zum Teil immergrün sein. Er wird etwa 45 Zentimeter hoch und ebenso breit. Sein kriechender Wurzelstock breitet sich langsam aus, wuchert jedoch nicht.

## AEGOPODIUM
### Geißfuß

Diese kleine Gattung ist im Garten hauptsächlich durch *A. podagraria* bekannt, den Giersch, der sich durch unterirdische Sprosse ausbreitet und zu einem lästigen Unkraut werden kann. Früher zog man ihn als Küchenkraut, heute wird er aber nur selten geduldet, außer in seiner weniger wuchsfreudigen panaschierten Form. Er gedeiht in jedem Gartenboden, an sonnigen und leicht schattigen Plätzen. In Frühjahr und Herbst kann er durch Teilung leicht vermehrt werden.

*Aegopodium podagraria* ›Variegatum‹

***A. podagraria* ›Variegatum‹**
Diese Pflanze wird wegen ihres sehr reizvollen panaschierten Laubs gezogen. Sie erreicht nur 25 Zentimeter Höhe und bedeckt bald eine große Fläche, wuchert jedoch nicht so stark wie die Mutterpflanze. Man sollte sie dennoch begrenzen, da sie sich leicht ausbreitet. Die unscheinbaren weißen Blüten, die im Sommer erscheinen, sind nicht besonders reizvoll und sollten entfernt werden.

## AGAPANTHUS
### Schmucklilie

Von dieser Gattung werden viele Sorten angeboten. Aus den fleischigen Wurzeln dieser Pflanze entwickeln sich ein dichtes Büschel grundständiger, riemenförmiger Blätter und lange Schäfte, an denen blaue oder weiße Blütendolden stehen. Jede Blüte sieht wie eine kleine Lilie aus. Die Blütenstände erscheinen im Spätsommer und eignen sich gut für den Schnitt.

Blaue Schmucklilien möchten sonnig stehen und gedeihen in den meisten fruchtbaren Gartenböden, vorzugsweise in Böden mit einem guten Wasserhaltevermögen. Ein Umpflanzen sollte man vermeiden, da die Wurzeln leicht brechen und zum Anwachsen ein bis drei Jahre brauchen. In kälteren Gegenden kann man die Pflanzen in Kübeln ziehen und im Winter ins Haus nehmen. Vermehrung erfolgt durch behutsame Teilung oder Aussaat, benannte Cultivare können nicht ausgesät werden.

*Agapanthus africanus*

**Blaublühende Formen** (oben)
Blau ist die häufigste Blütenfarbe, und sie reicht von blassem bis zu tiefem Blau. *A. africanus* hat tiefblaue Blüten und breite, dunkelgrüne Blätter. ›Blue Giant‹ gehört zu den Headbourne-Hybriden,

wird 1,2 Meter hoch und hat großartige blaue Blüten. ›Bressingham Blue‹ ist etwas niedriger und trägt die dunkelsten Blüten aller blaublühenden Formen.

**Weißblühende Formen**
›Bressingham White‹ ist so schön wie ihr blaues Pendant. Nicht ganz so winterhart und erheblich kleiner ist *A. africanus* ›Albus‹, der sich für Gefäße eignet.

**Mischungen**
Headbourne-Hydriden sind die bekannteste Form der Schmucklilie. Sie besitzen die größte Winterhärte und sind in einem breiten Spektrum von Blau- und Weißtönen erhältlich. Bei vielen handelt es sich um benannte Cultivare, es gibt aber auch eine durch Samen vermehrte Zuchtlinie.

*Agapanthus* ›Lilliput‹

**Zwergformen** (oben)
Die meisten Schmucklilien werden 75 bis 120 Zentimeter hoch, es sind jedoch auch einige schöne Zwergformen erhältlich, die man vorne in die Rabatte oder in den Steingarten pflanzen kann. Empfehlenswerte niedrige Sorten sind *A.* ›Lilliput‹, *A. campanulatus* ›Isis‹ und *A. africanus* ›Peter Pan‹. Sie werden bis zu 30 Zentimetern hoch, ›Isis‹ etwas höher.

## AGASTACHE

Gattung kurzlebiger Stauden mit duftendem Laub und dichten Blütenständen, die an die zur gleichen Familie gehörenden Minzen erinnern. Die Blätter haben eine ähnliche Form wie die der Nesseln. Die kurze Lebensdauer der Pflanzen ist kein allzu großes Problem, da sie sich selbst aussäen und reichlich Sämlinge produzieren, die die eingegangenen Pflanzen ersetzen können.

*Agastache* braucht durchlässigen Boden und bevorzugt einen sonnigen Platz. Die Stengel sind nicht sehr kräftig und müssen, außer an geschützten Stellen, gestützt werden.

***A. foeniculum*** (unten)
Die Duftnessel ist die häufigste Art dieser Gattung. Sie hat stark nach Fenchel oder Anis riechendes Laub (daher wird sie auch unter *A. anisata* geführt) und erreicht bis zu 90 Zentimeter Höhe. Die Blüten sind meist mattviolett gefärbt, es gibt jedoch auch einige weißblühende Formen, darunter die elfenbeinfarbene Sorte ›Alabaster‹.

*Agastache foeniculum*

***A. mexicana***
Diese Art ist etwas niedriger und trägt Blüten, die rosa bis rot sein können. Sie ist kurzlebig und sollte jedes Jahr vermehrt werden.

## AJUGA
## Günsel

Diese niedrigen, kräftigen Pflanzen bilden einen dichten Teppich. Sie werden sowohl wegen ihrer blauen, rosa oder weißen Blütenähren gezogen, die während des Frühjahrs erscheinen, als auch wegen ihrer sehr hübschen, dekorativen Blätter, die vielfältige Färbungen haben können. Einige Formen sind das ganze Jahr über belaubt.

Günsel ist vor allem eine Waldpflanze und bevorzugt feuchten, humusreichen Boden. Am besten gedeiht er an einem leicht schattigen Platz, doch wenn die Erde nicht austrocknet, kann er auch in voller Sonne stehen. Einige der buntlaubigen Formen brauchen Sonne, um ihre Färbung zu bewahren. Die Pflanzen breiten sich stark aus, sind aber leicht unter Kontrolle zu halten. Vermehrung erfolgt durch Teilung der Ausläufer.

***A. reptans***
Der Kriechende Günsel ist am weitesten verbreitet. Er hat grüne Blätter und blaue Blüten, die an 15 Zentimeter großen Ähren stehen. Von ihm gibt es viele schöne Sorten.

**Dunkellaubige Formen**
Die Sorte ›Atropurpurea‹ hat tiefpurpurfarbenes Laub und blaue Blüten. ›Braunherz‹ sieht ähnlich aus, ist aber brauner und tendiert zu einem tiefen Bronzeton. Beide Formen können grün werden, wenn sie in zu starkem Schatten gepflanzt werden.

*Ajuga reptans* ›Multicolor‹

**Formen mit Zeichnung** (oben)
Es gibt eine wachsende Zahl an panaschierten Formen. Die Blätter von ›Burgundy Glow‹ sind rosa und burgunderrot und haben einen cremefarbenen Rand. Die Sorte ›Multicolor‹ (auch als ›Rainbow‹ oder ›Tricolor‹ geführt) sieht ähnlich aus, die Blätter sind jedoch purpurn, rot und creme gefärbt und oft grün gefleckt. ›Variegata‹ ist blaßgrün und cremefarben.

**Wuchsfreudige Formen**
Verschiedene Formen sind sehr wuchsfreudig und tragen große Blütenähren; die größte ist ›Catlins' Giant‹. ›Silver Shadow‹ hat blaßgrüne und ›Jungle Beauty‹ sehr große, glänzende Blätter.

## ALCEA
### Stockrose, Stockmalve

Die bekannteste Stockrose ist die stattliche *A. rosea*, doch sie wird heute gewöhnlich zweijährig behandelt, da sie rostanfällig ist. Diese und andere Arten der Gattung wurden früher unter *Althaea* geführt, und mitunter findet man sie immer noch unter diesem Namen.

Stockrosen haben flache Trichterblüten in einer Vielzahl von Farben; bei manchen Sorten sind die Blüten auch gefüllt. Die Blüten erscheinen vom Sommer an an hohen Stengeln. Von einigen Arten gibt es heute Zwergformen. Stockrosen gedeihen in jedem guten Gartenboden und bevorzugen einen sonnigen Platz. Die höheren Sorten müssen gestützt werden. Alle lassen sich durch Aussaat vermehren.

***A. rugosa***
Diese Art ist ein beliebter Ersatz für die rostanfällige *A. rosea* geworden. Sie ist mit nur 1,2 Metern niedriger und wächst buschig; die Blüten haben ein wunderschönes reines Gelb.

## ALCHEMILLA
### Frauenmantel

Der Frauenmantel wird sowohl wegen seines runden Laubs als auch wegen seiner Blüten gern gezogen. Die Blätter sind manchmal gefältelt, manchmal tiefgeteilt. Beide Formen sind reizvoll. Die grünlichgelben Blüten stehen in duftigen Trugdolden und erscheinen hauptsächlich in Spätfrühjahr und Frühsommer.

Frauenmantel wächst in jedem Gartenboden, selbst in wenig nährstoffhaltigem, und sieht besonders in Wassernähe hübsch aus. Er fühlt sich in Sonne und Schatten wohl und läßt sich leicht durch Samen vermehren – tatsächlich sät er sich häufig selbst aus.

*Alchemilla erythropoda*

***A. erythropoda*** (oben)
Diese niedrige Art wird nur 15 Zentimeter hoch. Sie hat blaugrüne Blätter und eignet sich ausgezeichnet für den vorderen Rand einer Rabatte oder als Bodendecker in leichtem Schatten.

***A. mollis*** (unten)
Der Weiche Frauenmantel ist die beliebteste Art. Er hat große, runde Blätter mit gekerbten Rändern und tiefen Falten, auf denen sich wunderhübsch funkelnder Tau und Regentropfen sammeln. Seine duftigen Blüten erscheinen während des Frühjahrs und, sofern die ersten Blüten nach dem Welken entfernt werden, noch einmal im Herbst.

*Alchemilla mollis*

## ALSTROEMERIA
### Inkalilie

Es gibt 60 Arten der Inkalilie, doch nur wenige werden kultiviert. Inkalilien gehören zu den exotischsten Blumen in der Staudenrabatte. Sie werden 90 bis 120 Zentimeter hoch, und ihre trichterförmigen Blüten sind oft mehrfarbig und stark gefleckt.

Damit Inkalilien gedeihen, brauchen sie einen fruchtbaren, durchlässigen Boden und einen Platz im Garten, der nicht zuviel Sonne bekommt. Man pflanzt sie mit mindestens 15 Zentimeter Abstand voneinander. Häufig ist eine Stütze erforderlich. Obwohl die Wurzeln leicht brechen, kann man Inkalilien zur Vermehrung teilen. Auch die Anzucht aus Samen ist möglich.

***A. aurea***
Dies ist die winterhärteste Art der Gattung. Die Blüten sind leuchtendgoldorange und haben rote Flecken. Da sich die Wurzeln ausbreiten, muß die Pflanze unter Kontrolle gehalten werden. Sie sieht sehr reizvoll aus, wenn sie zwischen Büschen wächst.

*Alstroemeria-ligtu*-Hybride

**A.-*ligtu*-Hybriden** (oben)
Diese Hybriden gibt es in einer breiten Farbskala, darunter Cremefarben, Gelb, Orange, Rot und Rosa. Sie sind blühfreudig und winterhart, aber säen sich selbst aus und können invasiv werden.

**A.-Princess-Hybriden**
Eine Gruppe von Hybriden der Art *A. aurea*, die speziell für den Schnittblumenhandel gezüchtet wurde und jetzt auch in Gärten erscheint. Sie ist in einer breiten Farbpalette und sowohl in zarten als auch in leuchtenden Tönen erhältlich.

***A. psittacina***
Diese Art hat faszinierende rot-grüne Blüten. Sie ist mit etwa 90 Zentimetern niedriger als die meisten Rabattenformen und nicht so winterhart.

## AMSONIA

Die Arten dieser Gattung tragen lockere Köpfe aus blauen Sternblüten. Sie erscheinen im Frühsommer und kontrastieren hübsch mit den grünen Blättern. Die bis zu 90 Zentimeter hohen Pflanzen bilden Büschel und wachsen selten über ihren Platz hinaus. Sie sind gut für den Schnitt geeignet und ergeben schöne Arrangements.

*Amsonia* mag feuchte Erde, die reichlich gut verrottete organische Substanz enthält, und volle Sonne oder leichten Schatten. An windigen Plätzen sind Stützen erforderlich. Vermehrung erfolgt im Frühjahr entweder durch Teilung oder Samen.

***A. orientalis***
Diese auch unter dem Namen *Rhazya orientalis* geführte Pflanze ist nicht so winterhart wie andere Vertreter der Gattung. Ihre Blüten sind blaß graublau, die Knospen dunkler.

*Amsonia tabernaemontana*

***A. tabernaemontana*** (oben)
Dies ist das nordamerikanische Pendant zu *A. orientalis* und sieht ihr sehr ähnlich. Die Pflanze entwickelt Büschel aus kleinen hellblauen Röhrenblüten und ist etwas höher.

## ANAPHALIS
### Perlpfötchen

Diese Pflanzen zieht man hauptsächlich wegen ihres silbergrauen Laubs, obwohl sie auch reizvolle Blüten haben. Im Gegensatz zu den meisten silberlaubigen Pflanzen können sie an feuchten, schattigen Stellen wachsen, und das macht sie außerordentlich wertvoll. Ihre schmalen Blätter sind filzig behaart, die kleinen Blüten, die vom Spätsommer an erscheinen, haben gelbe Mitten und weiße, papierartige Hüllblätter.

Perlpfötchen wachsen zufrieden im Schatten, gedeihen aber auch in der Sonne gut. Wichtig ist ein Boden mit gutem Wasserhaltevermögen, da die Blätter welken und herabhängen, wenn die Pflanzen zu trocken stehen. Perlpfötchen lassen sich im Winter und im Frühjahr leicht durch Teilung vermehren oder im Herbst durch Samen.

***A. margaritacea***
Die aufrecht wachsende Silberimmortelle wird bis zu 90 Zentimetern hoch. Sie breitet sich aus und kann sehr invasiv werden. Ihre Blätter sind oberseits etwas behaart und graugrün oder silbergrau, unterseits weißer.

***A. margaritacea* var. *yedoensis***
(unten)
In vieler Hinsicht ähnelt diese Varietät der Art stark, doch die Blätter haben einen charakteristischen silberfarbenen Rand, und die Blütenköpfe sind größer.

*Anaphalis margaritacea* var. *yedoensis*

*Anaphalis triplinervis* ›Sommerschnee‹

***A. triplinervis*** (oben)
Diese Art verdankt ihren lateinischen Namen drei deutlichen Adern in jedem Blatt. Die Blätter sind weiß und behaart. Die weißen Blütenköpfe haben steife Hüllblätter und winzige gelbe Mitten und erscheinen im Spätsommer in großer Zahl. Die Pflanze bildet Büsche. Die Sorte ›Sommerschnee‹ ist eine Form von nur 25 Zentimeter Höhe und mit weißen Blüten bedeckt. Trockenheit verträgt sie nicht so gut wie *A. margaritacea* var. *yedoensis*.

## ANCHUSA
### Ochsenzunge

Diese rauhblättrige Pflanze wird gern wegen ihrer leuchtendblauen Blüten verwendet, die die Rabatte im Frühsommer aufheitern. Die Blüten stehen in langen Rispen, die sich auf eine ähnliche Weise entrollen wie die des verwandten Vergißmeinnichts *(Myosotis)*.

Die Ochsenzunge braucht tiefgründig bearbeitete, fruchtbare Erde; in zu nassem oder zu schwerem Boden geht sie nach einem Jahr ein. Darüber hinaus bevorzugt sie einen sonnigen Platz. Ihre Stengel sind steif und können im Wind umknicken, daher müssen sie immer gestützt werden. Benannte Sorten vermehrt man durch Wurzelschnittlinge, Arten auch durch Aussaat.

***A. azurea***
Die Große Ochsenzunge ist die am häufigsten gezogene Art dieser Gattung. Sie

erreicht bis zu 1,5 Meter Höhe, die Triebe und langen Blätter sind borstig behaart. Es gibt verschiedene Cultivare. ›Dropmore‹ ist tiefblau und blüht später als andere Formen. Die Sorte ›Little John‹ wird nur etwa 45 Zentimeter hoch und ist für exponierte Rabatten nützlich. ›Loddon Royalist‹ hat eine mittlere Höhe und tiefpurpurblaue Blüten.

## ANEMONE
### Anemone

Diese große Gattung umfaßt Waldpflanzen wie *A. nemorosa* und Zwiebelpflanzen wie *A. pavonina*. Sie sind ebenso wie etwa *A. narcissiflora* und *A. rivularis* gute Rabattenpflanzen, doch am häufigsten werden die Herbstanemone und ihre Verwandten für die Rabatte verwendet. Diese erreichen etwa 1,2 Meter Höhe und breiten sich unterirdisch aus, um große Büschel zu bilden. Sie blühen vom Spätsommer an bis weit in den Herbst hinein. Die flachen Blüten sind weiß oder rosa gefärbt und haben eine gelbe Mitte aus Staubgefäßen. Es gibt auch gefülltblühende Formen.

Anemonen wachsen in voller Sonne oder leichtem Schatten. Sie bevorzugen einen nahrhaften Boden, tolerieren aber auch relativ trockene, alkalische Bedingungen. Stützen sind nicht erforderlich. Vermehrung erfolgt durch Teilung oder im Frühwinter genommene Wurzelschnittlinge.

**A.-*Japonica*-Hybriden**
Unter den verschiedenen Arten und Hybriden sind die *A.-Japonica*-Hybriden die wichtigste Gruppe, obwohl man auch häufig Sorten von *A. hupehensis* und *A. japonica* sieht.

**Ungefüllte weiße Formen**
(ganz oben)
Weißblühende Formen eignen sich besonders gut, um trostlose Ecken im Garten aufzuheitern. Oft ist es jedoch schwierig, zwischen den verschiedenen Formen zu unterscheiden. Von den *A.-Japonica*-Hybriden blüht ›Honorine Jobert‹ in einem großartigen Reinweiß. ›White Giant‹ trägt besonders große Blüten.

*Anemone-Japonica*-Hybride ›Honorine Jobert‹

*Anemone hupehensis* ›Bressingham Glow‹

**Ungefüllte rosa Formen** (oben)
Die rosablühenden Formen sind in der Färbung unterschiedlicher. Die Blüten von *A. hupehensis* ›Bressingham Glow‹ sind rosarot, ›Hadspen Abundance‹ hat ein tieferes Rosa. Die *A.-Japonica*-Hybride ›Königin Charlotte‹ ist größer und mittelrosa.

**Gefüllte Formen**
Es gibt mehrere gefülltblühende Formen. Die *A.-Japonica*-Hybride ›Wirbelwind‹ ist halbgefüllt und weiß, ›Margarete‹ halbgefüllt und rosa.

## ANTHEMIS
### Hundskamille

Diese Gattung bietet dem Gärtner eine sehr schöne Palette von Korbblütlern. Die Blüten haben eine charakteristische Form mit einer gelben Mittelscheibe aus Röhrenblüten, die strahlenförmig von weißen, gelben oder orangefarbenen Zungenblüten umgeben sind. Auch die feingeteilten duftenden Blätter machen die Hundskamille zu schönen Rabattenpflanzen. Ihr einziger Nachteil ist, daß sie, vor allem in nassen Böden, eine kurze Lebensdauer haben und daher jedes Jahr vermehrt werden müssen.

*Anthemis* braucht einen durchlässigen Boden und einen sonnigen Standort, um gut gedeihen zu können. Die höheren Sorten müssen gestützt werden. Zur Vermehrung nimmt man im Frühjahr Stecklinge, einige Arten kann man auch aussäen.

***A. punctata* ssp. *cupaniana***
Diese unkomplizierte Pflanze bewurzelt sich, während sie sich ausbreitet, kann aber leicht zurückgeschnitten werden und ist daher nicht invasiv. Sie hat silberfarbenes Laub und trägt im Frühjahr und im Frühsommer weiße Blüten.

***A. sancti-johannis***
Für Gärtner, die Rabatten gerne in warmen Farben gestalten, ist diese Pflanze unverzichtbar. Die Kombination von goldorangefarbenen Blüten und zart geteiltem Laub wirkt außerordentlich reizvoll.

*Anthemis tinctoria* ›Grallach Gold‹

***A. tinctoria*** (oben)
Die Färberkamille hat gelbe Blüten, meist werden jedoch ihre verschiedenen Cultivare gezogen. ›E. C. Buxton‹ blüht blaßzitronengelb, ›Sauce Hollandaise‹

und ›Wargrave‹ rahmgelb. ›Grallach Gold‹ trägt goldgelbe und ›Kelwayi‹ leuchtendgelbe Blüten.

## AQUILEGIA
### Akelei

Akeleien sind altmodische Liebhaberpflanzen. Ihre Blüten, die wie kleine Ballettänzerinnen mit Rüschenröckchen aussehen, stehen an langen Stielen und sind in einer sehr breiten Farbskala sowohl gefüllt als auch ungefüllt erhältlich. Die Größe reicht von etwa acht bis 90 Zentimetern, so daß Akeleien für alle Plätze in der Rabatte geeignet sind.

Akeleien wachsen in jedem fruchtbaren Gartenboden, entweder in voller Sonne oder leichtem Schatten, und brauchen keine Stütze. Da sie sich gerne selbst aussäen, sollten alte Blütenstengel abgeschnitten werden, bevor sie ihre Samen verstreuen können. Die Pflanzen kreuzen sich leicht, so daß die durch Selbstaussaat entstandenen Sämlinge nicht immer sortenecht sind; es entstehen oft aufregende neue Formen. Vermehrung erfolgt durch Aussaat im Frühjahr oder besser noch im Sommer, wenn die Samen frisch sind.

*Aquilegia viridiflora*

**Arten** (oben links und Mitte)
Es gibt verschiedene Arten, die sich für Rabatten eignen. *A. alpina* ist eine mittelhohe Art mit nickenden blauen Blüten, die innen oft weiß sind. *A. canadensis* wird etwas höher und hat kleine Blüten in Rot und Gelb. *A. formosa* ist eine ähnliche Art. *A. chrysantha* ist erheblich höher und hat gelbe Blüten; von dieser wunderschönen Pflanze stammen viele der langspornigen Hybriden ab. *A. fragrans* erreicht eine mittlere Höhe und trägt zartblaue, leicht duftende Blüten an purpurfarbenen Stengeln. *A. viridiflora* ist eine der faszinierendsten Formen; sie wird selten höher als 30 Zentimeter und hat wunderschöne bronzegrüne Blüten. *A. vulgaris* wird seit Generationen im Garten gezogen, und aus ihr sind viele schöne Sorten, vor allem blaue und purpurfarbene, entstanden; darunter finden sich einige mit wunderschön gefüllten Blüten (siehe unten).

*Aquilegia alpina*

**Altmodische Formen**
Noch immer gibt es viele Sorten mit kurzen Spornen, die hauptsächlich aus *A. vulgaris* entstanden. ›Adelaide Addison‹ ist eine gefüllte blaue Sorte, deren nickende Blüten innen weiß sind. ›Nivea‹ (auch als ›Munstead White‹ geführt) trägt reinweiße Blüten und hellgrüne Blätter. ›Nora Barlow‹ ist eine seltsam anmutende gefülltblühende Sorte mit spitzen Petalen in Creme, Rot und Grün. ›Hensol Harebell‹ hat eine wunderbar tiefviolettblaue Farbe. ›Vervaeneana‹ ist eine Farbmischung mit goldfarben gezeichneten Blättern.

**Moderne Hybriden**
Moderne Hybriden, die häufig lange Sporne haben, sind aus einer Reihe von Arten entstanden. Die Blüten von ›Crimson Star‹ sind außen rot und innen weiß. Bei ›Dragonfly‹ handelt es sich um eine langgespornte Farbmischung in Rot, Blau und Gelb, wobei manche Blüten einfarbig, andere zweifarbig sind. Sie sehen großartig aus, leben aber oft nicht lange – möglicherweise müssen sie nach zwei oder drei Jahren ersetzt werden. Die Blüten von ›McKana‹ sind ebenfalls langgespornt und in einem ähnlichen Farbspektrum erhältlich.

## ARABIS
### Gänsekresse

Viele Pflanzen dieser sehr großen Gattung aus etwa 100 Arten gelten als Unkraut. Aber es sind auch einige darunter, die sich als Gartenpflanzen eignen. Alle sind niedrige, teppichbildende Pflanzen und für den Vorderrand einer Rabatte geeignet. Die vierblättrigen Blüten sind klein und gewöhnlich entweder weiß oder rosa gefärbt. Gänsekresse blüht im Frühjahr, doch manche Arten haben ausreichend reizvolles Laub, um das übrige Jahr als dekorative Blattpflanzen verwendet zu werden.

Gänsekresse wächst in den meisten Gartenböden, bevorzugt aber durchlässige Erde und braucht einen sonnigen Standort. Nach der Blüte stutzt man die Pflanzen mit einer Rasenschere, um zu verhindern, daß sie hochstielig werden. Vermehrung erfolgt durch Teilung oder Stecklinge.

*Arabis caucasica* ›Variegata‹

***A. caucasica*** (oben)
Diese manchmal unter *A. albida* geführte Art ist die am häufigsten kultivierte Gänsekresse. Sie bildet niedrige Matten aus Rosetten, die sich rasch ausbreiten, aber

nicht invasiv sind. Die Blätter sind graugrün. Im Frühjahr erscheinen reinweiße Blüten. ›Flore Pleno‹ hat gefüllte Blüten, ›Snow Cap‹ ist besonders blühfreudig, und ›Variegata‹ hat eine cremefarbene Blattzeichnung.

***A. ferdinandi-coburgi***
Dies ist eine feinere Art als *A. caucasica*. *A. ferdinandi-coburgi* bildet Teppiche aus schmalen, grünen Blättern und kurzen Trauben mit kleinen weißen, gelegentlich auch rosa gefärbten Blüten. Die Sorte ›Old Gold‹ hat eine goldgelbe Blattzeichnung, bei ›Variegata‹ sind die Blätter cremefarben gestreift.

## ARTEMISIA
**Beifuß**

Von den 400 Arten dieser Gattung sind nur wenige für den Garten geeignet. Sie sind in Charakter und Höhe sehr unterschiedlich, und die meisten Arten werden mehr wegen ihrer Blätter als ihrer Blüten gezogen. Nützlich sind Formen mit silberfarbenem Laub, vor allem bei der Anlage von weißen Rabatten und in Kombination mit zartem Rosa und Purpur. Das Laub duftet oft. Die Blüten sind allgemein sehr klein und schmutziggelb. Viele Gärtner entfernen sie sofort, da sie die wunderschöne Wirkung des Laubs beeinträchtigen.

*Artemisia* braucht stets durchlässigen Boden und einen sonnigen Platz. Viele der höheren Arten profitieren an windigen Plätzen von Stützen. Die Pflanzen sollten zu Frühjahrsbeginn zurückgeschnitten werden, wenn die neuen Triebe sichtbar sind. Vermehrung erfolgt entweder durch vorsichtige Teilung oder, einfacher, durch im Frühjahr genommene Stecklinge.

**Hohe Formen** (oben)
Die Sorte *A. absinthium* ›Lambrook Silver‹ ist eine der schönsten silberblättrigen Pflanzen. Sie wird bis zu 75 Zentimetern hoch und hat feingeteilte Blätter. *A. lactiflora* unterscheidet sich von allen anderen Arten darin, daß sie grünes Laub und reizvolle cremegelbe Blütenrispen hat. Bei der Form ›Guizhou‹ sind die Blätter purpurfarben überlaufen. *A. ludoviciana* var. *latiloba* hat erheblich breitere Blattsegmente als die anderen hohen Formen und ist zinngrau gefärbt. Die Sorte ›Silver Queen‹ hat herrlich silberfarbene Blätter.

*Artemisia absinthium* ›Lambrook Silver‹

**Buschige Formen**
Die Formen von *A. canescens* bilden niedrige, buschige Sträucher mit 45 Zentimeter Höhe und feingeteiltem, silberfarbenem Laub. Sie sind gute Bodendecker. Die graugrüne *A. pontica* ist etwas höher und wächst nicht so buschig, sondern mehr aufrecht. Sie ist ebenfalls ein guter Bodendecker, kann jedoch invasiv werden.

**Niederliegende Formen**
Einige Formen eignen sich ausgezeichnet für den vorderen Rand einer Rabatte. Die Art *A. schmidtiana* bildet mit 15 bis 30 Zentimeter hohen Blütenstengeln dichte, niedrige Hügel. ›Nana‹ ist eine der kompaktesten Formen. *A. stelleriana* kann etwas höher werden als *A. schmidtiana*. ›Mori‹ ist eine niederliegende Sorte mit weißem Laub; sie wird auch unter dem Namen ›Silver Brocade‹ geführt.

## ARUNCUS
**Geißbart**

Der Geißbart wird sowohl wegen seiner hübschen Blätter als auch wegen seiner interessanten Blüten gezogen. Die Blätter sind doppelt gefiedert und bilden großartige Büsche. Die winzigen Blüten stehen in großen, hohen, duftigen Rispen, die weiß oder cremefarben sind.

Diese Pflanzen stellen keine Ansprüche an den Boden und wachsen in der Sonne, aber auch im Schatten. An einem sonnigen Platz und in einem Boden, der die Feuchtigkeit hält, gedeihen sie jedoch besser. Sie bilden Büsche, sind aber nicht invasiv. Stützen sind nur an windigen Plätzen erforderlich. Vermehrt wird durch Teilung.

***A. aethusifolius***
Diese Art sieht man selten. Sie erreicht nur etwa 20 Zentimeter Höhe und hat feingeteilte Blätter. Die Pflanze breitet sich aus und bildet einen Teppich, ist jedoch nicht invasiv. Ihre cremefarbenen Blüten stehen in kurzen Rispen.

***A. dioicus*** (unten)
Diese Art wird in Gärten am häufigsten gezogen. In fruchtbaren Böden erreicht sie bis zu 2 Meter Höhe. Das Laub besteht aus einer Vielzahl ovaler Fiederblätter. Bei der Form ›Kneiffii‹ sind diese jedoch so tief geteilt, daß sie wie zerschlitzt aussehen. Diese Sorte wird nur halb so hoch wie die Elternpflanze.

*Aruncus dioicus*

## ASARUM
**Haselwurz**

Diese Pflanzen werden wegen ihres Laubs gezogen, das rund oder herzförmig und glänzendgrün ist. Sie werden selten höher als 25 Zentimeter und breiten sich unterirdisch aus, um einen dichten Teppich zu bilden. Die tiefpurpurfarbenen Blüten haben eine seltsame Form, sind aber leider in dem dichten Laub schlecht zu sehen. Die Haselwurz ist eine sehr schöne Pflanze für eine schattig liegende Rabatte.

Da diese Pflanzen Waldbewohner sind, gedeihen sie am besten in feuchter, humusreicher Erde und an einem leicht- bis tiefschattigen Standort, wo sie sich ausbreiten. Sehr trockene Wachstumsbedingungen vertragen sie nicht. Vermehrung erfolgt durch Teilung im Frühjahr. Darüber hinaus sät sich Haselwurz leicht selbst aus.

***A. canadense***
Diese wuchsfreudige Haselwurz-Art hat große, herzförmige Blätter und ist sommergrün.

***A. caudatum***
Eine meist immergrüne Art mit dunkelgrünen Blättern und interessant geformten Blüten.

*Asarum europaeum*

***A. europaeum*** (oben)
Die Art ist immergrün mit reizvollen glänzenden Blättern, die allerdings kleiner sind als die der anderen Formen.

## ASCLEPIAS
**Seidenpflanze**

Eine in Nordamerika heimische große Gattung mit sehr schönen Arten für den Garten. Sie umfaßt aber auch andere, die mitunter zu lästigen Plagen werden (etwa *Asclepias syriaca*), da sie zum Wuchern neigen. Die Blüten der Seidenpflanzen bilden wunderschöne Farbflächen. Sie sind leuchtendrot, rosa oder orangefarben und heitern jede Rabatte auf. Die flachen Blüten stehen an aufrechten Stengeln, die keine Stütze brauchen. Später folgen ihnen Samen mit seidigen Federkronen. Beschädigte Stiele sondern milchigen Saft ab.

Seidenpflanzen gedeihen in jedem Gartenboden, bevorzugen aber einen sonnigen Standort. Sie können entweder durch Aussaat oder durch Teilung vermehrt werden.

***A. incarnata***
Eine reizvolle Pflanze mit rosa gefärbten Blüten, die im Sommer an 90 bis 120 Zentimeter hohen Trieben erscheinen. Sie bevorzugt feuchteren Boden als die anderen Gartenarten.

***A. tuberosa*** (unten)
Diese Art trägt im Spätsommer leuchtendorange Blüten, die einen wertvollen Beitrag zu Rabatten in warmen Farben leisten. Mit etwa 75 Zentimeter Höhe ist sie kleiner als *A. incarnata*, und sie bevorzugt auch einen trockeneren Boden.

*Asclepias tuberosa*

***A. tuberosa* ›Gay Butterflies‹**
Bei dieser Sorte handelt es sich um eine Farbmischung von Blüten in Rosa, Rot, Gold und Orange. Das Wort »Butterflies« im Sortennamen bezieht sich auf die Eigenschaft der Pflanze, Schmetterlinge anzulocken.

## ASPERULA
**Meister**

Eine große Gattung von Pflanzen, von denen die Gartenformen hauptsächlich im Steingarten gezogen werden. Es gibt jedoch auch einige, die sich gut für schattige Rabatten und vor allem als Bodendecker unter Bäumen und Sträuchern eignen. Sie entwickeln zahlreiche kriechende Triebe mit Quirlen aus schmalen Blättern und Köpfe aus winzigen weißen oder rosa Sternblüten.

Obwohl es sich in erster Linie um Waldpflanzen handelt, wachsen sie auch in der Sonne, sofern der Boden die Feuchtigkeit bewahrt. Nach der Blüte werden sie unordentlich, und man muß sie zurückschneiden. Vermehrt wird durch Teilung.

*Asperula odorata*

***A. odorata*** (oben)
Der auch unter *Galium odoratum* geführte Waldmeister ist eine Waldpflanze und hat weiße Blüten, die während des Frühsommers manch dunkle Ecke im Garten aufheitern. Er klettert durch Sträucher und erreicht 45 Zentimeter Höhe. Stiele und Blätter duften nach frischem Heu.

## ASPHODELINE
**Junkerlilie**

Diese faszinierenden Pflanzen eignen sich ausgezeichnet für eine sonnige Rabatte. Sie bilden unordentliche, grasartige Blattbüschel und hohe Stengel mit gelben Sternblüten. Die Blüten bestehen aus sechs oder sieben schmalen Petalen und haben 2,5 Zentimeter Durchmesser. Sie öffnen sich nacheinander von unten nach oben; später folgen ihnen reizvolle Fruchtstände, so daß die Pflanze über lange Zeit dekorativ aussieht. Junkerlilien bilden in der Mitte der Rabatte großartige Büsche und passen besonders gut zu blaublühenden Pflanzen.

Die Pflanzen brauchen durchlässige Erde und einen sonnigen Platz, der vor starkem Wind geschützt ist. Man kann sie leicht durch Teilung oder Aussaat vermehren.

***A. lutea*** (unten)
Dies ist die am häufigsten gezogene Art der Gattung. Sie wird bis zu 1,2 Metern hoch und hat leuchtendgelbe, duftende Blüten mit braungelben Hüllblättern. Sie öffnen sich vom Spätfrühjahr bis zum Frühsommer.

*Asphodeline lutea*

## ASPHODELUS
**Affodill**

Diese Gattung wird oft mit *Asphodeline* verwechselt, denn sie hat nicht nur einen ähnlichen lateinischen Namen, sondern die Pflanzen sehen auch ähnlich aus. Die Blätter sind etwas breiter als bei der Junkerlilie, aber ebenso unordentlich. Die Blütentrauben sind sehr viel dichter, bestehen jedoch aus der gleichen Art von Sternblüten wie bei der *Asphodeline*; allerdings sind sie nicht gelb, sondern weiß oder rosa.

Die Pflanze bevorzugt durchlässigen Boden und einen sonnigen Platz. Vermehrt wird sie im Herbst durch Teilung oder Aussaat.

***A. aestivus***
Dies ist eine Affodill-Art, die nur selten gezogen wird. Sie ist auch unter der Bezeichnung *A. microcarpus* bekannt. Die Pflanze wird etwa 90 Zentimeter hoch und trägt im Spätfrühjahr dichte weiße Blütentrauben, die im Knospenstadium oft rosa überlaufen sind.

*Asphodelus albus*

***A. albus*** (oben)
Dies ist die verbreitetste Art der Gattung. Die Pflanze wird erheblich höher als *A. aestivus*, unter guten Wachstumsbedingungen erreicht sie sogar 1,5 Meter. Die Blüten sind weiß, mitunter auch rosa überhaucht.

***A. fistulosus***
Mit nur 45 Zentimetern ist dies die kleinste der drei Arten. Sie hat schmale grüne Blätter und trägt im Sommer Trauben aus weißen Sternblüten, die rosa überhaucht sind.

## ASPLENIUM
**Streifenfarn**

Eine sehr große Gattung von Farnen, bei der die Wedel je nach Art sehr unterschiedliche Größen, Formen und Strukturen haben. Viele besitzen Wedel mit zahlreichen Fiederblättern, während bei anderen die Blätter ungeteilt sind. Fast alle Farne wirken ledrig, und alle sind immergrün.

Die Mehrzahl der Pflanzen bevorzugt einen kühlen, schattigen Standort, am besten mit humusreicher Erde, obwohl manche der Farne auch unter den kargen Wachstumsbedingungen an einer Steinmauer zufrieden gedeihen.

***A. scolopendrium*** (unten)
Der auch als *Phyllitis scolopendrium* geführte Farn hat den deutschen Namen Hirschzunge, da seine bandförmigen, ungeteilten Blätter an Zungen erinnern. Sie sind hell- bis mittelgrün und glänzen. Der Farn wächst an kühlen, schattigen Plätzen und bildet einen schönen Kontrast zu anderen Farnen mit den üblicheren gefiederten Wedeln. Es gibt viele Formen, von denen eine Reihe schon lange kultiviert wird. ›Cristatum‹ hat seltsame, kammförmig gekräuselte Blattspitzen. Bei ›Crispum‹ und ›Undulatum‹ sind die Ränder wundervoll gewellt, bei ›Undulatum‹ jedoch nicht so ausgeprägt.

*Asplenium scolopendrium*

## ASTER
**Aster**

Astern erfreuen sich verständlicherweise bei Gärtnern großer Beliebtheit. Zu dieser Gattung gehört ein breites Spektrum an Pflanzen – von Zwergformen für den vorderen Rand der Rabatte bis zu stattlichen für den hinteren Bereich. Sie blühen von Sommerbeginn an, einige Sorten bis spät in den Herbst, und sorgen so im Garten lange für Farbe.

Die meisten Astern haben in der Mitte eine gelbe Scheibe, die von schmalen Zungenblüten umgeben wird. Am häufigsten sind Blau- oder Purpurtöne, es gibt jedoch auch rosa, rote und weiße Formen. Die Blütengröße reicht von einem bis fünf Zentimeter, doch eine geringe Größe wird durch eine riesige Zahl an Blüten ausgeglichen. Die meisten Arten und Sorten sind gute Schnittblumen.

Astern wachsen in jedem guten Gartenboden, am besten jedoch in Böden, die nicht zu trocken werden, und bevorzugen einen offenen, sonnigen Standort. Die höheren Formen brauchen an windigen, exponierten Plätzen Stützen. Ihr Hauptproblem ist Mehltau, der mit einem Fungizid bekämpft werden kann. Astern können im Herbst oder Frühjahr leicht durch Teilung vermehrt werden.

***A. amellus*** (unten)
Die Blüten der Bergaster gehören zu den größten der Gattung. Die vielen Sorten, die diese Art hervorgebracht hat, sind ausgezeichnete Rabattenpflanzen mit einer sehr langen Blütezeit, die im Spätsommer beginnt. Sie können eine Höhe von 75 Zentimetern erreichen. ›King George‹ hat große purpurfarbene Blüten, ›Nocturne‹ ist dunkelblau und ›Veilchenkönigin‹ tiefviolett.

*Aster amellus* ›King George‹

***A.* x *frikartii***
Die Kreuzung der Astern-Arten *A. amellus* und *A. thomsonii* ist eine hervorragende Rabattenpflanze mit einer langen Blühperiode. Zu den besten Sorten gehören ›Mönch‹ mit lavendelblauen Blüten und ›Wunder von Stäfa‹, die höher ist und deren Blüten etwas heller sind.

***A. novae-angliae***
Diese Art ist weniger mehltauanfällig als *A. novi-belgii*. Sie wird im allgemeinen größer und erreicht bis zu 1,5 Meter Höhe. Es steht eine große Auswahl an Cultivaren zur Verfügung, die alle im Herbst blühen. Zu den empfehlenswerten Sorten gehören ›Andenken an Alma Pötschke‹, eine großartige Pflanze mit leuchtendrosaroten Blüten. Die Sorte ›Herbstschnee‹ blüht in einem reinen Weiß, ›Harrington's Pink‹ in einem reinen Rosa. ›Lye End Beauty‹ öffnet lilarote Blüten, ›Purple Dome‹ purpurfarbene. Die Sorte ›Rosa Seiger‹ blüht hellrosa, ›Treasure‹ (auch unter ›Hella Lacy‹ bekannt) tiefviolett, und ›Septemberrubin‹ (›September Ruby‹) hat purpurrot gefärbte Blüten.

*Aster novi-belgii* ›Little Pink Beauty‹

***A. novi-belgii*** (oben)
In dieser größten Gruppe von Astern kann man aus mehreren hundert Sorten auswählen. Ihre Höhe ist sehr unterschiedlich und reicht von 15 bis zu 120 Zentimetern. Zu den empfehlenswerten Sorten gehören ›Audrey‹ mit lavendelblauen und ›Bonningale White‹ mit weißen Blüten. ›Climax‹ blüht hellviolett, ›Coombe Violet‹ violett, und ›Crimson Brocade‹ öffnet purpurrote Blüten. Die Sorte ›Eventide‹ trägt violette, ›Goliath‹ malvenfarbene und ›Jenny‹ leuchtendrote Blütenköpfe. ›Lady in Blue‹ ist blau-, ›Little Pink Beauty‹ rosablühend. ›Marie Ballard‹ hat gefüllte hellblaue, ›Professor Anton Kippenberg‹ mittelblaue Blüten. Die Sorte ›Purple Dome‹ blüht purpurviolett, ›Royal Ruby‹ ist eine rubinrotblühende Form, und ›Schneekissen‹ erstrahlt in Weiß.

**Kleinblütige Formen** (unten)
Es gibt eine Reihe von Astern mit kleinen Blüten, die für sich unscheinbar sind, aber in der Masse eine wunderschöne schleierartige Wirkung haben.

Die Art *A. divaricatus* hat sehr reizvolle drahtige schwarze Stengel und zahllose weiße Blüten. Auch *A. ericoides* entwickelt ein ganzes Blütenmeer: ›Golden Spray‹ ist eine hohe Form von 1,2 Meter Höhe mit cremeweißen Zungenblüten und einer großen goldfarbenen Mitte; die Sorte ›Pink Cloud‹ läßt blaßrosa Schleier entstehen. Bei *A. laterifolius* ›Horizontalis‹ stehen die Zweige im rechten Winkel vom Haupttrieb ab und tragen malvenfarbene Blüten. *A. pringlei* ›Monte Cassino‹ (früher als Form von *A. ericoides* geführt) hat weiße Blüten. Bei der Art *A. spectabile* sind die Blüten violettblau gefärbt.

*Aster laterifolius* ›Horizontalis‹

## ASTILBE
## Astilbe

Astilben sind farbenfrohe Pflanzen und verschönern eine Rabatte über einen langen Zeitraum hinweg. Die Blüten stehen in federartigen Rispen und sind kräftigrot, weiß, purpur- und cremefarben. Einige scheinen beinahe zu leuchten. Sie öffnen sich im Sommer. Außerhalb der Blütezeit haben die Pflanzen reizvolles filigranes Laub, das oft purpurfarben überlaufen ist. Die meisten werden 60 bis 120 Zentimeter hoch, es gibt aber auch einige Zwergformen.

Diese vielseitigen Pflanzen gedeihen sowohl in der Sonne als auch in leichtem

Schatten. Wichtig ist jedoch, daß der Boden die Feuchtigkeit bewahrt. Am besten gedeihen sie in der Nähe eines Teichs oder Bachs. Stützen sind nicht erforderlich. Vermehrt wird durch Teilung.

**A. x *arendsii***
Die Art selbst wird selten gezogen; gewöhnlich sieht man Hybriden, vor allem die, die als *A.*-x-*arendsii*-Hybriden bekannt sind. Es ist eine breite Palette von Blüten- und Blattfarben erhältlich.

**Weiße Formen** (unten)
Bei den weißen Formen müssen die Blüten sofort nach dem Welken entfernt werden, da sie häßlich braun werden. Das Laub ist meist leuchtendgrün. ›Brautschleier‹ blüht reinweiß und wird bis zu 60 Zentimetern hoch. ›Deutschland‹ ist ähnlich, blüht jedoch früher. ›Ellie‹ hat cremeweiße Blüten und ist höher als die anderen weißen Formen.

*Astilbe* x *arendsii* ›Brautschleier‹

**Rosa Formen**
Sie sind von unterschiedlicher Farbintensität. Die Sorte ›Bressingham Beauty‹ ist tiefrosa und blüht im Spätsommer. ›Erica‹ hat eine leuchtendrosa Farbe und blüht zeitiger. ›Straußenfeder‹ trägt mitten in der Wachstumsperiode große korallenrote Blütenrispen. ›Peach Blossom‹ blüht zur gleichen Zeit, ist aber blaßrosa und niedriger als die anderen Sorten. ›Rheinland‹ ist ähnlich kompakt, erreicht 60 Zentimeter Höhe und hat tiefrosa gefärbte Blüten, die früh in der Saison erscheinen.

*Astilbe* x *arendsii* ›Feuer‹

**Rote Formen** (oben)
Diese Hybriden sind am leuchtendsten gefärbt und müssen behutsam plaziert werden, um mit anderen Farben zu harmonieren. Oft haben sie purpurfarbenes Laub. Die Sorte ›Fanal‹ hat leuchtendrote Blüten, die in kurzen, dichten Rispen stehen und früh erscheinen. ›Feuer‹ trägt korallenrote Blüten, ist höher und blüht spät. Die Sorte ›Red Sentinel‹ hat tiefkarminrote Blüten an hohen Stengeln und blüht zeitiger.

***A. chinensis***
Die Art selbst wird selten gezogen, doch ihre Sorten sieht man häufig. *A. chinensis* var. *pumila* ist eine Zwergform von nur 30 Zentimeter Höhe mit hübschen lilarosa Blüten. Im Gegensatz zu ihr wird *A. chinensis* var. *tacquetii* ›Superba‹ bis zu 1,2 Metern hoch.

***A. simplicifolia***
Diese Art ist wegen ihrer Sorte ›Sprite‹ bekannt. Es ist eine kleine Art mit rosa Blüten und besonders schönem zart geteiltem Laub.

## ASTRANTIA
### Sterndolde

Die Sterndolde hat einen altmodischen Charme, der sie zur idealen Pflanze für Cottage-Gärten macht. Der Charakter der winzigen Blüten wird durch die grünen Hüllblätter geprägt, die die eigentlichen Blüten umgeben und ihnen das Aussehen eines Nadelkissens verleihen. Bei den meisten Arten sind Hüllblätter und Blüten blaßgrün, wodurch die Pflanzen frisch wirken, bei manchen Sorten sind sie aber rosa oder sogar rot gefärbt. Sterndolden beginnen im Frühsommer zu blühen, und manche Formen blühen bis in den Spätsommer oder Frühherbst. Sie sind 60 Zentimeter hoch.

Die Pflanzen eignen sich für Plätze in voller Sonne oder leichtem Schatten und sind vor allem für schattige Standorte nützlich. Sie brauchen eine Erde, die Feuchtigkeit hält und mit reichlich Humus angereichert wurde. Obwohl die Pflanzen relativ hoch sind, benötigen sie keine Stützen. Vermehrt wird durch Teilung oder Aussaat.

**Rote Formen**
Die roten Formen erfreuen sich zunehmender Beliebtheit, und es werden ständig neue und bessere angeboten. Oft brauchen sie länger als die grünen Formen, um zu einem schönen Busch heranzuwachsen. *A. carniolica* ›Rubra‹ ist eine alte Sorte mit grünen und karminroten Blüten. In der Farbintensität machen ihr zwei neuere Sorten Konkurrenz: *A. major* ›Hadspen Blood‹ und die rotstengelige ›Ruby Wedding‹. Beide haben tiefweinrote Blüten.

*Astrantia maxima*

**Rosa Formen** (oben)
Die rosa Formen sind sehr reizvoll und ausgezeichnet als Schnittblumen geeignet. Bei *A. major* var. *rosea* handelt es sich um eine grüne Form mit rosa Hauch. *A. maxima* ist eine großartige

Pflanze mit rosaroten dreieckigen Hüllblättern, die um ebenfalls rosarote Blütendolden stehen. *A. major* ›Buckland‹ ist eine weitere schöne grün-rosa Sorte.

**Weiße Formen**
Wirklich weiße Formen gibt es in dieser Gattung nicht. Alle haben ein ganz zartes Grün und sind gewöhnlich in einem etwas dunkleren Grün überhaucht. Die Art *A. major* ist blaßgrün und eignet sich ausgezeichnet für einen schattigen Platz. Noch schöner sind die außergewöhnlich großen Blütenköpfe der zartgefärbten Sorte ›Shaggy‹ (auch unter ›Margery Fish‹ geführt).

**Panaschierte Formen** (unten)
Es ist eine ausgezeichnete Form mit einer cremefarbenen Blattzeichnung erhältlich: *A. major* ›Sunningdale Variegated‹, deren Blätter mit Fortschreiten der Wachstumsperiode grüner werden. Die grünlich-rosa Blüten werden gewöhnlich entfernt, da sie von dem Reiz des Laubes ablenken.

*Astrantia major* ›Sunningdale Variegated‹

## ATHYRIUM
### Frauenfarn

Eine Gattung aus anmutigen Farnen, die wundervolle Kontraste zu anderen Pflanzen bilden. Zu ihr gehören einige der beliebtesten Farne für schattige Plätze. Sie haben unterschiedliche Größen, die meisten Gartenformen sind jedoch 60 Zentimeter hoch.

Diese Farne sind Waldbewohner und bevorzugen einen feuchten Boden mit reichlich Lauberde oder Humus. Nötigenfalls gedeihen sie auch unter trockeneren Bedingungen. Leichter Streuschatten, etwa von sommergrünen Sträuchern und Bäumen, bietet ihnen gute Bedingungen. Vermehrt werden sie durch Sporen oder Teilung.

*Athyrium filix-femina*

***A. filix-femina*** (oben)
Dies ist ein bekannter, wunderschöner Farn. Seine blaßgrünen Wedel sind feingeteilt und neigen sich anmutig von einem langsam kriechenden Wurzelstock nach außen. Die Pflanze ist sommergrün.

***A. niponicum* var. *pictum***
Diese Form ist ebenso empfehlenswert wie *A. filix-femina.* Sie hat rot überhauchte Triebe, und die Wedel sind silbergrau überlaufen. Der Farn breitet sich langsam aus und bildet Kolonien mittlerer Größe.

## AUBRIETA
### Blaukissen

Das Blaukissen ist einer der farbenfrohen Frühlingsboten. Es bildet niedrige Polster und kann im vorderen Rabattenbereich stehen oder über eine Mauer herabhängen. Das Laub gibt einen schönen Hintergrund für die unzähligen kleinen Blüten, die blau, purpurfarben, rosa, rot oder weiß sein können. Sie haben kurze Stiele und sitzen dicht bei den Blättern, die sie in guten Jahren fast vollständig verdecken.

Blaukissen gedeihen in fast allen Gärten, selbst unter trockenen Bedingungen. Doch sie blühen üppiger und sind kompakter, wenn sie an einem offenen, sonnigen Platz stehen. Am besten stutzt man die Pflanzen nach der Blüte mit einer Grasschere, damit sie dicht bleiben. Zur Vermehrung kann man neue Triebe als Stecklinge nehmen, eine Aussaat ist jedoch auch möglich.

**Cultivare** (unten)
Hier steht ein breites Spektrum an Farben zur Auswahl, das durch einige Sorten mit gefüllten Blüten oder panaschierten Blättern noch weiter vergrößert wird. Die folgende Liste ist eine Auswahl der besten Cultivare: ›Aureovariegata‹ hat lavendelblaue Blüten und goldfarben panaschierte Blätter, ›Bob Saunders‹ blüht purpurrot und gefüllt, ›Greencourt Purple‹ hat purpurfarbene, gefüllte Blüten. Die Form ›Bressingham Pink‹ ist rosa gefärbt und gefülltblühend, ›Dr. Mules‹ hat tiefviolette Blüten; ›Red Carpet‹ ist eine der schönsten rotblühenden Sorten.

*Aubrieta* ›Dr. Mules‹

## BAPTISIA
### Färberhülse

Diese nordamerikanische Gattung beinhaltet einige ausgezeichnete Gartenpflanzen. Sie gehört zur Familie der Hülsenfrüchtler, und ihre Blüten erinnern sehr an Erbsenblüten. Es gibt sie in einer großen Farbpalette, zu der Blau, Gelb und Weiß gehören. Die Pflanzen werden hoch und erreichen 1,2 Meter. Obwohl sie nicht wuchert, kann sie sehr viel Raum beanspruchen. Daher ist sie für kleine Rabatten ungeeignet.

Die Pflanze wurzelt tief und mag tiefgründigen, fruchtbaren Boden. Sie verträgt jedoch Trockenheit und gedeiht auch unter nährstoffarmen Bedingungen. Ihr Standort sollte sonnig oder leicht schattig sein, an windigen Plätzen braucht sie eine Stütze. Da die Wurzeln tief in den Boden eindringen, sollte man Störungen jeglicher Art vermeiden. Vermehrung erfolgt durch Aussaat oder behutsame Teilung.

***B. australis*** (unten)
Dies ist die verbreitetste Art. Sie wird 1,2 Meter hoch. Ihre Beliebtheit verdankt sie ihren wundervollen blauen Blüten, die im Frühsommer erscheinen.

*Baptisia australis*

## BEGONIA
**Begonie**

Eine Gattung mit beinahe 1000 Arten, die vorwiegend in den Tropen und Subtropen heimisch sind. Die Mehrzahl der Begonien wird einjährig behandelt. Die meisten nicht winterharten Formen sind Stauden, die man entweder im Glashaus überwintert oder jedes Jahr neu aus Stecklingen oder Samen zieht.

***B. evansiana*** (oben rechts)
Oft als *B. grandis* var. *evansiana* geführte Art, die in vielen Gegenden winterhart ist. Die Knollenpflanze hat zugespitzte, herzförmige Blätter und hängende rosa Blütenbüschel, die im Sommer erscheinen. Sie mag feuchten, humusreichen Boden und in wärmeren Gegenden leichten Schatten. Ihre Lebensdauer ist kurz, doch Strohmulch hilft ihr durch kalte Winter. Vermehrung erfolgt durch Teilung.

*Begonia evansiana*

## BELLIS
**Maßliebchen**

Manche Vertreter dieser Gattung werden als lästige Unkräuter betrachtet, andere, die meist gefüllte Blüten haben, sind beliebte Rabattenpflanzen. Sie werden seit Generationen in Gärten gezogen und gerne zum Säumen von Wegen verwendet. Da sie eine einheitliche Höhe und Farbe haben, dienen sie oft als Beetpflanzen, obwohl es sich um Stauden handelt.

*Bellis perennis* ›Dresden China‹

***Bellis perennis*** (oben)
Im Rasen gilt diese Art als Unkraut, aber es gibt sehr schöne Sorten. Die Blütenstiele werden nur 15 Zentimeter hoch, und die Pflanzen bilden regelmäßige Blattrosetten. Wenn man sie dauerhaft in der Rabatte hält, muß man sicherstellen, daß sie sich nicht aussäen und häßliche Hybriden entstehen lassen. Einige Sorten haben große Blüten, meist weiß mit rosa oder rotem Hauch. Am schönsten sind jedoch gefüllte Formen wie die herrliche zartrosagefärbte ›Dresden China‹; bei der ausgefallenen Sorte ›Prolifera‹ (mitunter auch als ›Hen and Chickens‹ geführt) wächst aus jeder Blüte eine zweite heraus.

## BERGENIA
**Bergenie**

Als bodendeckende Pflanze wird die Bergenie nur von wenigen übertroffen, aber sie ist auch sonst sehr reizvoll. Sie besitzt große, runde, ledrige Blätter, die oft glänzen und in verschiedenen Grüntönen erhältlich sind. Viele färben sich im Herbst oder während des Winters zudem rot oder purpurn. Die Blüten stehen in kurzen, dicken Trugdolden an bis zu 45 Zentimeter hohen Stengeln und sind vorwiegend rosa, aber es gibt auch weiße Formen. Sie öffnen sich vom Frühjahr an bis in den Frühsommer. Diese Pflanzen bieten das ganze Jahr über einen reizvollen Anblick.

Bergenien haben nicht nur vielseitig verwendbare Blätter und Blüten, sondern auch nur bescheidene Ansprüche. Sie gedeihen sowohl in der Sonne als auch im Schatten und in trockenen Böden ebenso wie in feuchten. Einige Gärtner nehmen sie alle fünf Jahre aus dem Boden, verbessern die Erde und pflanzen sie neu, doch viele lassen sie beinahe unbegrenzt lange am gleichen Platz – was ebenfalls für die Robustheit dieser Pflanzen spricht. Bergenien vermehrt man durch Teilung der Wurzelstöcke oder Stammschnittlinge.

**Laubtypen** (nächste Seite, oben links)
Obwohl alle Bergenien schönes Laub haben, ist es bei einigen besonders hübsch. *B.* ›Bressingham Ruby‹ trägt fast das ganze Jahr rubinrotes Laub und leuchtendrosa Blüten. *B. cordifolia* ›Pur-

purea‹ hat sehr große Blätter, die im Winter eine reizvolle Purpurfärbung annehmen, und leuchtendmagentarote Blüten. Die Sorte ›Perfect‹ (auch als ›Perfecta‹ bekannt) trägt purpurfarbene Blätter und tiefrosa Blüten, die an langen Stielen stehen.

*Bergenia cordifolia* ›Purpurea‹

**Rosa- und rotblühende Formen**
Es gibt verschiedene Sorten, die vor allem wegen ihrer schönen rosa oder roten Blüten beliebt sind. Eine der schönsten ist *B.* ›Abendglut‹ mit dunkel purpurroten Blüten und kleinen Blättern, die im Winter bronzefarben werden. *B. cordifolia* hat tiefrosa oder magentarote Blüten und große Blätter. Die Sorte ›Red Beauty‹ blüht rot, und ›Ballawley‹ trägt leuchtendkarminrote Blüten und im Winter schönes purpurfarbenes Laub.

**Weißblühende Formen**
Weißblühende Formen sind weniger zahlreich, und einige sind rosa überhaucht. Bei ›Bressingham White‹ handelt es sich jedoch um eine fast reinweiße Form. *B. stracheyi* ›Alba‹ ist eine niedrige Sorte mit nur 25 Zentimerer Höhe und schönen weißen Blüten.

## BLECHNUM
## Rippenfarn

Es gibt etwa 200 Arten dieses Farns, von denen die meisten in tropischen und subtropischen Gegenden heimisch sind. Einige sind winterhart und gut als Gartenpflanzen geeignet. Sie breiten sich langsam zu großen Kolonien aus. Die Wedel sind tiefgeteilt und meist immergrün. Wenn sie Sporen entwickelt haben, verblassen sie aber oft und werden häßlich. Dann sollten sie entfernt werden.

Diese Pflanzen mögen feuchten, humusreichen Boden, vorzugsweise an einem schattigen Platz, und sehen besonders reizvoll aus, wenn man sie in die Nähe von Wasser setzt. Am besten gedeihen Rippenfarne in leicht saurem Boden. Da sie nicht vollkommen winterhart sind, müssen sie in kälteren Gegenden im Winter mit Mulch geschützt werden. Vermehrung erfolgt durch Teilung oder Sporen.

***B. penna-marina***
Die Seefeder hat sehr schlanke, dunkelgrüne Wedel, was ihr ein zartes Aussehen verleiht. Sie bildet dichte Büschel und breitet sich aus, ist aber die am wenigsten winterharte Art der Gattung.

***B. spicant***
Dies ist eine größere Version von *B. penna-marina* mit bis zu 75 Zentimeter Höhe. Sie ist winterhärter und wächst auch unter trockeneren Bedingungen. Die Wedel sind dunkelgrün und glänzen.

***B. tabulare***
Eine Art, die *B. magellanicum* stark ähnelt und oft mit dieser verwechselt wird. Sie hat große Wedel von bis zu 90 Zentimeter Höhe mit ledrigen Fiederblättern und bildet große Kolonien.

## BOLTONIA
## Scheinaster

Diese Gattung steht oft im Schatten der verwandten Astern, die ähnlich aussehen. Scheinastern sind jedoch ebenso reizvolle Gartenpflanzen. Bei den Blüten handelt es sich um typische Korbblüten mit einer gelben Mitte und weißen, rosa oder fliederfarbenen Zungenblüten. Sie haben nur zwei Zentimeter Durchmesser, erscheinen aber in großer Zahl in lockeren Büscheln. Die Höhe der Pflanzen ist sehr unterschiedlich und liegt zwischen 60 und 200 Zentimetern.

Scheinastern wachsen in jedem guten Gartenboden, bevorzugen aber durchlässige, nicht zu trockene Erde. Am besten gedeihen sie an sonnigen Standorten, doch sie tolerieren auch ganz leichten Schatten. Stützen brauchen sie nur an exponierten Plätzen, die sehr viel Wind abbekommen. Zur Vermehrung teilt man die Pflanzen im Frühjahr.

***B. asteroides*** (unten)
Diese Art wird am häufigsten gezogen. Sie kann bis zu 2 Metern hoch werden, aber es gibt auch erheblich kleinere Sorten. Die Farbe der Blüten reicht von Weiß über Rosa bis Lila. *B. asteroides* var. *latisquama* hat lila, relativ große Blüten. Die Sorte ›Snowbank‹ hat weiße Blüten und ist mit nur 1,2 Metern eine der niedrigeren Formen. ›Pink Beauty‹ blüht rosa.

*Boltonia asteroides*

## BORAGO
## Boretsch

Von dieser Gattung ist das einjährige Küchenkraut *B. officinalis* am bekanntesten, sie umfaßt jedoch noch zwei weitere Arten, von denen sich eine – *B. pygmaea* – für die Rabatte eignet.

***B. pygmaea*** (nächste Seite, oben links)
Früher wurde diese Art unter dem Namen *B. laxiflora* geführt. Sie hat einen lockeren Wuchs, rauhe Blätter und kleine, nickende Blüten, die in einem wunderschönen Blau gefärbt sind. Leider ist sie eine sehr weiche Pflanze, die alleine keinen Halt hat. Dafür sieht sie sehr

schön aus, wenn sie durch einen niedrigen Strauch wächst. Da sie eine Pfahlwurzel hat, mag sie keine Störungen. Sie gedeiht in jedem Gartenboden, solange er nicht zu trocken ist, und kann sonnig oder leicht schattig stehen. Die Pflanze läßt sich leicht aus Samen vermehren, und meist gibt es reichlich durch Selbstaussaat entstandene Sämlinge, die umgesetzt werden können.

*Borago pygmaea*

## BRUNNERA
**Kaukasusvergißmeinnicht**

Eine kleine Gattung mit nur drei Arten, von denen gewöhnlich nur *B. macrophylla* im Garten gezogen wird. Die Pflanzen stammen aus Südwestasien und haben entzückende lockere, blaue Blütenstände, die denen des Vergißmeinnichts ähneln.

*Brunnera* gedeiht in jedem guten Gartenboden, bevorzugt aber Boden mit ausreichendem Wasserhaltevermögen. Als Waldpflanze steht sie am besten in leichtem Schatten, aber sie kann auch an sonnigen Standorten wachsen, sofern der Boden nicht zu stark austrocknet. Das Kaukasusvergißmeinnicht läßt sich leicht durch Teilung vermehren.

***B. macrophylla*** (oben Mitte)
Bis 45 Zentimeter hohe Art, die sich ausbreitet und mit ihren großen, leicht behaarten Blättern den Boden wirksam bedeckt. Obwohl sie sich rasch ausdehnt, ist sie nicht invasiv, da sie sich leicht herausziehen läßt. Ihre blauen Blüten, die in duftigen Rispen über den Blättern stehen, bilden im Frühjahr einen großartigen Blickfang. Auch nach dem Welken bleibt die Pflanze durch ihre hübschen Blätter reizvoll. Es gibt mehrere Sorten, die häufig gezogen werden: ›Betty Browning‹ ist eine wunderschöne weißblühende Form. ›Dawson's White‹ (früher unter der Bezeichnung ›Variegata‹ geführt) hat panaschiertes Laub mit breiten, fast weißen Rändern; ›Hadspen Cream‹ ist ähnlich, doch geht die Panaschierung stärker ins Cremefarbene; ›Langtrees‹ hat silberfarbene Flecken auf den Blättern. Wenn panaschierte Formen zu starker Sonne ausgesetzt sind, werden sie leicht braun.

*Brunnera macrophylla* ›Dawson's White‹

## BUPHTHALMUM
**Ochsenauge**

Eine kleine Gattung europäischer Pflanzen, von denen nur eine, *B. salicifolium*, allgemein kultiviert wird. *B. speciosum*, die zu einem wuchernden Unkraut werden kann, wird heute unter dem Namen *Telekia speciosa* geführt. Alle Arten haben gelbe Korbblüten, aber ihr Laub ist oft grob und unattraktiv, und daher befindet sich lediglich die Art *B. salicifolium* in Kultur.

Das Ochsenauge gedeiht in allen Gartenböden, auch nährstoffarmen, und sowohl in der Sonne als auch in leichtem Schatten. Es ist jedoch nicht sehr kräftig und sollte, außer an sehr geschützten Plätzen, gestützt werden. Im Frühjahr kann man es durch Teilung oder durch Aussaat vermehren.

***B. salicifolium*** (unten)
Den lateinischen Namen verdankt die Pflanze ihren weidenartigen Blättern – *Salix* ist der Gattungsname der Weiden. Sie wird bis zu 60 Zentimeter groß und trägt in Sommer und Herbst zahllose goldgelbe Korbblüten. Besonders gut eignet sich diese Pflanze für Rabatten in warmen Farben. Mit der Zeit bildet sie große Büschel, aber sie wuchert nicht.

*Buphthalmum salicifolium*

## CALAMINTHA
**Steinquendel**

Die Pflanzen dieser Gattung eignen sich bestens für den vorderen Rand der Rabatte. Sie gehören zur gleichen Familie wie die Minzen und haben lockere Köpfe aus charakteristischen Röhrenblüten, die gewöhnlich rosa oder weiß sind. Die Pflanzen sind niedrig – sie können 60 Zentimeter erreichen, oft bleiben sie aber erheblich kleiner. Die Blüten lassen einen wirkungsvollen Kontrast zu dem dunkel- bis hellgrünen Laub entstehen, das duftet, wenn man es zerdrückt.

Alle Formen brauchen durchlässigen Boden und einen offenen, sonnigen Platz. Sie mögen keine Winternässe und können eingehen, wenn sie im Winter zu feucht stehen. Vermehrt wird im Frühjahr durch Stecklinge oder behutsame Teilung.

***C. grandiflora*** (nächste Seite, oben links)
Diese Art bildet einen kleinen Busch aus dunkelgrünen, grobgezähnten Blättern, die aromatisch duften. Die Blüten sind dunkelrosa und bedecken die Pflanze im

Sommer und im Herbst. Bei der Form ›Variegata‹ haben die Blätter eine cremefarbene Panaschierung.

*Calamintha grandiflora* ›Variegata‹

***C. nepeta***
Eine kleinere Pflanze mit nur 45 Zentimeter Höhe. Ihre Blätter haben ein helleres Grün und einen besonders schönen Duft; die Blüten sind weiß oder blau. Sie ist winterhart, mag jedoch Winternässe nicht und muß daher in durchlässigem Boden wachsen.

## CALTHA
## Dotterblume

Dotterblumen gehören zu den Glanzpunkten des Frühlings. Sie entwickeln zahllose goldfarbene Blüten, die denen der Butterblumen ähneln und selbst die trübsten Tage aufheitern. Vor dem dunklen Grün der großen, runden Blätter kommen sie gut zur Geltung. Die Pflanzen breiten sich aus und werden bis zu 60 Zentimetern hoch.

Dotterblumen mögen nasse, sumpfige Bedingungen. Sie können auch in normalem Rabattenboden wachsen, dürfen aber nie austrocknen. Deshalb pflanzt man sie besser an das Ufer eines Teiches oder Baches. Sie mögen sonnige Plätze, fühlen sich aber in leichtem Schatten ebenso wohl, vor allem unter sommergrünen Bäumen oder Sträuchern, die zur Blütezeit noch nicht belaubt sind. Vermehrung erfolgt durch Samen, die frisch sein sollten; es ist jedoch auch eine Teilung möglich.

***C. palustris*** (unten)
Die Sumpfdotterblume ist von der Arktis bis zum Himalaja und von Nordamerika über Europa bis nach Japan verbreitet. Manche Fachleute sagen sogar, daß es sich bei vielen anderen Pflanzen dieser Gattung nur um Varianten dieser Art handelt. Sie ist in Gärten ebenso häufig zu finden wie in freier Natur. Die Art selbst hat goldgelbe Blüten, aber es gibt auch Formen mit einer blasseren Färbung; die Sorte ›Alba‹ beispielsweise hat beinahe weiße Blüten. Zudem ist eine schöne gefülltblühende Form, ›Flore Pleno‹, erhältlich.

*Caltha palustris* ›Flore Pleno‹

## CAMPANULA
## Glockenblume

Diese große Gattung umfaßt 300 Arten, von denen sich eine erstaunlich große Zahl in Kultur befindet. Es gibt sowohl Formen, die sich an den Boden schmiegen, als auch Arten mit 1,5 Meter Höhe und mehr. Die Blüten, denen die Pflanzen ihren lateinischen und auch deutschen Namen verdanken, sind glockenförmig. Bei den meisten Arten hängen sie herab, einige halten sie jedoch hoch, so daß man hineinsehen kann. Die vorherrschende Farbe ist Blau, das von sehr hell bis sehr dunkel reicht und auch einige purpurne Formen umfaßt. Wie bei fast allen blaublühenden Pflanzen gibt es zudem weiße Formen.

Die meisten Glockenblumen gedeihen am besten in gut drainiertem Boden, der mit gut verrotteter organischer Substanz angereichert wurde. Fast alle brauchen Sonne oder leichten Schatten. Die weißen Formen mancher Arten sehen unter Bäumen besonders schön aus, die Mehrzahl fühlt sich aber an einem offenen Platz am wohlsten. Die Arten können durch Samen oder Stecklinge vermehrt werden, Sorten muß man jedoch stets vegetativ (etwa durch Blattstecklinge oder Teilung) vermehren, damit sie ihre Farbe und Form behalten.

*Campanula portenschlagiana*

**Niedrige Formen** (oben)
Es gibt eine Reihe von niedrigen Glockenblumen, die am vorderen Rand einer Rabatte wunderhübsch aussehen. *C. carpatica* ist eine buschige Pflanze mit etwa 30 Zentimeter Höhe. Sie hat offene, schalenförmige Blüten, die meist nach oben gerichtet sind, und ist in verschiedenen Blautönen erhältlich, etwa als die Sorte ›Blaue Clips‹ mit mittelblauen Blüten. Zu den weißen Formen gehört die Sorte ›Alba‹. Die immergrüne Glockenblumen-Art *C. isophylla* trägt kleinere, flache, aufwärts gerichtete Blüten und ist nicht so winterhart. Die Sorte *C. lactiflora* ›White Pouffe‹ hat weiße Blüten und wird nur 30 Zentimeter hoch. Von *C. lactiflora* sind sowohl weiß- als auch blaublühende Sorten erhältlich. *C. portenschlagiana* ist ein wuchsfreudiger Bodendecker mit blauen Blüten. Die Sorte ›Resholt‹ hat größere, hellere Blüten. Noch wuchsfreudiger ist *C. poscharskyana*. Sie trägt zahllose blaue Sternblüten und wird nur ungefähr 15 Zentimeter hoch, klettert aber an Sträuchern.

*Campanula glomerata* ›Superba‹

**Mittelhohe Formen** (oben)
Zu dieser Gruppe gehören viele schöne Gartenpflanzen. *C. alliariifolia* hat charakteristische herzförmige Blätter und reizvolle blaue Blüten. Bei der Form ›Ivory Bells‹ sind sie elfenbeinfarben. Bei *C. glomerata*, der Büschelglockenblume, stehen die Blüten in dichten Büscheln zusammen. Die schönste Form ist ›Superba‹, die etwa 90 Zentimeter Höhe erreichen kann. Die anderen genannten Formen werden nur etwa halb so hoch. *C. punctata* kann sich durch unterirdische Ausläufer stark ausbreiten; die Sorte ›Elizabeth‹ mit ihren rötlichen Blüten beschränkt sich dabei etwas. Auch *C. takesimana* breitet sich stark aus, aber ihre großen rosa Blüten, die in rötlichem Purpur überlaufen sind, machen ihre Kultur lohnend. Sie braucht eine Stütze. *C. rotundifolia* kann als Steingarten- und als Rabattenpflanze verwendet werden. Sie hat zarte, hängende Blüten, die an schlanken Stengeln stehen. Die Form ›Alba‹ blüht weiß.

**Hohe Formen** (Mitte)
Die hohen Formen bereichern Rabatten durch Farbe und Substanz. Die meisten brauchen Stützen, um nicht unter dem Gewicht ihrer Blüten umzuknicken. Eine der großartigsten Arten ist *C. lactiflora*. Sie hat große Köpfe aus aufwärts gerichteten Glocken, die an 1,5 Meter hohen Stengeln stehen. Die Sorte ›Loddon Anna‹ blüht nicht in dem üblicheren Blau, sondern ist rosa. *C. latifolia* wird bis zu 90 Zentimetern hoch und hat blaue Blütentrauben. Eine der schönsten Sorten ist ›Brantwood‹, die über lange Zeit tiefblaue Blüten trägt. Die Form ›Gloaming‹ ist rauchblau. *C. latiloba* hat dichtere Blütenstände als *C. latifolia* und flachere Blüten. Im allgemeinen sind sie blau, doch es gibt auch andere Sorten wie ›Hidcote Amethyst‹, die lilarosa blüht. ›Highcliffe‹ ist eine kräftige Pflanze mit lavendelfarbenen Blüten. *C. persicifolia* sieht sehr ähnlich aus wie *C. latiloba*, ist jedoch weniger robust, und die Blüten stehen an kurzen Stielen am Haupttrieb. Hier gibt es eine große Zahl von Sorten: ›Alba‹ blüht weiß, ›George Chiswell‹ trägt hübsche weiße Blüten mit blauem Rand, ebenso entzückend sieht ›Hampstead White‹ mit ihren halbgefüllten weißen Blüten aus, und ›Telham Beauty‹ hat sehr große Blüten in Lavendelblau.

## CAREX
## Segge

Seggen haben sowohl im Aussehen als auch in ihrer Verwendung im Garten

*Campanula latifolia* ›Brantwood‹

große Ähnlichkeit mit Gräsern. Bei Gräsern sind die Stengel hohl, bei Seggen dagegen massiv, doch der größte offensichtliche Unterschied besteht darin, daß die Seggenstengel dreieckig sind. Ein weiterer sichtbarer Unterschied ist, daß die Blätter der Segge wie ein Zylinder um den Stengel sitzen, während sie sich bei Gräsern überlappen. Insgesamt sehen Seggen wie Grasbüschel aus schmalen Blättern aus. Die verschiedenen Arten von *Carex* werden hauptsächlich ihrer Blattfärbung wegen gezogen, die von Grün bis Bronze reicht und auch Panaschierungen beinhaltet.

Seggen gedeihen in jedem guten Gartenboden, am besten aber in feuchtigkeitshaltender Erde. Viele sehen in Wassernähe besonders schön aus. Seggen können im Frühjahr durch Teilung vermehrt werden.

***C. buchananii*** (unten)
Die Fuchsrote Segge aus Neuseeland wird etwa 45 Zentimeter hoch und hat schmale, überhängende Blätter, die unterseits bronzefarben sind – sie bilden

*Carex buchananii*

eine auffallende Fontäne und sehen am vorderen Rand einer Rabatte besonders hübsch aus. Diese Seggen-Art gedeiht vorzugsweise an sonnigen, trockenen Plätzen und braucht im Winter etwas Schutz.

***C. comans* ›Bronze Form‹**
Auch die Federbuschsegge ist in Neuseeland heimisch. Sie bildet weiche Büschel, die bis zu 60 Zentimetern hoch werden. Die bronzefarbenen Blätter sind sehr fein.

***C. hachijoensis* ›Evergold‹**
Dies ist eine leuchtendgefärbte Seggen-Sorte, deren grüne Blätter in der Mitte goldfarben panaschiert sind und bis zu 45 Zentimetern lang werden. Die Pflanze wird manchmal auch unter der Bezeichnung *C. morrowii* ›Evergold‹ geführt.

***C. morrowii* ›Variegata‹**
Diese Form der Japansegge hat große Ähnlichkeit mit *C. hachijoensis* ›Evergold‹, trägt jedoch eine weiße Zeichnung an den Blatträndern.

***C. pendula***
Die Riesensegge ist eine große Segge, deren Blütenköpfe von langen, dünnen Stengeln herabhängen. Unter nassen Bedingungen kann die Pflanze bis zu 1,2 Metern hoch werden. Die Blätter sind breit und dunkelgrün. Die Segge ist sehr anmutig, kann sich aber überreichlich aussäen.

***C. riparia* ›Variegata‹**
Diese Form bildet 60 Zentimeter hohe Büschel aus weißgestreiften Blättern. In manchen Fällen ist die Panaschierung so stark, daß das ganze Blatt weiß erscheint. Die Pflanze ist reizvoll, kann sich aber sehr ausbreiten.

## CENTAUREA
### Flockenblume

Eine großartige Pflanzengattung mit 600 Arten, von denen sich aber nur ein kleiner Teil in Kultur befindet. Flockenblumen sind ausgezeichnete Rabattenpflanzen und können darüber hinaus für Blumensträuße verwendet oder getrocknet werden. Die Blüten sind distelähnlich und bestehen aus vielen kleinen Einzelblüten, die häufig zerschlitzt oder fedrig sind. Man bekommt sie in einer breiten Farbpalette von Purpur über Gelb bis Weiß. Die meisten Arten blühen im Frühsommer. Ein typisches Merkmal der Blüten sind die harten, trockenen Hüllschuppen. Das Laub ist nicht übermäßig reizvoll, bei manchen Sorten bildet es aber einen schönen Hintergrund für die Blüten.

Flockenblumen mögen gut drainierten Boden und fühlen sich in kalkiger Erde sehr wohl. Oft brauchen sie Stützen. Vermehrung erfolgt durch Teilung oder Aussaat, viele Formen lassen sich auch durch Wurzelschnittlinge vermehren.

***C. bella***
Mit nur 30 Zentimeter Höhe ist dies eine der kleineren Arten der Gattung. Das Laub bildet eine Matte aus feingeteilten silbrigen Blättern, die sehr reizvoll sind. Die Blüten sind zart purpurfarben und bilden einen großartigen Kontrast zum Laub.

*Centaurea dealbata* ›Steenbergii‹

***C. dealbata* ›Steenbergii‹** (oben)
Diese Sorte hat hellgrüne Blätter, die unterseits grau sind. Ihre großen Blüten sind purpurrosa gefärbt. Leider hat die Pflanze einen weichen Wuchs und muß gestützt werden, um wirklich schön auszusehen. Sie wird etwa 60 Zentimeter hoch. Ihre Tendenz zur unterirdischen Ausbreitung kann in der Rabatte zu einem Problem werden.

***C. macrocephala***
Eine Art mit herrlichen goldgelben Blüten, denen große, papierartige Knospen vorangehen. Das Gelb kommt vor den großen, dunkelgrünen Blättern besonders schön zur Geltung. Die Pflanze erreicht 90 Zentimeter und mehr.

***C. montana***
Die Bergflockenblume ist eine der ersten Flockenblumen, die blüht. Auch sie braucht eine Stütze. Die Blüten sehen wie große Kornblumen aus und haben rote Mitten, die von blauen oder purpurfarbenen Randblüten umgeben sind. Sie leiden stark unter Mehltau und sollten nach dem Welken abgeschnitten werden, damit die Entwicklung neuer Blätter angeregt wird. ›Alba‹ ist eine schöne weiße Form, ›Gold Bullion‹ hat charakteristische gelbe Blüten.

## CENTRANTHUS
### Spornblume

Obwohl es von dieser Gattung ein Dutzend Arten gibt, wird gewöhnlich nur eine kultiviert: *C. ruber* (unten), die mitunter auch unter dem Namen *Kentranthus ruber* geführt wird. Sie ist fleischig, hat graugrüne Triebe und Blätter und pyramidenförmige rote Blütenköpfe. Lange war sie in Cottage-Gärten eine beliebte Blume, und oft sieht sie am schönsten aus, wenn sie sich einfach aussäen kann. Doch sie kann auch als ordentlicher Busch in der Rabatte wachsen. ›Alba‹ ist eine weiße Form, die auch als ›Snow Cloud‹ geführt wird.

Obwohl *C. ruber* in Gartenboden am besten gedeiht, wächst er auch unter schlechten Bedingungen, wird dann aber kompakter. Er kann zudem in Küstengärten wachsen, und oft sieht man ihn wild an Stränden. Selbst auf Mauern gedeiht er. Er sät sich üppig aus, daher sollten die Blüten nach dem Welken abgeschnitten werden, wodurch auch eine zweite Blüte angeregt wird. Vermehrt wird durch Aussaat oder Stecklinge.

*Centranthus ruber*

## CEPHALARIA
### Schuppenkopf

Eine Gattung von Pflanzen, deren Blüten denen von Skabiosen ähneln. Tatsächlich wurden viele von ihnen in der Vergangenheit der Gattung *Scabiosa* zugeordnet. Sie haben sehr unterschiedliche Größen und reichen von winzigen Pflanzen für Steingärten bis zu dem unten beschriebenen 2 Meter großen Kaukasus-Schuppenkopf. Die Blüten haben gewöhnlich weiche Farben und sind meist gelb oder purpurlila. Sie eignen sich gut für Pflanzungen in Pastelltönen.

Der Schuppenkopf wächst in jedem guten Gartenboden und mag einen offenen, sonnigen Platz. Vermehrung kann durch Aussaat oder Teilung erfolgen, letzteres ist bei großen Pflanzen aber etwas schwierig.

***C. gigantea*** (unten)
Diese riesige Art erreicht in nahrhaftem Boden bis zu 2 Meter Höhe und mehr. Die Blüten erscheinen im Frühsommer und haben ein zartes Zitronengelb, das vor den dunkelgrünen Blättern gut zur Geltung kommt. Sie stehen auf langen, drahtigen Stengeln, die trotz ihrer Höhe, außer an sehr exponierten Plätzen, nicht gestützt werden müssen. Die Pflanze neigt stark zur Selbstaussaat und sollte deshalb rechtzeitig zurückgeschnitten werden. Da sie eine Pfahlwurzel hat, mag sie Störungen nicht.

*Cephalaria gigantea*

## CERATOSTIGMA
### Hornnarbe

Strenggenommen sind die meisten Pflanzen dieser Gattung Sträucher, aber sie werden meist wie Stauden behandelt, da die oberirdischen Teile im Spätherbst absterben. Die Sträucher sind sehr unregelmäßig, doch ihre herrlichen leuchtendblauen Blüten entschädigen für die Wuchsform. Ein weiterer Pluspunkt ist, daß die Sträucher im Herbst blühen, wenn es nur wenig schöne blaublühende Pflanzen gibt. Den unordentlichen Wuchs kann man bändigen, indem man andere Pflanzen, die Halt geben, daneben setzt.

Die Hornnarbe braucht fruchtbaren, durchlässigen Boden und einen sonnigen Platz. In wärmeren Gegenden sollte sie nach der Blüte fast auf Bodenhöhe zurückgeschnitten werden, da sie hier nicht durch Frost abstirbt. Vermehrung erfolgt im Frühjahr durch Stecklinge oder Samen.

*Ceratostigma plumbaginoides*

***C. plumbaginoides*** (oben)
Mit nur etwa 30 Zentimetern ist dies eine niedrige Pflanze, doch sie breitet sich aus und klettert, falls sie Gelegenheit hat, an anderen Pflanzen empor. Die blauen Blüten heben sich hübsch vom rötlichen Herbstlaub ab.

***C. willmottianum***
Diese Pflanze ist mit 90 Zentimetern erheblich höher als die oben beschriebene Art. Auch sie hat blaue Blüten, die sich jedoch früher öffnen.

## CHELONE
### Schildblume

Diese Pflanze wird auch Schlangenkopf genannt, da ihre Blüten an einen solchen erinnern. Sie bestehen aus dicken Röhren, haben breite Lippen und sind meist rosa, purpurfarben oder weiß. Die Pflanzen bilden Büsche aus steifen, aufrechten Stengeln von bis zu 1,2 Meter Höhe und sind damit gut für die Mitte einer Rabatte geeignet. Gewöhnlich blühen sie spät und füllen gegen Sommerende und bis in den Herbst Lücken in der Pflanzung.

Schildblumen wachsen in jedem guten Gartenboden, bevorzugen aber Boden, der die Feuchtigkeit hält. Sie können in der Sonne oder in leichtem Schatten stehen, ziehen sonnige Plätze jedoch vor. Man kann sie im Herbst oder im Frühjahr problemlos teilen oder auch aus Samen ziehen.

***C. lyonii***
Diese rosablühende Art wird in heißen Gegenden besser im Schatten gezogen. Die Blüten stehen dicht zusammen.

***C. obliqua*** (unten)
Sie sieht ähnlich aus wie *C. lyonii*, gilt aber gewöhnlich als dekorativer. Die Blüten sind rosa oder weiß und erscheinen über einen langen Zeitraum. Die Pflanze ist sehr robust und hält auch Herbstwetter stand.

*Chelone obliqua*

## CIMICIFUGA
### Silberkerze

Die Silberkerze bietet nicht nur spät im Jahr hohe reizvolle Blütenstände, sondern trägt während der übrigen Wachstumsperiode üppiges attraktives Laub. Die Blüten sind ungewöhnlich, da sie keine Petalen besitzen, sondern aus Staubgefäßbündeln bestehen, die einen duftigen cremefarbenen oder weißen Blütenstand bilden. Die Blätter sind meist grün, doch einige Arten haben sehr schönes purpurfarbenes Laub. Silberkerzen erreichen 1,8 Meter Höhe und mehr.

Die Pflanzen wachsen in jedem fruchtbaren Gartenboden, bevorzugen aber humusreiche Erde. Am besten behagt ihnen ein schattiger, kühler Platz, doch gedeihen sie sogar in voller Sonne, solange sie nicht zu heiß und trocken stehen. An exponierten Plätzen brauchen sie Stützen. Die Vermehrung erfolgt durch Teilung oder Aussaat.

***C. racemosa***
Diese Art wird 1,8 Meter hoch und trägt im Hochsommer weiße Blüten. Ihre Blätter sind hellgrün und tiefgeteilt.

*Cimicifuga simplex* ›White Pearl‹

***C. simplex*** (oben)
Obwohl mit 1,2 Metern kleiner als *C. racemosa*, ist die Oktobersilberkerze sowohl wegen ihrer weißen Blüten als auch wegen ihres Laubes eine eindrucksvolle Pflanze. Diese Silberkerzen-Art blüht als letzte im Spätherbst. ›Atropurpurea‹ hat dunkelpurpurnes Laub, ›Brunette‹ bronzefarbene Blätter. ›White Pearl‹ trägt eine große Zahl reinweißer Blüten.

## CIRSIUM
**Kratzdistel**

Die meisten Gärtner betrachten Kratzdisteln als Unkraut. Manche Formen wachsen aber nicht nur geordnet, sondern sehen auch reizvoll aus. Sie haben gewöhnlich rosa oder purpurfarbene Blüten und mit Stacheln besetzte Blätter.

Kratzdisteln können in jedem Gartenboden wachsen, selbst in nährstoffarmem, am besten gedeihen sie jedoch in fruchtbarer Erde und an einem sonnigen Platz. Man kann sie leicht durch Teilung oder Aussaat vermehren. Gesät wird im Frühjahr oder nach der Samenreife.

*Cirsium rivulare* ›Atropurpureum‹

***C. rivulare* ›Atropurpureum‹** (oben)
Diese Form der Uferkratzdistel ist die schönste in Kultur befindliche Art. Sie hat weiche Blütenköpfe in einem kräftigen Scharlachrot, die im Frühsommer erscheinen. Die Blätter sehen stacheliger aus, als sie tatsächlich sind. Die Pflanze wird etwa 1,2 Meter hoch und breitet sich aus, jedoch nicht übermäßig stark.

## CLEMATIS
**Waldrebe**

Für die meisten Gärtner sind *Clematis* holzige Kletterpflanzen, aber es gibt auch eine überraschende Zahl von Stauden, die jedes Jahr oberirdisch absterben und in Staudenrabatten gesetzt werden können. Sie sind vielleicht nicht so spektakulär wie einige der kletternden Sorten, können aber dennoch sehr reizvoll aussehen. Die Blüten haben unterschiedliche Größen und Farben, doch die für Staudenrabatten geeigneten Formen blühen hauptsächlich blau oder weiß. Bei einigen Arten und Sorten sind auch die Blätter sehr attraktiv.

Rabatten-*Clematis* können in jedem fruchtbaren Gartenboden wachsen, der aber reichlich organische Substanz erhalten sollte. Die Wurzeln möchten kühl stehen, während die Triebe nach Sonne verlangen. Daher beschattet man die Stengelbasis durch andere Pflanzen. Die meisten Rabatten-*Clematis* wachsen rankend und brauchen deshalb Stützen wie Erbsenreiser oder Sträucher, die bereits verblüht sind. Einige *Clematis* bilden reizvolle Teppiche, wenn sie sich auf dem Boden ausbreiten können. Zur Vermehrung nimmt man Stecklinge.

***C. crispa***
Diese kletternde Art aus dem Südosten der USA stirbt im Winter bis auf Bodenhöhe ab. Ihre ungefüllten, glockenförmigen Blüten, die an langen Stengeln stehen, haben zurückgebogene Petalen und sind hinreißend gefärbt: Jedes der blauen Blütenblätter hat in der Mitte einen weißen Streifen. Die Blüten öffnen sich vom Sommer an.

*Clematis* x *durandii*

***C.* x *durandii*** (oben)
*C.* x *durandii* entstand aus *C. integrifolia* und *C. jackmanii*. Sie ist eine der großblumigsten Staudenformen. Die Blüten, die bis zu 12 Zentimeter Durchmesser haben und wundervoll tiefblau gefärbt sind, erscheinen vom Spätsommer an. Die Pflanzen wachsen rankend an Sträuchern oder müssen mit Stäben gestützt werden. Im Winter sollten sie auf Bodenhöhe zurückgeschnitten werden. Nimmt man sie jedoch nur auf etwa 1,2 Meter zurück, so verhalten sie sich wie Kletterpflanzen und erreichen 3 Meter Höhe und mehr.

***C.* x *eriostemon*** (unten)
Dies ist eine Kreuzung zwischen *C. integrifolia* und *C. viticella*. Sie wird etwa 2,5 Meter hoch und braucht einen Strauch als Stütze. Ihre offenen, nickenden Glockenblüten sind purpurblau gefärbt und öffnen sich im Spätsommer.

*Clematis* x *eriostemon*

***C. heracleifolia***
Sie gehört zu den verbreitetsten staudigen *Clematis*. Im allgemeinen läßt man sie über den Boden wachsen. Die Blüten haben eine ähnliche Form und Farbe wie Hyazinthen – sie sind blau und duften und erscheinen im Herbst. Die großen, sehr groben Blätter bilden eine gute Bodendecke.

***C. integrifolia***
Die wunderschönen Blüten dieser *Clematis*-Art sehen wie lose, hängende Glocken aus und haben vier dünne, gedrehte Petalen. Sie erscheinen im Spätsommer und sind purpurblau gefärbt. In ihrer Mitte stehen auffällige cremeweiße Staubgefäße. Die schmalen Blätter sind lanzettlich geformt. Sofern die Pflanze nicht an einem sehr geschützten Platz steht, braucht sie gewöhnlich einen Halt, oder man läßt sie über den Boden wachsen.

***C.* x *jouiniana***
Dies ist eine wuchsfreudige Pflanze, die an Sträuchern und Zäunen klettert. Ihre Blüten sind sehr klein, was jedoch durch ihre große Zahl ausgeglichen wird – manchmal scheint die Pflanze unter einem Blütenschleier zu versinken. Es gibt mehrere Formen: ›Mrs. Robert Brydon‹ hat milchigweiße Blüten, die Sorte ›Praecox‹ trägt Blüten in weichem Blau, die sich früher öffnen als bei allen anderen Formen.

## CODONOPSIS
### Glockenwinde

Glockenwinden sind, was ihren Beitrag zur Gesamterscheinung der Rabatte betrifft, keine spektakulären Pflanzen, für sich betrachtet aber sehr reizvoll. Sie gehören zur Familie der Glockenblumengewächse, was an der Form ihrer Blüten zu erkennen ist. Außen sind diese meist blau, doch wenn man sie anhebt und innen betrachtet, werden leuchtende Farben sichtbar. Glockenwinden sind hauptsächlich Kletterpflanzen, die einen niedrigen Strauch als Stütze brauchen.

Die Pflanzen wachsen in jeder guten Gartenerde, bevorzugen aber feuchte Bedingungen. Sie wollen sonnig oder leicht schattig stehen. Vermehrung erfolgt durch Samen.

***C. clematidea*** (unten)
Dies ist die am häufigsten gezogene Art der Gattung. Außen sind ihre 2,5 Zentimeter großen Glockenblüten blaßblau gefärbt, innen haben sie orangefarbene Honigdrüsen und eine karminrote Aderung. Die Pflanze blüht im Spätsommer und klettert unter guten Bedingungen bis 1,2 Meter hoch.

*Codonopsis clematidea*

## CONVALLARIA
### Maiglöckchen

Von dieser Gattung gibt es nur eine Art: *C. majalis* (unten). Mit ihrem frischen Aussehen und süßen Duft hat sie schon Generationen von Gärtnern für sich gewonnen. Es ist eine reizvolle, zuverlässige Pflanze mit dem einzigen Fehler, daß sie sich stark ausbreiten kann, wenngleich sie sich einfach unter Kontrolle halten läßt. Ihre großen, aufrechten, ovalen Blätter erscheinen zu Frühjahrsbeginn. Ihnen folgen bald nickende, reinweiße Blüten, die wundervoll duften.

Maiglöckchen sind Waldpflanzen. Sie mögen feuchten, laubreichen Boden und einen leicht schattigen Platz mit einem kühlen Wurzelbereich. Sie breiten sich durch unterirdische Sprosse aus, die zur Vermehrung geteilt werden können.

*Convallaria majalis*

**Interessante Formen**
Es gibt mehrere gute Formen. *C. majalis* var. *rosea* hat zartlilarosa Blüten, ›Fortin's Giant‹ ist eine insgesamt größere Form mit breiteren Blättern und großen Blüten. Sie blüht später als die Mutterpflanze oder andere Formen, wodurch die Saison der Maiglöckchen im Garten ausgedehnt werden kann.

## CONVOLVULUS
### Ackerwinde

Die meisten Gärtner betrachten viele Arten dieser Gattung und ihre nahen Verwandten als Unkraut, und oft breiten sie sich in alarmierendem Tempo unterirdisch aus, doch selbst die schlimmsten unter ihnen haben reizvolle Blüten; sie sind trichterförmig und meist weiß, aber auch rosa und blau. *C. cneorum* (Strauch mit weißen Blüten und silberfarbenem Laub) und die Steingartenpflanze *C. sabatius* (blaublühend) sind unproblematisch zu ziehen.

Die Ackerwinde wächst in jedem Gartenboden, auch in nährstoffarmem. Sie bevorzugt zwar einen sonnigen Platz, gedeiht aber auch an schattigen Standorten; im Schatten klettert sie jedoch dem Licht entgegen. Man kann sie leicht durch Teilung oder Aussaat vermehren.

*Convolvulus althaeoides*

**C. althaeoides** (oben)
Wäre diese Pflanze nicht so schön, würden die meisten Gärtner auf sie verzichten, doch mit ihren zartrosa Blüten und ihrem grauen, feingeteilten Laub sieht sie einfach wunderhübsch aus. Sie breitet sich unterirdisch stark aus, wird durch Frost aber oft eingeschränkt; andernfalls ist es erforderlich, sie zu begrenzen, um ihre Ausbreitung zu verhindern.

## COREOPSIS
### Mädchenauge

Obwohl es von dieser Gattung mehr als 120 Arten gibt, werden nur sehr wenige kultiviert. Die im Garten wachsenden Pflanzen leisten jedoch einen wertvollen Beitrag sowohl in Sommer- als auch in Herbstrabatten. Sie haben Korbblüten, die über einen langen Zeitraum erscheinen. Alle Arten sind gute Schnittblumen. Das Laub ist leuchtendgrün und mitunter feingeteilt. Es bildet einen schönen Kontrast zu den Blüten.

*Coreopsis* kann in jedem fruchtbaren Gartenboden wachsen, bevorzugt aber einen sonnigen Standort. Ihre drahtigen Stengel sind kräftig und müssen nur an besonders exponierten Plätzen gestützt werden. Junge Triebe werden oft von Schnecken befallen, was zu Krüppelwuchs führt. Vermehrung erfolgt entweder durch Teilung oder Aussaat.

**C. grandiflora** (unten)
Dies ist mit nur etwa 60 Zentimeter Höhe eine der niedrigen Formen. Sie ist nicht so winterhart wie die anderen Arten und kann zudem in heißen Sommern eingehen, daher wird sie oft einjährig behandelt. Die Blüten sind goldgelb und haben fünf Zentimeter und mehr Durchmesser. ›Brown Eyes‹ hat eine braune Mitte; ›Early Sunrise‹ trägt gefüllte Blüten; ›Sonnenkind‹ ist eine beliebte Sorte, die nur 40 Zentimeter hoch wird und sich für Steingärten oder als Beetpflanze eignet; ›Sunray‹ hat prallgefüllte Blüten.

*Coreopsis grandiflora* ›Early Sunrise‹

***C. rosea***
Die meisten *Coreopsis*-Arten mögen durchlässigen Boden, *C. rosea* zieht jedoch feuchtere Bedingungen vor. Darüber hinaus ist sie ungewöhnlich, da sie rosagefärbte Blüten trägt. Die Pflanze wird ungefähr 60 Zentimeter hoch. Die beliebte Form ›American Dream‹ ist etwas niedriger und trägt hellrosagetönte Blüten.

**C. verticillata** (unten)
Dies ist die schönste Art der Gattung. Sie wird höher als andere Formen, unter guten Bedingungen bis zu 90 Zentimetern, und hat sehr reizvolle filigrane Blätter. Die fünf Zentimeter großen goldgelben Blüten erscheinen vom Sommer an über einen langen Zeitraum hinweg. Die Sorte ›Grandiflora‹ besitzt besonders große Blüten; ›Moonbeam‹ hat erheblich hellere Blüten als die Mutterpflanze; ›Zagreb‹ wird nur etwa 30 Zentimeter hoch.

*Coreopsis verticillata* ›Moonbeam‹

## CORTADERIA
### Pampasgras

Eine Gattung aus großen, stattlichen Gräsern, die riesige Fontänen aus schmalen Blättern bilden, über denen im Herbst auf hohen Stengeln große weiße Blütenrispen stehen. Da es sich um sehr markante Pflanzen handelt, wachsen sie am besten allein, doch mit Behutsamkeit können sie auch in Staudenrabatten oder gemischte Rabatten einbezogen werden.

Pampasgras benötigt feuchte Erde, die niemals zu trocken werden darf, und einen sonnigen Platz. In Gärten, in denen Kinder spielen, sollte man aber auf Pampasgras verzichten, da es sehr scharfe Blattränder hat. Sie können die Haut einritzen und auch Nachbarpflanzen schwer schädigen, wenn der Wind sie bewegt. Im Frühjahr schneidet man das Pampasgras in Bodenhöhe zurück. Zur Vermehrung teilt man es, was jedoch aufgrund der Größe und des kompakten Wuchses nicht ganz einfach ist.

***C. selloana*** (unten)
Eine der schönsten Pampasgras-Arten mit dicken, duftigen Blütenrispen, die in Spätsommer und Frühherbst erscheinen. Es ist eine große Vielfalt an Formen erhältlich, die 1,5 bis 3 Meter hoch werden. Neben grünen Sorten gibt es auch Formen mit goldfarben gestreiftem Laub. Die Blüten können weiß oder rosa gefärbt sein. Vermehrung erfolgt durch Teilung oder Aussaat.

*Cortaderia selloana*

## CORTUSA
### Glöckel

Mit nur acht Arten ist die Gattung *Cortusa* sehr klein. Sie ist eng mit den Primeln verwandt und wird oft mit diesen verwechselt, da ihre Blüten und Blätter sehr ähnlich aussehen. Die Blüten des Glöckels sind rosa, purpurfarben oder gelb und bilden hängende Dolden. Die Pflanze erreicht eine Höhe von ungefähr 30 Zentimetern.

Da es sich um Waldpflanzen handelt, eignen sie sich nicht für heiße, trockene Wachstumsbedingungen. Man pflanzt sie in kühlen, feuchten Boden, der reichlich Lauberde oder Humus enthält, an einem schattigen Standort. Die Pflanze kann durch Teilung oder Aussaat vermehrt werden, die Samen sollten so frisch wie möglich sein.

***C. matthioli***
Das Alpenglöckel ist die am häufigsten gezogene Art der Gattung. Es hat rosagefärbte Blüten, die im Frühsommer erscheinen, und dichtbehaarte Blätter. Die Unterart *pekinensis* besitzt größere Blüten und tiefgeteilte, mattgrüne Blätter. Die kleinen Glockenblüten sind einseitig an den Stengeln angeordnet.

## CORYDALIS
### Lerchensporn

Immer mehr Hobbygärtner entdecken diese entzückende Gattung, von der heute viele Sorten angeboten werden, für die Kultur in ihren Gärten. Leider sind die meisten Formen des Lerchensporns für die offene Rabatte zu klein oder zu schwierig zu ziehen, einige können dort jedoch wachsen. Die Röhrenblüten haben einen langen Sporn und breite Lippen. Sie sind in einer breiten Farbpalette erhältlich, die für die offene Rabatte geeigneten Typen in Blau, Purpur, Rosa, Rot, Gelb und Weiß. Bei der Mehrzahl handelt es sich um niedrige, buschige Gewächse, einige klettern aber auch an anderen Pflanzen.

Die meisten Arten bevorzugen feuchte, laubreiche Erde und einen leicht schattigen Standort. Man kann sie durch Samen vermehren, die frisch gesät werden sollten, es ist aber auch eine Teilung möglich.

*Corydalis flexuosa*

***C. flexuosa*** (oben)
Diese Art stammt, wie viele andere, aus China. Sie wird bis zu 30 Zentimetern hoch und hat bronzegrüne Blätter, über denen im Frühjahr Trauben aus stahlblauen Blüten stehen. Einige Sorten haben ein helleres Blau als andere.

## COSMOS
### Schmuckkörbchen

Von den etwa 25 Arten dieser Gattung wird nur eine im Garten als Staude gezogen; die übrigen sind Einjährige oder werden als solche behandelt. Schmuckkörbchen gehören zu den Korbblütlern und kommen aus Mexiko. Sie haben große Ähnlichkeit mit Dahlien, die nah mit ihnen verwandt sind und ebenfalls aus Mexiko stammen.

*Cosmos atrosanguineus*

***C. atrosanguineus*** (oben)
Diese Art des Schmuckkörbchens hat tiefbraungefärbte Blüten und duftet nach Schokolade. Für die Staudenrabatte ist sie von besonders großem Wert, da es nur wenig Pflanzen in dieser Farbe gibt. Die Blüten erinnern sehr an die von Dahlien und erscheinen vom Spätsommer an. Auch das Laub ist sehr dekorativ. *C. atrosanguineus* erreicht eine Höhe von ungefähr 75 Zentimetern.

Diese Schmuckkörbchen-Art braucht tiefgründigen Boden, der ein gutes Wasserhaltevermögen besitzt, und einen sonnigen Platz. Die Ähnlichkeit mit Dahlien zeigt sich auch in der Behandlung: viele Gärtner ziehen es vor, die Knollen aus dem Boden zu nehmen und in Sand im Haus zu überwintern. In milderen Gegenden kann man sie im Boden lassen, doch sollte man bedenken, daß diese Pflanze oft erst spät wieder erscheint, manchmal nicht vor dem Frühsommer. Vermehrung erfolgt durch Stecklinge, für die möglichst zeitig im Jahr junge Triebe genommen werden.

## CRAMBE
### Meerkohl

Eine markante Pflanze für große Rabatten. Im Frühsommer bildet sie eine Wolke aus kleinen weißen Blütenrispen, die oft 2 Meter Höhe und mehr und einen ebenso großen Durchmesser erreicht. Nach dem Welken kann der Meerkohl als Blattpflanze behandelt werden, da er niedrige Hügel aus schönem Laub bildet, sofern er nicht von Schnecken oder Insekten befallen wird.

Meerkohl mag durchlässigen Boden. Er toleriert sogar karge Bedingungen. In windigen Gegenden muß er gestützt werden. Vermehrt wird er am besten durch Wurzelschnittlinge.

*Crambe cordifolia*

***C. cordifolia*** (oben)
Dies ist die größte Art der Gattung. Sie trägt gewaltige Rispen aus süßduftenden, weißen Blüten. Die Blätter sind groß und dunkelgrün.

***C. maritima***
Diese Art ist mit nur 90 Zentimetern erheblich niedriger als *C. cordifolia.* Man zieht sie wegen ihrer blaugrünen Blätter, aber auch wegen ihrer Blüten. Besonders reizvoll ist das junge Laub.

## CYNARA
### Artischocke

Von dieser Gattung werden nur wenige Arten kultiviert. Sie tragen schöne Blüten, aber auch dekoratives Laub. Die purpurfarbenen Blütenköpfe haben die für Disteln charakteristische Form mit einem großen, schuppenartigen Kelch. Die Blätter der Zierformen sind oft silberfarben gefärbt.

Artischocken gedeihen in jedem guten Gartenboden, bevorzugen aber durchlässige Erde. Man vermehrt sie durch Teilung oder Aussaat.

***C. cardunculus***
Eine der schönsten Laubpflanzen, die 2 Meter Höhe und mehr erreicht. Sie trägt herrliche silberfarbene Blätter, über denen im Sommer auf hohen Stengeln sehr große Blüten stehen. Sowohl Blätter als auch Blüten eignen sich ausgezeichnet zum Schnitt und ergeben wunderschöne Trockenblumenarrangements.

***C. scolymus*** (unten)
Diese Art wird hauptsächlich als Gemüse angebaut, doch sie hat ebenfalls dekorative silbergraue Blätter, die sie zu einer wertvollen Blattpflanze für die Staudenrabatte machen. Sie ist niedriger als *C. cardunculus* und nicht ganz so silberfarben und anmutig.

*Cynara scolymus*

## CYNOGLOSSUM
### Hundszunge

Eine große Gattung mit 80 bis 90 einjährigen Arten und Stauden, von denen aber nur wenige für die Kultur im Garten geeignet sind. Die Blüten sitzen ähnlich wie beim Vergißmeinnicht spiralförmig an den Stengeln und sind hauptsächlich blau gefärbt. Die etwas derben Blätter sind filzig behaart.

Die Pflanzen brauchen feuchtigkeitshaltenden Boden, der nicht zu nahrhaft sein sollte. Sie können an sonnigen und schattigen Plätzen gedeihen, brauchen aber Stützen, da sie einen sehr weichen Wuchs haben. Vermehrt wird durch Samen oder Wurzelschnittlinge.

*Cynoglossum nervosum*

***C. nervosum*** (oben)
Dies ist die einzige Art der Gattung, die sich allgemein in Kultur befindet. Durch ihre leuchtendblauen Blüten, die im Frühsommer erscheinen, ist sie für den Garten wertvoll. Sie wird bis zu 75 Zentimetern hoch.

## DARMERA
### Schildblatt

Eine Gattung, von der es nur eine Art gibt – *D. peltata* –, die lange allgemein als *Peltiphyllum peltatum* geführt wurde. Ihren deutschen Namen hat sie ihren großen, schildförmigen Blättern zu verdanken. Diese haben in der Mitte eine Vertiefung, sind 30 bis 60 Zentimeter breit und stehen an bis zu 1,2 Meter hohen Stielen. Die blaßrosa Blütenstände muten etwas seltsam an, da sie vor den Blättern erscheinen und auf hohen, nackten Stielen sitzen.

Das Schildblatt braucht einen nassen, sumpfigen Platz, etwa neben einem Teich oder Bach oder in einem Sumpfgarten, fühlt sich aber in Sonne und Schatten gleichermaßen wohl. Zur Vermehrung kann sein fleischiger Wurzelstock leicht geteilt werden.

## DELOSPERMA

Diese Gattung aus Sukkulenten ist mit den Mittagsblumen *(Mesembryanthemum)* verwandt. Es sind teppichbildende Pflanzen, die im Steingarten oder im vorderen Bereich einer Staudenrabatte wachsen können. Ihre Blätter sind dick und fleischig, ihre Korbblüten haben gewöhnlich leuchtende Farben.

*Delosperma* braucht durchlässigen Boden und einen sonnigen Platz. Es ist nicht winterhart, und in kälteren Gegenden muß man die ganze Pflanze oder Stecklinge unter Glas überwintern. Die Stecklingsvermehrung ist einfach.

*Delosperma cooperi*

**D. cooperi** (oben)
Dies ist eine der winterhärteren Arten, die nur 10 Zentimeter hoch wird. Ihre Korbblüten haben weiße Mitten und leuchtendmagentarote Randblüten. Die fleischigen Blätter sind zylindrisch.

## DELPHINIUM
## Rittersporn

Die hohen, stattlichen, blauen Blütenstände des Rittersporns geben der Staudenrabatte eine romantische Note. Doch diese Pflanze hat weit mehr zu bieten. Es gibt eine Reihe verschiedener Arten und Hybriden, die ein sehr unterschiedliches Aussehen haben – manche sind niedrig und bilden eher Blütenwolken als aufrechte Kerzen. Zudem ist heute nicht nur blauer Gartenrittersporn erhältlich, sondern es werden auch purpurfarbene, rosa, weiße, gelbe und sogar rote Formen angeboten. Darüber hinaus ist die Palette von Blautönen groß und reicht von ganz blassen bis zu sehr dunklen Schattierungen. Außerdem gibt es gefüllt- und ungefülltblühende Formen sowie Typen mit einem schwarzen oder violetten Auge. Doch trotz all dieser Variationen ist Rittersporn stets leicht zu erkennen.

Rittersporn braucht fruchtbaren Boden, der mit verrotteter organischer Substanz angereichert wurde. Viele kleinere Arten gedeihen auch in nicht ganz so nahrhaftem, durchlässigerem Boden. Höhere Formen brauchen meist Stützen. In Rabatten können die ganzen Pflanzen gestützt werden, für den Schnitt vorgesehene Blütenstände stützt man aber am besten mit einzelnen Stäben. Rittersporn kann durch Samen vermehrt werden, die möglichst frisch sein sollten, oder durch im Frühjahr genommene Stecklinge. Einige lassen sich auch teilen.

**D. x *belladonna*** (unten)
Diese Kreuzungen zwischen *D. elatum* und *D. grandiflorum* sind leichter und graziler als die Rabattenhybriden und haben viele verzweigte Stengel von bis zu 1,5 Meter Höhe, oft werden sie aber nur 90 Zentimeter hoch. Sie entwickeln über einen langen Zeitraum hinweg Blütenstände. Es sind viele Formen erhältlich, und man bekommt auch Samenmischungen in verschiedenen Farben. Zu den schönsten benannten Formen gehören ›Bellamosum‹ (dunkelblau), ›Pink Sensation‹ (weiß und rosa) und ›Royal Copenhagen‹ (violettblau).

*Delphinium* x *belladonna*

***D.-Elatum*-Hybriden**
Diese Hybriden sind große, stattliche Rabattenpflanzen, von denen einige 1,8 Meter Höhe erreichen. Sie sind in einer Vielfalt an Formen und Farben erhältlich.

***D. grandiflorum***
Dies ist eine Elternpflanze der hohen Rabattensorten, von der die Blütengröße stammt, nicht aber die Höhe, denn sie wird nur etwa 60 Zentimeter groß. Es ist eine lockere, duftige Pflanze mit dunkelblauen Blüten. Zu den verschiedenen Sorten gehören zum Beispiel ›Blue Mirror‹ (enzianblau) und ›Blue Butterfly‹ (leuchtendblau).

*Delphinium*, Mischung

**Saatmischungen** (oben)
Es gibt eine Palette samenvermehrbarer Sorten, die Pflanzen in verschiedenen Farben entstehen lassen. ›Blackmore & Langdon Strain‹ hat sehr große Blütenkerzen in unterschiedlichen Farben. ›New Century Hybrids‹ ist eine mittelhohe blau-weiße Mischung. Bei ›Southern Noblemen‹ handelt es sich um eine hohe Züchtung mit prächtigen Blütenständen in vielfältigen Farben, darunter Purpurtöne. ›Magic Fountains‹ ist eine kurze Form von nur 90 Zentimeter Höhe in einem breiten Farbspektrum, das ebenfalls Purpur beinhaltet.

**Einzelfarben (Samen)**
Viele benannte Rittersporn-Sorten sind samenvermehrbar. ›Astolat‹ ist in ver-

schiedenen Rosatönen erhältlich. ›Black Knight‹ hat dunkelblaue Blüten mit schwarzem Auge, ›Blue Bird‹ trägt ein reines Mittelblau mit weißem Auge, ›Cameliard‹ ist lavendelfarben mit weißem Auge, ›Galahad‹ ist reinweiß, ›Guinevere‹ rosalila und ›King Arthur‹ tiefpurpurfarben.

**Einzelfarben (Stecklinge)**
Einige Formen können nur vegetativ durch Stecklinge vermehrt werden. ›Alice Artindale‹ ist die schönste aller Rittersporn-Sorten. Sie trägt gefüllte, leuchtendtaubenblaue Blüten. ›Blue Nile‹ ist mittelblau mit weißem Auge, ›Faust‹ ultramarinblau und ›Fenella‹ enzianblau mit schwarzem Auge. ›Sungleam‹ blüht tiefcremefarben und ›Rosemary Brock‹ dunkelrosa mit braunem Auge.

## DENDRANTHEMA
### Chrysantheme

Als man die Gattung *Chrysanthemum*, die aus etwa 200 einjährigen Arten, Stauden und Sträuchern bestand, neu klassifizierte, wurden alle Garten- und Gärtnerchrysanthemen der neuen Gattung *Dendranthema* zugeordnet. Diese große Gattung umfaßt nun einige der beliebtesten Gartenpflanzen. Die große Vielfalt an Blüten, Formen und Farben sowie der Duft ihrer Blätter bereiten Gärtnern seit vielen Generationen Freude. Auch wenn Blautöne fehlen, ist das Farbspektrum groß, wobei es einfarbige und mehrfarbige Blüten gibt. Diese können zart und ungefüllt sein oder aus zahllosen Einzelblüten bestehen und eine beträchtliche Größe haben.

Chrysanthemen mögen fruchtbare Erde, die die Feuchtigkeit hält und durch reichlich gut verrottete organische Substanz verbessert wurde. Hohe Formen mit schweren Blütenköpfen, die oft zum Schnitt oder für Schauzwecke dienen, brauchen generell Stützen, doch die niedrigeren Rabattenformen haben gewöhnlich von selbst Halt.

Viele Rabattenformen, wie die Rubellum-Hybriden, sind ausreichend winterhart, um im Freien zu überwintern, andere müssen jedoch aus dem Boden genommen und an einen frostfreien Platz gebracht werden. Man kann sie im Frühjahr neu pflanzen oder zur Vermehrung grundständige Stecklinge nehmen.

**Kleinblumige Formen – Spray-Chrysanthemen** (unten)
Sie gehören zu den am häufigsten im Garten gezogenen Chrysanthemen und können entweder in der Rabatte oder für den Schnitt in Reservebeeten wachsen. Die Blüten haben eine Vielzahl von Formen und können sowohl einfach als auch gefüllt sein. Zudem gibt es eine große Palette an Farben. Jeder Stengel trägt fünf oder sechs Blüten, und jede Pflanze entwickelt etwa fünf Triebe. Die Pflanzenhöhe beträgt 1,2 Meter. ›Madeleine‹ hat zurückgebogene rosa Petalen. ›Pink Procession‹ trägt ungefüllte rosa Blüten in üppiger Zahl. Bei der »Pennine-Serie« handelt es sich um eine große Sammlung winterharter Spray-Chrysanthemen, die alle das Wort »Pennine« in ihrem Namen tragen wie etwa ›Pennine Oriel‹. Sie haben unterschiedliche Formen und Farben.

*Dendranthema* ›Pennine Oriel‹

***Dendranthema*-Koreanum-Hybriden** (oben rechts)
Dies sind ebenfalls kleinblumige Spray-Chrysanthemen, die viele Blüten tragen und eine lange Blühperiode haben. Sie sind generell auch winterhärter und können möglicherweise im Freien bleiben, sofern der Boden nicht zu naß ist. Im Zweifelsfall nimmt man sie jedoch heraus und überwintert sie unter geschützten Bedingungen. ›Brown Eyes‹ trägt kleine, gefüllte Blüten in zwei Brauntönen. ›Tapestry Rose‹ ist ungefüllt mit tiefrosa Petalen und einer grünen Mitte. ›Wedding Day‹ hat ebenfalls eine grüne Mitte, die Randblüten sind jedoch weiß. ›Yellow Starlet‹ blüht ungefüllt und zartgelb.

*Dendranthema* ›Brown Eyes‹

**Pomponförmige *Dendranthema***
Diese mittelhohen Sorten erreichen höchstens 90 Zentimeter Höhe und tragen zahllose kleine, runde, gefüllte Blüten. ›Bronze Elegance‹ hat, wie der Name vermuten läßt, bronzefarbene Blüten. ›Mei Kyo‹ blüht rosa, ›Purleigh White‹ weiß.

***Dendranthema*-Rubellum-Hybriden**
Diese winterharten Pflanzen können in vielen Gegenden im Freien überwintern, solange der Boden nicht zu naß ist. Sie wachsen buschig und erreichen bis zu 75 Zentimeter Höhe. Die Blüten sind ungefüllt und in vielen Farben erhältlich. ›Duchess of Edinburgh‹ ist kupferrot, ›Clara Curtis‹ reinrosa, ›Emperor of China‹ silbrig-rosa und ›Mary Stoker‹ aprikosenfarben.

## DENNSTAEDTIA
### Schüsselfarn

Von dieser großen Gattung aus 70 Arten nicht winterharter sommer- bis halb immergrüner Farne ist nur eine allgemein in Kultur: *D. punctiloba* aus dem Osten Nordamerikas, ein reizvoller hellgrüner Farn von 60 Zentimeter Höhe mit feingeteilten, sommergrünen Wedeln.

Der Schüsselfarn mag durchlässigen, trockenen Boden und einen schattigen Platz. Da sich seine dünnen Rhizome stark ausbreiten können, muß man den Standort sorgfältig auswählen. Der Farn läßt sich durch Teilung oder Sporen vermehren.

## DESCHAMPSIA
### Schmiele

Zu dieser Gattung aus 40 bis 50 Grasarten gehören sowohl einjährige als auch ausdauernde Formen. Es handelt sich um horstbildende, kompakte Pflanzen mit flachen Blättern und hübschen, duftigen Blütenrispen. Sie werden bis zu 60 Zentimetern hoch.

Im Gegensatz zu vielen anderen Gräsern gedeihen diese Pflanzen sowohl an sonnigen als auch an leicht schattigen Standorten. Sie können in verschiedenen Bodenarten, einschließlich trockenem

*Deschampsia cespitosa* ›Goldschleier‹

Boden, wachsen. Die Vermehrung kann durch Aussaat oder Teilung erfolgen.

***D. cespitosa*** (oben)
Diese immergrüne Art wird am häufigsten gezogen. Sie bildet Horste und hat schmale tiefgrüne Blätter mit rauhen Rändern. Die rosa oder grünen Blüten stehen in anmutigen Rispen und erscheinen im Sommer. Es gibt eine Reihe von Sorten, von denen die schönsten ›Bronzeschleier‹ mit hellen bronzefarbenen Blütenrispen und ›Goldschleier‹ mit reizvollen goldgelben Blüten sind.

## DIANTHUS
### Nelke

Die kleineren Nelken, die vor allem als Rabattenpflanzen gezogen werden, sind weitgehend aus der Federnelke *(D. plumarius)* entstanden. Sie werden kultiviert, seit es Gärten gibt, und bis heute sind über 300 000 Sorten beschrieben, von denen sich immer noch mehrere tausend in Kultur befinden. Die Blüten sind oft gefranst und können einfach oder gefüllt sein. Neben Weiß sind die Hauptfarben Rosa und Rot. Bei den meisten Sorten ist das Laub grasähnlich und bläulichgrau, aber einige haben auch grüne Blätter. Die Blütenstiele werden selten höher als 60 Zentimeter, und das Laub bildet Matten von nicht mehr als 15 Zentimeter Höhe.

Nelken gedeihen am besten in leicht alkalischem oder neutralem Boden, sie tolerieren jedoch auch leicht saure Bedingungen, sofern die Erde nicht zu naß ist. Dagegen benötigen sie unbedingt einen sonnigen Standort. Die Vermehrung erfolgt entweder durch Stecklinge oder durch Aussaat. Gewöhnlich sind die Pflanzen winterhart; Voraussetzung ist jedoch, daß der Boden im Winter nicht zu naß ist.

*Dianthus* ›Doris‹

**Moderne Nelken** (oben)
Hierbei handelt es sich um Sorten, die bereits seit Beginn des 20. Jahrhunderts gezüchtet werden. Diese Nelken blühen zumeist wiederholt und duften nicht so stark wie die altmodischen Sorten. Ihre Farben sind oft leuchtender und ihre Blätter derber. Die Sorte ›Becky Robinson‹ blüht gefüllt mit rosagefärbtem Grund und karminrotem Rand. ›Doris‹ trägt stark duftende, gefüllte Blüten in Rosa mit einer dunkleren lachsrosa Mitte. ›Gran's Favourite‹ hat gefüllte Blüten mit weißem Grund und schmalem purpurrosa Rand. ›Haytor‹ ist eine sehr schöne, gefülltblühende Sorte in reinem Weiß mit auffällig gezähnten Petalen. ›Houndspool Ruby‹ blüht ebenfalls gefüllt mit leuchtendrosa gefärbtem Grund und rubinroter Mitte. Die Sorte ›Old Mother Hubbard‹ hat halbgefüllte Blüten mit rosa Grund und dunkleren Streifen und Flecken.

*Dianthus* ›Mrs. Sinkins‹

**Altmodische Nelken** (oben)
Sie sind gewöhnlich kleiner und zarter gefärbt als die modernen Nelken. Auch das Laub ist feiner. Die Mehrzahl wurde vor Beginn dieses Jahrhunderts eingeführt, doch auch danach ist noch eine Reihe dieser Züchtungen entstanden. Die Sorte ›Brympton Red‹ hat große, ungefüllte Blüten mit kräftig purpurrosa gefärbtem Grund und kastanienrotem Rand. ›Dad's Favourite‹ trägt gefüllte, weiße Blüten mit samtig maronenrotem Rand. ›Inchmery‹ blüht gefüllt in einem hübschen Perlmuttrosa und verströmt einen intensiven Duft. ›Mrs. Sinkins‹ mit ihren gefransten, gefüllten, weißen Blüten, die eine blaßgrüne Mitte haben und herrlich duften, ist ein Dauerbrenner unter den altmodischen Nelken-Sorten. ›Sops-in-Wine‹ soll es schon im Mittelal-

ter gegeben haben. Sie hat gefüllte, weiße Blüten mit karminroter Mitte. ›White Ladies‹ trägt ebenfalls gefüllte, weiße Blüten, die gefranst sind und duften.

***D. deltoides*** (unten)
Die Heidenelke hat feines Laub, das oft purpurfarben überlaufen ist, und bringt unzählige kleine Blüten in einer Vielfalt von Farben, darunter Weiß, Rosa und Kirschrot, hervor. Am leuchtendsten gefärbt ist die Sorte ›Brilliant‹ mit ihren gefüllten, karminroten Blüten.

*Dianthus deltoides* ›Brilliant‹

## DIASCIA

*Diascia* gehört zu den nützlichsten Gartenpflanzen. Ihre farbenfrohen Blüten öffnen sich vom Frühjahr an bis zu den ersten Frösten. Mit etwa 30 Zentimeter Höhe passen sie ausgezeichnet in den vorderen Rabattenbereich und machen sich besonders gut, wenn sie an Nachbarpflanzen klettern können. Die rosa Blüten der verschiedenen Arten und Sorten sind sehr ähnlich und weisen nur geringe Unterschiede in Farbe und Größe auf.

*Diascia* braucht Boden, der die Feuchtigkeit hält, aber nicht zu nahrhaft ist, da sonst ihr Wuchs locker wird und sie nur wenige Blüten trägt. Am besten gedeihen die Pflanzen an einem sonnigen Platz, doch sie tolerieren auch leichten Schatten. Sie lassen sich sehr leicht durch Stecklinge vermehren, die man während der ganzen Wachstumsperiode nehmen kann. Die meisten *Diascia*-Arten und -Sorten sind kurzlebig.

***D. barberae***
Dies ist eine der frostempfindlichsten Arten der Gattung, aber sie hat so wunderschöne rosagefärbte Blüten, daß sich die Mühe lohnt, jeden Herbst Stecklinge zu nehmen und diese an einem frostfreien Platz zu überwintern.

*Diascia* ›Ruby Field‹

***D.* ›Ruby Field‹** (oben)
Diese großartige Hybride ist winterhärter als ihre Mutterpflanze *D. barberae*. Sie hat purpurrosagefärbte Blüten und mittelgrüne Blätter.

***D.* ›Salmon Supreme‹**
Eine großartige neu eingeführte Sorte mit lachsrosa Blüten, die größer als bei vielen anderen Formen sind und sich über einen langen Zeitraum öffnen. Sie ist genauso winterhart wie ›Ruby Field‹, eine der Elternpflanzen.

## DICENTRA

*Dicentra* ist schon seit langem eine beliebte Gartenpflanze. Generationen von Gärtnern hat nicht nur die seltsame Form ihrer Blüten betört, sondern auch ihr feingeteiltes Laub. Die Blüten in verschiedenen Rosatönen und Weiß sind wie Herzen geformt. Die Blätter können hellgrün oder silbergrau sein und lassen die Pflanzen auch außerhalb der Blütezeit reizvoll erscheinen.

*Dicentra* ist völlig unkompliziert zu ziehen. Sie hat jedoch die Neigung, sich zu rasch auszubreiten, auch wenn sie selten invasiv wird. Die Pflanzen gedeihen in jedem guten Gartenboden, bevorzugen aber Erde, die die Feuchtigkeit einigermaßen hält, wie beispielsweise Waldboden. Die meisten Formen können in der Sonne oder in leichtem Schatten wachsen, in heißen Gegenden ist ein schattiger Platz jedoch vorteilhafter. Die Vermehrung kann zur Pflanzzeit durch Teilung erfolgen.

**Rabattenpflanzen** (unten)
Für die offene Staudenrabatte eignet sich die größere *D. spectabilis*, die bis zu 90 Zentimetern hoch wird, ausgezeichnet. Sie hat ausladende Stengel, von denen große, dunkelrosagefärbte Blüten baumeln – bei der Sorte ›Alba‹ sind sie weiß. Sie erscheinen von Frühjahrsbeginn an. Diese Art bildet Büsche und breitet sich erheblich langsamer aus als die kleineren Sorten. Das Laub ist reizvoll, aber nicht so fein und zart wie bei den Waldformen.

*Dicentra spectabilis* ›Alba‹

**Waldbewohner**
Obwohl die meisten Arten und Sorten der Gattung auch in der offenen Staudenrabatte gedeihen, bevorzugen viele einen leicht schattigen Standort, vor allem in Gegenden mit starker Sonne. Diese Formen sind mit bis zu 30 Zentimeter Höhe niedrig und bilden rasch große Büsche. Sie blühen vom Frühjahr bis zum Sommer. Die Sorte ›Bountiful‹ hat tiefrosa Blüten. ›Snowflakes‹ blüht in einem reinen Weiß; die Blüten bilden einen wunderschönen Kontrast zum frischen, mittelgrünen Laub.

## DICTAMNUS
### Diptam

Diese faszinierende Pflanze verströmt ein ätherisches Öl, daß sich an heißen Tagen entzündet, wenn man ein Streichholz daran hält. Von dieser Gattung gibt es nur eine Art – *D. albus* (unten) –, die im Frühsommer weiße Blüten trägt. Sie stehen in lockeren Blütenständen von bis zu 90 Zentimeter Höhe. Die Blätter sind tiefgeteilt und duften nach Zitronen, wenn man sie zerdrückt. Die Sorte ›Purpureus‹ hat lilarosa Blüten mit purpurfarbener Aderung. Beide Formen sind ausgezeichnete Pflanzen für den mittleren Bereich einer Staudenrabatte.

Möglicherweise wächst der Diptam nur langsam an, aber danach ist seine Pflege unkompliziert, und er kann viele Jahre am gleichen Platz bleiben; Störungen und Umpflanzen mag er jedoch nicht. Er gedeiht in jeder guten Gartenerde, am besten aber in Boden, der mit verrotteter organischer Substanz angereichert wurde, und bevorzugt einen sonnigen Platz. Trotz seiner Höhe ist der Diptam so kräftig, daß er ohne Stütze auskommt. Vermehrung erfolgt durch Aussaat im Frühjahr.

*Dictamnus albus*

## DIGITALIS
### Fingerhut

Fingerhut ist eine beliebte Pflanze, die vor allem für freigestaltete oder ländliche Gärten gern verwendet wird. Am verbreitetsten ist die Art *D. purpurea*, die im allgemeinen zweijährig behandelt, mitunter aber auch als kurzlebige Staude eingesetzt wird. Alle Fingerhut-Arten haben typische glockenförmige Blüten, die in hohen Trauben stehen und meist zart gefärbt sind, wodurch sie für pastellfarbene Rabatten geeignet sind. Die hübschen Blüten erscheinen vom Frühsommer an.

Fingerhut gedeiht in den meisten Gartenböden, auch in sehr trockenen, am besten jedoch in Boden, der nie völlig austrocknet. *Digitalis* kann sowohl an sonnigen als auch an schattigen Plätzen stehen; ein schattiger Standort ist in warmen Gegenden jedoch vorzuziehen. Stützen sind gewöhnlich nicht notwendig, an windigen Stellen müssen einige der höheren Arten aber möglicherweise gestützt werden. Nur selten ist Fingerhut langlebig, doch er entwickelt große Mengen Samen. Entweder läßt man die Pflanzen sich selbst aussäen, oder man sät im Frühjahr in Töpfe.

*Digitalis ferruginea*

***D. ferruginea*** (oben)
Die kurzlebige, etwa 90 Zentimeter hohe Art ist sehr reizvoll. Ihre dicken, beutelartigen Blüten, die im Hochsommer erscheinen, sind innen rostig-gelb und haben eine auffällige braunrote Aderung.

***D. grandiflora***
Die großen Blüten dieser Art sind zartgelb und haben innen eine feine braune Aderung. Die Blätter sind flaumig behaart, oval bis länglich und immergrün. Die Pflanze bildet Büsche und wird bis zu 75 Zentimetern hoch.

***D.* x *mertonensis*** (unten)
Diese Kreuzung zwischen den Fingerhut-Arten *D. grandiflora* und *D. purpurea* ähnelt stark der letztgenannten Elternpflanze. *D.* x *mertonensis* entwickelt große, rosa Blüten, die gelbbraun überlaufen sind. Die ovalen, grobbehaarten Blätter sind groß und stehen in einer Rosette. Die Pflanze erreicht eine Höhe von ungefähr 90 Zentimetern.

*Digitalis* x *mertonensis*

## DORONICUM
### Gemswurz

Ohne die leuchtendgelben Korbblüten der Gemswurz wäre der Garten im Frühjahr einfach nicht komplett. Von den 35 Gemswurz-Arten befinden sich mehrere in Kultur. Sie alle tragen wunderhübsche Blüten, die einzeln an schwankenden Stengeln über dem hellgrünen Laub stehen. Die Pflanzen eignen sich sowohl für die Rabatte als auch für den Schnitt, da sie jedes Arrangement bereichern.

Die Gemswurz wächst in jedem durchlässigen Gartenboden, sofern er nicht zu trocken ist. Sie kann an sonnigen oder schattigen Plätzen stehen; in einem sehr warmen Klima ist ein schattiger Standort vorzuziehen. Während des Sommers sterben die oberirdischen Pflanzenteile oft ab. Die Gemswurz ist leicht durch Teilung zu vermehren.

***D. orientale* ›Magnificum‹**
Eine der schönsten Gemswurz-Sorten. Sie wird ungefähr 75 Zentimeter hoch und trägt zahllose sehr große leuchtendgelbe Blüten.

## DRACOCEPHALUM
### Drachenkopf

Der Drachenkopf wird oft mit der Katzenminze verwechselt, der er sehr ähnlich sieht, und verschiedene Arten werden häufig unter der anderen Gattung geführt. Seine zumeist blauen Blüten haben breite Lippen und stehen in kurzen Ähren. Das Laub ist mittel- bis dunkelgrün und ähnelt dem der Minze. Die Arten haben unterschiedliche Höhen. Sie sind nicht spektakulär, machen sich aber im vorderen und mittleren Bereich einer Rabatte gut.

*Dracocephalum* gedeiht in jedem durchlässigen Gartenboden, bevorzugt jedoch einen Platz in voller Sonne. Die Vermehrung erfolgt durch Aussaat, im Frühjahr durch grundständige Stecklinge oder durch Teilung.

*Dracocephalum ruyschiana*

***D. ruyschiana*** (oben)
Diese häufig gezogene Art hat violettblaue Blüten, man findet aber auch rosa- oder weißblühende Formen. Sie wird bis zu 60 Zentimetern hoch.

## DRYOPTERIS
### Wurmfarn

Die ursprünglich sehr große Gattung wurde von den Botanikern geteilt, so daß sie nun nur noch 150 Arten umfaßt, während die übrigen etwa 1000 Arten anderen Gattungen zugeordnet wurden. Von den verbliebenen befinden sich etwa 60 Arten und Sorten in Kultur. Die hohen, anmutigen Farne haben längliche, dreieckige, tiefgeteilte Wedel. Man kann sie allein verwenden oder mit anderen Pflanzen kombinieren, wobei sie einen kühl wirkenden Hintergrund für Blüten oder reizvolles kontrastierendes Laub bilden können.

Diese schattenliebenden Farne bevorzugen waldähnliche Situationen mit Streuschatten und feuchter, humusreicher Erde. In kühleren Gegenden können sie in voller Sonne stehen, sofern die Erde nicht austrocknet. Sie lassen sich leicht vermehren, indem man im Sommer die frischen Sporen in sterile Erde sät oder die Pflanzen im Herbst teilt.

***D. erythrosora***
Der Rotschleierfarn trägt seinen Namen wegen der Färbung der jungen Wedel, die später aber dunkelgrün und glänzend werden. Es ist ein sehr anmutiger, ausladender Farn und erreicht eine Höhe von etwa 75 Zentimetern.

*Dryopteris filix-mas*

***D. filix-mas*** (oben)
Der gewöhnliche Wurmfarn wächst in vielen Regionen der Welt, doch das häufige Auftreten der Pflanze schmälert ihre Schönheit in keiner Weise. Die tiefgeteilten Wedel sind trichterförmig angeordnet und erreichen unter günstigen Wachstumsbedingungen bis zu 1,5 Meter Höhe.

***D. marginalis***
Diese schwachwüchsige Pflanze wird eher in der Sammlung von Farnliebhabern als von Gärtnern, die Farne als Teil einer dekorativen Rabatte verwenden, gezogen. Die Art erreicht ungefähr 60 Zentimeter Höhe.

***D. wallichiana*** (unten)
Ein immergrüner Farn mit dunkelgrünen glänzenden Wedeln, der einen herrlichen Anblick bietet und unter guten Wachstumsbedingungen bis zu 1,8 Metern hoch werden kann.

*Dryopteris wallichiana*

## ECHINACEA

Die mit *Rudbeckia* verwandten Pflanzen dieser Gattung tragen alle Korbblüten, in deren Mitte große, gewölbte Köpfe stehen. *Echinacea* hat grobe, behaarte Blätter und Stengel, aber sehr schöne Blüten, die in der zweiten Hälfte der Wachstumsperiode für Farbe im Garten sorgen und sich zudem ausgezeichnet als Schnittblumen eignen. Bei Schmetterlingen und Bienen erfreuen sie sich großer Beliebtheit.

Die Pflanze ist unkompliziert zu ziehen, da sie keine besonderen Ansprüche an den Boden stellt, solange dieser einigermaßen nährstoffreich ist. Sie bevorzugt einen sonnigen Standort, und außer an exponierten Plätzen sind die Triebe kräftig genug, um ohne Stützen auszukommen. Die Vermehrung ist einfach: Sie erfolgt im Frühjahr entweder durch Teilung oder Aussaat.

***E. purpurea*** (nächste Seite, oben links)
Obwohl es mehrere Arten der Gattung gibt, befindet sich nur diese allgemein in

Kultur. Sie hat große Blüten von bis zu 15 Zentimeter Durchmesser an Stengeln, die 1,2 Meter hoch werden können. Die Randblüten sind meist purpurfarben, die Mitte der Blütenköpfe ist bronze. Zu den verschiedenen Sorten dieser Art gehören ›Bressingham Hybrids‹, bei denen die Farbe der Randblüten leichte Variationen aufweist. Die Sorte ›Magnus‹ hat sehr große Blüten mit tiefpurpurfarbenen Randblüten und olivgoldbrauner Blütenscheibe, ›Robert Bloom‹ sieht ähnlich aus, und die Sorte ›White Swan‹ trägt weiße Randblüten.

*Echinacea purpurea* ›Robert Bloom‹

## ECHINOPS
**Kugeldistel**

Von den über 100 Arten dieser überraschend großen Gattung befinden sich nur wenige allgemein in Kultur. Ihr deutscher Name bezieht sich auf die Form der vollkommen runden Blüten. Obwohl das Laub meist derb und dornig ist, sind Kugeldisteln reizvolle Blattpflanzen. Sie eignen sich gut für die Mitte oder den hinteren Bereich einer Rabatte.

Kugeldisteln behagt tiefgründiger, gut vorbereiteter Boden, doch gedeihen sie auch in nährstoffarmen und sogar trockenen Böden. Sie brauchen einen Platz in voller Sonne, um sich optimal zu entwickeln; an windigen Standorten müssen sie gestützt werden. In der fortgeschrittenen Wachstumsperiode können sie unter Mehltau leiden, der das Laub entstellt. Vermehrung erfolgt hauptsächlich aus Samen, doch bestimmte Formen lassen

*Echinops ritro*

sich auch aus Wurzelschnittlingen oder durch behutsame Teilung vermehren.

***E. ritro*** (oben)
Diese herrliche Pflanze wird ungefähr 1,2 Meter hoch. Sie hat stahlblaue Blütenköpfe und dunkelgrüne Blätter, die an der Blattunterseite grau sind (der Farbkontrast wird vor allem bei Wind sichtbar). Die Blüten locken Bienen und Schmetterlinge an.

## ELYMUS
**Haargerste**

Obwohl dies eine große Gattung von Gräsern ist, befinden sich nur wenige Arten in Kultur. Gelegentlich wuchern diese Pflanzen, und man muß dann strikte Maßnahmen ergreifen, damit sie nicht die ganze Rabatte einnehmen. Die Mühe lohnt sich jedoch, da sie sehr schön sein können. Sie haben wunderhübsches blaugraues Laub, das für sich reizvoll ist, aber auch in Kombination mit vielen anderen Farben.

Leider breiten sich diese Pflanzen unterirdisch leicht aus, wodurch sie zwar zum Stabilisieren von Sanddünen sehr geeignet sind, in der Rabatte kann dies jedoch zu Schwierigkeiten führen. Um ihre Ausbreitung zu beschränken, pflanzt man sie in einen Eimer ohne Boden, den man in die Rabatte einläßt. Eine andere Möglichkeit ist, sie in einen naturnahen Bereich des Gartens zu setzen, wo sie ungehindert wachsen können, ohne andere Pflanzen zu verdrängen.

Haargerste gedeiht in jedem Gartenboden, auch trockenem. Wie für die meisten Gräser ist jedoch ein sonniger Platz am geeignetsten. Vermehrung erfolgt im Frühjahr durch Teilung.

***E. hispidus***
Art mit wunderschönem blaugrauem, aufrecht wachsendem Laub, das auffällig geadert ist und unter guten Wachstumsbedingungen 90 Zentimeter Höhe erreicht. Die Pflanze bildet meist Büschel, neigt aber zur Ausbreitung.

*Elymus magellanicus*

***E. magellanicus*** (oben)
Diese Art ist noch großartiger gefärbt als *E. hispidus*. Sie hat glatte Blätter und erreicht eine ähnliche Höhe, kann sich aber kräftig ausbreiten und muß daher in irgendeiner Weise begrenzt werden.

## EPIMEDIUM
**Elfenblume**

Elfenblumen erfreuen sich heute wachsender Beliebtheit, da sie sowohl schöne Blätter als auch Blüten haben. Die Färbung der herzförmigen Blätter reicht von Hellgrün bis Bronze, und bei einigen Formen sind sie rot überlaufen. Elfenblumen sehen das ganze Jahr hindurch reizvoll aus, am schönsten sind sie jedoch, wenn sich im Spätwinter die neuen Blätter entrollen. Die kleinen, seltsam geformten Blüten stehen gewöhnlich im Frühjahr in dekorativen lockeren Rispen über den Blättern. Ihre Farbe reicht von Rosa über Weiß bis Gelb. Das Laub ist nicht nur reizvoll, sondern bildet auch eine dichte Bodendecke, die Unkräuter nur schwer durchdringen können.

Diese Waldpflanzen lieben feuchten, humusreichen Boden und einen leicht schattigen Platz. Sie können aber auch an einem offeneren Standort wachsen, solange die Erde nicht austrocknet. Alle Elfenblumen-Arten sollten Mitte des Winters zurückgeschnitten werden, auch immergrüne Formen, damit man die neuen Blätter gut sieht. Die Vermehrung erfolgt durch Teilung im Frühjahr oder im Herbst.

*Epimedium alpinum*

**E. alpinum** (oben)
Diese europäische Elfenblumen-Art hat gelbe Kron- und rosa Kelchblätter, die im Frühjahr erscheinen. Das feingezähnte, glänzende Laub ist sommergrün. Die Pflanze erreicht eine Höhe von bis zu 40 Zentimetern.

***E. grandiflorum***
Bis zu 45 Zentimetern hohe Art, deren tiefrosagefärbte Blüten weiße Sporne tragen. Es gibt auch weiß- und rotblühende Formen. Das immergrüne Laub ist gezähnt.

**E.** x ***perralchium***
Eine immergrüne Elfenblume mit Rispen aus großen, gelben Blüten und glänzenden, tiefgrünen Blättern. Es handelt sich hier um eine Kreuzung zwischen *E. perralderianum* und *E. pinnatum* ssp. *colchicum*. Die Sorte ›Frohnleiten‹ hat goldgelbe Blüten und erreicht eine Höhe von bis zu 30 Zentimetern.

*Epimedium perralderianum*

***E. perralderianum*** (oben)
Auch dies ist eine gelbblühende Art mit glänzenden Blättern, die sich ausgezeichnet als Bodendecker eignet. Sie wird bis zu 30 Zentimetern hoch.

**E.** x ***rubrum***
Diese Kreuzung zwischen *E. grandiflorum* und *E. alpinum* lohnt sich sowohl wegen ihrer reizvollen roten Blüten als auch wegen ihrer Blätter, die im Jugendstadium eine deutliche rote Zeichnung haben.

**E.** x ***versicolor***
Eine weitere Kreuzung, in diesem Fall zwischen *E. grandiflorum* und *E. pinnatum* ssp. *colchicum*. Entstanden ist eine schöne Blattpflanze, die 30 Zentimeter Höhe erreicht und gelbe Blüten trägt. Eine der schönsten Sorten ist ›Sulphureum‹ mit blaßgelben Blüten.

**E.** x ***youngianum***
Diese Kreuzung zwischen *E. grandiflorum* und *E. diphyllum* hat Hybriden mit weißen oder rosa Blüten und blaßgrünen Blättern hervorgebracht. Sie wird bis zu 40 Zentimetern hoch.

## EREMURUS
### Steppenkerze

Steppenkerzen gehören zu den großartigsten Pflanzen für Staudenrabatten. Ihre Blüten stehen in hohen, dichten Kerzen, die mitunter eine Höhe von 2,5 Metern und mehr erreichen. Die kleinen Sternblüten können weiß, rosa, gelb oder sogar leuchtendorange gefärbt sein. Das Laub besteht aus übergeneigten riemenförmigen Blättern. Steppenkerzen eignen sich ausgezeichnet für den hinteren Bereich einer Rabatte, wo sie zwischen oder über anderen Pflanzen erscheinen und nach dem Einziehen nicht mehr sichtbar sind.

Steppenkerzen benötigen einen sonnigen Standort mit nährstoffreicher, aber durchlässiger Erde. Die höheren Sorten müssen fast immer gestützt werden. Zur Vermehrung teilt man behutsam die Wurzeln; die Arten können auch ausgesät werden.

*Eremurus robustus*

***E. robustus*** (oben)
Von den etwa 50 *Eremurus*-Arten ist *E. robustus* mit seiner stattlichen Größe eine der schönsten. Er wird bis 2,5 Meter hoch und trägt über einen langen Zeitraum hinweg dichte Kerzen aus rosa Blüten.

***E.*-Ruiter-Hybriden**
Im Vergleich zu *E. robustus* sind diese Pflanzen mit nur 1,5 Metern niedrig, sehen aber dennoch mit ihren pastellfarbenen Blütenkerzen in Rosa, Gelb und Gold großartig aus.

## ERIGERON
### Berufkraut

Das Berufkraut ist eine Gattung aus reizvollen Korbblütlern, die sich für viele Plätze in der Rabatte eignet. Seine typischen Blüten bestehen aus einem Kranz von zwei oder mehr Reihen schmaler Zungenblüten, die weiß, blau, purpurfarben, rosa oder rot sind, und einer inneren Scheibe aus zumeist gelben Röhrenblüten. Die Höhe der Pflanzen reicht von wenigen bis zu 75 Zentimetern.

Berufkraut gedeiht in jedem Gartenboden, der einigermaßen durchlässig ist; einige Formen wachsen sogar in nährstoffarmen Böden, brauchen jedoch einen sonnigen Platz. Die höheren benötigen eine Stütze. Vermehrung erfolgt zu Frühjahrsbeginn oder im Herbst durch Teilung oder im Herbst durch Aussaat. In vielen Fällen können auch im Frühjahr grundständige Stecklinge genommen werden.

*Erigeron* ›Quakeress‹

**Rabattenformen** (oben)
Da die Rabattenformen unterschiedliche Höhen haben, gibt es sowohl Arten für den vorderen als auch für den hinteren Bereich; die höheren Formen müssen jedoch gestützt werden. Alle haben eine lange Blühperiode. Die Sorte ›Quakeress‹ hat blaßlilarosa Blüten. ›Darkest of All‹ trägt sehr dunkle violette Blüten, ebenso ›Schwarzes Meer‹, die etwas niedriger ist. Die Blüten von ›Pink Jewel‹ sind blaßrosa gefärbt.

***E. karvinskianus***
Diese Art ist häufig noch als *E. mucronatus* bekannt. Die duftige Pflanze blüht ununterbrochen vom Frühjahr bis zum ersten Frost und ist mit kleinen weißen oder rosa Blüten bedeckt. Sie kann in den vorderen Bereich einer Rabatte gepflanzt werden.

## ERYNGIUM
## Edeldistel

Edeldisteln sind sowohl reizvolle Blüten- als auch Blattpflanzen. Obwohl sie zur Familie der Doldenblütler gehören, erinnern sie mit ihren gezähnten Blättern und länglichen Blütenköpfen mehr an Silberdisteln. Die Blüten sind meist blau, können aber auch weiß oder blaßgrün sein. Das Laub ist schon lange bevor die Blüten erscheinen reizvoll und oft stark geadert oder weiß marmoriert. Mitunter hat es spitze Dornen, was das Unkrautjäten um die Pflanzen schwierig macht.

Edeldisteln haben Pfahlwurzeln und gedeihen daher am besten in tiefgründiger, durchlässiger Erde, vorzugsweise in voller Sonne. Die kräftigen Pflanzen brauchen selten Stützen. Die meisten können aus Samen gezogen werden; eine weitere gute Möglichkeit sind Wurzelschnittlinge.

*Eryngium agavifolium*

**Hohe Formen** (oben)
Es gibt eine Reihe hoher Formen, von denen einige 1,8 Meter erreichen, die Mehrzahl ist aber niedriger. *E. agavifolium* ist eine der höheren Formen mit imposanten, spitz gezähnten, schwertartigen Blättern und kleinen blaßgrünen Kugelblüten. Die niedrigere Art *E. proteiflorum* hat ähnliches Laub, aber graublaugefärbte Blüten.

**Mittelhohe Formen** (oben rechts)
Es gibt eine große Zahl mittelhoher Formen, die sich für die vordere Hälfte einer Rabatte eignet. Sehr reizvoll ist die Alpendistel *(E. alpinum)* mit ihren großen, intensiv blauen Blüten, die von rüschenartigen Hüllblättern der gleichen Farbe umgeben werden. *E. bourgatii* hat zwar hübsche blaßgrüne Blüten mit silberfarbenen Brakteen, wird jedoch hauptsächlich wegen seiner weißgeaderten Blätter gezogen. *E. planum* erreicht ungefähr 60 Zentimeter Höhe und trägt hellblaue Blütenköpfe, die durch spitze, silberfarbene Brakteen betont werden. *E. variifolium* hat wunderhübsche runde Blätter mit ausgeprägten weißen Adern. Die kleinen Blüten sind graublau und erscheinen gegen Ende des Sommers. Sie werden von spitzen, silberfarbenen Brakteen umgeben.

*Eryngium variifolium*

## EUPATORIUM
## Wasserdost

Diese zumeist hohen, büscheligen Pflanzen eignen sich ausschließlich für größere Rabatten. Sie werden nicht nur ihrer Blüten wegen gezogen, sondern auch wegen ihrer farbenfrohen Stengel und Blätter, die oft ein reizvolles Purpur haben. Die duftigen Blütenstände locken Schmetterlinge und Bienen an.

Wasserdost mag Boden, der die Feuchtigkeit hält, und steht am besten an einem Teichufer oder in einem Sumpfgarten, gedeiht aber auch zufrieden in jeder guten Gartenerde, die nicht zu trocken wird. Er bevorzugt einen sonnigen Platz, toleriert jedoch auch leichten Schatten. Man kann ihn im Frühjahr oder im Herbst leicht durch Teilung vermehren.

***E. cannabinum***
Diese Art ist in Gräben heimisch und eignet sich nur für naturnahe Gärten. Die Form ›Flore Pleno‹ hat jedoch wunderhübsche, zartrosa, gefüllte Blüten und lohnt sich deshalb auch für die Staudenrabatte. Sie erreicht eine Höhe von 1,2 Metern.

*Eupatorium purpureum*

***E. purpureum*** (oben)
Diese Art gehört zu den wichtigsten Blütenpflanzen für die zweite Jahreshälfte. Ihre purpurfarbenen Stengel werden bis zu 2 Metern hoch und tragen duftige rosa Blütenstände.

## EUPHORBIA
## Wolfsmilch

Dies ist mit etwa 2000 Arten und vielen Unterarten und Cultivaren eine der größten Pflanzengattungen. Viele Wolfsmilchgewächse sind in den Tropen heimisch, und Bäume gehören ebenso dazu wie Pflanzen, die am besten als Zimmerpflanzen gezogen werden. Dennoch eignen sich auch viele ausgezeichnet für die Rabatte. Sie werden wegen ihrer reizvollen Blätter oder ihrer farbenfrohen Brakteen gezogen, die die petalenlosen Blüten umgeben. Die Blätter sind gewöhnlich hellgrün, einige sind jedoch rot oder purpurfarben überlaufen. Die Brakteen sind gelbgrün, manchmal goldfarben und wirken frisch. Die Höhe der Pflanzen reicht von 10 bis zu 150 Zentimetern.

Wolfsmilch wächst in jedem Gartenboden, und die meisten Formen können sowohl sonnig als auch schattig stehen. Einige benötigen Stützen, die Mehrzahl hat jedoch selbst genügend Halt. Man kann sie zu Frühjahrsbeginn aus Samen ziehen oder im Spätfrühjahr durch Teilung oder grundständige Stecklinge vermehren.

**Sommergrüne Formen** (unten)
Einige Formen sind sommergrün und ziehen im Winter vollkommen ein. Bevor im Frühjahr die neuen Triebe erscheinen, müssen die alten restlos entfernt werden. *E. dulcis* ›Chameleon‹ ist eine sehr reizvolle Pflanze mit bronzepurpurfarbenem Laub. Sie ist kurzlebig, läßt sich jedoch leicht durch Samen vermehren. *E. griffithii* ›Dixter‹ und ›Fireglow‹ sind zwei höhere Formen mit rot überhauchten Blättern und Brakteen. Anders als *E. dulcis* breiten sie sich rasch zu großen Kolonien aus. *E. polychroma* ist eine der am frühesten blühenden Arten und läßt zu Frühjahrsbeginn runde leuchtendgelbe Hügel entstehen. *E. schillingii* und *E. sikkimensis* blühen erst im Spätsommer. Sie sind hoch und schlank und haben große leuchtendgelbgrüne Blüten. *E. sikkimensis* breitet sich leicht aus und bildet große Kolonien.

*Euphorbia griffithii* ›Fireglow‹

**Immergrüne Formen** (oben rechts)
Obwohl sie im Herbst nicht absterben, bekommt es vielen immergrünen Formen gut, wenn man die alten Stengel zu Frühjahrsbeginn in Bodenhöhe abschneidet. Das reizvolle rote Laub von *E. amygdaloides* ›Rubra‹ wird im Frühsommer oft von Mehltau befallen, und ein Rückschnitt ist dann sinnvoll, um einen Neuaustrieb anzuregen. Bei *E. characias* und ihrer Unterart *wulfenii* muß man die Blütenstengel entfernen, wenn sie braun werden. Beide Pflanzen entwickeln im Frühjahr hohe, keulenartige, grüngelbe Blütenstände, *E.* x *martinii*, eine Kreuzung zwischen *E. amygdaloides* und *E. characias*, ist eine sehr attraktive Wolfsmilch, deren Höhe zwischen der der beiden Elternpflanzen liegt. Ihre Frühjahrsblüten haben ein auffallendes rotes Auge. Die Art *E. myrsinites* ist niedrig und trägt graue Blätter, die spiralförmig um die niederliegenden Triebe stehen. Ihre Blüten öffnen sich während des Frühjahrs.

*Euphorbia* x *martinii*

## FESTUCA
## Schwingel

Diese Gräser bilden eine große Gattung. Einige werden für Rasen und Graswege verwendet, dekorativere setzt man aber in den vorderen Bereich einer Rabatte. Sie bilden Büschel aus feinen blauen oder grünen Blättern.

Schwingel gedeiht in jedem gut drainierten Boden, auch nährstoffarmem; nahrhafte, feuchte Erde sollte man meiden. Er benötigt einen sonnigen Platz und muß alle paar Jahre geteilt werden, damit er kräftig bleibt. Vermehrt wird im Frühjahr durch Aussaat oder Teilung.

***F. glauca***
Der Blauschwingel wird gerne wegen seines großartigen blauen Laubs gezo-

gen. Eine der schönsten Formen ist ›Blauglut‹, die eine wunderhübsche silberblaue Farbe hat. Sie erreicht eine Höhe von etwa 30 Zentimetern.

*Festuca valesiaca* ›Silbersee‹

***F. valesiaca*** (oben)
Auch dies ist eine blaublättrige Art, von der hauptsächlich die Sorte ›Silbersee‹ gezogen wird, die silbern schimmert. Die kompakte Pflanze erreicht nicht mehr als 20 Zentimeter Höhe und hat intensivblaues Laub.

## FILIPENDULA
### Mädesüß

Diese nur wenige Arten umfassende Gattung verdankt ihren deutschen Namen dem süßen Duft, den die Blätter und Stengel nach dem Mähen im Sommer verströmen. Die Blüten sind klein und stehen in flachen, duftigen Trugdolden, die meist weiß oder rosa gefärbt sind. Mädesüß wird zwischen 60 und 250 Zentimetern hoch und kann in der Mitte oder im hinteren Bereich einer Rabatte stehen.

Die Mehrzahl der Arten bevorzugt einen feuchten Standort und gedeiht besonders gut in der Nähe von Wasser oder in einem Sumpfgarten. Sie können an sonnigen oder leicht schattigen Plätzen stehen. Um sie zu vermehren, kann man sie leicht teilen.

***F. palmata***
Dies ist mit etwa 1,2 Metern eine der mittelhohen Arten. Sie hat blaßrosa Blüten, die später weiß werden.

***F. rubra***
Eine der höchsten Arten – sie erreicht unter guten Wachstumsbedingungen 2,5 Meter und mehr. Da sie sich stark ausbreitet, sollte sie nicht in kleine oder dicht bepflanzte Rabatten gesetzt werden. Die Art blüht rosa bis rot; die Sorte ›Venusta‹ hat dunklere Blüten.

***F. ulmaria*** (unten)
Dieses Mädesüß ist vielleicht nicht so reizvoll wie manch andere Art der Gattung, doch die Sorte ›Aurea‹ hat wunderhübsche goldgelbe Blätter. Damit diese nicht verbrennen, sollte sie nur an leicht schattigen Standorten gepflanzt werden. Die rosagefärbten Blüten werden entfernt, da sie die Wirkung des dekorativen Laubs beeinträchtigen und, wenn sie sich aussäen, grünblättrige Nachkommen hervorbringen können.

*Filipendula ulmaria* ›Aurea‹

***F. vulgaris***
Eine der Arten, die trockenen Boden bevorzugen und in Kalkböden wachsen können. Die Pflanze trägt kleine Köpfe aus weißen Blüten. Die am häufigsten gezogene Sorte ›Multiplex‹ (auch unter der Bezeichnung ›Flore Pleno‹ geführt) hat gefüllte Blüten. Sie erreicht nur etwa 30 Zentimeter Höhe.

## FOENICULUM
### Fenchel

Fenchel besitzt sowohl schöne Blätter als auch hübsche Blüten. Mit einer Höhe von 1,8 Metern und mehr ist er eine stattliche Pflanze, die ausladende Zweige mit sehr feinen, filigranen Blättern trägt. Im Spätsommer entwickelt sie flache Köpfe aus kleinen gelben Blüten, die bei Bienen und Wespen äußerst beliebt sind. Fenchel kann als Blickfang im Garten verwendet oder in den hinteren Bereich einer Rabatte gesetzt werden.

Fenchel gedeiht in jedem Gartenboden, auch nährstoffarmem, fühlt sich aber in humusreicher Erde und an einem sonnigen Platz am wohlsten. Die Blüten sollte man sofort nach dem Welken entfernen, weil sie sich sonst aussäen. Trotz seiner Höhe muß Fenchel nicht gestützt werden. Die Pflanze wird durch Teilung oder Aussaat im Frühjahr beziehungsweise nach der Samenreife vermehrt.

*Foeniculum vulgare* ›Purpureum‹

***F. vulgare* ›Purpureum‹** (oben)
Dies ist die beliebteste Fenchel-Sorte. Sie hat zartes Laub, das im Jugendstadium eine entzückende purpurne Farbe hat und sich im Laufe der Wachstumsperiode bronze färbt.

## FRAGARIA
### Erdbeere

An Erdbeeren denkt man beim Bepflanzen einer Staudenrabatte oft nicht, doch manche Formen haben sehr dekorative Blätter oder Blüten. Eine der beliebtesten Sorten ist ›Pink Panda‹ (nächste Seite, oben links) mit reizvollen leuchtendrosa Blüten. Sie öffnen sich während des ganzen Sommers und bis in den Herbst. Ein zusätzlicher Pluspunkt sind die eßbaren Früchte. Die Pflanzen eignen sich gut für den Vorderrand der Rabatte und als Bodendecker. Sie können in voller Sonne oder auch in leichtem Schatten stehen.

Ziererdbeeren gedeihen in jedem Boden, der nicht zu trocken wird. Wie alle Erdbeeren kann man sie durch Abtrennen bewurzelter Ausläufer vermehren.

*Fragaria* ›Pink Panda‹

## GAILLARDIA
## Kokardenblume

Für einen kräftigen Farbtupfer in der Rabatte ist die Kokardenblume genau richtig. Sie trägt große Korbblüten, die rot oder gelb, manchmal auch zweifarbig sind. Die Mitte der Blüte bildet eine rotbraune Scheibe. Die Pflanzen sind behaart und etwas klebrig und werden gewöhnlich ungefähr 90 Zentimeter hoch. Die Sorte ›Burgundy‹ hat leuchtendrote Randblüten mit gelben Spitzen. ›Kobold‹ (manchmal auch unter der Bezeichnung ›Goblin‹ geführt; oben Mitte) ist mit nur 25 Zentimeter Höhe eine niedrige Form, die rote Blüten mit einem gelben Rand trägt. ›Monarch‹ öffnet Blüten in verschiedenen Farben.

Kokardenblumen wachsen in fast jedem Boden, aber nicht in zu nahrhafter Erde. Sie benötigen einen sonnigen Platz und vertragen Trockenheit gut. Mitunter werden sie etwas hochstielig und müssen dann gestützt werden, um ordentlich auszusehen. Man kann die Pflanzen durch Teilung vermehren oder, wenn man Farbvarianten in Kauf nimmt, auch durch Samen.

*Gaillardia* ›Kobold‹

## GALEGA
## Geißraute

Die Geißraute ist eine stattliche, buschige Pflanze, die alleine gepflanzt sehr reizvoll aussieht, aber auch in der Rabatte verwendet werden kann, um farbige Flächen entstehen zu lassen, vielleicht als Hintergrund für andere Pflanzen. Die zahllosen in Trauben stehenden Schmetterlingsblüten sind meist blau. Das Laub ist gefiedert und hellgrün.

Die Geißraute wurzelt tief und wächst in jedem Gartenboden, auch trockenem. Sie bevorzugt einen sonnigen Standort, gedeiht aber, vor allem in warmen Gegenden, auch in leichtem Schatten. Die Pflanze ist nicht sehr kräftig und klettert in freier Natur oft durch andere Pflanzen hindurch. Sie braucht daher, außer an ganz geschützten Plätzen, eine Stütze. Vermehrung ist durch behutsame Teilung oder Aussaat möglich.

***G. officinalis***
Dies ist die übliche Gartenform. Sie hat blaßviolettrosa Blüten. Ebenso beliebt ist die weißblühende Sorte ›Alba‹. Beide entwickeln gegen Mitte des Sommers zahllose Blüten und werden 1,5 Meter hoch. Nach der Blüte kann man sie auf Bodenhöhe zurücknehmen.

## GAURA
## Prachtkerze

Obwohl es von dieser Gattung einige Arten gibt, befindet sich lediglich *G. lindheimeri* (oben rechts) allgemein in Kultur. Die zarten Blüten ähneln ein wenig weißen Schmetterlingen. Sie stehen an den aufrechten Trieben in lockeren Trauben und haben leicht zurückgebogene Petalen und auffällige Staubgefäße. Sie bilden einen hübschen Kontrast zu den schmalen hellgrünen Blättern. Die Blüten erscheinen über einen langen Zeitraum hinweg in Sommer und Herbst. Prachtkerzen können 1,2 Meter Höhe erreichen und eignen sich ausgezeichnet für die Mitte der Rabatte, insbesondere vor einem dunklen Hintergrund.

Prachtkerzen wachsen in jedem fruchtbaren Gartenboden, solange er nicht zu naß oder zu schwer ist. Am wohlsten fühlen sie sich in voller Sonne, doch gedeihen sie auch in leichtem Schatten. Stützen sind nicht erforderlich. Vermehrung erfolgt durch im Frühjahr genommene Stecklinge oder zeitige Aussaat.

*Gaura lindheimeri*

## GENTIANA
## Enzian

Das intensive Blau vieler Enziane betört seit Jahrhunderten Gärtner. Diese große Gattung umfaßt etwa 400 Arten, von denen die Mehrzahl besser für den Steingarten als für die offene Rabatte geeignet ist. Doch die eine oder andere etwas größere Art kann es mit konkurrierenden Rabattenpflanzen aufnehmen. Übrigens sind nicht alle Enziane blau. Es gibt auch gelbe oder weiße Formen, doch alle haben die typischen Trichterblüten.

Enziane gedeihen am besten in Boden, der nicht austrocknet, daher sollte reichlich Humus eingearbeitet werden. Sie wachsen sowohl an sonnigen als auch an schattigen Standorten. Die Vermehrung erfolgt durch Teilung oder Aussaat.

***G. asclepiadea*** (unten)
Der Schwalbenwurzenzian ist die wichtigste Art für die Staudenrabatte. Er wird etwa 90 Zentimeter hoch und hat lange, sich anmutig nach außen neigende Triebe, an denen in Spätsommer und Herbst die blauen Trichterblüten erscheinen. Er ist eine sehr nützliche Schattenpflanze. Bei ›Alba‹ handelt es sich um eine weißblühende Form.

*Gentiana asclepiadea*

***G. lutea***
Der Gelbe Enzian hat einen aufrechten Wuchs und braucht einen offenen Platz. Seine Blüten sind blaßgelb gefärbt. Man sollte sie nach dem Welken nicht abschneiden, da auch die Fruchtstände reizvoll aussehen. Die Pflanze wird bis zu 1,2 Metern hoch.

***G. septemfida***
Der Sommerenzian ist mit nur etwa 30 Zentimetern erheblich niedriger. Im Spätsommer öffnen sich an den Enden seiner kriechenden Triebe Büschel aus dunkelblauen Blüten. Der ideale Platz für den Sommerenzian ist der Vorderrand einer Rabatte und eine leicht schattige Position.

## GERANIUM
## Storchschnabel

Diese Pflanzen bilden das Rückgrat jedes Blumengartens. Es befinden sich mehrere hundert verschiedene Arten, Sorten und Hybriden in Kultur, so daß dem Gärtner für alle Gartensituationen und Farbkompositionen Pflanzen zur Verfügung stehen. Ihre Höhe reicht von ungefähr 10 bis zu 120 Zentimetern, die Palette der Blütenfarben geht von Blau über Rosa und Purpur bis hin zu Weiß. Die meisten Arten und Sorten fühlen sich an sonnigen und an schattigen Plätzen gleichermaßen wohl. Viele haben eine lange Blütezeit. Formen, die kürzer blühen, sind außerhalb der Blühperiode oft schöne Blattpflanzen.

*Geranium* gedeiht in den meisten Gartenböden, am besten aber in Erde, die die Feuchtigkeit etwas hält. Durch Humusgaben kann man das Wasserspeichervermögen des Bodens wesentlich verbessern. Die höheren Formen benötigen fast immer eine Stütze. Man kann Storchschnabel durch Teilung vermehren oder, wenn man Abweichungen in Kauf nimmt, auch durch Samen.

*Geranium pratense* ›Mrs. Kendall Clark‹

**Blaue Formen** (oben)
›Johnson's Blue‹ ist eine besonders schöne violettblaue Sorte für den Frühsommer. Sie wird etwa 30 Zentimeter hoch und bildet bald Büsche von guter Größe. Eine ihrer Elternpflanzen, *G. himalayense*, ist ebenfalls für die Rabatte geeignet, insbesondere in ihrer purpurblauen gefüllten Form ›Plenum‹ (auch als ›Birch Double‹ geführt). Eine der reizvollsten blauen Storchschnabel-Sorten ist *G. pratense* ›Mrs. Kendall Clark‹, deren zartblaue Blüten silberfarbene Adern haben. Sie wird bis zu 75 Zentimetern hoch und braucht eine Stütze. Für die spätere Wachstumsperiode eignet sich die Sorte *G. wallichianum* ›Buxton's Variety‹, die über andere Pflanzen wächst, ohne sie zu bedrängen.

*Geranium* ›Ann Folkard‹

**Magentarote und purpurfarbene Formen** (oben)
›Ann Folkard‹ hat purpurfarbene Blüten mit einer dunkleren Mitte. Die Sorte breitet sich aus, wobei sie an anderen Pflanzen klettert. *G. phaeum* hat einen aufrechteren Wuchs und bildet mit seinem 75 Zentimeter hohen Laub Hügel, über dem dunkelpurpurfarbene Blüten mit zurückgebogenen Petalen stehen. Eine der leuchtendsten Storchschnabel-Arten ist *G. psilostemon*. Sie bildet eine runde Pflanze von 1,2 Meter Höhe und ist im Sommer mit magentaroten Blüten bedeckt, von denen jede eine dunkelpurpurfarbene Mitte hat. *G. procurrens* hat selbst keinen Halt und breitet sich über eine Fläche von 1,2 bis 1,8 Metern aus, während es durch Büsche und andere Pflanzen klettert. Es kann invasiv werden, ist aber dennoch mit seinen purpurrosa Blüten, die dunkelpurpurfarben überlaufen sind und spät in der Wachstumsperiode erscheinen, sehr reizvoll.

**Rosa Formen**
*G.* x *cantabridgense* ›Cambridge‹ ist vom Frühjahr an ein schöner Bodendecker mit glänzenden Blättern und rosa Blüten. Eine der Elternpflanzen, *G. dalmaticum*, ist niedrig und eignet sich gut für den Vorderrand einer Rabatte. Die

Sorte *G. endressii* ›Wargrave‹ wird mit 60 Zentimetern erheblich höher. Zunächst wächst sie aufrecht, fällt jedoch bald um und braucht daher eine Stütze. Eine ähnliche Pflanze mit leuchtenderen Blüten ist *G.* x *oxonianum* ›Claridge Druce‹. *G. macrorrhizum* hat duftendes immergrünes Laub und eignet sich ausgezeichnet als Bodendecker. Die Form ›Ingwersen's Variety‹ trägt zartrosa Blüten. *G.* x *riversleaianum* ›Russell Prichard‹ hat silberfarbene Blätter und purpurrosa Blüten. *G. sanguineum* ›Striatum‹ ist eine niedrige Pflanze mit großen blaßrosa Blüten, die rot geadert sind.

*Geranium clarkei* ›Kashmir White‹

**Weiße Formen** (oben)
*G.* x *cantabridgense* ›Biokovo‹ hat glänzende Blätter und weiße Blüten und wird etwa 30 Zentimeter hoch. *G. clarkei* ›Kashmir White‹ ist etwas höher und trägt weiße Blüten mit rosagefärbten Adern. *G. phaeum* ›Album‹ hat weiße Blüten und blassere Blätter als die normale purpurfarbene Form. *G. renardii* besitzt reizvolle weiße Blüten, die purpurfarben geadert sind und im Frühjahr erscheinen; die Art wird jedoch hauptsächlich wegen ihres runden, silberfarbenen Laubs gezogen.

## GEUM
## Nelkenwurz

Diese büscheligen Pflanzen sorgen am Vorderrand der Rabatte für eine heitere Note. Bei vielen Arten und Sorten tragen die Blüten ein leuchtendes Rot, Orange oder Gelb, aber es gibt auch Formen in zarteren Farben, die sich besser für Rabatten in Pastelltönen eignen. Die Pflanzen erreichen eine Höhe von ungefähr 60 Zentimetern.

Die Nelkenwurz wächst in jeder guten Gartenerde. Sie toleriert leichten Schatten, steht jedoch am besten an einem offenen, sonnigen Platz. Man kann sie zur Pflanzzeit durch Teilung beziehungsweise im Frühjahr oder nach der Samenreife durch Aussaat vermehren.

*Geum* ›Lady Stratheden‹

**Sorten** (oben)
Zu den schönsten der leuchtendgefärbten Sorten gehört die 30 Zentimeter hohe ›Borisii‹ mit ungefüllten orangefarbenen Blüten, die bis zu 2,5 Zentimeter Durchmesser haben können. Doppelt so hoch sind ›Lady Stratheden‹ (gelb) und ›Mrs. Bradshaw‹ (leuchtendrot), deren Blüten halbgefüllt sind und 4 Zentimeter Durchmesser haben. Zarter gefärbt und kleiner ist ›Leonard's Variety‹, eine kupferfarbene Version der rosablühenden Bachnelkenwurz *(G. rivale)*.

## GILLENIA

Eine kleine Gattung mit nur zwei Arten, von denen lediglich die strauchartige *G. trifoliata* (oben rechts) häufig im Garten gezogen wird. Sie hat rötlichbraune holzige Triebe und eine offene, buschige Wuchsform. Es handelt sich jedoch um eine Staude, die im Winter bis in Bodenhöhe abstirbt. Im Sommer ist sie mit zarten, weißen Blüten geschmückt, die wie winzige Schmetterlinge an der Pflanze zu flattern scheinen. Das Weiß wird durch die roten Blütenkelche noch betont. Unter idealen Bedingungen wird die Pflanze 1,2 Meter hoch; sie eignet sich gut für die Mitte der Rabatte.

*Gillenia* gedeiht in jedem guten, durchlässigen Gartenboden, zieht jedoch leicht saure Böden vor. In den meisten Gegenden wächst sie in voller Sonne, in wärmeren Regionen ist leichter Schatten aber empfehlenswerter. Die Vermehrung erfolgt am besten durch Aussaat, behutsame Teilung ist auch möglich.

*Gillenia trifoliata*

## GLYCERIA
## Schwaden

Von diesem Gras gibt es 16 Arten, doch in größerem Umfang wird nur *G. maxima* mit ihrer Sorte ›Variegata‹ gezogen. *G. maxima* ist grünblättrig und wird etwa 1,8 Meter hoch. Sie neigt zum Wuchern und breitet sich durch kriechende Rhizome aus. ›Variegata‹ hat cremefarben und grün gestreifte Blätter, die sich überneigen und wie eine Fontäne wirken, vor allem, wenn die grünlichen Blütenrispen erscheinen. Mit maximal 1,5 Meter Höhe wird sie nicht so hoch wie *G. maxima* und breitet sich auch nicht so stark aus, dennoch kann es vorkommen, daß man gelegentlich einschränkende Maßnahmen ergreifen muß.

Schwaden wächst auch in normaler Erde, gedeiht aber am besten in nassem Boden neben Wasser. Er kann sogar im Wasser stehen, wenn dieses nicht tiefer als 20 Zentimeter ist. Zur Vermehrung wird er geteilt.

## GUNNERA

Die 35 Arten der Gattung *Gunnera* reichen von niederliegenden Pflanzen mit nicht mehr als 2,5 Zentimeter Höhe bis zu 2,5 Meter hohen Riesen, die Blätter von 1,8 Meter Durchmesser haben. Zu letzteren gehört die Art, die normalerweise im Garten gezogen wird, die imposante *G. manicata* (unten) mit ihren riesigen, gekerbten Blättern, die wie Regenschirme an borstigen Stengeln stehen. Die Blüten sitzen an dicken, keulenartigen Stielen von bis zu 60 Zentimeter Höhe. Zwar kann die *Gunnera* in der Rabatte wachsen, am besten steht sie jedoch in Wassernähe oder an einer feuchten Stelle, wo sie einen Blickfang bildet.

Die Pflanze braucht Erde, die naß ist oder die Feuchtigkeit hält und reich an gut verrottetem Humus oder Kompost sein sollte. Sie kann in voller Sonne oder in leichtem Schatten stehen, aber da sie nicht völlig winterhart ist, sollten die absterbenden Blätter abgeschnitten oder als Winterschutz über den Wurzelhals gelegt werden. Die Vermehrung erfolgt durch Teilung oder Aussaat.

*Gunnera manicata*

## GYPSOPHILA
### Schleierkraut

Der deutsche Name dieser Pflanzen bezieht sich auf die winzigen Blüten in duftigen Rispen, die wie Schleier aussehen. Von den 125 Arten werden nur wenige im Garten gezogen – viele passen besser in den Steingarten als in die Rabatte.

Schleierkraut braucht leichten, durchlässigen Boden und einen sonnigen Platz. Es hat eine Pfahlwurzel und mag keine Störungen, daher sollte es nicht umgepflanzt werden. Höhere Formen brauchen eine Stütze. Vermehrung erfolgt durch Aussaat, benannte Sorten werden aus Stecklingen gezogen.

***G. paniculata*** (unten)
Dies ist die Hauptart für die offene Rabatte. Es ist eine hohe, buschige Pflanze von bis zu 1,2 Meter Höhe, die im allgemeinen weiß blüht; es gibt jedoch auch Sorten in Rosatönen. Besonders hübsch ist die gefülltblühende ›Bristol Fairy‹. ›Perfecta‹ sieht ähnlich aus, wird aber höher und hat größere Blüten. Auch die lilarosa Sorte ›Flamingo‹ blüht gefüllt. ›Rosenschleier‹ ist mit etwa 30 Zentimetern erheblich niedriger und trägt wunderschöne halbgefüllte Blüten in einem blassen Rosa.

*Gypsophila paniculata* ›Bristol Fairy‹

## HAKONECHLOA

Die einzige Art dieser japanischen Pflanzengattung ist *H. macra*. Auch sie wird gelegentlich in Gärten gezogen, am bekanntesten ist jedoch die Sorte ›Aureola‹ (oben rechts), ein großartiges Gras, das übergeneigte, schmale, goldgelbe Blätter mit dünnen grünen Streifen besitzt. Es wird etwa 30 Zentimeter hoch und wächst langsam zu einem schönen Büschel heran. Diese außerordentlich dekorative Pflanze verdient einen besonderen Platz in der Rabatte, denn sie kann mit ihrer Leuchtkraft jede dunkle Ecke im Garten aufheitern.

*Hakonechloa* wächst in allen guten Gartenböden, bevorzugt aber Erde, die Feuchtigkeit hält. Sie mag leichten Schatten und ist dadurch eine ideale Pflanze für eine waldige Rabatte. Man vermehrt sie im Frühjahr durch Teilung.

*Hakonechloa macra* ›Aureola‹

## HELENIUM
### Sonnenbraut

*Helenium* gehört zu den wichtigsten Pflanzen für Sommer- und Herbstrabatten. Sie entwickelt zahllose Korbblüten und blüht über einen langen Zeitraum. Sowohl Randblüten als auch Blütenmitten sind gelb oder braun beziehungsweise zweifarbig, wobei die Brauntöne oft stark zum Rötlichen tendieren. Die meisten Pflanzen sind 1,5 Meter hoch, es gibt jedoch auch einige erheblich niedrigere Formen. Sie bilden langsam große Büschel, sind aber nicht invasiv und eignen sich sehr gut, um farbige Flächen entstehen zu lassen.

Sonnenbraut wächst in jedem Gartenboden, am besten aber in Erde, die nie völlig austrocknet, und bevorzugt einen sonnigen Platz. Wenn im Frühjahr die Pflanzen zu wachsen beginnen, können Schnecken an den jungen Trieben großen Schaden anrichten und müssen eventuell bekämpft werden. Gewöhnlich sind die Pflanzen so kräftig, daß sie nicht gestützt werden müssen, nur an exponierten Plätzen ist dies vielleicht erforderlich. Sonnenbraut kann im Herbst oder Frühjahr leicht durch Teilung vermehrt werden.

**Sorten** (unten)
Es stehen viele Sorten zur Auswahl, und ständig kommen neue hinzu. Einige sind jedoch besonders schön. ›Bressingham Gold‹ hat leuchtendgelbe Blüten, bei ›Brilliant‹ sind sie braun gefärbt. Die Blüten von ›Coppelia‹ sind kupferorange. ›Moerheim Beauty‹ ist eine alte Sorte und immer noch eine der schönsten; sie hat rötlichbraune Blüten, die mit zunehmender Wachstumsperiode dunkelorange werden.

*Helenium* ›Coppelia‹

## HELIANTHUS
### Sonnenblume

Bei den zu dieser Gattung gehörenden Stauden handelt es sich um etwas derbe Pflanzen, die aber dennoch ihren Platz in der Rabatte haben, und wenn sie nur dazu dienen, im hinteren Bereich für Farbtupfer (gelb oder gelborange) zu sorgen. Es gibt schätzungsweise 150 Arten der Sonnenblume; etwa 20 dieser Korbblütler werden kultiviert. Normalerweise sind sie lang und dünn und werden bis zu 1,5 Metern hoch, zudem breiten sie sich durch Rhizome sehr stark aus. Die Blätter und Stengel sind rauh und behaart. Die meisten Sonnenblumen blühen im Spätsommer oder Herbst.

Die Pflanze gedeiht in jedem Boden und eignet sich besonders für nährstoffarme Bedingungen, obgleich sie einen sonnigen Platz braucht. Höhere Formen müssen an exponierten Plätzen gestützt werden. Sonnenblumen lassen sich am einfachsten vermehren, indem man sie im Herbst oder Frühjahr teilt.

**Sorten** (unten)
Zu den schönsten angebotenen Sorten gehören die blaßgelbe ungefülltblühende ›Lemon Queen‹ und ›Loddon Gold‹, eine alte Form mit goldgelben gefüllten Blüten. Die Sonnenblumen-Art *H. salicifolius* hat schmale Blätter und gelbe Blüten. Sie erreicht mit ungefähr 2,5 Metern eine stattliche Höhe.

*Helianthus* ›Loddon Gold‹

## HELICTOTRICHON
### Wiesenhafer

Von dieser großen Gräsergattung befindet sich nur die Art *H. sempervirens* allgemein in Kultur. Die Pflanze wuchert nicht und bildet während der Blüte einen dichten Busch von etwa 1,2 Meter Höhe. Ihre Schönheit beruht auf ihrem blauen Laub. Die einzelnen Blätter stehen aufrecht und sind leicht behaart. Das Laub wird nur 60 Zentimeter hoch, doch über ihm stehen anmutige Stengel mit graublauen Blüten.

Dieses Gras gedeiht in jedem Gartenboden, auch trockenem, und braucht wie die meisten Gräser einen sonnigen Platz. Abgestorbene Blätter sollten entfernt werden, um die Farbwirkung zu bewahren. Vermehrung erfolgt durch Teilung im Frühjahr.

## HELIOPSIS
### Sonnenauge

Diese Gattung ist eng mit der Sonnenblume verwandt und sieht sehr ähnlich aus, doch hat das Sonnenauge meist einen etwas zarteren Wuchs und ist eine schöne Rabattenpflanze. Die Ähnlichkeit mit der Sonnenblume drückt sich auch im Namen der am häufigsten gezogenen Art – *H. helianthoides* – aus. Diese wird 1,2 bis 1,5 Meter hoch und trägt große gelbe Korbblüten. Sie hat eine lange Blühperiode, die im Sommer beginnt und bis weit in den Herbst reicht.

Das Sonnenauge gedeiht in jedem Gartenboden, auch nährstoffarmem, und verträgt Trockenheit recht gut, braucht aber einen sonnigen Platz. Die Triebe sind kräftig und müssen gewöhnlich nicht gestützt werden. Vermehrung erfolgt durch Teilung.

*Heliopsis helianthoides* ›Goldgefieder‹

***H. helianthoides*** (oben)
Die Art selbst befindet sich selten in Kultur, meist ist es eine ihrer Sorten. *H. helianthoides* var. *scabra* hat derbe Blätter und gelbe Blüten. ›Goldgefieder‹ trägt große, gefüllte, tiefgelbe Blüten. ›Sommersonne‹ hat noch größere Blüten, die mehr ins Orange tendieren als bei den anderen Sorten.

## HELLEBORUS
### Nieswurz

Nieswurzen gehören zu den wenigen im Winter blühenden Stauden und sind deshalb in dieser Jahreszeit für den Garten von großer Bedeutung, da sie für Farbe und Reiz sorgen. Ihre flachen Blüten sind vorwiegend weiß oder pflaumenfarben, doch in den Gärtnereien wird zunehmend eine breitere Farbpalette angeboten. Nieswurzen können im hinteren

Bereich der Rabatte wachsen, wo sie im Winter zu sehen sind, im Sommer, außerhalb ihrer reizvollen Zeit, jedoch von den davorstehenden Pflanzen verborgen werden.

Da diese Pflanzen feuchten, humusreichen Boden und einen leicht schattigen Standort mögen, eignen sie sich ausgezeichnet für eine waldige Rabatte. Nieswurzen kann man durch Aussaat vermehren, besondere Farben auch durch Teilung.

*Helleborus argutifolius*

***H. argutifolius*** (oben)
Diese Art ist auch unter dem Namen *H. lividus* ssp. *corsicus* bekannt. Die buschige Pflanze erreicht bis zu 60 Zentimeter Höhe. Ihre Blätter sind derb und deutlich gezähnt, die in Büscheln stehenden Blüten sind entweder blaßgrün oder gelb gefärbt.

***H. foetidus***
Die Stinkende Nieswurz ist mit ungefähr 60 Zentimeter Höhe eine der höchsten Arten der Gattung. Sie hat feingeteilte Blätter und Büschel aus blaßgrünen Blüten, die oft rote Spitzen haben. Die Sorte ›Western Flisk‹ sieht so ähnlich aus wie die Art, doch sind bei ihr die Stengel rot überlaufen.

***H. niger***
Die Christrose ist eine beliebte Art, die man häufig in Gärten findet. Sie hat weiße Blüten und reizvolle gelbe Staubgefäße. Gewöhnlich blüht sie ab Mitte des Winters. Sie bevorzugt leicht alkalischen Boden.

*Helleborus orientalis*

***H.-orientalis*-Hybriden** (oben)
Aus *H. orientalis* ist eine große Zahl von Sorten entstanden. Es gibt sie in verschiedenen Blütenfarben, viele sind jedoch pflaumenfarben. Einige haben ein sehr dunkles Purpur, andere sind weiß, grün, rosa oder gelb und oft purpurfarben gefleckt. Die Stauden sind wintergrün und ausdauernd. Sie wachsen in der Sonne und in leichtem Schatten.

*Helleborus* x *sternii*

***H.* x *sternii*** (oben)
Diese Kreuzung zwischen *H. argutifolius* und dem etwas frostempfindlichen *H. lividus* ist eine ausgezeichnete Pflanze mit graurosa Blüten und blaugrauen Blättern. Manche Formen sind schöner als andere.

## HEMEROCALLIS
### Taglilie

Die Taglilie ist schon seit langem beliebt, und ständig scheinen neue Sorten auf den Markt zu kommen. Ihren deutschen Namen verdankt sie der Tatsache, daß ihre Blüten an die der Lilien erinnern und nur einen Tag halten. Doch die Pflanze entwickelt so viele Knospen, daß sich die Blütezeit über viele Wochen erstreckt. Das Spektrum der Blütenfarben reicht von Gelb über Orange und Rosa bis zu sehr dunklem Rotbraun. Taglilien bilden Büschel aus riemenförmigen Blättern, über die sich die unbelaubten Stiele mit den hübschen Blüten erheben. Die Mehrzahl der Arten und Sorten blüht im Sommer, doch es gibt auch einige Arten, die früher oder später Blüten tragen, so daß bei sorgfältiger Auswahl fast den ganzen Sommer blühende Taglilien die Rabatte verschönern.

Taglilien wachsen in den meisten Gartenböden, wenngleich sie Boden bevorzugen, der durch reichlich organische Substanz verbessert wurde und eine einigermaßen gute Drainage hat. Sie fühlen sich sowohl in voller Sonne als auch in leichtem Schatten wohl. Falls die Büschel nach einigen Jahren zu dicht werden, sollte man sie aus dem Boden nehmen und teilen. Die Vermehrung erfolgt ebenfalls durch Teilung.

*Hemerocallis* ›Cartwheels‹

**Creme-, goldfarbene und gelbe Formen** (oben)
In diesem Farbbereich findet sich vermutlich die größte Auswahl an Taglilien. Zu den empfehlenswerten Sorten gehören die blaßorangeblühende ›Bonanza‹, die eine dunkelrote Mitte hat, ›Canary Glow‹ mit leuchtendgelben Blüten und

›Cartwheels‹, die ähnlich gefärbt ist, aber sehr große, offene Blüten hat. ›Corky‹ trägt kleine Blüten, die außen sattbraun und innen gelb sind. ›Cream Drop‹ blüht cremefarben, ›Golden Chimes‹ in einem reinen Tiefgelb. Die Blüten der Sorte ›Marion Vaughn‹ öffnen sich leuchtend-zitronengelb. Die kleinwüchsige ›Stella de Oro‹ hat goldgelbe Blüten mit einem grünen Schlund. ›Whichford‹ ist primelgelb, und ihre Blüten verströmen einen Duft. Die in Japan und China heimische Art *H. dumortieri* hat schmale goldgelbe Blüten, die im Gegensatz zu anderen Formen aus grünen Brakteen erscheinen.

**Rosa Formen**
Die Sorte ›Catherine Woodbury‹ hat eine zarte Färbung in lilarosa Tönen und einen gelben Schlund. ›Varsity‹ blüht gelbrot mit einem roten Auge, ›Luxury Lace‹ lavendelrosa mit orangegelbem Grund. ›Pink Damask‹ hat rosa Blüten, die rot überhaucht sind.

*Hemerocallis* ›Buzz Bomb‹

**Rote und purpurfarbene Formen** (oben)
In diesem Farbbereich gibt es einige wundervolle Formen. ›Buzz Bomb‹ ist rotbraun mit gelbem Schlund. ›Little Wine Cup‹ hat dunkelweinrote Petalen, ›Cherry Cheeks‹ ist rosa und rot überhaucht mit einem gelben Schlund. ›Stafford‹ blüht mahagonirot und trägt in der Mitte jedes Blütenblattes einen cremeweißen Streifen. ›Chicago Royal Globe‹ ist purpurfarben mit gelbgrünem Schlund.

## HEUCHERA

*Heuchera* gehört zu den schönsten Rabattenpflanzen. Sie hat reizvolle Blütenrispen und zudem großartiges Laub. Die hohen, duftigen Blütenstände bilden einen schönen Kontrast zu den runden Blättern. Die Einzelblüten sind meist unscheinbar und nur Farbklekse, doch über dem Laub können sie sehr reizvoll aussehen. Die Blätter haben verschiedene Grundfarben. Sie können grün sein oder verschiedene Purpurtöne haben und tragen zudem unterschiedliche Zeichnungen in Braun oder Silber. *Heuchera* sind ausgezeichnete Pflanzen für den vorderen Bereich einer Rabatte und besonders für die leicht schattigen Plätze im Garten geeignet.

Die Pflanzen mögen nahrhaften Boden, sofern er durchlässig ist. Sie fühlen sich in Sonne und leichtem Schatten wohl; in warmen Gegenden bevorzugen sie schattige Plätze. Nach etwa vier Jahren sollte man die Pflanzen teilen, wobei man die äußeren Stücke neu pflanzt und die verholzte Mitte wegwirft. Vermehrung erfolgt durch Teilung im Herbst oder Frühjahr.

**Blütentypen** (unten)
›Bressingham Hybrids‹ blüht in verschiedenen Farben, hauptsächlich aber rot und rosa. Die Sorte ›Firefly‹ trägt leuchtendrote Blüten, ebenso das Purpurglöckchen *(H. sanguinea)*, von dem es aber auch einige weiße Formen gibt. ›Schneewittchen‹ blüht reinweiß.

*Heuchera sanguinea*

*Heuchera* ›Snowstorm‹

**Laubtypen** (oben)
Einige Formen werden vor allem wegen ihres interessanten Laubs gezogen. Zu ihnen gehören ›Pewter Moon‹ (purpurfarbenes Laub mit silberner Zeichnung und weiße Blüten), ›Rachel‹ (purpurfarbenes Laub und rosa Blüten) und ›Snowstorm‹ (grüne Blätter mit großartiger cremeweißer Zeichnung und rote Blüten). Von der Art *H. micrantha* sind zwei bemerkenswerte Sorten erhältlich: ›Palace Purple‹ mit tiefpurpurfarbenem Laub und weißen Blüten und ›Bressingham Bronze‹ mit bräunlichen Blättern und weißen Blüten.

## x HEUCHERELLA

Diese Gattung entstand durch eine Kreuzung von *Heuchera* und *Tiarella*. Das Ergebnis sind einige wunderhübsche Pflanzen mit zarten Blüten, die die Eigenschaften beider Eltern zeigen. Besonders reizvoll sind die duftigen Blütenstände, doch auch das marmorierte Laub ist dekorativ. Da x *Heucherella* während der Blüte nur 45 Zentimeter hoch wird, eignet sie sich ausgezeichnet für den vorderen Bereich der Rabatte.

Die Pflanzen wachsen am besten in nährstoffreichem, durchlässigem Boden. Sie gedeihen zwar sowohl in sonnigen als auch in leicht schattigen Gartenbereichen, bevorzugen aber halbschattige Plätze. Man sollte sie nach einigen Jahren teilen, damit sie kräftig bleiben. Die Vermehrung der Pflanzen erfolgt ebenfalls durch Teilung.

**Wichtige Sorten** (unten)
Eine der ältesten Sorten ist ›Bridget Bloom‹, die zarte blaßrosa Blüten hat. Bei ›Rosalie‹ handelt es sich um eine neuere Hybride aus Kanada mit zartrosa Blüten und rotbraun geaderten Blättern.

x *Heucherella* ›Bridget Bloom‹

## HOSTA
## Funkie

Es gibt nur wenige Gärten, in denen man nicht wenigstens eine Funkie findet, denn sie gehört zu den beliebtesten Blattpflanzen. Man bekommt sie in verschiedenen Formen, Texturen und Farben, die von Blaugrün über viele Grüntöne bis zu Gelb reichen. Oft sind die Blätter panaschiert und weiß-gelb gestreift oder getupft. Bei Funkien mit glänzender Blattoberfläche wird das Licht reflektiert, bei Funkien mit einer blauen Bereifung absorbiert. Manche Blätter haben stärker hervortretende Adern als andere; ihre Form reicht von schmal und weidenähnlich bis zu riesigen, beinahe runden Scheiben. Die Blüten dieser Pflanzen gelten oft als nebensächlich – zu Unrecht, denn sie können außerordentlich reizvoll sein, vor allem, wenn sie zahlreich sind. Sie sind trichterförmig und stehen weit über den Blättern. Meist sind sie blaßblau gefärbt, es gibt jedoch auch Funkien mit Blüten in anderen Blautönen sowie in Purpur und Weiß.

Damit Funkien wirklich gut gedeihen, brauchen sie einen nährstoffreichen Boden, der Feuchtigkeit hält. Sie können in voller Sonne stehen, wobei man aber sorgfältig darauf achten sollte, daß die Erde feucht bleibt. Besser gedeihen Funkien jedoch in leichtem bis mittelstarkem Schatten. Bei diesen Pflanzen können Schnecken ein Problem sein. Man muß die Pflanzung deshalb sorgfältig beobachten und die Schnecken eventuell bekämpfen. Die Vermehrung erfolgt durch Teilung.

**Blaublättrige Formen** (unten)
›Big Daddy‹ hat sehr große, tiefblaue Blätter mit charakteristischer runzeliger Oberfläche. ›Blue Moon‹ trägt blaubereifte, kleine, runde Blätter. ›Hadspen Blue‹ ist eine der blauesten Sorten, die beliebte ›Halcyon‹ steht ihr jedoch nicht weit nach. ›Krossa Regal‹ besitzt sehr große blaugrüne Blätter, die sich hübsch überneigen und eine schöne Fontäne entstehen lassen. ›Wide Brim‹ hat runde blaugrüne Blätter mit einem breiten cremefarbenen Rand. *H. fortunei* var. *hyacinthina* trägt ledriges graugrünes Laub, darüber hinaus gibt es mehrere panaschierte Formen. *H. sieboldiana* var. *elegans* entwickelt riesige, bereifte Blätter mit runzeliger Struktur.

*Hosta* ›Halcyon‹

**Grünblättrige Formen**
Die Sorte ›Colossal‹ hat, wie der Name vermuten läßt, große Blätter. ›Honeybells‹ breitet sich sehr rasch aus, und dies trifft auch auf die sehr ähnliche Sorte ›Royal Standard‹ zu. ›Sum and Substance‹ hat riesige gelbgrüne Blätter. Die zierliche Art *H. lancifolia* hat schmale, glänzende Blätter, und auch die von *H. plantaginea* glänzen, haben jedoch eine blaßgrüne Farbe.

**Gelb- und goldblättrige Formen** (unten)
›August Moon‹ hat große, goldfarbene, etwas runzelige Blätter. Wenn sie erscheinen, sind sie blaßgrün, später nehmen sie aber eine hübsche goldene Farbe an. ›Gold Edger‹ ist eine kleinblättrige goldfarbene Form. ›Gold Standard‹ ist zunächst grün, bekommt dann jedoch einen wundervollen goldenen Ton, sofern sie genug Sonne erhält. Bei ›Golden Sunburst‹ handelt es sich um eine goldfarbene Form der panaschierten ›Frances Williams‹. ›Little Aurora‹ hat winzige goldfarbene Blätter und eignet sich nur für den vorderen Rabattenbereich. ›Piedmont Gold‹ trägt glänzende, goldfarbene, leicht gedrehte Blätter. ›Zounds‹ hat fast die größten Blätter; sie sind gerunzelt.

*Hosta* ›Gold Standard‹

**Panaschierte Formen**
(nächste Seite, oben links)
›Francee‹ trägt rundes, tiefgrünes Laub mit einem regelmäßigen weißen Rand. ›Frances Williams‹ ist eine der beliebtesten Funkien. Sie hat blaugrün bereifte Blätter mit einem unregelmäßigen cremefarbenen Rand und sollte nicht in voller Sonne wachsen. ›Ginko Craig‹ ist eine weitere beliebte Sorte mit lanzettlichen Blättern und schmalem weißem Rand. ›Shade Fanfare‹ trägt leuchtendgrünes Laub mit gelbem Rand. Bei ›Thomas Hogg‹ sind die Blätter oval bis lanzettlich und haben einen breiten cremefarbenen Rand, der sich als schmaler cremefarbener Streifen auf den Blattstielen fortsetzt. *H. undulata* var. *albomarginata* besitzt gewellte Blätter mit

unregelmäßigen weißen Rändern, *H. undulata* var. *univittata* ist eine nicht so stark gewellte Form mit Panaschierungen in der Mitte.

*Hosta* ›Frances Williams‹

## HOUTTUYNIA

Diese ursprünglich vom Himalaja bis Japan und Java beheimatete Gattung besteht nur aus einer Art, *H. cordata*, die etwa 45 Zentimeter hoch wird und rasch eine große Kolonie bildet. Dadurch ist sie mit ihren großen, herzförmigen Blättern ein nützlicher Bodendecker. Die Blüten sind wie kleine Kreuze geformt und haben vier weiße Petalen mit gelbgrüner Mitte. Die Blätter sind normalerweise grün, aber es gibt eine sehr beliebte Sorte – ›Chameleon‹ (mitunter auch als ›Variegata‹ und ›Tricolor‹ geführt) – mit gelber und roter Panaschierung. Eine zweite panaschierte Form, ›Variegata‹, ist nicht so spektakulär gefärbt. ›Chameleon‹ (oben Mitte) ist für die meisten formalen Rabatten zu wuchsfreudig, kann aber im Bedarfsfall als Bodendecker benutzt werden. Sie eignet sich zudem gut für Pflanzgefäße, muß jedoch sorgfältig gewässert werden, damit sie nicht austrocknet.

*Houttuynia* gedeiht in jedem Gartenboden, zieht aber feuchte Erde vor, die sogar etwas sumpfig sein kann; in trockeneren Böden breitet sie sich nicht so stark aus. Sie wächst sowohl an sonnigen als auch an schattigen Plätzen. Gepflanzt wird vom Herbst bis zum Frühjahr, zur Vermehrung teilt man die Pflanzen im Frühjahr.

*Houttuynia cordata* ›Chameleon‹

## IMPERATA
### Alang-Alang-Gras

Diese Gattung umfaßt nur wenige Arten, von denen lediglich *I. cylindrica* im Garten kultiviert wird. Man verwendet die Sorte ›Rubra‹, wenngleich diese sich nicht stark von der Art unterscheidet. Unter den Gräsern ist das Alang-Alang-Gras eines der schönsten. Die Blätter wachsen aufrecht und werden ungefähr 45 Zentimeter hoch. Sie sind leuchtendgrün und rot überlaufen, was besonders gut zur Geltung kommt, wenn sie von der Sonne beschienen werden. Das Laub, das für einen Großteil des Jahres für Farbe sorgt, wird durch silbrige Blütenstände ergänzt. Die Pflanze breitet sich durch Rhizome langsam aus, aber wuchert meist nicht, außer in sehr warmen Gegenden.

*Imperata* gedeiht in jedem Gartenboden und kann sowohl an sonnigen als auch leicht schattigen Standorten wachsen. Die Vermehrung erfolgt im Frühjahr durch Teilung.

## INCARVILLEA

Die charakteristischen Trompetenblüten dieser Pflanzen geben der Rabatte eine exotische Note. Die *Incarvillea* ist im Himalaja und in China heimisch, doch heute wird eine wachsende Zahl von Arten und Sorten im Westen kultiviert. Die Trompetenblüten sind rosa und zu den Blütenblatträndern hin meist dunkler gefärbt. Doch nicht nur die reizvollen, farbenfrohen Blüten, sondern auch die paarig gefiederten Blätter sehen sehr dekorativ aus.

Die Pflanze kann in jeder durchlässigen Erde wachsen. In den meisten Gegenden behagt ihr ein sonniger Platz im Garten, in sehr warmem Klima sollte sie jedoch leicht schattig stehen. Leider wird die Pflanze häufig von Schnecken befallen, so daß sie davor geschützt werden muß. Gepflanzt wird am besten im Herbst oder im Frühjahr. Vermehrung erfolgt durch Teilung oder Aussaat im Gewächshaus.

*Incarvillea delavayi*

**I. delavayi** (oben)
Dies ist eine der häufiger gezogenen Arten der Gattung. Sie kann 60 Zentimeter hoch werden und trägt im Sommer große dunkelrosagefärbte Trompetenblüten. Im Winter braucht sie möglicherweise etwas Schutz.

## INULA
### Alant

Nicht jedem gefallen gelbe Korbblütler, in dieser Gattung finden sich jedoch einige der schöneren. Sie haben tiefgoldgelbe Mitten und einen Ring aus schmalen leuchtendgelben Randblüten. Ihre Höhe ist sehr unterschiedlich und reicht von nur 20 Zentimetern bis zu 1,8 Metern und mehr. Auch die Blätter sind verschieden. Manche sind schmal und weidenartig, andere groß, breit und rauh. Die Position der Pflanzen innerhalb einer Anlage hängt von ihrer Größe ab, doch alle sind gute Rabattenpflanzen, obwohl manche etwas wuchern können.

Alant wächst in jedem Gartenboden, zieht aber gut drainierte Erde vor. Die

Mehrzahl der Arten und Sorten möchte sonnig stehen. Am leichtesten lassen sich die Pflanzen durch eine Teilung im Frühjahr vermehren.

*Inula ensifolia*

**I. ensifolia** (oben)
Diese mittelhohe Art erreicht eine Höhe von bis zu 60 Zentimetern. Sie hat schmale Blätter und Blüten mit bis zu 5 Zentimeter Durchmesser. Am besten wächst sie in leichtem Schatten. Eine ähnliche Pflanze ist *I. orientalis* mit größeren, dunkleren Blüten und behaarten Blättern.

***I. magnifica***
Wie der Name andeutet, ist dies die größte der kultivierten Arten. Sie wird oft 1,8 Meter und höher, und auch ihre Blüten sind mit 15 Zentimetern sehr groß. An exponierten Plätzen muß sie jedoch gestützt werden.

## IRIS
## Schwertlilie

Nur wenige Staudengärten kommen ganz ohne Schwertlilien aus. Obwohl sich die Arten, Hybriden und Sorten der Gattung grundsätzlich ähneln, ist ihre Vielfalt verblüffend, vor allem bei den Blütenfarben. Die typischen Blüten bestehen aus drei aufragenden inneren Domblättern und drei äußeren Hängeblättern. Die Blüten erscheinen meist im Frühsommer und duften häufig. Das schwertförmige Laub stellt in der Rabatte hübsche Blattkontraste her. Da Schwertlilien bis zum Hochsommer oft verblüht sind, ziehen es manche Gärtner vor, sie in besondere Beete zu pflanzen und nach der Blüte sich selbst zu überlassen.

*Iris* gedeihen in fast allen Gartenböden, einige Arten brauchen aber feuchte Erde oder wachsen sogar in flachem Wasser. Die meisten Schwertlilien lieben die Sonne, und vor allem solche mit Rhizomen sollten einen Platz bekommen, an dem sie reichlich Sonnenwärme erhalten. Am leichtesten läßt sich der Bestand durch Teilung vermehren, aber man kann Schwertlilien auch aus Samen ziehen, wenn die Blütenfarbe nicht absolut identisch sein muß.

*Iris ensata* ›Rose Queen‹

**I. ensata** (oben)
Diese Art, die früher als *I. kaempferi* geführt wurde, hat eine Fülle an Sorten hervorgebracht. Diese sogenannten Japanischen Schwertlilien wachsen gerne in flachem Wasser oder sehr feuchter Erde. In normalen Rabatten muß man reichlich Humus in die Erde einarbeiten, damit sie Feuchtigkeit hält. Die Pflanzen werden etwa 90 Zentimeter hoch, und ihre Blätter haben eine ausgeprägte Mittelrippe. Die Sorte ›Eleanor Parry‹ trägt blaue Blüten mit purpurfarbener Zeichnung. ›Great White Heron‹ blüht reinweiß und halbgefüllt. ›Moonlight Waves‹ hat weiße Blüten mit grünem Schlund, ›Nara‹ violette gefüllte Blüten. Die Blüten von ›Nikko‹ sind blaßblau und haben eine purpurfarbene Zeichnung. ›Pink Frost‹ hat große zartrosa Blüten, ›Rose Queen‹ rosa Petalen. ›Variegata‹ blüht purpurfarben, wird aber vor allem wegen ihres weißgestreiften Laubes gezogen.

*Iris sibirica* ›White Swirl‹

**I. sibirica** (oben)
Diese Schwertlilien-Art, die sogenannten Sibirischen Schwertlilien, bildet große Büschel aus schmalen Blättern und gedeiht in jedem Rabattenboden. Die Sorte ›Caesar's Brother‹ hat tiefpurpurfarbene, samtige Blüten. ›Cambridge‹ blüht hellblau, ›Ego‹ trägt sattblaue Blüten. ›Flight of Butterflies‹ hat kleine blaßblaue Petalen mit erheblich dunklerer Aderung. Die Sorte ›Little White‹ trägt kleine weiße Blüten, ›Orville Fay‹ hat große blaue Blüten mit purpurfarbener Aderung. ›Showdown‹ besitzt tiefviolettgefärbte Petalen mit weißen und gelben Flecken. ›White Swirl‹ hat gekrauste weiße Petalen und einen goldfarbenen Schlund.

**Niedrige Bartiris**
Diese Bartiris, die hauptsächlich aus *I.* x *germanica* hervorgegangen sind, erreichen eine Höhe von ungefähr 70 Zentimetern und eignen sich aufgrund ihrer Größe am besten für Bereiche vorne oder in der Mitte einer Rabatte. Die Sorte ›Cherry Garden‹ hat kirsch- oder weinrote Blüten mit einem kontrastierenden dunkelpurpurfarbenen Bart. ›Green Spot‹ ist dagegen weiß mit grünen Punkten auf den Hängeblättern. ›Lemon Flare‹ blüht cremeweiß, ›Lilliwhite‹ reinweiß, und ›Orange Capers‹ trägt orangegelbe Blüten. ›Pogo‹ ist eine sattgelbblühende Form mit braunen Flecken. Bei der Sorte ›Tinkerbell‹ haben die leuchtendblaugefärbten Blüten einen etwas dunkleren Fleck.

**Hohe Bartiris** (unten)
Sie sind den niedrigen Bartiris sehr ähnlich, doch höher als 70 Zentimeter. Von den vielen erhältlichen Formen sind folgende besonderer Aufmerksamkeit wert: ›Berkeley‹ hat tiefgelbe Petalen. ›Frost and Flame‹ blüht weiß mit einem Hauch Purpur und einem gelben Bart. ›Jane Phillips‹ hat zartblaue Blüten mit weißem Bart. ›Pearly Dawn‹ blüht perlmuttrosa. Die Blüten von ›Stepping Out‹ sind sehr charakteristisch mit ihren großen weißen Flecken und dunkelpurpurfarbenen Rändern. ›Victoria Falls‹ blüht in einem hellen Blau.

*Iris* ›Jane Phillips‹

**Pacific-Coast-Hybriden**
Sie sind durch eine Kreuzung der Arten *I. douglasiana* und *I. innominata* entstanden. Diese Pflanzen können in voller Sonne wachsen, doch in sehr warmen Gegenden bevorzugen sie Schatten. Sie sind mittelgroß und erreichen bis zu 60 Zentimeter Höhe. Es stehen viele Sorten zur Auswahl. ›Broadleigh Rose‹ mit tiefrosa Blüten und ›Broadleigh Sybil‹, braungelb mit Purpur, gehören beide zu der viele Formen umfassenden Broadleigh-Serie.

**Arten** (oben Mitte)
Neben den Tausenden von Schwertlilien-Sorten stehen dem Pflanzenliebhaber auch mehrere hundert Arten für die Kultur im Garten zur Auswahl. *I. cristata* ist eine niedrige Form, die nur 25 Zentimeter Höhe erreicht. Ihre Blüten erscheinen im Frühjahr und reichen von Blaßblau bis Purpur. Dies ist eine der wenigen Arten, die in schattigen Bereichen gedeihen. *I. pallida* wird bis zu 1,2 Metern hoch und hat blaßblaugefärbte Blüten. Von ihr sind vor allem die Sorten ›Aurea Variegata‹ und ›Variegata‹, die goldbeziehungsweise cremefarben panaschiert sind, allgemein bekannt. Die Art *I. pseudacorus*, die heimische Sumpfschwertlilie, gedeiht unter nassen Bedingungen, auch in flachem Wasser. Sie hat leuchtendgelbe Blüten und wird ungefähr 1,5 Meter hoch. Dagegen ist *I. tectorum* eine niedrige Pflanze von nur 30 Zentimeter Höhe mit flachen, offenen Blüten in Blau und Purpur oder Weiß. Die Art *I. unguicularis* blüht während des Winters und braucht durchlässige Erde und einen sonnigen Standort, um gut gedeihen zu können. Ihre duftenden purpurfarbenen Blüten sind niedriger als die Blätter, die bis zu 45 Zentimetern hoch werden.

*Iris unguicularis*

## JASIONE
## Sandglöckchen

Diese Gattung umfaßt nur wenige Arten, doch fast alle Sandglöckchen sind hübsche Pflanzen für den Garten, auch wenn die Mehrzahl zu klein ist, um in der Rabatte zu stehen, außer vielleicht im vorderen Bereich. Im Sommer tragen sie lockere Blütenköpfe, deren Farbe von Blaßblau bis Purpur reicht. Die Blüten stehen an drahtigen Stengeln hoch über dem grünen Laub und passen aufgrund ihrer Färbung besonders gut in pastellfarbene Rabatten.

Sandglöckchen mögen durchlässige Erde und einen Platz in voller Sonne. Die Blütenstiele sollten gleich nach dem Welken abgeschnitten werden. Vermehrung erfolgt durch Aussaat oder Teilung.

*Jasione laevis*

***J. laevis*** (oben)
Diese Art, die früher als *J. perennis* geführt wurde, eignet sich für die Staudenrabatte am besten. Sie bildet niedrige Laubpolster, über denen 40 Zentimeter hohe Stengel mit blaßblaugefärbten Blüten stehen.

## KALIMERIS

*Kalimeris* ist eine jener Gattungen, die die Botaniker regelmäßig umbenennen. Oft werden ihre Mitglieder noch der Gattung *Aster* zugeordnet und unter diesem Namen geführt. Tatsächlich sind sie nicht leicht von vielen Astern zu unterscheiden. Die Blüten haben etwa 2,5 Zentimeter Durchmesser. Die gelben Mittelscheiben sind von weißen oder blaßlavendelfarbenen Randblüten umgeben. Keine Form dieser Pflanze ist sehr verbreitet, am häufigsten findet man noch *K. incisa*. Die Art wird etwa 60 Zentimeter hoch; die seltenere *K. mongolica* erreicht dagegen eine Höhe von 90 Zentimetern und mehr. Die bekannteste Sorte ist *K. yomena* ›Shogun‹ mit panaschiertem Laub.

*Kalimeris* sehen nicht nur wie Astern aus, sondern haben auch die gleichen Ansprüche. Sie gedeihen in jedem Gartenboden, der nicht zu trocken ist. Ein sonniger Platz ist ihnen am liebsten, doch wachsen sie auch in leichtem Schatten. An exponierten Plätzen benötigen die höheren Arten eine Stütze. Zur Vermehrung können die Pflanzen im Frühjahr geteilt werden.

## KIRENGESHOMA

Diese Gattung wird nur durch *K. palmata* (unten) vertreten. Es ist eine unverwechselbare Pflanze, die etwa 1,2 Meter hoch wird und schwarze Stengel hat, an denen zartgelbe Glockenblüten und große Blätter, die denen des Ahorns ähneln, stehen. Sie kann sehr nützlich sein, da sie spät im Jahr – zu Sommerende und im Herbst – blüht und zudem Schatten verträgt.

*Kirengeshoma* ist eine Waldpflanze und mag daher feuchten, humusreichen Boden mit viel Lauberde. Sie zieht es vor, nicht direkt in der Sonne zu stehen, wächst aber auch an einem offenen Platz, sofern die Erde nicht austrocknet. Die jungen Triebe können von Schnecken befallen werden. Vermehrung erfolgt im Frühjahr durch Teilung oder Aussaat.

*Kirengeshoma palmata*

## KNAUTIA

Obwohl dies eine recht große Gattung ist, werden nur sehr wenige Arten gezogen – häufig sieht man tatsächlich nur *K. macedonica* (oben Mitte), eine prächtige Pflanze, die große Büsche aus lockeren Trieben bildet, welche in alle Richtungen zu wachsen scheinen. Auf ihnen sitzen karminrote kugelige Blütenköpfe, die sich vom Frühsommer an bis weit in den Herbst öffnen; die späteren Blüten sind erheblich kleiner als die frühen. Die Pflanze wird etwa 90 Zentimeter hoch und ebenso breit.

*Knautia* kann in jedem guten Gartenboden wachsen, bevorzugt aber eine einigermaßen durchlässige Erde. Ideal ist ein sonniger Platz. Ihre weichen Stengel brauchen eine Stütze. Die Pflanze kann durch behutsame Teilung oder Aussaat vermehrt werden.

*Knautia macedonica*

## KNIPHOFIA
## Fackellilie

Fackellilien gehören zu den unverwechselbaren Rabattenpflanzen. Ihre leuchtenden, kolbenähnlichen Blütenstände stehen auf hohen Stielen über Büscheln aus schmalen, grasartigen Blättern. Die Pflanzen erreichen unterschiedliche Höhen – manche werden nur 30, andere bis über 150 Zentimeter hoch. Auch die Farben der Blüten variieren. Die herkömmlichen Sorten sind leuchtendrot, oft in Kombination mit Gelb, doch heute gibt es auch zartere Töne wie Aprikosenfarben und zudem Formen mit leuchtendgelben oder gelb-grünen Blüten. Der vertikale Charakter der Blütenstände läßt zu Pflanzen mit runden Wuchsformen einen hübschen Kontrast in der Rabatte entstehen. Die leuchtenden, aufrechten Blütenstände lenken leicht das Auge auf sich und machen die Pflanzen an jedem Standort im Garten zu wertvollen Blickfängen.

Fackellilien gedeihen in jedem fruchtbaren Gartenboden, vorzugsweise in durchlässiger Erde. Sie sollten an einen sonnigen Platz gepflanzt werden. Da sie nicht völlig winterhart sind, brauchen sie in kälteren Gegenden möglicherweise Schutz. Die Vermehrung erfolgt durch Teilung.

**Hohe Sorten** (unten)
Die höheren Sorten der Fackellilie werden 90 bis 180 Zentimeter hoch. ›Green Jade‹ hat hellgrüne Blüten, die später blaßgelb werden, und breite Blätter. ›Prince Igor‹ ist eine der höchsten Sorten mit großen leuchtendroten Blütenständen, die nach unten zu gelb werden. Bei der bis zu 1,5 Meter hohen ›Atlanta‹ sind die Blüten oben leuchtendorangerot, weiter unten gelb – sie ist eine der frühblühendsten Sorten.

*Kniphofia* ›Atlanta‹

**Mittelhohe Sorten**
Diese *Kniphofia*-Sorten werden 60 bis 180 Zentimeter hoch. ›Royal Standard‹ erreicht 90 bis 120 Zentimeter Höhe und hat rote Knospen, die sich zu goldgelben Blüten öffnen. Die später blühende Sorte ›Bressingham Comet‹ ist dagegen nur 60 Zentimeter hoch und trägt orangerote und gelbe Blüten.

**Niedrige Sorten**
Sie erreichen bis zu 60 Zentimeter Höhe. ›Little Maid‹ ist eine der schönsten niedrigen Fackellilien. Sie hat schmale, aufrechte Blätter und cremeweiße Blüten, die im Hochsommer erscheinen. Die Sorte ›Sunningdale Yellow‹ trägt leuchtendgelbe Blüten.

**Mischungen**
›Border Ballet‹ ist eine Züchtung mit ungefähr 90 Zentimeter Höhe, die rote oder gelbe Blüten trägt.

## LAMIUM
**Taubnessel**

Taubnesseln eignen sich hervorragend dazu, bodendeckende Farbflächen im Garten entstehen zu lassen. Sie sind absolut unkompliziert zu kultivieren, und die meisten Arten und Sorten tolerieren Schatten. Man zieht sie wegen ihrer hübschen Blätter und Blüten, die in Wirteln an den Stengeln stehen. Die Lippenblüten können weiß, gelb, rosa und purpurfarben sein. Die Blätter sind oft panaschiert und haben dann hübsche silberne Flecken.

Taubnesseln gedeihen in jedem Gartenboden, fühlen sich aber in feuchtigkeitshaltender Erde am wohlsten. Besonders gut gedeihen sie im Schatten, doch wachsen sie auch an einem offenen Platz, solange die Erde nicht zu trocken wird. Die Pflanzen lassen sich leicht durch Teilung vermehren.

*Lamium galeobdolon*

***L. galeobdolon*** (oben)
Diese Art wird abwechselnd den Gattungen *Lamium, Lamiastrum* und *Galeobdolon* zugeordnet und ist daher unter jedem dieser Gattungsnamen zu finden. Sie hat gelbe Blüten und kann wuchern, weshalb ihr Standort mit Bedacht gewählt werden sollte. Die Sorte ›Herman's Pride‹ hat wunderhübsche silberfarbene Blätter, die dunkelgrün geadert sind. ›Florentinum‹ (auch unter der Bezeichnung ›Variegatum‹ bekannt) wuchert zwar besonders, ist jedoch in geeigneten Situationen gut als Bodendecker einzusetzen. Sie hat größere Blätter als ›Herman's Pride‹, die silbrig-weiß gefleckt sind.

***L. maculatum*** (unten)
Die Gefleckte Taubnessel ist eine bodendeckende Art, die etwa 40 Zentimeter Höhe erreicht. Es sind mehrere Sorten mit reizvollen Blättern erhältlich. ›Beacon Silver‹ hat silbrig-weiße Flekken und rosa Blüten. ›Pink Pewter‹ besitzt graue Blätter und blaßrosagefärbte Blüten. Eine der schönsten Sorten ist die wuchskräftige ›White Nancy‹ mit hellgrünem Laub, das kräftig silberfarben gefleckt ist und die reinweißen Blüten großartig zur Geltung bringt.

*Lamium maculatum* ›Beacon Silver‹

## LATHYRUS
**Platterbse**

Zu dieser großen Gattung gehören eine Reihe von Arten, die in Staudenrabatten gezogen werden. Viele von ihnen sind Kletterpflanzen, die Stützen benötigen, aber es gibt auch mehrere buschig wachsende Arten. Alle tragen charakteristische Schmetterlingsblüten. Sie sind meist rosa und purpurn, es sind aber auch goldfarbene und weiße Formen erhältlich.

Platterbsen gedeihen in jedem Gartenboden; die meisten bevorzugen jedoch einen sonnigen Standort. Sie können im Frühjahr durch Teilung oder Aussaat vermehrt werden.

*Lathyrus vernus*

***L. vernus*** (oben)
Die Frühlingsplatterbse ist mit nur 30 Zentimetern eine niedrige Art und trägt purpurblaue Blüten, die im Frühjahr erscheinen. Sie wird gewöhnlich in voller Sonne gezogen, wächst in freier Natur aber in sommergrünen Wäldern und kann daher im Garten in ähnlichen Situationen gepflanzt werden. Die Sorte ›Alboroseus‹ trägt wunderhübsche weiße und rosa Blüten.

## LEUCANTHEMELLA
**Oktobermargerite**

Der Name von *L. serotina* (nächste Seite, oben links) wurde mehrfach geändert, und man kann die Pflanze bis heute unter *Chrysanthemum serotinum* und *C. uliginosum* finden. Sie hat typische Korbblüten mit gelber Mittelscheibe und weißen Randblüten und wird mit über 1,8 Metern sehr hoch. Die Blüten stehen an den Enden der hohen Stengel und haben die seltsame Angewohnheit, sich im Tagesverlauf der Sonne folgend zu drehen. Sie erscheinen im Spätherbst, zu einer Zeit, wenn nur noch wenig blüht. Da die Pflanzen sehr hoch sind – und außerhalb der Blütezeit etwas langweilig –, setzt man sie am besten in den hinteren Bereich der Rabatte.

*Leucanthemella* wächst in jedem fruchtbaren Gartenboden, benötigt aber einen sonnigen Platz. Sie bildet langsam große Büschel, die zu Vermehrungszwecken leicht geteilt werden können. Ihre endgültige Blühgröße kann zwar reduziert werden, indem man die sich entwickelnden Triebe im Frühsommer um etwa ein Drittel zurückschneidet, dies kann jedoch dazu führen, daß sich die Blütezeit noch weiter hinauszögert.

*Leucanthemella serotina*

## LEUCANTHEMUM
**Margerite**

Durch die Unterteilung der Gattung *Chrysanthemum* wurde die Sommermargerite in *Leucanthemum* x *maximum* umbenannt, möglicherweise findet man sie aber noch unter der älteren Bezeichnung *Chrysanthemum* x *maximum*. Diese großartigen Pflanzen eignen sich sowohl als Schnittblumen als auch für die Rabatte, wo sie vom Sommer an ihre Blüten öffnen. Die typischen Korbblütler haben gelbe Mitten und einen Kranz aus weißen Randblüten, bei manchen Formen sind diese auch blaßgelb gefärbt. Die meisten werden ungefähr 90 Zentimeter hoch und haben dicke Stengel und dunkelgrüne Blätter.

*Leucanthemum* wächst in jedem guten Gartenboden, am besten in Erde, die Feuchtigkeit hält. Es steht am liebsten sonnig, toleriert aber auch leichten Schatten. Höhere Formen müssen meistens gestützt werden. Die Pflanzen wachsen langsam zu großen Büschen heran und lassen sich zur Vermehrung leicht teilen. Einige können auch durch Samen vermehrt werden.

**Sorten** (oben Mitte)
Sowohl in der Wuchshöhe als auch bei den Blüten gibt es eine ganze Reihe von Varianten. Eine herrliche Sorte für den Schnitt ist ›Polaris‹, die aus Samen gezogen wird und sehr große Blüten hat. ›Silberprinzessin‹, die ebenfalls gesät werden kann, ist mit nur 30 Zentimeter Höhe sehr klein; noch niedriger ist die Sorte ›Snow Lady‹. Bei ›Snowcap‹ handelt es sich um eine mehrjährige Pflanze, die etwa 45 Zentimeter Höhe erreicht. ›Wirral Supreme‹ ist eine der vielen höheren gefülltblühenden Sorten; sie hat eine Wuchsgröße von ungefähr 90 Zentimetern.

*Leucanthemum* ›Snowcap‹

## LIATRIS
**Prachtscharte**

Die Prachtscharten leisten mit ihrer aufrechten Wuchsform und ihren leuchtenden Blütenständen einen schönen Beitrag zur spätsommerlichen Rabatte. Die purpurfarbenen Blüten öffnen sich, im Gegensatz zu denen der meisten anderen Pflanzen, von der Spitze nach unten. Die Unterschiede zwischen den einzelnen in Kultur befindlichen Arten sind jedoch nicht sehr groß.

Prachtscharten wachsen normalerweise in jedem guten Gartenboden. Um gut zu gedeihen, brauchen sie aber einen sonnigen Platz. Sie können durch Teilung der knolligen Wurzelstöcke vermehrt werden.

***L. pycnostachya***
Diese Art ist anderen in Kultur befindlichen Formen sehr ähnlich und unterscheidet sich hauptsächlich durch ihre in dichten Büscheln stehenden Blätter und weich behaarten Stengel. Sie erreicht eine Höhe von ungefähr 1,5 Metern und blüht über einen langen Zeitraum. Es gibt sowohl purpurfarbene als auch weiße Formen.

***L. scariosa***
Diese Art ist ebenso hoch wie *L. pycnostachya*, hat aber breitere Blätter und lockerere Blütenstände. Die Form ›Alba‹ blüht weiß.

*Liatris spicata*

***L. spicata*** (oben)
Diese Art, die bis zu 75 Zentimeter Höhe erreicht, wird am häufigsten kultiviert. ›Floristan Violett‹ ist eine durch Samen vermehrbare purpurviolette Sorte, die für den Schnitt gezogen wird; ›Floristan Weiß‹ ist ihre weißblühende Entsprechung. ›Kobold‹ ist eine der wichtigsten mehrjährigen Sorten für den Garten. Sie wird nur 45 Zentimeter hoch und hat dichte Ähren aus leuchtendpurpurfarbenen Blüten.

## LIGULARIA

Gelbe Korbblüten können vor allem schattigen Rabatten eine heitere Note verleihen, und *Ligularia* ist hier besonders nützlich. Sie blüht vom Spätsommer an und hat im Gegensatz zu vielen anderen Pflanzen mit ähnlichen Blüten oft reizvolles Laub.

Diese Pflanzen bevorzugen Erde, die Feuchtigkeit hält. Falls der Boden austrocknet, hängen die Blätter bald und zeigen so, daß sie Wasser brauchen. Die Pflanzen gedeihen an sonnigen und leicht schattigen Plätzen, doch wenn man sie an sonnigen Standorten pflanzt, muß man besonders darauf achten, daß dort die Erde feucht ist. Die Vermehrung kann entweder durch Teilung zur Pflanzzeit oder durch Aussaat im Frühjahr erfolgen.

***L. dentata***
Diese Pflanze ist 1,2 Meter hoch und entwickelt lockere, unordentliche Kolben aus großen, goldgelben Blüten. Die Art und ihre Sorten werden oft wegen ihres Laubes gezogen, das bei ›Desdemona‹ tiefpurpurfarben gefärbt ist. Leider wird es häufig von Schnecken befallen, die bekämpft werden müssen.

***L.* ›Greynog Gold‹**
Hybride mit lockeren Kolben aus großen, orangegelben Blüten, die hoch über dem grünen Laub stehen. Sie ist ungefähr 1,8 Meter hoch.

*Ligularia* ›The Rocket‹

***L.* ›The Rocket‹** (oben)
Eine der schönsten Sorten. Es handelt sich um eine Hybride, obwohl sie manchmal als *L. stenocephala* oder *L. przewalskii* geführt wird. Sie trägt hohe, schlanke Kolben aus leuchtendgelben Blüten, die an 1,5 Meter hohen, aufrechten, dunklen Stengeln stehen. Die Blätter sind dekorativ gezähnt.

## LIMONIUM
### Meerlavendel

Der Meerlavendel oder Widerstoß bildet eine große Pflanzengattung, die eine Reihe lohnender Arten für den Garten umfaßt; mehrere von ihnen sind einjährig. Sie haben charakteristische dichte Köpfe aus farbenfrohen Blüten, die nicht nur dekorativ im Garten sind, sondern auch ausgezeichnete Trockenblumen abgeben.

Die Pflanzen brauchen eine durchlässige Erde und einen sonnigen Standort. Sie tolerieren salzige Winde und eignen sich daher gut für Gärten in Küstenregionen. Vermehrung erfolgt durch Aussaat oder Teilung.

*Limonium platyphyllum*

***L. platyphyllum*** (oben)
Eine sehr beliebte Art, die auch unter dem Namen *L. latifolium* geführt wird. Sie entwickelt im Spätsommer duftige Wolken aus unzähligen winzigen, malvenfarbenen Blüten. Da sie nur 45 Zentimeter hoch wird, eignet sie sich besonders gut für den vorderen Bereich einer Rabatte.

## LINARIA
### Leinkraut

Leinkraut trägt hohe, schlanke Trauben oder Ähren aus löwenmaulähnlichen Blüten in meist weichen Farben. Oft sind die Blüten sehr klein und wirken vor allem deshalb, weil sie sich in großer Zahl öffnen. Das Leinkraut eignet sich gut als Füllelement zwischen Pflanzen, die eine kräftigere Wuchsform haben.

Leinkraut gedeiht in jedem Gartenboden, doch besonders gut in leichter, durchlässiger Erde, wo es sich stark ausbreitet oder aussät. Der Pflanze behagt besonders ein sonniger Platz. Vermehrung erfolgt durch Teilung oder Aussaat.

*Linaria dalmatica*

***L. dalmatica*** (oben)
Diese Art ist insgesamt erheblich größer und markanter als *L. purpurea*. Die Details der einzelnen leuchtendgelben Blüten sind deutlich zu sehen. Stengel und Blätter sind graugrün bereift. Die Pflanze blüht Mitte bis Ende des Sommers und wird bis zu 90 Zentimetern hoch. Da sie leicht wuchert, muß ihr Platz mit Sorgfalt gewählt werden.

***L. purpurea***
Eine Leinkraut-Art, die im Hoch- und Spätsommer schlanke Ähren aus winzigen Blüten entwickelt; sie sind purpurfarben, bei der Sorte ›Canon Went‹ zartrosa. Es ist auch eine schöne weißblühende Form, ›Springside White‹, erhältlich. Beide Sorten werden ungefähr 90 Zentimeter hoch.

## LINUM
### Lein

Der Lein trägt im Sommer wunderhübsche blaue Blüten, die leicht trichterförmig sind und an anmutigen, ausladenden Stengeln stehen. Die einzelnen Blüten halten zwar nur einen Tag, doch es öffnen sich ständig neue. Lein ist eine Pflanze, die sich gut für den Garten eignet, aber leider kurzlebig ist. Daher muß er alle zwei bis drei Jahre ersetzt werden. Man sollte ihn im vorderen Bereich der Rabatte pflanzen, wo seine übergeneigten Stengel nicht durch benachbarte Pflanzen bedrängt werden. Er erreicht etwa 60 Zentimeter Höhe.

Lein gedeiht am besten in leichtem, durchlässigem Boden an einem sonnigen, vorzugsweise geschützten Platz. Die Pflanze kann leicht im Herbst durch Aussaat oder im Sommer durch Stecklinge vermehrt werden. Oft sät sie sich jedoch auch selbst aus.

*Linum narbonense*

**L. narbonense** (oben)
Dies ist die größere und wuchsfreudigere der beiden wichtigsten Lein-Arten; sie hat auch eine längere Lebensdauer. Die Blüten variieren leicht in der Farbe; sie sind blaß- bis sattblau.

***L. perenne***
Eine Lein-Art, die der oben genannten sehr ähnlich ist und auch oft mit ihr verwechselt wird. *L. perenne* ist jedoch insgesamt etwas kleiner und nicht so langlebig, so daß er etwa alle zwei Jahre ersetzt werden muß. Die Sorte ›Diamant‹ blüht weiß.

## LIRIOPE

*Liriope* erreicht im Herbst ihre Glanzzeit, wenn viele andere Stauden bereits verwelkt sind. Ein weiterer Pluspunkt in dieser Jahreszeit sind ihre violettblauen Blüten. Sie stehen in Ähren über einem Büschel aus schmalen, riemenförmigen Blättern. Die Pflanzen werden meist nur etwa 45 Zentimeter hoch und können daher im vorderen Rabattenbereich stehen.

*Liriope* gedeiht in jedem fruchtbaren Gartenboden, der auch trocken sein kann. Sie verträgt sowohl sonnige als auch schattige Standorte. Die Vermehrung der Pflanze erfolgt durch Teilung.

**L. muscari** (unten)
Die violettblauen Blüten dieser Art, die in kleinen Ähren am Stengel stehen, sehen denen der Traubenhyazinthe (*Muscari*) ähnlich, was den lateinischen Namen erklärt. Die Sorte ›Majestic‹ trägt große Blütenähren.

*Liriope muscari*

***L. spicata***
Diese Art sieht *L. muscari* sehr ähnlich. Der große Unterschied besteht darin, daß sie sich rasch und stark ausbreitet. Es gibt aber eine sehr schöne weißblühende Form mit dem Namen ›Alba‹.

## LOBELIA
### Lobelie

Auch wenn sie eine ähnliche Blütenform haben, unterscheiden sich Rabattenlobelien doch sehr stark von den bekannten Balkonlobelien. Diese Stauden werden bis zu 90 Zentimetern hoch, haben einen steifen, aufrechten Wuchs und tragen rote, blaue oder purpurfarbene Blütenstände, die im Spätsommer erscheinen.

Am schönsten sehen Lobelien neben einer Wasserfläche aus, und um sich optimal zu entwickeln, brauchen sie Erde, die Feuchtigkeit hält. Man pflanzt daher Lobelien entweder in Wassernähe oder fügt der Erde reichlich Humus zu. Sie gedeihen in der Sonne und im Schatten. Einige sind frostempfindlich und benötigen einen Winterschutz. Vermehrung erfolgt durch Stecklinge oder Teilung.

*Lobelia* ›Compliment Scarlet‹

**Rote Formen** (oben)
›Bees' Flame‹ hat tiefpurpurfarbenes Laub und scharlachrote Blüten. Eine der winterhärteren Arten ist *L. cardinalis* mit grünen Blättern und scharlachroten Blüten. ›Compliment Scarlet‹ ist eine durch Samen vermehrbare scharlachrotblühende Sorte, während ›Queen Victoria‹ eine alte Sorte mit rotem Laub und leuchtendroten Blüten ist.

**Blaue und purpurfarbene Formen**
*L. siphilitica* blüht blau, doch gibt es auch eine weiße Form namens ›Alba‹. Die Sorte *L.* x *gerardii* ›Vedrariensis‹ ist eine Kreuzung zwischen der roten *L. cardinalis* und der blauen *L. siphilitica* mit tiefpurpurfarbenen Blüten. ›Tania‹ ist eine ähnliche Kreuzung, doch mit röteren Blüten. ›Russian Princess‹ hat purpurfarbene Blüten und Blätter.

## LUPINUS
### Lupine

Die Lupine ist schon seit langem beliebt. Mit ihren großen, farbenfrohen Blütenkerzen und ihrem pfeffrigen Duft eignet sie sich hervorragend für einen traditionellen Garten. Die Schmetterlingsblütler sind in einer Vielfalt von Farben erhältlich; einige sind einfarbig, andere zweifarbig. Die gefingerten Blätter bestehen aus vielen schmalen Einzelblättern. Während der Blüte erreichen die Pflanzen 1,2 Meter Höhe. Sie blühen im Frühsommer und entwickeln, wenn man sie zurückschneidet, eine zweite Blüte.

Lupinen wachsen in jedem guten Gartenboden, am besten aber in nahrhafter, durchlässiger Erde. Sie bevorzugen volle Sonne, tolerieren aber auch leichten Schatten. Sie können stark unter Blattläusen leiden. Die meisten Gartenhybriden haben eine kurze Lebensdauer und werden am besten im Abstand von einigen Jahren im Frühjahr durch Aussaat oder grundständige Stecklinge ersetzt.

*Lupinus* ›Band of Nobles‹

**Farbmischungen** (oben)
Aussaat ist die einfachste Anzuchtmethode bei Lupinen. Es stehen verschiedene Farbmischungen zur Verfügung. ›Band of Nobles‹ ist eine schöne Mischung der Russell-Hybriden mit der ganzen Palette an möglichen Farben. ›Gallery‹ bietet ein ähnliches Farbspektrum, die Pflanzen sind aber erheblich kleiner.

**Einzelfarben**
Einzelfarben sind als benannte Formen oder Samen erhältlich, bei letzteren kann die Blütenfarbe jedoch variieren. Samenvermehrte Sorten sind ›The Pages‹ in Karminrot und ›Chandelier‹ in verschiedenen Gelbtönen. Zudem gibt es zweifarbige Sorten wie ›Noble Maiden‹ (weiß und creme) und ›The Governor‹ (blau und weiß).

## LUZULA
## Hainsimse

Diese Gattung grasähnlicher Binsen umfaßt ungefähr 40 Arten, von denen sich etwa die Hälfte in Kultur befindet. Sie sind nicht besonders spektakulär, aber gut für schattige Bereiche verwendbar. Ihre Blätter sind flach und riemenförmig und oft weiß behaart. Die Pflanzen bilden büschelartige Horste oder sich ausbreitende Teppiche.

Die Hainsimse wächst in jedem Boden, auch trockenem, an sonnigen und schattigen Plätzen. Vermehrt wird im Frühjahr durch Teilung.

***L. sylvatica***
Die Waldmarbel breitet sich langsam zu einer großen Kolonie aus und ist ein schöner Bodendecker. Sie wird bis zu 90 Zentimetern hoch. Im Frühjahr und im Frühsommer erscheinen bräunliche Blüten. Auch die Sorte ›Marginata‹ wächst langsam. Sie bildet reizvolle, dicke Horste aus breiten mittelgrünen Blättern, die behaarte, gelbweiße Ränder haben.

## LYCHNIS
## Lichtnelke

Lichtnelken sind anspruchslos und sehr dekorativ. Sie haben oft leuchtendgefärbte Blüten und können mit ihren roten, rosa oder orangen Tönen jede Rabatte beleben. Die Blüten haben manchmal bis zu 4 Zentimeter Durchmesser, andere sind erheblich kleiner und wirken nur in der Masse.

Lichtnelken wachsen in jedem Gartenboden, bevorzugen aber durchlässige Erde. Sie brauchen einen sonnigen Platz, und höhere Formen benötigen auch Stützen. Die Vermehrung erfolgt hauptsächlich durch Aussaat, eine Teilung ist jedoch ebenfalls möglich. Die meisten säen sich üppig aus, und man muß die welken Blüten entfernen, damit die Pflanzen sich nicht zu stark ausbreiten.

***L.* x *arkwrightii***
Diese kurzlebige Pflanze hat bronzefarben überhauchtes Laub und große leuchtendorange Blüten. Sie wird nur etwa 30 Zentimeter hoch und muß regelmäßig ersetzt werden, oft sogar jährlich.

***L. chalcedonica*** (oben rechts)
Die Brennende Liebe trägt kreuzförmige Blüten in leuchtendem Scharlachrot. Sie sind zwar sehr klein, stehen aber in dichten, etwa 10 Zentimeter breiten Dolden, die einen kräftigen Farbtupfen in der Rabatte entstehen lassen. Die Pflanzen bilden Büschel mit einer Höhe von ungefähr 1,2 Metern.

*Lychnis chalcedonica*

***L. coronaria***
Die Vexiernelke ist eine der beliebtesten Lichtnelken und hat wunderbare karminrote Blüten, die sich gut von den pelzigen silberfarbenen Blättern und Stengeln abheben. ›Atrosanguinea‹ hat noch dunklere magentarote Blüten. Die Sorte ›Alba‹ blüht in einem reinen Weiß, bei ›Oculata‹ entwickelt sich mit der Zeit ein rosa Auge. Die Pflanzen werden 75 Zentimeter hoch.

***L. flos-jovis***
Die Jupiterblume ist mit nur 45 Zentimetern niedriger als die oben genannten Arten. Ihre silberfarbenen Triebe und Blätter werden wunderbar durch die rosa Blüten ergänzt. Die Sorte ›Hort's Variety‹ hat ein besonders reines Rosa.

## LYSICHITON

Diese früher unter *Lysichitum* geführte kleine Gattung besteht aus nur zwei Arten, die auf jeweils einer Seite des Nordpazifiks wachsen. Ihre seltsamen Blüten erscheinen im Frühjahr vor den Blättern. Sie sind kolbenartig und von weißen oder gelben Spathen (Blütenscheiden) umgeben. Bald danach entwickeln sich die großen Blätter, die bis zu 1,2 Metern hoch werden. Unter guten Wachstumsbedingungen bilden diese Pflanzen große Kolonien.

Sie sollten in feuchter Erde wachsen, vorzugsweise in einem Sumpfgarten oder in der Nähe von Wasser. *Lysichiton* kann sowohl an einem sonnigen als auch leicht schattigen Platz stehen. Vermehrung erfolgt durch Samen.

***L. americanus***
Diese Art hat große gelbe Spathen und grüne Kolben. Die Blüten verströmen einen unangenehmen Geruch. Von den beiden Arten der Gattung trägt *L. americanus* die größeren Blätter. Er wird bis zu 1,2 Metern hoch.

***L. camtschatcensis*** (unten)
Diese Pflanze ist etwas kleiner und trägt reinweiße Spathen, in denen blaßgrüne Kolben sitzen. Die Blüten haben einen zarten, süßen Duft.

*Lysichiton camtschatcensis*

## LYSIMACHIA
### Felberich

Der Felberich ist eher eine robuste als außergewöhnliche Rabattenpflanze. Er entwickelt hohe weiße oder gelbe Blütenstände und muß mit Sorgfalt plaziert werden, da er sich durch Ausläufer manchmal wuchernd ausbreitet. Er wird etwa 1,2 Meter hoch und kann im hinteren Bereich der Rabatte einen Block bilden, wo er gut als Hintergrund oder Ergänzung für andere Pflanzen dient. Die Pflanze ist auch für den Schnitt geeignet.

Felberich mag feuchtigkeitshaltenden Boden und gedeiht am besten in feuchter Erde in der Nähe von Wasser. Er kann sowohl in der Sonne als auch im Schatten wachsen, blüht an sonnigen Plätzen jedoch besser. Man kann ihn leicht durch Teilung vermehren.

***L. clethroides***
Der Schneefelberich wird ungefähr 90 Zentimeter hoch und bildet einen ordentlichen Busch, über dem im Hochsommer wie ein Feuerwerk seine übergeneigten, kurzen, weißen Blütenstände erscheinen.

*Lysimachia ephemerum*

***L. ephemerum*** (oben)
Bei dieser Felberich-Art stehen die weißen Blütenstände aufrecht. Die einzelnen Blüten haben größere Abstände zueinander als bei *L. clethroides*, heben sich aber dennoch gut vor den blaugrün bereiften Blättern und Stengeln ab. Die Pflanze wird etwa 1 Meter hoch.

***L. punctata***
Der Goldfelberich wächst in Gräben und an nassen Plätzen und kann sich wuchernd ausbreiten. Sein Laub ist größer und nicht so interessant wie bei den anderen Arten der Gattung, als Ausgleich entwickelt er jedoch größere, leuchtendgelb gefärbte Blütenstände. Wenn er nicht strikt unter Kontrolle gehalten werden kann, pflanzt man ihn lieber in einen naturnahen Gartenbereich als in eine formale Rabatte. Er wird ungefähr 90 Zentimeter hoch.

## LYTHRUM
### Weiderich

Von den 35 Weiderich-Arten befinden sich nur zwei in Kultur, doch es gibt von ihnen viele Sorten. Alle sehen ähnlich aus und entwickeln hohe Blütenstände aus leuchtendpurpurfarbenen Blüten. Sie werden bis zu 1,2 Metern hoch. Weiderich bildet Büsche und eignet sich gut für den mittleren oder hinteren Bereich einer Rabatte.

Die Pflanze gedeiht am besten in sumpfigen Böden oder in Wassernähe, aber sie wächst auch in normaler Gartenerde, sofern sie reichlich Humus enthält. Man kann Weiderich an einen sonnigen oder leicht schattigen Platz setzen; er bevorzugt jedoch Sonne. Die Vermehrung erfolgt durch Teilung.

***L. salicaria*** (unten)
Der Blutweiderich hat schmale Blätter und trägt von Sommermitte an große, dichte Blütenstände aus purpurfarbenen Blüten. Die Sorte ›Feuerkerze‹ wird etwa 90 Zentimeter hoch und hat rosarote Blüten. ›Robert‹ ist niedriger und hat lachskarminrote Blüten.

*Lythrum salicaria* ›Robert‹

***L. virgatum***
Der Rutenweiderich unterscheidet sich vom oben genannten Blutweiderich nur wenig. Er hat eine schlankere und zartere Wuchsform, und seine Blüten sind nicht so leuchtend gefärbt wie bei *L. salicaria*. Von den verschiedenen erhältlichen Sorten hat ›Dropmore Purple‹ die kräftigste Blütenfarbe.

## MACLEAYA
### Federmohn

Die beiden Arten dieser Gattung eignen sich ausgezeichnet für große Rabatten. Sie werden etwa 2,5 Meter hoch und breiten sich rasch zu umfangreichen Kolonien aus. Die hohen Stengel und großen, reizvoll gelappten Blätter sind blaugrün oder graugrün, die rosa oder weißen petalenlosen Blüten sind klein, stehen jedoch in großer Zahl in lockeren, duftigen Rispen. Obwohl der Federmohn eine stattliche Höhe erreicht und sich daher am besten für den hinteren Bereich der Rabatte eignet, sollte man ihn so pflanzen, daß sowohl Blätter als auch Blüten gut sichtbar sind.

Federmohn gedeiht in jedem Gartenboden, bevorzugt aber leichte, durchlässige Erde. Er kann sowohl sonnig als auch halbschattig stehen und ist vollkommen winterhart. Außer an exponierten Plätzen braucht er keine Stützen. Die Vermehrung kann durch Wurzelschnittlinge oder Teilung erfolgen.

***M. cordata***
Diese Art hat blasse, beinahe weiße Blüten in lockeren Rispen und gilt allgemein als weniger wuchsfreudig als *M. microcarpa*, obwohl auch sie sich rasch ausbreitet. Bei der Sorte ›Flamingo‹ sind die Blüten rosa.

*Macleaya microcarpa*

***M. microcarpa*** (oben)
Diese Federmohn-Art ist *M. cordata* sehr ähnlich, doch ihre Blüten haben ein tieferes Rosa. Die am häufigsten gezogene Form ist ›Kelway's Coral Plume‹ mit, wie der Name andeutet, korallenfarbenen Blütenständen.

## MALVA
### Malve

Die mit der Stockrose verwandte Malve trägt ähnliche Blüten wie diese, doch sie sind erheblich kleiner und nicht so leuchtend gefärbt, was jedoch ihre Schönheit nicht schmälert. Die Pflanzen wachsen meist aufrecht und tragen gelappte Blätter. Da die Arten unterschiedliche Höhen haben, eignen sie sich für alle Bereiche in der Rabatte.

Malven wachsen in vielen Gartenböden, auch trockenen oder ausgelaugten Böden. In nährstoffarmer Erde erreichen einige Sorten allerdings nicht ihre ganze Höhe. Die Pflanzen bevorzugen volle Sonne und haben meist nur eine kurze Lebensdauer, doch einige säen sich selbst aus. Die Vermehrung erfolgt hauptsächlich durch Aussaat, es ist jedoch auch möglich, im Frühjahr Stecklinge zu nehmen.

*Malva alcea* ›Fastigiata‹

***M. alcea*** (oben)
Das Sigmarskraut erreicht 1,2 Meter Höhe und hat große rosa Blüten. Bei der alten Sorte ›Fastigiata‹ sind sie kräftiger gefärbt als bei der Art, und durch ihren aufrechten Wuchs hat sie eine ordentlichere Form.

***M. moschata***
Die Moschusmalve wird gern für romantische Gärten verwendet. Sie hat einen buschigen Wuchs und erreicht ungefähr 60 Zentimeter Höhe. Im Sommer ist sie über einen langen Zeitraum mit wunderschönen rosa Blüten bedeckt; ›Alba‹ ist eine äußerst reizvolle weiße Form. Die Blätter sind tief eingeschnitten und sehr dekorativ.

***M. sylvestris*** (unten)
Die Algiermalve unterscheidet sich stark von den anderen Arten der Gattung. Sie hat einen aufrechten Wuchs und purpurfarbene Blüten, die auffällig geadert sind. Von ihr wird hauptsächlich die Sorte ›Primley Blue‹ gezogen, die blauere Blüten hat und niedriger ist als die Art. Sie trägt runde, gelappte Blätter.

*Malva sylvestris* ›Primley Blue‹

## MATTEUCCIA
### Straußenfarn

Diese Gattung umfaßt nur drei Arten. Die wuchsfreudigen Farne bilden rasch große Kolonien. Jede Pflanze läßt einen Trichter aus tiefgeteilten Wedeln entstehen. In Gärten sieht man am häufigsten die Art *M. struthiopteris*, die blaßgrüne Wedel hat und sich kräftig ausbreitet. Sie wird bis zu 90 Zentimetern hoch. *M. pensylvanica* sieht sehr ähnlich aus, obwohl die Wedel ein dunkleres Grün haben und unter guten Bedingungen erheblich höher werden. Beide Arten brauchen Platz, um sich ausbreiten zu können.

Diese im Wald heimischen Farne lieben feuchten, humusreichen Boden und Streuschatten – ideal ist ein schattiges Bachufer. Vermehrung erfolgt durch Sporenaussaat oder Teilung.

## MECONOPSIS
**Scheinmohn**

*Meconopsis* ist eine große Gattung mit etwa 40 Arten, von denen sich die meisten in Kultur befinden. Die Mehrzahl blüht blau, doch gibt es auch gelbe, orangefarbene und rote Arten sowie weiße Sorten der blauen Formen. Die Blüten haben den gleichen papierartigen Charakter wie Mohnblüten und tragen in der Mitte ein Büschel aus goldfarbenen Staubgefäßen. Man kann den Scheinmohn als Solitärpflanze verwenden, am schönsten sieht er jedoch in Gruppen gepflanzt aus.

Scheinmohn braucht feuchten, kalkfreien Boden, der durch Hinzufügen von Humus geschaffen werden kann. Die Pflanze kann an einem offenen Platz in der Sonne wachsen, solange sie feuchte Erde hat, häufiger zieht man sie jedoch in leichtem Schatten. Am einfachsten ist die Kultur unter feuchten, geschützten Bedingungen. Vermehrung erfolgt durch Aussaat, eine Teilung ist auch möglich.

***M. betonicifolia***
Diese ursprünglich in Tibet beheimatete Scheinmohn-Art weckte das Interesse an der Gattung. Sie wird bis zu 1,5 Metern hoch. Die Form ›Alba‹ ist weißblühend.

***M. grandis*** (unten)
Diese Art wird ebenso hoch wie *M. betonicifolia* und sieht ihr so ähnlich, daß man die beiden oft verwechselt. Die Pflanze ist aber größer und trägt größere Blüten in einem kräftigeren Blau.

*Meconopsis grandis*

***M.* x *sheldonii***
Diese Kreuzung zwischen *M. betonicifolia* und *M. grandis* vereint die besten Eigenschaften beider Arten in sich. Auch sie blüht blau. Eine der schönsten Formen ist ›Ormswell‹.

## MELISSA
**Melisse**

Die drei Arten dieser Gattung sind Pflanzen mit einem unordentlichen Wuchs und gehören eher in den Kräutergarten als in die Rabatte. Kultiviert wird *M. officinalis* (unten), die Zitronenmelisse. Im Frühjahr und im Frühsommer hat sie hübsche kräftiggrüne Blätter, die stark nach Zitrone duften. Nachdem sich die kleinen weißen Blüten entwickelt haben, wird die Pflanze jedoch hochstielig und unattraktiv. Bei der Sorte ›Aurea‹ sind die grünen Blätter goldfarben gefleckt.

Zitronenmelisse wächst in jedem Gartenboden sowohl an sonnigen als auch schattigen Plätzen, doch im Schatten färbt sich die goldfarbene Form hellgrün. Die Blüten sollten gleich nach dem Welken entfernt werden, damit die Pflanzen sich nicht aussäen und ordentlich bleiben. Die Vermehrung erfolgt durch Teilung oder Aussaat.

*Melissa officinalis* ›Aurea‹

## MENTHA
**Minze**

Minze ist im Kräutergarten vielleicht besser aufgehoben als in der Rabatte, aber es gibt einige sehr reizvolle Formen, und solange man dafür sorgt, daß sie andere Pflanzen nicht bedrängen, können sie schöne Ergänzungen für den vorderen Bereich einer Rabatte sein. Man zieht Minze hauptsächlich wegen dem Duft und dem Aroma ihrer reizvollen Blätter. Die Blüten fallen gewöhnlich kaum auf, außer in Rabatten, die in zarten Farben gehalten sind. Die Pflanzen werden bis zu 45 Zentimetern hoch.

Minze gedeiht in jedem Gartenboden, am besten an feuchten Plätzen. Die Pflanze kann sowohl in der Sonne als auch in leichtem Schatten stehen. Um zu verhindern, daß sie sich zu stark ausbreitet, pflanzt man sie in einen Eimer ohne Boden, den man in die Erde einläßt, und entfernt Blütenstengel, bevor sie sich aussäen können. Die Vermehrung erfolgt durch Teilung.

*Mentha* x *gracilis* ›Variegata‹

**Buntlaubige Formen** (oben)
Für die Rabatte sind panaschierte Sorten am reizvollsten. *M.* x *gracilis* ›Variegata‹ (auch unter *M.* x *gentilis* ›Variegata‹ geführt) hat dunkelgrüne Blätter, die goldgelb geadert sind. *M. suaveolens* ›Variegata‹ trägt dagegen zartgrüne Blätter mit cremeweißer Zeichnung. Sie blüht allerdings nur selten.

## MERTENSIA

Eine große Pflanzengattung, die zunehmend in Kultur genommen wird, da ihr schönes blaugrünes Laub immer mehr Freunde findet. *M. virginica* (nächste Seite, oben links) wird schon lange in Gärten gezogen. Sie wird 60 Zentimeter hoch und hat wunderschönes blaugrünes Laub und leuchtendblaue Blüten, die als Knospen rosa sind; die Blüten bilden eine hübsche überhängende Doldentraube. Leider zieht sie nach Sommermitte ein, und man muß lange warten, bis sich schließlich im Frühjahr wieder neue Blätter und Blüten zeigen.

Die genannte Art braucht feuchten, humusreichen, waldigen Boden und einen kühlen, schattigen Platz im Garten, um gut gedeihen zu können. Die Pflanze wird im Frühjahr entweder durch Aussaat oder Teilung vermehrt.

*Mertensia virginica*

## MILIUM
**Flattergras**

Von dieser kleinen Gattung aus Gräsern befindet sich nur *M. effusum* (in seiner Form ›Aureum‹) allgemein in Kultur. Diese Sorte ist wunderschön und bildet Horste, statt sich rasch auszubreiten. Ihre schmalen Blätter lassen eine niedrige goldgelbe Fontäne entstehen, aus der sich zarte, duftige, blaßgrüne Blütenstände erheben. Die Pflanze sieht im Frühjahr am schönsten aus, wenn sie in schattigen Bereichen einen leuchtenden Farbkontrast bietet; in der späteren Wachstumsperiode kann sie etwas grüner werden, obwohl sie ihre Farbe gewöhnlich gut bewahrt.

Das Flattergras gedeiht in jedem Gartenboden. An einem leicht schattigen Standort entwickelt es sich jedoch am schönsten. Zur Vermehrung kann man es teilen, doch es sät sich auch selbst aus. Die entstehenden Pflanzen sind für die meisten Zwecke geeignet.

## MIMULUS
**Gauklerblume**

Dies ist eine umfangreiche Gattung, von der sich viele Arten in Kultur befinden. Eine große Zahl wird einjährig behandelt und jedes Jahr neu gezogen. Als Staude wird gewöhnlich *M. cardinalis*, die scharlachrote Gauklerblume (unten), kultiviert. Sie wächst aufrecht, wird etwa 90 Zentimeter hoch, hat behaartes Laub und die charakteristischen Blüten der Gattung. Die Blüten sind zumeist scharlachrot, es gibt aber auch gelbe oder rosa Sorten sowie Mischungen.

Da diese Pflanzen feuchten Boden mögen, gedeihen sie am besten in einem Sumpfgarten oder in der Nähe von Wasser. Sie sehen an diesen Plätzen auch am schönsten aus, vor allem an einer niedrigen Uferböschung. Sie können sonnig oder leicht schattig stehen. Nach der Blüte schneidet man sie zurück, um die Entwicklung weiterer Blüten anzuregen. Die Pflanze kann auf unterschiedliche Art vermehrt werden: entweder durch Stecklinge oder Teilung; es ist jedoch auch eine Aussaat möglich.

*Mimulus cardinalis*

## MISCANTHUS
**Chinaschilf**

Gattung aus etwa 17 Gras-Arten, von denen verschiedene im Garten gezogen werden. Es sind meist hohe, stattliche Gräser, die spektakulär wirken, wenn sie jenseits eines Rasens oder am Rand eines Teiches stehen, doch sie können ebensogut in der Staudenrabatte Verwendung finden und sie durch Höhe und Bewegung bereichern. Diese Gräser bilden Horste und breiten sich nur langsam aus. Die Blätter sind flach und schilfartig und haben eine steife, aufrechte Wuchsform. An normalerweise festen Trieben, die über das Laub ragen, erscheinen dekorative Blütenstände.

Chinaschilf wächst in fast allen Gartenböden, auch trockenen, und wie die meisten Gräser bevorzugt es einen sonnigen Platz. Im Spätwinter schneidet man die letztjährigen Triebe zurück, bevor das neue Wachstum beginnt. Vermehrung erfolgt im Frühjahr durch Teilung.

*Miscanthus sinensis* ›Kleine Fontäne‹

***M. sinensis*** (oben)
Diese Chinaschilf-Art liefert die meisten in Kultur befindlichen Sorten, die in der Mehrzahl 1,8 Meter hoch werden. Bei ›Goldfeder‹ haben die rosa Blütenstände einen goldfarbenen Schimmer, ›Silberfeder‹ bietet wunderbar silbrig-rosa Effekte. ›Kleine Fontäne‹ trägt rosa Blüten und wird nur 1,2 Meter hoch. Die Sorte ›Malepartus‹ hat breite Blätter mit einer silberfarbenen Mittellinie. Bei ›Morning Light‹ ist das Laub panaschiert. Die Blätter von *M. sinensis* var. *purpurascens* verändern im Laufe der Wachstumsperiode ihre Farbe und sind schließlich purpurbraun mit einer deutlichen Mittelrippe; die Pflanze wird nur 1,5 Meter hoch. ›Variegatus‹ hat breite weißpanaschierte Blätter. ›Zebrinus‹ ist eine unverwechselbare Pflanze mit locker überhängendem Laub und einer breiten, gelben Querzeichnung auf den Blättern.

## MOLINIA
### Pfeifengras

Von den drei Arten dieser kleinen Gräser-Gattung findet man in Gärten hauptsächlich *M. caerulea*. Mit seinen fedrigen bläulich-violetten Blütenähren erreicht es 60 Zentimeter Höhe. ›Variegata‹ (unten) ist eine der bekanntesten Sorten. Ihre ausladenden Blätter haben eine cremefarbene Zeichnung und nehmen im Herbst helle Brauntöne an. Die schöne Pflanze eignet sich gut dafür, dunkle Ecken im Garten aufzuheitern.

Pfeifengras gedeiht in vielen Böden, auch sumpfigen, braucht jedoch Sonne. Bevor es neu austreibt, schneidet man im Spätwinter abgestorbene Blätter und Stengel zurück. Vermehrt wird im Frühjahr durch Teilung.

*Molinia caerulea* ›Variegata‹

## MONARDA
### Indianernessel

Indianernesseln sind faszinierende Pflanzen mit hinreißenden Quirlen aus taubnesselähnlichen Blüten in leuchtendem Rot, Rosa oder Purpur. In Gruppen gepflanzt, sehen sie schöner aus als einzeln. Viele haben zudem duftende Blätter, die seit Jahrhunderten für Tees und Heiltränke verwendet werden. Es ist eine gute Idee, Indianernesseln so zu pflanzen, daß man im Vorbeigehen nach einigen Blättern greifen kann, um sich an ihrem Duft zu erfreuen.

Die meisten Indianernesseln mögen einen sonnigen Platz und nahrhafte Erde, die feucht bleibt. Doch die Pflanzen zehren den Boden bald aus, und dann muß man sie herausnehmen, teilen und die Erde anreichern, bevor man sie neu pflanzt. Viele Indianernesseln können unter Echtem Mehltau leiden, vor allem bei trockenem Wetter. Vermehrung erfolgt durch Teilung.

*Monarda didyma*

**Arten** (oben)
Obwohl die Hybriden am häufigsten gezogen werden, verdienen auch einige Arten einen Platz in der Rabatte. *M. didyma* wird etwa 90 Zentimeter hoch und hat stark duftendes Laub und leuchtendrote Blüten. Durch eine Kreuzung dieser Art mit der trockenheitsresistenteren *M. fistulosa* sind die meisten Hybriden entstanden. *M. punctata* hat blaßgelbe Blüten, die purpurbraun getupft sind und von rosa Hüllblättern umgeben sind.

**Rote Sorten**
Aus *M. didyma* sind einige sehr reizvolle rotblühende Sorten hervorgegangen. ›Adam‹ blüht leuchtendkirschrot, die altmodische ›Cambridge Scarlet‹ etwas dunkler. Eine noch dunklere Farbe hat ›Mahogany‹, bei der die Blüten ins Braune gehen.

**Purpurfarbene Sorten**
›Blaustrumpf‹ blüht ungeachtet ihres Namens dunkellila, ›Loddon Crown‹ kräftig purpurrot, ›Prärienacht‹ purpurlila.

**Rosa Sorten**
Viele der rosablühenden Formen befinden sich schon seit langem in Kultur. Eine beliebte alte Sorte ist ›Croftway Pink‹ mit zartrosa Blüten. ›Beauty of Cobham‹ blüht in ganz blassem Rosa, ›Pink Tourmalin‹ ist dunkler.

**Weiße Sorten**
Weißblühende Formen scheinen nicht so kräftig zu wachsen wie andere Farben. Schöne Sorten sind ›Ou Charm‹ und ›Schneewittchen‹. ›Ou Charm‹ ist niedriger und trägt einen Hauch von Rosa auf ihren Blüten.

## MORINA

Obgleich dies eine faszinierende Pflanzengattung ist, wird hauptsächlich nur die Art *M. longifolia* (unten), die Kardendistel, gezogen. Sie sieht der Eberwurz ähnlich, ist aber nicht mit ihr verwandt. Die Kardendistel bildet eine Rosette aus langen, dunkelgrünen, dornig gezähnten Blättern, die einen Duft verströmen, wenn man sie zerdrückt. Aus ihnen erhebt sich ein bis zu 90 Zentimetern hoher Schaft mit Blütenähren, die zunächst blaßrosa sind, sich aber nach der Befruchtung dunkler färben. Diese großartigen Pflanzen lenken in der Rabatte stets die Aufmerksamkeit auf sich.

Kardendisteln müssen sorgfältig gepflanzt werden, sonst haben sie nur eine kurze Lebensdauer. Ihnen behagt Boden, der nicht austrocknet, aber dennoch durchlässig ist. Die Pflanzen können sowohl an sonnigen als auch schattigen Plätzen stehen und werden normalerweise durch Aussaat vermehrt, doch man kann sie auch behutsam teilen.

*Morina longifolia*

## NEPETA
### Katzenminze

Katzenminze ergänzt die Sommerrabatte durch hübsche blaue Blütenschleier und eignet sich ausgezeichnet für zarte, romantische Farbkompositionen. Sie hat einen weichen Wuchs und blaue oder purpurfarbene Blüten, die meist im Sommer erscheinen. Das Laub ist dem der Nessel ähnlich und grün oder zart graugrün, und oft duftet es. Einige der größeren Formen eignen sich für einen Platz im hinteren Rabattenbereich, die Mehrzahl verwendet man jedoch am besten als Einfassungspflanzen.

Alle Katzenminzen mögen leichten, durchlässigen Boden, und die Mehrzahl braucht einen offenen, sonnigen Platz. Nach der ersten Blüte schneidet man die Pflanzen zurück, um eine zweite Blüte oder die Entwicklung neuer Blätter anzuregen. Die Vermehrung erfolgt durch Teilung oder, bei nicht benannten Formen, durch Aussaat.

***N. cataria***
Diese Pflanze hat einen unordentlichen Wuchs, weiße Blüten und duftet stark. Sie ist bei Katzen sehr beliebt, die an den Trieben knabbern und sich in den Pflanzen wälzen, was ihre Kultur ziemlich schwierig macht.

***N.* x *faassenii***
Die verbreitetste Form der Katzenminze, die als dekorative Einfassungspflanze verwendet wird. Mit ihren grauen Blättern und blaßlilablauen Blüten wirkt die Pflanze zart und diffus. Sie kann bis zu 60 Zentimetern hoch werden, wenn die weichen Stengel eine ausreichende Stütze erhalten. ›Snowflake‹ ist eine weißblühende Form.

***N. govaniana*** (oben links)
Die einzige in Kultur befindliche Katzenminze mit gelben Blüten, die allerdings in freier Natur häufig auch blau blüht. Ihre hohen, duftigen Stengel können 90 Zentimeter und mehr erreichen. Dies ist auch die einzige Art der Gattung, die an schattigen Standorten gedeiht. *N. govaniana* mag darüber hinaus auch

*Nepeta govaniana*

feuchtere Erde als die anderen Katzenminzen-Arten und -Sorten.

***N. nervosa***
Eine niedrige Art mit dichten leuchtendblauen Blütenständen und auffällig geaderten Blättern. Obwohl sie eigentlich 60 Zentimeter hoch werden kann, bleibt sie häufig niedriger und ist daher eine geeignete Pflanze für den vorderen Bereich der Rabatte.

***N. sibirica***
Bei dieser Katzenminzen-Art spielen auch die Blüten eine Rolle. Die Pflanze wird 90 Zentimeter hoch und trägt relativ große blaue Blüten über frischgrünem Laub. Die Sorte ›Souvenir d'André Chaudron‹ ist niedriger als die Art und blüht bis in den Herbst.

***N.* ›Six Hills Giant‹**
Dies ist eine alte Sorte, die 90 Zentimeter hohe Triebe mit aromatischem grauem Laub und Wolken aus lavendelblauen Blüten entwickelt. Sie wird größer als vergleichbare Sorten, und ihre zwanglose Wuchsform kann ein Stützen erforderlich machen.

## OENOTHERA
### Nachtkerze

Nachtkerzen tragen Blüten, die nur einen Tag, oder in vielen Fällen nur eine Nacht, halten, aber sie haben viele Knospen und blühen über einen langen Zeitraum während des Sommers und bis in den Herbst. Die großen, schalenförmigen Blüten sind gelb, weiß oder rosa und scheinen im Abendlicht zu leuchten. Dieses Leuchten lockt, zusammen mit ihrem Duft, Nachtfalter an, die die Blüten bestäuben. Die Pflanzen haben unterschiedliche Größen: Manche sind niederliegend und werden deshalb am besten an den Vorderrand der Rabatte gesetzt, andere erreichen bis zu 1,2 Meter Höhe oder mehr und sollten im hinteren Bereich der Rabatte stehen.

Nachtkerzen gedeihen in durchlässiger Erde, die nicht zu nahrhaft ist, und an einem sonnigen Platz besonders gut. Kräftige Arten haben selbst Halt, andere klettern an Nachbarpflanzen oder brauchen eine andere Form der Stütze. Sie werden hauptsächlich im Frühjahr oder im Herbst durch Teilung oder Aussaat vermehrt; man kann im Spätfrühjahr auch Stecklinge nehmen.

*Oenothera fruticosa* ›Fyrverkeri‹

***O. fruticosa*** (oben)
Von dieser Art werden vor allem zwei ihrer besser bekannten Formen gezogen. ›Fyrverkeri‹ hat leuchtendgelbe Blüten, die als Knospen rot sind, und purpurfarben überhauchtes Laub. *O. fruticosa* var. *glauca* (auch als *O. tetragona* geführt) hat gelbe Blüten und purpurfarbenes Laub, das unterseits blaugrün ist. Beide werden etwa 45 Zentimeter hoch.

***O. macrocarpa***
Auch als *O. missouriensis* bekannt. Diese kriechende Pflanze hat etwa 30 Zentimeter Höhe und große gelbe Blüten, die sich am Abend öffnen.

***O. pallida***
Diese Art öffnet ihre Blüten ebenfalls am Abend. Sie wird etwa 50 Zentimeter hoch. Die duftenden weißen Blüten werden später rosa.

*Oenothera perennis*

***O. perennis*** (oben)
Die mitunter als *O. pumila* geführte Art trägt gelbe Blüten, die während des Tages erscheinen. Sie wird ungefähr 45 Zentimeter hoch.

***O. speciosa***
Eine Pflanze, die sich durch unterirdische Rhizome ausbreitet und wuchern kann. Sie wird etwa 45 Zentimeter hoch und hat schmale gräuliche Blätter. Am Tage öffnet sie wunderschöne weiße Blüten. Die Sorte ›Rosea‹ blüht rosa.

## OMPHALODES

Es lohnt sich, diese Pflanzen zu ziehen, da sie im Frühjahr für eine fröhliche Note sorgen. Ihre reizenden leuchtendblauen Blüten, die denen der Vergißmeinnicht ähneln, sind stets eine willkommene Erinnerung, daß der Sommer nicht mehr weit ist. Im Laufe der Zeit bilden diese niedrigen Pflanzen einen Teppich aus grünem Laub. In der Rabatte können sie zwischen anderen Pflanzen wachsen, insbesondere vorne im Beet, aber auch im hinteren Bereich, wo sie nach der Blüte verdeckt werden.

*Omphalodes* gedeiht in jedem Gartenboden, auch sehr trockenem. Sie bevorzugt Halbschatten, der von anderen Stauden oder Bäumen und Sträuchern gespendet wird. Vermehrung erfolgt durch Teilung oder Aussaat.

***O. cappadocica***
Dies ist die höhere der beiden Arten, die gewöhnlich in Gärten gezogen werden. Sie wird etwa 25 Zentimeter hoch und trägt über den Blättern lockere blaue Blütentrauben.

***O. verna*** (unten)
Das Gedenkemein ist insgesamt kleiner als *O. cappadocica* und entwickelt zudem weniger Blüten, ist aber dennoch ein reizvoller Bodendecker. Die himmelblauen Blüten haben ein weißes Auge. Die Pflanze bevorzugt etwas feuchtere Erde.

*Omphalodes verna*

## ORIGANUM
## Dost

Es befinden sich verschiedene Doste in Kultur, von denen die Mehrzahl im Kräuter- oder Steingarten gezogen wird. Einige eignen sich aber auch ausgezeichnet für die Rabatte, und obwohl es sich um Zierpflanzen handelt, haben sie die aromatischen Qualitäten der Küchenkräuter bewahrt. Sie tragen rosa, purpurfarbene oder weiße Blüten, die im Spätsommer und Herbst in lockeren Büscheln über den Blättern stehen und bei Schmetterlingen sehr beliebt sind.

Dost gedeiht in jedem durchlässigen Boden an einem sonnigen Platz. Da er sich üppig aussät, sollten die Blüten nach dem Welken entfernt werden. Vermehrung ist durch Teilung oder Aussaat möglich.

***O. laevigatum***
Diese Dost-Art bietet großartige Rabattenpflanzen mit aufrechten Trieben von über 45 Zentimeter Höhe. An ihnen stehen duftige purpurfarbene Blüten. Es gibt mehrere schöne Formen; eine der schönsten ist ›Herrenhausen‹ mit dunkelpurpurfarbenen Blüten.

*Origanum vulgare* ›Aureum‹

***O. vulgare* ›Aureum‹** (oben)
Dies ist eine goldblättrige Form des Gemeinen Dostes, die im Frühjahr goldfarbenes Laub trägt. Einige Klone bleiben goldfarben, die meisten färben sich jedoch später im Jahr grün. Die weißen Blüten werden oft entfernt, da diese Sorte hauptsächlich wegen ihrer Blätter gezogen wird.

## OSMUNDA
## Königsfarn

Die Gattung *Osmunda* ist Gärtnern vor allem durch *O. regalis*, den Königsfarn, (nächste Seite, oben links) bekannt. Es ist ein unverwechselbarer, horstiger Farn, der große Wedel mit breiten, hellgrünen, ledrigen Fiederblättern besitzt. In der Mitte der Pflanze sehen die Wedel anders aus: Sie sind rostigbraun und schrumpelig. Dies sind die sporentragenden Wedel. Unter guten Wachstumsbedingungen erreicht die Pflanze 1,8 Meter Höhe, manchmal sogar noch mehr.

Der Königsfarn braucht feuchten Boden, wie man ihn in einem Sumpfgarten oder in Wassernähe findet. Bei ausreichender Feuchtigkeit kann er auch an einem offenen Platz stehen, sonst braucht er leichten Schatten. Vermehrt wird durch Sporenaussaat oder Teilung.

*Osmunda regalis*

## PAEONIA
## Pfingstrose

Pfingstrosen gehören zu den wichtigsten Pflanzen in Frühjahrs- und Frühsommerrabatten. Ihr buschiger Wuchs sorgt für Substanz, ihre Blüten für Farbe im Garten. Die Blüten der Arten und vieler Cultivare sind ungefüllt und schalenförmig und tragen in der Mitte ein Büschel typischer Staubgefäße. Andere Sorten haben die gleiche Form, doch dichtgefüllte oder gefranste Blüten, wobei die äußeren Petalen die gleiche oder eine kontrastierende Farbe haben können. Das Laub ist oft reizvoll, vor allem während des Frühjahrs, aber auch später im Jahr, wenn es sich herbstlich färbt. Im Vergleich zu anderen Stauden werden Pfingstrosen mit höchstens 90 Zentimetern nicht sehr hoch. Sie stehen deshalb am besten in der vorderen Hälfte der Rabatte, vielleicht zusammen mit Pflanzen, die später im Jahr blühen.

Pfingstrosen behagt tiefgründiger, nährstoffreicher Boden mit viel Humus. Ihre Wurzelhälse sollten nicht tiefer als 2,5 Zentimeter unter der Erdoberfläche sitzen. Die Pflanzen wachsen viele Jahre, ohne aus dem Boden genommen werden zu müssen. Sie gedeihen am besten an sonnigen Plätzen. Die Vermehrung erfolgt zur Pflanzzeit durch Teilung; Arten können jedoch auch aus Samen gezogen werden.

**Ungefüllte Formen** (unten)
›Coral Charm‹ hat korallenrosa Blüten, die im Knospenstadium dunkler sind. ›Emblem‹ blüht kastanienrot. ›Patriot‹ hat charakteristische tiefbraun-karminrote, ›White Wings‹ große, reinweiße Blüten. Die fast unaussprechliche *P. mlokosewitschii* ist eine der am frühesten blühenden Pfingstrosen-Arten mit einem wunderschönen reinen Gelb. Großartig anzusehen ist auch die dunkelrotblühende *P. tenuifolia*, die zudem äußerst reizvoll zerschlitztes Laub hat.

*Paeonia* ›White Wings‹

**Gefüllte Formen**
*P. officinalis* ›Alba Plena‹ und ›Duchesse de Nemours‹ haben beide gefüllte weiße Blüten, letztere verströmt einen besonders intensiven Duft im Garten. ›Festiva Maxima‹ trägt weiße Blüten mit karminroten Flecken. ›Inspecteur Lavergne‹ ist scharlachrot, ›Felix Crousse‹ blüht karminrot. Die Blüten von ›Monsieur Jules Elie‹ haben ein zartes silbriges Rosa, während ›Rosa Superba Plena‹ leuchtendrosa und ›Rubra Plena‹ karminrot blüht. Die Sorte ›Sarah Bernhardt‹ blüht in einem wunderschönen Rosa und ist eine der beliebtesten Pfingstrosen.

**Edelpfingstrosen**
Alle diese Formen haben Blüten, die sehr an die von Anemonen erinnern. ›Bowl of Beauty‹ trägt große Blüten, die außen tiefrosa und innen cremeweiß sind. Die Sorte ›Evening World‹ sieht ähnlich aus, doch die äußeren Petalen sind blaßrosa gefärbt.

## PAPAVER
## Mohn

Mohn ist seit langem eine beliebte Gartenpflanze. Seine Blüten sind zwar nur kurzlebig, haben aber oft leuchtende Farben, und selbst die zarteren Rosa- und Weißtöne sind sehr hübsch. Die meisten Rabattenformen wurden aus *P. orientale*, dem Türkenmohn, gezüchtet. Sie haben große, papierartige Blüten, die in der Mitte oft schwarz oder purpurfarben gefleckt sind, mit einem großen Büschel aus schwarzen Staubgefäßen.

Mohn kann in den meisten Gartenböden wachsen, fühlt sich aber in nahrhafter, durchlässiger Erde am wohlsten und sollte in voller Sonne stehen. Viele Formen brauchen Stützen. Nach der Blüte schneidet man die Pflanze zurück, um die Entwicklung neuer Blätter, die behaart und tief eingeschnitten sind, anzuregen. Zur Vermehrung nimmt man im Frühwinter Wurzelschnittlinge.

*Papaver orientale* ›Perry's White‹

**Weiße Sorten** (oben)
›Black and White‹ hat weiße Petalen, von denen jedes an der Basis einen schwarzen Fleck trägt. Bei ›Perry's White‹ sind die Petalen weiß mit purpurbraunem Fleck.

**Rosa Sorten**
›Mrs. Perry‹ hat blaßlachsrosa Blütenblätter mit schwarzen Flecken. ›Cedric Morris‹ ist blaßrosa mit einer sehr großen schwarzen Mitte. Die Blüten von ›Turkish Delight‹ sind blaßlachsrosa und ungefleckt.

**Rote Sorten**
›Beauty of Livermere‹ hat riesige, leuchtendscharlachrote Blüten mit schwarzen Flecken. ›Patty's Plum‹ (auch als ›Mrs. Marrow's Plum‹ geführt) blüht dunkelpurpurfarben.

*Papaver orientale* ›Curlilocks‹

**Orangefarbene Sorten** (oben)
›Allegro‹ trägt leuchtendscharlachorange Blüten und grobe, behaarte Blätter. ›Curlilocks‹ hat gefranste, leuchtendorangerote Petalen mit schwarzen Flecken. ›Doubloon‹ ist eine frühblühende, gefüllte orangefarbene Sorte.

## PATRINIA
### Goldbaldrian

Diese Gattung besteht aus etwa 15 Arten, von denen drei in Kultur gezogen werden. Sie sind eng mit dem Baldrian verwandt und haben lockere Stände aus kleinen Blüten, die weder weiß noch rosa, sondern meist gelb sind. Die Pflanzen sind eine hübsche Ergänzung für den Steingarten und breiten sich kriechend aus, wobei sie große Horste oder eine kleine Kolonie bilden.

Goldbaldrian wächst normalerweise in feuchten Waldböden und leichtem Schatten. Er kann durch Teilung oder Aussaat vermehrt werden.

***P. scabiosifolia***
Dies ist mit bis zu 90 Zentimetern eine der höheren Formen und trägt im Sommer gelbe Blüten. Sie bevorzugt einen offeneren, sonnigeren Platz als *P. gibbosa* und *P. triloba*, die beiden anderen ähnlichen Arten, die man häufiger sieht.

## PENNISETUM
### Federborstengras

Die Mitglieder dieser großen Gattung einjähriger Gräser und Stauden kommen hauptsächlich aus tropischen Gegenden, doch einige eignen sich auch für die Kultur in gemäßigteren Zonen. Sie werden nicht so sehr ihrer Blätter wegen gezogen, sondern mehr wegen ihrer weichen, zylindrischen Blütenähren, die wie Flaschenbürsten aussehen. Mit 45 bis 150 Zentimetern haben die Pflanzen eine sehr unterschiedliche Höhe, so daß es sowohl Formen für den vorderen als auch den hinteren Bereich der Rabatte gibt.

Federborstengras bevorzugt leichten, durchlässigen Boden und, wie die meisten Gräser, einen offenen, sonnigen Platz. Im Winter oder zu Frühjahrsbeginn sollte es zurückgeschnitten werden, bevor das Wachstum wieder einsetzt. Die Vermehrung erfolgt im Frühjahr durch Teilung oder durch Aussaat.

***P. alopecuroides***
Dies ist mit 90 Zentimetern eine der höheren Arten. Das Laub ist nicht besonders bemerkenswert, doch die bläulichen Blütenstände sind hinreißend und ziehen die Aufmerksamkeit auf sich. Leider entwickeln sie sich nur nach einem warmen Sommer. Im Winter färbt sich die ganze Pflanze gelbbraun. ›Hameln‹ ist eine besonders schöne frühblühende Form.

***P. setaceum***
Diese Federborstengras-Art ist nicht so winterhart wie *P. alopecuroides*. Ihre Blütenfarbe reicht von Rosa bis Purpur. Bei der Form ›Rubrum‹ sind Blüten und Blätter hellrosa; beide färben sich im Winter hellbraun.

## PENSTEMON
### Bartfaden

Der Bartfaden ist mit seinen leuchtenden, fröhlichen Blüten, die über einen langen Zeitraum blühen, eine äußerst nützliche Pflanze für die Sommerrabatte. Er sieht flächig oder in kleinen Gruppen gepflanzt wunderschön aus und läßt sich leicht vermehren. *Penstemon* ist eine große Gattung, von der sich zahlreiche Arten in Kultur befinden. Viele sind klein und werden im Steingarten gezogen, aber ebenso viele haben eine ausreichende Höhe, um in der Rabatte wachsen zu können, und leisten dort einen wertvollen Beitrag. Die Blüten sind trichterförmig, und ihre Farbe reicht von Blau über Purpur und Rot bis Weiß. Die meisten sind zweifarbig und haben einen kontrastierenden, häufig weißen Schlund. Die Blätter sind zugespitzt und hell- bis dunkelgrün, haben aber immer eine frische Wirkung; darüber hinaus bringen sie die Blüten gut zur Geltung. Die Pflanzen werden 60 bis 90 Zentimeter hoch.

Bartfaden gedeiht in den meisten Gartenböden, bevorzugt aber durchlässige Erde. Man kann ihn in ganz leichtem Schatten ziehen, die meisten Formen mögen einen warmen, sonnigen Platz jedoch lieber. Die Pflanzen sind gut durch Stecklinge zu vermehren, manche lassen sich jedoch auch behutsam teilen. Nicht alle Bartfaden-Arten und -Sorten sind vollkommen winterhart, daher ist es sicherer, wenn man einige Stecklinge nimmt und sie überwintert.

*Penstemon* ›White Bedder‹

**Weiße Sorten** (oben)
›White Bedder‹ ist eine der wenigen einfarbigen Sorten. Wie der Name vermuten läßt, blüht die Pflanze weiß, sie wirkt jedoch durch die dunklen Staubbeutel leicht gefleckt.

**Rosa Sorten** (unten)
›Beech Park‹ (manchmal auch unter der Bezeichnung ›Barbara Parker‹ geführt) hat große Blüten in Cremefarben und Weiß, die am Blattrand rosa überhaucht sind. Die Sorte ›Hidcote Pink‹ trägt zartrosa Blüten, die zum Schlund hin etwas blasser werden und rot geadert sind. ›Mother of Pearl‹ hat kleinere Blüten in Perlmuttrosa und Weiß.

*Penstemon* ›Hidcote Pink‹

**Rote Sorten**
›Andenken an Friedrich Hahn‹ (auch unter der Bezeichnung ›Garnet‹ geführt) hat purpurscharlachrote Blüten. ›Chester Scarlet‹ blüht scharlachrot. ›Schönholzeri‹ hat kleinere Blüten in leuchtendem Scharlachrot.

**Purpur- und fliederfarbene Sorten**
›Alice Hindley‹ hat große Blüten in zartem Lila, das nach innen zu etwas blasser wird. ›Sour Grapes‹ trägt kleine Blüten mit tiefvioletten Petalen, die im Schlund heller sind. Die Sorte ›Stapleford Gem‹ sieht ähnlich wie ›Sour Grapes‹ aus, ist aber blasser.

**Arten**
Auch viele Arten der Gattung eignen sich für die Kultur im Garten. *P. barbatus* hat kleine rote Blüten mit gelbem Bart. Von dieser Art werden einige Sorten gezogen, unter ihnen die weniger bekannte ›Elfin Pink‹ mit kleinen rosa Blüten. *P. digitalis* trägt seinen Namen aufgrund der Ähnlichkeit mit dem Fingerhut *(Digitalis)*. Bei der Form ›Husker's Red‹ ist das Laub dunkelpurpurrot überlaufen, während die Blüten ein sehr blasses Rosa haben. *P. heterophyllus* ist eine strauchige Pflanze, deren Blüten von Purpur bis Leuchtendblau reichen. *P. pinifolius* ist eine niedrige Form, die sich nur für den Vorderrand der Rabatte und den Steingarten eignet. Sie hat schmale, nadelähnliche Blätter und kleine, schmale Blüten, die orangefarben sind. Darüber hinaus gibt es die Form ›Meresa Yellow‹ mit gelben Blüten, für Bartfaden eine sehr ungewöhnliche Farbe.

## PEROVSKIA

Diese kleine Gattung besteht aus salbeiähnlichen Pflanzen, bei denen es sich strenggenommen um Sträucher und Halbsträucher handelt. Die einzige allgemein kultivierte Art ist *P. atriplicifolia*, ein holziger Halbstrauch, der gewöhnlich wie eine Staude behandelt und im Winter zurückgeschnitten wird. Er hat hübsches fedriges Laub, das mit weichen, weißen Haaren bedeckt ist und die Pflanze grau und zart wirken läßt. Seine blaßblauen Blüten erscheinen vom Spätsommer an und stehen in Quirlen an den ausladenden Zweigen, wodurch das schemenhafte Aussehen der Pflanze noch verstärkt wird. Die Pflanze wird bis zu 1,5 Metern hoch. Die Sorte ›Blue Spire‹ (unten) hat besonders fein geteiltes Laub.

*Perovskia* bevorzugt durchlässigen Boden und einen warmen, sonnigen Platz. Trotz der Höhe, die sie erreicht, braucht sie keine Stütze. Vermehrung erfolgt im Frühjahr durch grundständige Stecklinge.

*Perovskia atriplicifolia* ›Blue Spire‹

## PERSICARIA
### Knöterich

Vielen Gärtnern ist diese Gattung, die mindestens 150 sehr unterschiedliche Arten umfaßt, unter dem Namen *Polygonum* vertrauter, und in den meisten Gärtnereien werden ihre Arten noch unter diesem Namen geführt. Die Gattung enthält viele großartige Pflanzen für den Staudengarten, wenngleich einige sich sehr ausbreiten und für einen naturnaheren Bereich des Gartens besser geeignet sind.

Ihre Höhe reicht von nur 30 Zentimeter hohen Teppichen bis zu Kolonien von über 1,8 Metern. Die Blüten stehen meist in dichten, zylinder- oder kugelförmigen Blütenständen und haben eine Vielzahl von Rosatönen. Häufig lassen die Blätter eine dichte Bodenbedeckung entstehen.

Die Pflanzen wachsen in fast jedem Gartenboden, am besten aber in leicht feuchter Erde. Sie gedeihen sowohl in der Sonne als auch im Schatten und können jederzeit zwischen Herbst und Frühjahr gepflanzt werden. Da sich die meisten ausbreiten, kann man sie am einfachsten durch Teilung vermehren.

*Persicaria amplexicaulis*

***P. amplexicaulis*** (oben)
Diese Art ist eine der besten Rabattenformen. Sie bildet dichte Horste mit ampferähnlichen Blättern, aus denen sich drahtige Stengel mit schmalen rosa oder roten Blüten erheben. Sie wird 1,2 Meter hoch und breitet sich aus, doch nicht so schnell wie einige ihrer Verwandten. Die Sorte ›Firetail‹ hat große karminrote Blütenstände.

***P. bistorta***
Der Wiesenknöterich kann zwar in der normalen Rabatte wachsen, kommt in einem Sumpfgarten oder in der Nähe von Wasser aber wesentlich besser zur Geltung. Er wird bis zu 75 Zentimetern hoch und trägt leuchtendrosa Blüten, die sich gut von den frischgrünen, großen Blättern abheben. Er bildet schnell umfangreiche Kolonien von über 90 Zentimeter Durchmesser. Die Form ›Superba‹ trägt größere Blüten als die Art.

***P. campanulata***
Diese Pflanze breitet sich bis zu 60 Zentimetern und mehr aus und kann stark wuchern. Sie trägt über lange Zeit winzig kleine Glockenblüten, und auch das charakteristisch geaderte Laub ist sehr dekorativ. Die Pflanze braucht einen feuchten Platz und erreicht eine Höhe von bis zu 1,2 Metern.

***P. virginiana***
Diese Art wird fälschlicherweise oft unter *Tovara* geführt, meist als die Sorte ›Painter's Palette‹. Man zieht sie vor allem wegen ihres dekorativen Laubs, das cremefarben, rotbraun und grün ist. Leider entwickelt diese Pflanze nur selten Blüten. Sie erreicht eine Höhe von etwa 60 Zentimetern.

## PHALARIS
## Glanzgras

Obwohl die Gattung 15 Arten umfaßt, wird gewöhnlich nur *P. arundinacea* gezogen, hier meist die Sorte ›Picta‹ (oben links). Dieses reizvolle Gras, Militz oder Rohrglanzgras genannt, hat hellgrüne Blätter, die weiß gestreift sind; junge Triebe haben eine rosa Farbe. Das Gras wird bis zu 90 Zentimetern hoch, wuchert aber leider sehr stark, vor allem in nahrhafter, feuchter Erde. Es sollte deshalb an einen Platz gepflanzt werden, an dem es sich ausbreiten oder in irgendeiner Form begrenzt werden kann.

Das Gras gedeiht in jedem Gartenboden, sollte jedoch einen sonnigen Standort haben. Es wird am besten im Frühjahr gepflanzt. Die Vermehrung erfolgt durch Teilung.

*Phalaris arundinacea* ›Picta‹

## PHLOX
## Phlox

Diese Gattung stellt beliebte Gartenpflanzen, die im Frühjahr oder später blühen. Einige schmiegen sich an den Boden, andere werden 1,5 Meter hoch, wieder andere erreichen eine Höhe dazwischen. Manche stehen gern an einem offenen Platz, andere dagegen brauchen einen schattigen Standort. Durch diese Vielfalt an Wuchsformen und Ansprüchen wie auch das große Farbspektrum der Blüten lassen sich für jede Gartensituation Phlox-Arten und -Sorten finden. Die tellerförmigen Blüten bestehen aus fünf Petalen und sind vorwiegend weiß, blau, purpurfarben, rosa und rot.

Phlox mag humusreichen Boden, der nie zu trocken werden sollte. Obwohl die Formen unterschiedliche Lichtbedürfnisse haben, bevorzugt Rabattenphlox meist einen sonnigen Platz. Die Vermehrung erfolgt am besten durch Wurzelschnittlinge, doch ist auch die Anzucht aus grundständigen Stecklingen und Teilung möglich.

***P. carolina***
Diese Art erreicht 1,2 Meter Höhe, blüht im Frühsommer und fühlt sich in leichtem Schatten wohl. Die beliebteste Sorte ist ›Miss Lingard‹ mit großartigen reinweißen Blüten.

***P. divaricata***
Eine sehr nützliche Art für eine schattig liegende Rabatte. Die Pflanze wird nur ungefähr 30 Zentimeter hoch und bildet einen dichten Laubteppich, über dem sich im Frühjahr die Blütenstengel erheben. Die Blüten sind meist blaßblau gefärbt. Die Sorte ›Dirigo Ice‹ hat leuchtendblaue Blüten, bei ›Fuller's White‹ sind sie dagegen so blaß, daß sie fast weiß erscheinen.

***P. maculata*** (unten)
Diese Art ähnelt *P. carolina*, ist aber schlanker und mit 60 bis 120 Zentimetern auch niedriger. Sie hat darüber hinaus längere Blütenstände und blüht früher. Die Sorte ›Alpha‹ hat rosalila Blüten mit einer dunkleren Mitte. ›Omega‹ blüht weiß und hat ein rosa Auge, ›Rosalinde‹ blüht tiefrosa.

*Phlox maculata*

***P. paniculata*** (nächste Seite, oben links)
Die Sorten dieser Art stellen den meisten Phlox, der in Rabatten verwendet wird. Er hat pyramidenförmige Blütenstände und erreicht 1,2 bis 1,5 Meter Höhe. Er braucht einen sonnigen Platz, die höheren Formen müssen an exponierten Plätzen gestützt werden. Zu den weißblühenden Sorten gehören ›Blue Ice‹ (blaßblau, später weiß), ›Fujiyama‹ mit großen reinweißen Blütenständen und die sehr ähnliche, jedoch später blühende ›White Admiral‹. Rosablühende Sorten sind ›Bright Eyes‹ (blaßrosa mit dunklem Auge), ›Dodo Hanbury Forbes‹ mit großen mittelrosa Blütenständen und ›Eva Callum‹ (rosa mit dunkler Mitte). Zu den lilablühenden Sorten gehören ›Amethyst‹ (violettblau), ›Blue Boy‹ (lilablau) und ›Franz Schubert‹ (lila mit dunklerer Mit-

te). Orange überlaufene Sorten sind ›Brigadier‹ (lachsfarben), ›Orange Perfection‹ (fast orangefarben) und ›Prince of Orange‹ (tief lachsfarben). Zu den rotblühenden Sorten gehören ›Aida‹ (violettrot) und ›Starfire‹ (kirschrot). Panaschierte Sorten sind ›Harlequin‹ mit purpurroten Blüten und cremefarbener Randzeichnung und ›Norah Leigh‹, die rosa Blüten mit dunklerer Mitte und Blätter mit kräftiger cremefarbener Panaschierung trägt.

*Phlox paniculata* ›Eva Callum‹

## PHYGELIUS

Diese Gattung besteht aus zwei strauchigen Arten, die in Südafrika heimisch sind. Vom Sommer an entwickeln sie rote oder gelbe Röhrenblüten. Unter optimalen Wachstumsbedingungen und vor einer Mauer gepflanzt können sie 6 Meter und höher werden, in der Rabatte erreichen sie jedoch meistens maximal 1,2 Meter. Die reizvollen Pflanzen blühen über einen langen Zeitraum.

*Phygelius* gedeiht in jedem Gartenboden, am besten aber in Erde, die zwar Feuchtigkeit hält, doch genügend Durchlässigkeit gewährleistet. Vermehrung erfolgt durch Stecklinge oder behutsame Teilung.

***P. aequalis***
Diese Pflanze entwickelt gerade Röhrenblüten mit ausgebreitetem Saum. Die Art ist dunkelrosa, doch im Garten wird am häufigsten die Sorte ›Yellow Trumpet‹ gezogen, die reizvolle cremegelbe Blüten hat.

***P. capensis***
Diese Art erreicht je nach Sorte nur eine Höhe von 60 bis 120 Zentimetern. Die Blüten stehen in über 35 Zentimeter hohen Rispen und erscheinen vom Hochsommer an bis in den Herbst. Bei der Art sind sie orangerot gefärbt und zum Stengel zurückgebogen; auch die Röhrenenden sind zurückgebogen. In der freien Natur finden sich auch gelbblühende Varianten.

*Phygelius* x *rectus* ›African Queen‹

***P.* x *rectus*** (oben)
Hierbei handelt es sich um Kreuzungen zwischen den beiden Arten der Gattung. Mittlerweile gibt es eine ganze Reihe von Hybriden, und sie erfreuen sich großer Beliebtheit. ›African Queen‹ blüht blaßrot mit orangeroten Spitzen. ›Moonraker‹ hat eine ähnliche Farbe wie ›Yellow Trumpet‹, aber die Blüten stehen hier rund um den Stengel. ›Pink Elf‹ hat blaßrosa Röhren mit karminroten Spitzen und einem gelben Schlund.

## PHYSALIS
### Lampionblume

*Physalis* ist eine große Gattung, von der aber nur die Art *P. alkekengi* verbreitet ist. Sie wird hauptsächlich ihrer dekorativen Fruchtstände wegen gezogen, die wie aufgeblasene orangefarbene Ballons aussehen. Die weißen Blüten sind zwar unscheinbar, die Blätter haben jedoch eine hellgrüne Farbe, die gut mit dem Orange der Fruchtstände kontrastiert. Die Pflanze wird 45 Zentimeter hoch und breitet sich zu einer großen Kolonie aus. Sie wird gewöhnlich nicht an einen auffallenden Platz gepflanzt.

Die Lampionblume wächst in jedem Gartenboden und kann sowohl sonnig als auch schattig stehen. Sie kann jederzeit zwischen Herbst und Frühjahr gepflanzt werden, vermehrt wird sie am besten durch Teilung oder Aussaat.

## PHYSOSTEGIA
### Gelenkblume

Der seltsame Name dieser Pflanze bezieht sich auf die Eigenschaft der Blüten, nicht zurückzuschnellen, wenn man sie zur Seite dreht. Die rosa Lippenblüten erscheinen gegen Sommerende an 1,5 Meter hohen, aufrechten Stengeln. Obwohl die Gelenkblume nicht zu den spektakulären Pflanzen gehört, sieht sie in der Rabatte doch sehr reizvoll aus und läßt große Büsche entstehen.

Gelenkblumen gedeihen in jedem guten Gartenboden, am besten aber in humusreicher Erde. Sie bevorzugen zwar einen sonnigen Platz, wachsen aber auch in leichtem Schatten. Man kann sie durch Teilung oder Aussaat vermehren.

*Physostegia virginiana* ›Bouquet Rose‹

***P. virginiana*** (oben)
Dies ist die wichtigste Art der Lampionblume für den Garten. Ihre Blütenfarbe reicht von Blaß- bis Lilarosa, darüber hinaus gibt es die wunderschöne weißblühende Form ›Alba‹. ›Bouquet Rose‹ (›Rose Bouquet‹) ist eine größere Sorte mit rosa Blüten. Die Form ›Variegata‹ blüht rosa und hat cremefarben panaschiertes Laub.

## PHYTOLACCA
### Kermesbeere

Diese Gattung besteht aus markanten, etwas wuchernden Pflanzen, die besser für einen naturnahen Garten als für die formale Rabatte geeignet sind. Die hohen Pflanzen, die unter guten Bedingungen bis zu 2,5 Metern hoch werden, tragen rosa oder weiße Blütenkerzen über großen grünen Blättern. Die Kermesbeere ist dekorativ, muß aber mit Umsicht verwendet werden, da alle Teile giftig sind. Meist wird die Art *P. americana* (unten) gezogen, die weiße Blüten trägt. Reizvoller ist jedoch die rosablühende *P. polyandra (P. clavigera).*

Die Kermesbeere gedeiht in jedem Gartenboden und sowohl in der Sonne als auch in leichtem Schatten. Vermehrung erfolgt entweder durch Teilung oder Aussaat. Meist stehen durch Selbstaussaat entstandene Sämlinge zur Verfügung.

*Phytolacca americana*

## PLATYCODON
### Ballonblume

Diese faszinierende Blume macht von sich reden. Es sind ihre Knospen, die die Aufmerksamkeit auf sich lenken: Sie sind ballonförmig und blähen sich auf, bis sie schließlich platzen und zu wunderschönen sternförmigen, tiefblauen Blüten werden. Sie stehen an den Spitzen aufrechter Stengel von bis zu 75 Zentimeter Höhe und lassen erkennen, daß die Ballonblume eine enge Verwandte der Glockenblume ist. Die einzige Art der Gattung ist *P. grandiflorus* (oben rechts), von der es jedoch mehrere Varietäten gibt. *P. grandiflorus* var. *albus* trägt weiße, *P. grandiflorus* var. *mariesii* größere blaue Blüten.

Ballonblumen gedeihen in nahrhafter, durchlässiger Erde und tolerieren etwas Schatten, stehen aber am liebsten in voller Sonne. Die neuen Triebe erscheinen erst im Spätfrühjahr, daher muß man aufpassen, daß man die Pflanze nicht versehentlich ausgräbt. Neue Triebe sind bei Schnecken sehr beliebt. Vermehrung erfolgt durch Aussaat, Stecklinge oder behutsame Teilung.

*Platycodon grandiflorus*

## PLEIOBLASTUS

Diese Gattung wurde unlängst von *Arundinaria* abgetrennt, und oft finden sich ihre Arten in Gärtnereien noch unter dem alten Namen. Die neue Gattung besteht aus etwa 20 Arten, von denen sich eine verblüffend große Zahl in Kultur befindet. Häufig sieht man jedoch nur *P. variegatus* und den noch beliebteren *P. auricomus (P. viridistriatus),* die beide panaschiert sind; *P. variegatus* hat weiße Streifen, *P. auricomus* tiefgoldfarbene. Beide Arten gelten als die schönsten panaschierten Bambusgräser dieser Farbe und breiten sich zu großen Büschen aus, wuchern jedoch nicht.

Man kann sie in jeden Gartenboden pflanzen, am besten gedeihen sie aber in feuchtigkeitshaltender Erde. Die Pflanzen mögen volle Sonne, können jedoch auch im Schatten wachsen; die goldfarbene Form verliert aber an sonnigen Standorten ihre kräftige Färbung. Die Vermehrung erfolgt durch Teilung während des Frühjahrs.

## POLEMONIUM
### Jakobsleiter

Diese herrlichen, romantisch anmutenden Pflanzen werden seit Generationen im Garten gezogen. Ihr seltsamer Name entstand durch die Form ihrer Blätter, die aus einer Reihe paralleler Fiederblätter bestehen und an die Sprossen einer Leiter erinnern. Die Schalenblüten sind vorwiegend blau, es sind jedoch auch weiße Formen erhältlich. Von der Jakobsleiter gibt es neben Pflanzen mit sehr lockerer Wuchsform und nur etwa 30 Zentimeter Höhe auch aufrecht wachsende Formen von über 90 Zentimetern. Sie blühen hauptsächlich im Frühjahr und Frühsommer, und man sollte später blühende Pflanzen neben sie setzen, die sie während des übrigen Jahres, wenn sie uninteressant aussehen, verbergen.

Die Jakobsleiter gedeiht in jedem guten Gartenboden, am besten aber in feuchtigkeitshaltender Erde. Sie mag einen sonnigen Platz, wächst jedoch auch in leicht schattigen Gartenbereichen; in sehr warmen Gegenden bevorzugt sie Schatten. Die Vermehrung erfolgt durch Aussaat oder Teilung.

**Blaue Formen**
Viele der Arten blühen blau. *P. caeruleum*, die breitglockige, blaßblaue Blüten in endständigen Rispen trägt, ist mit 90 Zentimetern und mehr die höchste. Sehr ähnlich ist *P. foliosissimum*, aber meist hat sie dunklere Blüten. *P. reptans* ist mit nur 60 Zentimetern kleiner und blüht lavendelfarben.

**Weiße Formen**
Sowohl von *P. caeruleum* als auch von *P. foliosissimum* gibt es weißblühende Formen, die als *P. caeruleum* var. *album* beziehungsweise *P. foliosissimum* var. *alpinum* (›Album‹) geführt werden.

**Lila Formen** (nächste Seite, oben links)
Neben den blauen Formen gibt es auch mehrere Arten und Sorten, deren Blüten zarte lilarosa Töne haben. *P. caeruleum* ›Hopleys‹ wächst aufrecht, *P.* ›Lambrook Mauve‹ ist eine Hybride von *P. reptans* und eine hübsche, niedrige Pflanze.

*Polemonium* ›Lambrook Mauve‹

## POLYGONATUM
### Salomonssiegel

Das Salomonssiegel gehört zu den hinreißendsten Pflanzen. Es wirkt frisch und läßt stets eine ruhige, heitere Stimmung entstehen. Es eignet sich besonders gut für einen waldigen Gartenbereich, in dem Streuschatten vorherrscht. Die Pflanze hat überhängende Triebe, an denen waagrecht wechselständige, kräftiggrüne Blätter sitzen. In den Blattachseln hängen weiße Blüten – schmale Glocken, die in der Mitte etwas schmaler werden und grüne Ränder haben.

Einmal angewachsen, breiten sich die Pflanzen unterirdisch aus und können bald große Kolonien bilden. Da sie jedoch nicht wuchern, lassen sie sich leicht kontrollieren. Es stehen ungefähr 30 Arten zur Auswahl, die Gattung ist aber umfangreicher.

Das Salomonssiegel ist eine Waldpflanze, die feuchte, humusreiche Erde und einen kühlen Wurzelbereich schätzt. Im Spätsommer können Larven von Blattwespen *(Phymatocera aterrima)* die Blätter stark verunstalten und müssen deshalb wirksam bekämpft werden. Die Vermehrung der Pflanze ist durch Teilung der sich ausbreitenden Rhizome leicht möglich.

***P. biflorum***
Dies ist eine kleinere Version des üblichen Salomonssiegels. Sie kann zwar 90 Zentimeter hoch werden, bleibt aber oft erheblich kleiner. Wie ihr botanischer Name vermuten läßt, stehen ihre Blüten in Paaren.

***P.* x *hybridum*** (unten)
Auch als *P. multiflorum* bekannt. Dies ist die verbreitetste Art. Sie ist höher als *P. biflorum*, und ihre Blüten hängen in Zweier- bis Fünferbüscheln in den Blattachseln. Bei ›Striatum‹ handelt es sich um eine cremeweiß panaschierte Form. Eine weitere panaschierte Sorte ist *P. odoratum* ›Variegatum‹, die duftende Blüten und eine zartere Zeichnung als ›Striatum‹ hat.

*Polygonatum* x *hybridum* ›Striatum‹

## POLYSTICHUM
### Schildfarn

Zu dieser großen Gattung aus Farnen gehören einige sehr lohnende Arten für den Garten. Sie haben charakteristische ledrige Wedel, die oft immergrün sind und glänzen.

Der Schildfarn sollte in feuchtem, saurem bis neutralem Boden wachsen – ideal ist ein Boden mit viel Humus oder Lauberde. Als Standort ist jeder Platz im Garten geeignet, der leichten bis tiefen Schatten aufweist. Vermehrung erfolgt im Frühjahr durch Teilung oder im Herbst durch Sporen.

***P. aculeatum***
Diese Schildfarn-Art hat zart gefiederte Wedel, die beim Entrollen hellgrün sind und sich später dunkelgrün färben. Sie ist immergrün und erreicht eine Höhe von bis zu 90 Zentimetern.

***P. polyblepharum***
Dieser immergrüne Farn hat eine niedrigere Wuchsform als die oben genannte Art, ist aber mit seinen zart gefiederten, glänzend-dunkelgrünen Wedeln nicht weniger dekorativ.

*Polystichum setiferum*

***P. setiferum*** (oben)
Auch diese Pflanze ist immergrün und erreicht unter günstigen Wachstumsbedingungen 1,2 Meter, wodurch sie zu den höchsten Schildfarn-Arten gehört. Sie ist zudem einer der elegantesten Farne mit filigranen Wedeln in einem weichen Grün. Der Farn verträgt auch trockenen Boden. Es werden mehrere Sorten angeboten, die schönste ist ›Divisilobum‹.

## POTENTILLA
### Fingerkraut

Diese Gattung verursacht manchmal Verwirrung, da sie dem Gärtner sowohl Sträucher als auch winterharte Stauden zu bieten hat. Die Blüten haben immer die gleiche Form (sie bestehen aus fünf flach angeordneten Petalen), aber die Sträucher haben einen eindeutig holzigen Wuchs, während Stauden krautig sind und jedes Jahr einziehen. Mit ihrer breiten Palette an Gelb- und Rottönen sind diese Pflanzen eine fröhliche Ergänzung für jede Rabatte. Einige blühen gefüllt, andere halbgefüllt, alle fühlen sich aber am wohlsten, wenn sie durch eine andere Pflanze, vielleicht einen niedrigen Busch, wachsen können.

Fingerkraut gedeiht in jedem Gartenboden, zieht aber durchlässige Erde vor, und die meisten Formen wachsen am liebsten an sonnigen Plätzen. Man vermehrt durch Teilung, Arten auch durch Aussaat.

**Sorten** (unten)
›Flamenco‹ hat leuchtendscharlachrote Blüten, ›Gibson's Scarlet‹ ist außergewöhnlich intensiv scharlachrot gefärbt. ›Monsieur Rouillard‹ hat gefüllte, tiefrote Blüten mit gelbem Hauch. ›William Rollison‹ blüht halbgefüllt und orangefarben mit gelben Flecken. ›Miss Willmott‹, eine Form der aus dem Himalaja stammenden Fingerkraut-Art *P. nepalensis*, hat hellkirschrote Blüten mit dunkleren Mitten, ›Roxana‹, eine weitere Sorte dieser Art, trägt tiefrosa Blüten mit dunkler Mitte.

*Potentilla* ›Gibson's Scarlet‹

**Arten und andere Formen**
*P. atrosanguinea*, Mutterpflanze vieler Hybriden, blüht rot; die Varietät *argyrophylla* trägt gelbe Blüten und Blätter mit silbrig-weißen Haaren. Die Art *P. recta* blüht gelb, ihre Form ›Warrenii‹ ist intensiver gefärbt. *P.* x *tonguei* gehört zu den wenigen Arten, die in leichtem Schatten gedeihen; ihre Blüten sind aprikosenfarben mit roter Mitte.

## PRIMULA
## Primel

Diese große Gattung besteht hauptsächlich aus niedrigen Pflanzen. Die Mehrzahl von ihnen gehört in den Steingarten, einige sind jedoch kräftig genug, um zwischen Stauden wachsen zu können. Viele, wie etwa Kissenprimeln, werden seit Jahrhunderten im Garten gezogen, und sie fehlen in kaum einem Frühlingsgarten. Ihre Blüten bieten die ganze Farbpalette von Gartenpflanzen und lassen sich daher in jede Komposition einfügen. In formalen Rabatten eignen sich Primeln gut für den vorderen Bereich. Die frühblühenden Formen können entweder zwischen Pflanzen wachsen, die sie später verbergen, oder in Reservebeete umgesetzt werden. Ein dauerhafterer Platz findet sich oft in schattigen Rabatten und waldigen Gärten.

Primeln behagt Boden, der nicht austrocknet – Humusgaben helfen, die Feuchtigkeit zu bewahren und den Boden nährstoffreich zu machen. Die meisten ziehen einen schattigen Platz vor, tolerieren in kühleren Gegenden aber auch volle Sonne, solange der Boden feucht ist. Die Vermehrung erfolgt durch Aussaat möglichst bald nach der Samenreife oder durch Teilung.

***P. denticulata*** (unten)
Die sogenannten Kugelprimeln haben runde Köpfe aus zahlreichen Blüten, die an hohen Schäften stehen. Normalerweise sind sie violett, aber es gibt viele Variationen wie etwa ›Alba‹ (weiß) oder ›Rubinball‹ (Rottöne).

*Primula denticulata*

***P. japonica***
Diese Primel-Art gehört zu den Etagenprimeln und entwickelt bis zu 60 Zentimeter hohe Stengel, an denen in »Etagen« Blütenquirle mit zahlreichen Einzelblüten stehen; die meisten blühen weiß oder karminrot bis purpurfarben. Einige der schöneren Formen sind benannt. Die Sorte ›Miller's Crimson‹ hat rote Blüten.

***P. rosea*** (unten)
Eine entzückende, der Kissenprimel ähnliche Art mit rosa Blüten, die an kurzen Stengeln über geaderten Blättern stehen; die Blüten haben ein gelbes Auge. Die

*Primula rosea*

Sorte ›Micia Visser de Geer‹ (›Delight‹) trägt karminrote Blüten.

***P. vialii***
Während der Blüte wird diese ungewöhnliche Primel-Art oft mit einer Orchidee verwechselt. Sie hat dichte, längliche Blütenstände aus malvenfarbenen Blüten und roten Knospen. Die Blätter sind beidseitig behaart. Im Gegensatz zu anderen Primeln blüht sie im Sommer. Unter guten Wachstumsbedingungen wird sie etwa 60 Zentimeter hoch.

***P. vulgaris***
Die wunderhübsche Kissenprimel mit ihren gelben Blüten gilt allgemein als Frühlingsbote. Aus ihr sind viele andersfarbige Formen hervorgegangen, darunter auch eine ganze Serie von reizvollen gefülltblühenden Sorten. ›Easter Bonnet‹ hat lila Blüten, ›Miss Indigo‹ indigoblaue Blüten mit einem zarten, silberfarbenen Rand, ›Alba Plena‹ ist reinweiß. Viele ungefülltblühende Formen sind ebenso reizvoll, wie etwa ›Guinevere‹ (›Garryard Guinevere‹), eine einzigartige altmodische Form mit blaßrosa Petalen und gelber Mitte und kontrastierendem purpurfarbenem Laub. ›Cowichan Series‹ bietet einige Pflanzen in sehr intensiven Farben, von denen viele später als andere Primel-Sorten blühen.

## PRUNELLA
### Braunelle

Die Braunelle ist eine reizvolle bodendeckende Pflanze für den Vorderrand der Rabatte. Sie bildet dichte Matten aus immergrünen Blättern, aus denen sich dicke purpurfarbene Blütenstände erheben. Die Lippenblüten erinnern an die der Taubnesseln. Braunellen blühen vorwiegend in Blau oder Purpur, gelegentlich gibt es jedoch auch weiße Formen.

Die Pflanze gedeiht in jedem Gartenboden, auch trockenem. Sie bevorzugt einen sonnigen Platz, wächst aber auch im Schatten. Da sie sich üppig aussäen kann, sollte man welke Blüten entfernen. Vermehrung erfolgt durch Teilung.

***P. grandiflora*** (unten)
Dies ist die verbreitetste Art. Sie hat große purpurviolette Blütenähren, und es gibt eine Reihe von Sorten, die alle die Bezeichnung »Loveliness« im Namen tragen. ›Loveliness‹ selbst hat lila Blüten, ›Pink Loveliness‹, ›Purple Loveliness‹ und ›White Loveliness‹ tragen rosa, purpurne beziehungsweise weiße Blüten.

*Prunella grandiflora*

## PULMONARIA
### Lungenkraut

Der deutsche Name bezieht sich auf die lungenähnliche Form der gefleckten Blätter des Lungenkrauts; die Flecken machen das Lungenkraut zu einer wertvollen Blattpflanze. Die meisten Arten haben grobe, lanzettliche, grüne Blätter, und bei einigen verschmelzen die silberfarbenen Flecken zu einer Fläche. Wenn die Pflanzen im Frühjahr verblüht sind, können sie gestutzt werden, damit die Entwicklung neuer Blätter angeregt wird, die die Pflanze das restliche Jahr frisch wirken lassen. Die Trichterblüten sind nicht sehr groß, aber lassen im Spätwinter und Frühjahr einen Farbteppich entstehen. Sie haben meist verschiedene Blau- und Rosatöne, es gibt aber auch einige weißblühende Formen.

Lungenkraut gedeiht am besten in feuchtem Boden mit reichlich Humus und bevorzugt einen schattigen Platz. Zur Vermehrung teilt man es nach der Blüte.

*Pulmonaria rubra* ›David Ward‹

**Laubsorten** (oben)
Die folgenden Arten und Sorten werden zwar hauptsächlich ihres Laubes wegen gezogen, doch auch die Blüten haben beträchtlichen Reiz. Die gefleckte Art *P. saccharata* hat mehrere Formen mit schönem Laub hervorgebracht. Bei ›Argentea‹ sind die Flecken zu einer silberfarbenen Fläche verschmolzen, die Blüten sind rosa und blau. *P. rubra* ›David Ward‹ hat blaßgrüne Blätter mit cremefarbenem Rand.

**Rotblühende Sorten**
Es wurden auch reinrote Formen entwickelt, einige sind jedoch tief rosarot. Zu den rötesten gehört *P. rubra* ›Redstart‹, die reingrüne Blätter trägt.

**Blaublühende Sorten**
Die blauen Sorten reichen von Leuchtend- bis Blaßblau. Einige der leuchtendsten stammen von *P. angustifolia* ab, und zu den schönsten gehört *P. angustifolia* ssp. *azurea*. ›Blue Ensign‹ ist eine weitere schöne Form. ›Lewis Palmer‹ (auch unter der Bezeichnung ›Highdown‹ geführt) trägt leuchtendblaue Blüten an langen Stielen.

**Weißblühende Sorten**
Die meisten blaublühenden Formen bringen gelegentlich Pflanzen mit weißen Blüten hervor. Es gibt jedoch eine großartige benannte Sorte – *P. officinalis* ›Sissinghurst White‹. Sie hat lange, elliptische Blätter mit blasseren Flecken.

## PULSATILLA
### Kuhschelle

Diese Gattung wird oft unter *Anemone pulsatilla* geführt. Kuhschellen sind ausgezeichnete Pflanzen für den Vorderrand der Rabatte. Sie haben nicht nur wunderhübsche schalenförmige Blüten, sondern auch feingeteiltes Laub und großartige seidige Fruchtstände. Die Blüten erscheinen im Frühjahr, die Fruchtstände halten bis weit in den Sommer. Die verbreitetste Art ist *P. vulgaris* (unten). Sie hat normalerweise violette Blüten, aber es gibt auch eine breite Palette an Purpur-, Rot- und Weißtönen. Die Pflanzen bilden Büschel von bis zu 30 Zentimeter Höhe.

Kuhschellen brauchen sehr durchlässige Erde und einen sonnigen Standort. Zur Vermehrung sät man die Samen, sobald sie reif sind. Oft säen sie sich auch selbst aus.

*Pulsatilla vulgaris*

## RANUNCULUS
### Hahnenfuß

Einige Arten dieser umfangreichen Gattung werden in der Staudenrabatte gezogen, doch eine größere Zahl im Steingarten. Viele haben gelbe Blüten, bei manchen Arten sind sie weiß. Häufig neigen gelbe Formen, die von heimischen Pflanzen abstammen, zum Wuchern, und sie sollten daher mit Vorsicht verwendet werden. Einige der weniger wuchsfreudigen eignen sich gut für die Rabatte, während die wuchernden im naturnahen Garten stehen können. Die Pflanzen werden bis zu 60 Zentimetern hoch.

Hahnenfuß wächst in den meisten Gartenböden. Er bevorzugt einen sonnigen Platz, gedeiht aber auch in leichtem Schatten. Vermehrung erfolgt durch Teilung oder Aussaat.

*Ranunculus aconitifolius* ›Flore Pleno‹

**R. aconitifolius** (oben)
Der Silberhahnenfuß ist eine buschig wachsende Pflanze, die im Frühsommer an duftigen Zweigen weiße Blüten trägt. Am bekanntesten ist die gefülltblühende Form ›Flore Pleno‹.

## RHAZYA

Diese kleine Gattung wird mitunter *Amsonia* zugeordnet und in Gärtnereien unter diesem Namen geführt. Die einzige Art ist *R. orientalis* (oben Mitte), die im Sommer Köpfe aus zartblauen Sternblüten entwickelt, welche an steifen, drahtigen Stengeln stehen. Die Stengel werden etwa 45 Zentimeter hoch und sind in schmale, graugrüne Blätter gehüllt. Die Pflanze breitet sich langsam zu einer kleinen Kolonie aus.

*Rhazya* gedeiht in jedem Gartenboden. Sie wächst sowohl an sonnigen als auch leicht schattigen Plätzen. Vermehrung erfolgt am besten durch Teilung, wenngleich Pflanzen auch aus Samen gezogen werden können.

*Rhazya orientalis*

## RHEUM
### Rhabarber

Rhabarber wird oft nur im Küchengarten gepflanzt, doch es gibt eine große Zahl von Zierformen, die im Staudengarten wachsen können. Für sie sind die imposanten Blätter charakteristischer als die Blüten, wenngleich auch sie bemerkenswert aussehen können. Die Blätter sind auffallend groß und schirmförmig, die Blüten erscheinen in riesigen Rispen oder Trauben, und auch die Fruchtstände sind sehr reizvoll.

Rhabarber braucht tiefgründigen, nahrhaften Boden mit reichlich gut verrottetem organischem Material. Er wächst sowohl in voller Sonne als auch in leichtem Schatten und kann durch Teilung oder Aussaat vermehrt werden.

**R. ›Ace of Hearts‹**
Im Gegensatz zu vielen seiner stattlichen Verwandten kann diese großblättrige Form auch in einem kleinen Garten wachsen, da sie nur etwa 90 Zentimeter Höhe erreicht. Die Blätter sind herzförmig, die Blüten rosa.

***R. alexandrae***
Diese merkwürdige Pflanze bietet stets Gesprächsstoff. Ihre Blüten sind mit großen, blaßgelben Brakteen bedeckt, die wie Taschentücher aussehen und die Blüten vor den ständigen Regenfällen schützen sollen, die in der Heimat der Pflanze – im westlichen China, in Tibet und dem Himalaja – niedergehen. Auch im Garten braucht die Pflanze feuchte Bedingungen, um zu überleben. Diese Art wird 1,2 Meter hoch.

***R. palmatum*** (unten)
Diesen Zierrhabarber sieht man am häufigsten, insbesondere die Sorte ›Atrosanguineum‹. Die großen Blätter sind reizvoll gelappt und gezähnt und im Jugendstadium tiefrot gefärbt. Die hohen Blütenstände sind ebenfalls rot. Unter idealen Wachstumsbedingungen erreichen diese Pflanzen eine Höhe von bis zu 1,8 Metern.

*Rheum palmatum* ›Atrosanguineum‹

## RODGERSIA

Alle sechs Arten dieser kleinen, ursprünglich in Ostasien beheimateten Gattung befinden sich in Kultur. Sie sind für ihr hübsches Laub und ihre attraktiven Blüten bekannt und für die Gartengestaltung von Bedeutung, da sie unter guten Wachstumsbedingungen große Büsche bilden und in Rabatten oder waldigen Gärten stets die Aufmerksamkeit auf sich ziehen. Die duftigen Blüten stehen in verzweigten Rispen und ähneln denen von Astilben; sie erscheinen im Sommer über den Blättern. Die großen Blätter sind gefiedert oder handförmig geteilt, auffällig geadert und glänzen oft leicht; ihre Farbe reicht von Bronze bis Dunkelgrün. Sie sehen während der ganzen Wachstumsperiode sehr wirkungsvoll aus, auch wenn einige der bronzefarbenen Formen langsam grün werden.

*Rodgersia* braucht feuchten Boden, der mit reichlich Humus angereichert wurde. Sie gedeiht sowohl an sonnigen als auch schattigen Standorten. Die Vermehrung der Pflanze kann durch Teilung erfolgen.

**R. aesculifolia**
Diese Art erreicht eine Höhe von ungefähr 1,5 Metern und hat charakteristische Blätter, die sehr groß und bronzefarben überlaufen sind und denen der Kastanie ähnlich sehen. Die Blüten sind cremefarben.

**R. pinnata**
Diese Art besitzt grüne, handförmige, fünf- bis neunzählige Blätter. Die Sorte ›Superbum‹ hat bronzefarben überhauchtes Laub und trägt rosagefärbte Blüten. *R. pinnata* wird mit ungefähr 1,2 Metern nicht ganz so hoch wie die oben beschriebene Art.

*Rodgersia podophylla*

**R. podophylla** (oben)
Auch diese Art hat Blätter, die an die der Kastanie erinnern, doch sind die Ränder der Fiederblätter charakteristisch gezähnt und die Blüten cremefarben. Die Pflanze wird bis zu 1,2 Metern hoch.

## RUDBECKIA
### Sonnenhut

Die hübschen Korbblütler dieser Gattung blühen während des Spätsommers und im Herbst. Sie haben meist auffällige Mitten, die schwarz, braun oder grün sind, und hängende gelbe Randblüten. Die Pflanzen breiten sich zu großen, farbenfrohen Gruppen aus, ohne zu wuchern, und beleben jede Rabatte. Manche der Arten und Sorten werden nur 60 Zentimeter hoch, während andere bis zu 2,5 Meter Höhe erreichen.

Sonnenhut wächst in jedem Gartenboden, sofern dieser nicht zu trocken ist. Um gut zu gedeihen, braucht er aber einen sonnigen Platz. Die Vermehrung erfolgt durch Teilung, von einigen Pflanzen sind auch Samen erhältlich.

*Rudbeckia fulgida* ›Goldsturm‹

**R. fulgida** (oben)
Dies ist eine der verbreitetsten Arten, von der es einige ausgezeichnete Sorten gibt. Sie trägt goldgelbe Blüten mit sehr dunklen Mitten. *R. fulgida* var. *deamii* ist äußerst blühfreudig und verträgt mehr Trockenheit als andere. ›Goldsturm‹ gehört zu den beliebtesten Sorten und hat große, tiefgoldfarbene Blüten. Alle Formen werden etwa 60 Zentimeter groß.

**R. ›Goldquelle‹**
Dies ist eine schöne Pflanze für den hinteren Bereich einer Rabatte, da sie ungefähr 1,8 Meter hoch wird. Vom Spätsommer an trägt sie große, leuchtendgelbe, gefüllte Blüten.

**R. hirta**
Diese einjährige Pflanze oder kurzlebige Staude hat eine Reihe von samenvermehrbaren Züchtungen hervorgebracht. ›Mixed Single Hybrids‹ entwickelt große Blüten in einer Vielfalt von Gelb- und Brauntönen an Pflanzen unterschiedlicher Wuchshöhe.

## SALVIA
### Salbei

Salbei bildet mit weltweit insgesamt etwa 700 Arten eine Gattung von sehr verschiedenartigen Pflanzen für den Blumengarten. Manche von ihnen werden einjährig behandelt, andere als Stauden oder Sträucher. Ihre Blüten haben meist Blautöne, doch einige der frostempfindlicheren Arten blühen in einem Spektrum von roten und rötlich purpurfarbenen Tönen. Die meisten haben eine lange Blühperiode und sind bei Bienen und Schmetterlingen sehr beliebt. Die Blätter duften oft aromatisch, wenn man sie zerdrückt.

Salbei braucht durchlässigen Boden und einen sonnigen Platz. Im Frühjahr können Schnecken an den neuen Trieben schweren Schaden anrichten. Gepflanzt werden sollte im Herbst oder Frühjahr. Vermehrung erfolgt entweder durch Stecklinge oder, bei den Arten, durch Aussaat.

*Salvia* x *superba* ›Mainacht‹

**Sommerblühende Sorten** (oben)
Eine Gruppe von Formen – *S.* x *superba*, *S.* x *sylvestris* und *S. nemorosa* – sieht sich so ähnlich, daß sie ständig verwechselt und ihre Sorten häufig der falschen

Art zugeordnet werden. Alle diese Formen bilden runde Büsche von bis zu 90 Zentimeter Höhe mit dichten blauen oder purpurblauen Blütenständen. Für den Garten besonders lohnende Sorten sind ›Blaukönigin‹, ›Mainacht‹, ›Rose Queen‹, ›Lubecca‹ und ›Ostfriesland‹. ›Purple Rain‹ stammt von der Art *S. verticillata* ab und ist eine unverwechselbare Pflanze, die an ausladenden Stengeln ausgeprägte purpurfarbene Blütenquirle trägt. ›Haematodes‹, eine Sorte des Wiesensalbeis *(S. pratensis)*, ist kurzlebig und entwickelt duftige, verzweigte Stengel mit blaßblauen Blüten.

*Salvia guaranitica*

**Herbstblühende Arten** (oben)
*S. guaranitica* wird 1,5 Meter hoch und trägt tiefblaue Blüten. Noch höher ist *S. uliginosa* mit blaßblauen Blüten, die häufig eine Stütze braucht.

**Frostempfindliche Sorten**
Viele Salbei-Arten und -Sorten sind winterhart, doch einige überstehen strenge Winter nicht und können nur in wärmeren Gegenden als Stauden gezogen werden. In kälteren Regionen sollte man sie als Stecklinge oder Jungpflanzen unter Glas überwintern, wie beispielsweise *S. patens.* Diese Art hat große blaue Blüten; von ihr ist eine Vielzahl von Sorten erhältlich. ›Cambridge‹ blüht blaßblau und ›Chilcombe‹ lilablau. *S. farinacea* ist eine strauchigere Pflanze mit einer langen Blühperiode. Ihre beliebteste Form ›Victoria‹ hat blaue Blüten; ›Porcelain‹ ist dagegen eine weißblühende Form.

## SANGUISORBA
## Wiesenknopf

Diese Gattung umfaßt Arten, die einmal zu *Poterium* gehörten, und bildet eine charakteristische Pflanzengruppe. Typisch für sie sind hohe, sich wiegende Stengel, an denen im Sommer weiche, flaschenbürstenartige Blüten in Rosa, Rot und Weiß stehen. Die meist hellgrünen Blätter sind gefiedert und verströmen bei manchen Arten einen gurkenartigen Geruch, wenn sie zerdrückt werden. Selbst außerhalb der Blüte sind diese Pflanzen attraktiv.

Wiesenknopf gedeiht in jedem guten Gartenboden, am besten jedoch in feuchtem. Die meisten Arten und Sorten können in voller Sonne oder leichtem Schatten wachsen. Bei einigen Arten muß man welke Blüten entfernen, weil sie sich sonst zu üppig aussäen. Vermehrung ist durch Teilung oder Aussaat möglich.

**S. ›Magnifica Alba‹**
Es gibt eine Reihe weißblühender Sorten, von denen ›Magnifica Alba‹ eine der beliebtesten ist. Ihre Ursprünge sind bislang unklar, dennoch ist die Pflanze eine gute Wahl für den Garten. Sie wird etwa 75 Zentimeter hoch.

*Sanguisorba obtusa*

***S. obtusa*** (oben)
Diese Art hat wunderschönes graugrünes Laub und dicke, bürstenartige, rosa Blütenstände. Sie erreicht bis zu 1,8 Meter Höhe und wird oft mit der ähnlich aussehenden grünbelaubten Art *S. hakusanensis* verwechselt.

## SAPONARIA

Die Pflanzen dieser umfangreichen Gattung wachsen vor allem im Steingarten. *S. officinalis* ist jedoch eine farbenfrohe, wenn auch etwas wuchernde Art, die für die Rabatte oder den naturnahen Garten geeignet ist. Ihre Wurzeln wurden einst als Seifenersatz im Haushalt verwendet. Sie wird 90 Zentimeter hoch, hat violette Stengel und lanzettliche Blätter. Die reinrosa Blüten werden ungefähr 2,5 Zentimeter groß. Die Sorte ›Alba Plena‹ trägt gefüllte, weiße Blüten. ›Dazzler‹ hat panaschierte Blätter und blüht rosa. Bei ›Rosea Plena‹ sind die Blüten blaß und gefüllt, bei ›Rubra Plena‹ (unten) dunkler und ebenfalls gefüllt.

*Saponaria* gedeiht in jedem Gartenboden. Sie wächst oft so üppig, daß man sie unter Umständen begrenzen muß. Die Pflanze kann sowohl an sonnigen als auch an leicht schattigen Plätzen stehen. Vermehrung erfolgt durch Stecklinge oder Teilung, Arten können auch aus Samen gezogen werden.

*Saponaria officinalis* ›Rubra Plena‹

## SASA
## Zwergbambus

Bambusgräser ergänzen einen Garten nicht nur durch die Exotik ihrer Blätter, sondern auch durch ihr Rascheln, das schon beim kleinsten Lufthauch entsteht. Sie sind zwar nicht mehr so beliebt, wie sie es einmal waren, dafür aber heute leichter erhältlich. *Sasa* ist eine große Gattung, von der mehrere Arten kultiviert werden. Eine der reizvollsten ist *S. veit-*

*chii* (unten). Sie hat ovale dunkelgrüne Blätter mit einem cremeweißen Rand und wird 1,5 Meter hoch. Ihr Nachteil ist ihre Wuchsfreudigkeit. Deshalb pflanzt man Zwergbambus am besten in einen naturnahen Garten oder begrenzt ihn.

Zwergbambus kann in jedem Gartenboden wachsen und ist schattenliebend. Vermehrung erfolgt durch Teilung.

*Sasa veitchii*

## SAXIFRAGA
**Steinbrech**

Nur wenige Arten und Sorten der Gattung sind groß genug, um im offenen Garten wachsen zu können. Die größeren Formen haben anmutige, ausladende Blütenstengel, an denen in duftigen, verzweigten Ständen unzählige winzige rosa oder weiße Blüten sitzen. Das Laub bildet meist dichte Matten, die unter Sträuchern oder Bäumen den Boden gut bedecken können.

Die größeren Pflanzen mögen Boden, der nicht austrocknet, jedoch nicht zuviel Feuchtigkeit hält, auch sollte er nicht zu nahrhaft sein. Halbschatten ist am besten. Die meisten entwickeln ähnlich wie Erdbeeren Ausläufer und lassen sich daher leicht vermehren.

***S. fortunei***
Diese Art blüht sehr spät, und ihre weißen, lockeren Blüten erscheinen nicht vor dem Herbst. Durch die glänzenden, runden Blätter ist die Pflanze ein reizvoller Bodendecker. Blätter und Stengel der Sorte ›Wada‹ haben ein wundervoll leuchtendes Rot.

***S.* x *geum***
Auch diese Pflanze kann als Bodendecker im Garten eingesetzt werden. Sie besitzt Rosetten aus spatelförmigen Blättern und trägt im Hochsommer an verzweigten Stengeln winzige weiße Blüten, die rot und gelb gefleckt sind.

***S.* x *urbium*** (unten)
Dies ist eine sehr beliebte Pflanze. Wenn sie unter guten Wachstumsbedingungen gezogen wird, bildet sie ausgedehnte Teppiche aus rosettenförmigen Blättern. Während der Blüte bietet sie mit ihren langstieligen, winzigen weißen Blüten, die in der Mitte rosa sind, einen großartigen Anblick. Die Blüten erscheinen im Frühsommer.

*Saxifraga* x *urbium*

## SCABIOSA
**Skabiose**

Skabiosen entwickeln lange, drahtige Stengel, an denen pastellfarbene Blütenköpfe stehen, die je nach Art oder Sorte blaßblau, blaßgelb, blaßrosa oder weiß sein können. Bei einigen Sorten sind die Blüten sehr groß und erreichen 8 Zentimeter Größe und mehr. Sie stehen über zart geteiltem graugrünem Laub. Diese Pflanzen eignen sich besonders gut für romantische Rabatten in zarten Farbkompositionen.

Skabiosen brauchen eine durchlässige Erde, die alkalisch oder neutral ist, und einen sonnigen Platz in der Rabatte. Die Vermehrung erfolgt durch Teilung; die Arten können auch aus Samen gezogen werden.

**Blaue Sorten** (unten)
Die beliebteste Blütenfarbe bei den Skabiosen ist hellblau, und in ihr sind mehrere Sorten erhältlich. ›Butterfly Blue‹ hat lavendelblaue Blüten, und von der Art *S. caucasica* gibt es mehrere schöne Sorten wie ›Clive Greaves‹, ›Blausiegel‹ und ›Fama‹, die alle in der Färbung ähnlich sind.

*Scabiosa caucasica* ›Clive Greaves‹

**Weiße Sorten**
In Einklang mit dem romantischen Image gibt es kein reines Weiß, doch mehrere zarte cremeweiße Töne. Auch hier sind aus *S. caucasica* einige schöne Sorten hervorgegangen wie ›Alba‹ und ›Miss Willmott‹.

## SCROPHULARIA
**Braunwurz**

Die Braunwurz eignet sich nur für naturnahe Gärten und hat, mit einer Ausnahme, dem formalen Garten wenig zu bieten. Diese Ausnahme ist die Sorte *S. auriculata* ›Variegata‹ (nächste Seite, oben links), die wegen ihrer cremefarbenen Panaschierung gezogen wird. Die Blüten sehen wie winzige rötlichbraune Frösche aus, doch da sie nicht sehr reizvoll sind, schneiden viele Gärtner die Blütenstiele ab, vor allem auch, weil sich die Pflanzen leicht aussäen und dann reingrüne Nachkommen hervorbringen. Die Pflanzen werden bis zu 90 Zentimetern hoch.

Braunwurz bevorzugt feuchten Gartenboden und gedeiht sowohl in voller Sonne als auch in leichtem Schatten. Sie muß jedoch durch Stecklinge vermehrt werden, da aus Samen gezogene und durch Selbstaussaat entstandene Pflanzen immer reingrün sind.

*Scrophularia auriculata* ›Variegata‹

## SEDUM
### Fetthenne

Die Fetthenne gehört zu den wenigen Sukkulenten, die als Stauden gezogen werden. Die Gattung ist sehr groß und umfaßt über 600 Arten. Die meisten Gartenformen sind zu klein für die Rabatte, aber einige eignen sich als Bodendecker und Farbtupfer für den vorderen Bereich, höhere Formen können auch weiter hinten stehen. Alle Fetthennen tragen büschelige, sternförmige Blüten, die bei den höheren Pflanzen meist rosa sind. Es gibt aber auch gelb- und weißblühende Formen, und alle sind bei Bienen sehr beliebt. Auch die fleischigen Blätter können sehr reizvoll aussehen, zudem werden einige äußerst nützliche purpurblättrige Fetthennen angeboten.

Fetthenne wächst in jedem Gartenboden, selbst in trockener, nährstoffarmer Erde. Obwohl sie auch in leichtem Schatten gedeiht, sieht sie an sonnigen Plätzen am schönsten aus. Man kann Fetthennen durch Teilung oder Stecklinge vermehren, sofern erhältlich auch durch Samen.

**Weißblühende Sorten**
Weiß findet sich bei den höheren Sorten selten, doch es gibt zwei schöne Pflanzen, ›Iceberg‹ und ›Star Dust‹, die Formen von *S. spectabile* sind. ›Star Dust‹ ist rosa überhaucht.

*Sedum* ›Herbstfreude‹

**Rosablühende Sorten** (oben)
Es sind viele verschiedene Rosatöne erhältlich, die von Blaßrosa bis Dunkelrosa reichen. Eine der bekanntesten Sorten ist ›Herbstfreude‹. Sie hat große, flache Blütenköpfe aus mittelrosa Blüten, die mit fortschreitender Wachstumsperiode kupferfarben werden. *S. spectabile* ›Brilliant‹ blüht in einem tieferen Rosa.

**Gelbblühende Sorten**
Gelb findet man bei Fetthennen-Sorten für Rabatten nicht oft, doch die flachen Blütenköpfe von *S. aïzoon* sind in leuchtendem Gelb gefärbt. Die Form ›Aurantiacum‹ trägt tiefgelborange Blüten und rote Stengel.

**Purpurblättrige Sorten**
›Ruby Glow‹, eine der kleineren Formen, hat rote Stengel und Blätter und breitet sich aus. Die Sorte ›Vera Jameson‹ hat purpurfarbenes Laub und ist größer; auch sie neigt zur Ausbreitung. *S. telephium* ssp. *maximum* ›Atropurpureum‹ ist noch größer und hat einen aufrechteren Wuchs.

## SENECIO
### Kreuzkraut

Eine sehr große Gattung mit 3000 Arten, doch nur wenige werden im Garten gezogen. Für den Staudengärtner ist hauptsächlich *S. cineraria* (auch *S. bicolor*) von Interesse. Diese Art wird als Blattpflanze verwendet, und ihre Blätter und Stengel sind mit weichen, weißen Haaren bedeckt, die ihr ein silbrigweißes Aussehen geben. Eine schöne Sorte ist ›White Diamond‹ (unten). Sie hat gelbe Blüten, die aber gewöhnlich entfernt werden, wenn sie erscheinen. Die Pflanze wird nur 60 Zentimeter hoch. Sie ist kurzlebig und nicht winterhart.

*S. cineraria* braucht einen durchlässigen Boden und geht an einem nassen Platz rasch ein, vor allem im Winter. Ein sonniger Standort ist unverzichtbar. Vermehrung erfolgt durch Stecklinge oder Aussaat.

*Senecio cineraria* ›White Diamond‹

## SIDALCEA
### Präriemalve

Präriemalven sind reizvolle Pflanzen mit zartfarbenen Blütenständen, die an winzige Stockrosen erinnern. Die Hauptfarbe ist Rosa, aber es gibt auch dunklere Formen, die fast purpurfarben sind, sowie weißblühende Sorten. Aus Samen gezogene Pflanzen haben oft kleine Blüten, daher wählt man am besten eine der benannten Formen mit größeren Blüten. Die Pflanzen blühen vom Sommer an, und wenn man welke Stengel abschneidet, fördert man eine zweite Blüte. Die dichten, grundständigen Blätter bilden früh im Jahr eine schöne Bodendecke. Die Pflanzen werden bis zu 1,2 Metern hoch.

Präriemalven gedeihen in jedem einigermaßen nahrhaften Gartenboden, und obwohl sie einen sonnigen Platz vorziehen, wachsen sie auch in leichtem Schatten. Vermehrung erfolgt vorzugsweise durch Teilung, eine Aussaat ist jedoch auch möglich.

**Sorten** (unten)
*S. candida* ist die einzige weißblühende Form. ›Brilliant‹ hat sehr dunkle rosa Blüten. ›Rose Queen‹ blüht mittelrosa und ›Party Girl‹ rosa.

*Sidalcea candida* ›Rose Queen‹

## SILENE
### Leimkraut

Das Leimkraut ist keine ausgefallene, dafür aber nützliche Pflanze. Viele Gartenformen sind niedrig und gut geeignet, um den vorderen Rabattenbereich zu bedecken, die höheren Formen können weiter hinten beziehungsweise in einem naturnahen oder waldigen Bereich des Gartens wachsen. Einige Formen blühen im Frühjahr, andere im Sommer und wieder andere im Herbst. Manche blühen vom Frühjahr an bis in den Herbst. Ihre Blüten sind meist einfache Scheiben aus fünf Petalen, die mitunter tief eingeschnitten sind. *S. dioica* hat 2,5 Zentimeter große purpurrosa Blüten und wird etwa 60 Zentimeter hoch. Häufiger gezogen werden die gefüllten Formen ›Flore Pleno‹ und ›Rosea Plena‹; letztere hat dunklere Blüten.

Diese Formen wachsen in jedem Gartenboden, sowohl an sonnigen als auch schattigen Plätzen. Die Vermehrung erfolgt durch Teilung, die Art kann ausgesät werden.

## SISYRINCHIUM
### Binsenlilie

Diese Pflanzen können jede Rabatte aufheitern. Zwar sind ihre runden blauen oder gelben Blüten nicht sehr groß, doch sie scheinen in der Masse zwischen den anderen Pflanzen zu leuchten. Manche Gärtner mögen Binsenlilien allerdings nicht, da sie sich leicht aussäen. Sie bilden schmale gras- oder schwertlilienähnliche Blattbüschel, über denen sich im Frühjahr oder Sommer die Blütenstände erheben.

Die Binsenlilie mag durchlässige Erde und einen sonnigen Platz. Alte Blütenstände schneidet man ab, bevor sie sich aussäen können. Zur Vermehrung teilt man die Pflanze am besten im Spätsommer, oder man sät sie im Frühjahr aus. Pflanzungen sollten im Herbst oder Frühjahr erfolgen.

***S. angustifolium***
Diese 20 Zentimeter hohe Art gehört zu den robustesten und toleriert die meisten Wachstumsbedingungen, auch Kälte. Sie hat dunkelgrünes Laub und violettblaue Blüten mit gelbem Schlund, die im Sommer erscheinen.

***S. idahoense*** (unten)
Wie *S. angustifolium* trägt auch diese Art blaue Blüten mit gelber Mitte, doch sie wird doppelt so hoch und blüht früher. Sie wird auch als *S. bellum* geführt.

*Sisyrinchium idahoense*

***S. striatum***
Die beliebteste Binsenlilien-Art für die Rabatte. Sie entwickelt bis zu 75 Zentimeter hohe Blütenstände aus zartgelben Blüten, die zur Mitte hin dunkler werden und sich im Sommer über einen langen Zeitraum öffnen. Die Sorte ›Aunt May‹ hat eine cremeweiße Blattzeichnung.

## SMILACINA
### Schattenblume

Die eng mit dem Salomonssiegel verwandte Pflanze hat ein ähnlich frisches Aussehen wie dieses. Im Garten sieht man am häufigsten die Art *S. racemosa* (unten). Sie hat die gleichen anmutigen, ausladenden Stengel mit wechselständigen Blättern wie das Salomonssiegel, doch die Blüten erscheinen nicht entlang der Stengel, sondern stehen in endständigen Trauben. Sie sind cremeweiß und öffnen sich im Frühjahr. Die Pflanze wird bis zu 90 Zentimetern hoch und bildet ein großes Büschel, ist jedoch nicht invasiv. Sie eignet sich gut für einen schattigen Platz, wo sie sehr dekorativ aussieht.

Schattenblumen mögen feuchten, waldartigen, vorzugsweise sauren Boden und einen kühlen, schattigen Platz. Vermehrung erfolgt am besten durch Teilung oder Aussaat.

*Smilacina racemosa*

## SOLIDAGO
### Goldrute

Goldruten lassen vom Sommer an gelbe Farbflächen entstehen und sind deshalb nützliche Gartenpflanzen. Die einzelnen Blüten sind winzig klein, stehen jedoch in großer Zahl in lockeren, duftigen Rispen. Die schmalen Blätter sind nicht besonders reizvoll und können bei manchen Arten stark unter Mehltau leiden. Die Höhe der Pflanzen ist sehr unterschiedlich und reicht von 30 bis zu 150 Zentimetern. Sie breiten sich langsam zu großen Büschen aus.

Goldruten gedeihen in jedem relativ guten Gartenboden sowohl an sonnigen als auch leicht schattigen Plätzen. Vermehrung erfolgt durch Teilung.

**Sorten**
Es gibt zahlreiche Sorten. ›Goldkind‹ ist eine niedrige, goldgelbblühende Form. ›Goldenmosa‹ wird höher und hat leuchtendgelbe Blüten, die sich früh öffnen. ›Queenie‹ blüht leuchtendgelb und wird nur 20 Zentimeter hoch.

x *Solidaster luteus* ›Lemore‹

**Hybriden** (oben)
*Solidago* wurde mit *Aster* gekreuzt, und so entstand die neue Art x *Solidaster*, die größere Blüten als *Solidago* hat. Eine der beliebtesten dieser Kreuzungen ist die Sorte x *Solidaster luteus* ›Lemore‹. Sie hat zartgelbe Blüten und wird manchmal unter *Solidago* geführt.

## STACHYS
## Ziest

Diese Gattung bietet dem Gärtner eine Reihe nützlicher Pflanzen, doch sie sind teilweise so unterschiedlich, daß man sie kaum zur gleichen Gattung rechnen würde. Dies liegt daran, daß man einige wegen ihrer Blätter zieht und andere wegen ihrer Blüten. Die Lippenblüten ähneln denen von Taubnesseln und Minzen.

Die meisten Zieste mögen durchlässige Erde, und obwohl sie einen sonnigen Platz vorziehen, tolerieren sie auch leichten Schatten, vor allem in warmen Gegenden. Vermehrung erfolgt hauptsächlich durch Teilung, Aussaat ist jedoch auch möglich.

***S. byzantina***
Der Wollziest (häufig auch unter der Artbezeichnung *S. lanata* geführt) wird als Blattpflanze gezogen. Seine stark behaarten Blätter und Stengel verleihen ihm ein silbriges Aussehen. Die an hohen Stengeln stehenden Blüten sind klein und rosa. Manche Gärtner mögen sie nicht und entfernen sie an der Basis, damit die Wirkung des Laubs nicht beeinträchtigt wird, andere wiederum finden, daß die rosa Blüten die Gesamtwirkung verbessern. Bei ›Cotton Ball‹ sehen die Blüten wie Wattebäusche aus, ›Silver Carpet‹ entwickelt nur selten Blütenstengel. ›Primrose Heron‹ blüht gelb und hat silberfarbenes Laub.

***S. macrantha*** (unten)
Diese Pflanze wird auch unter der Artenbezeichnung *S. grandiflora* geführt. Sie sieht ganz anders aus als *S. byzantina* und entwickelt große Köpfe aus purpurrosa Blüten, die über runzeligen, großen, grünen Blättern stehen. Die schönste Form ist ›Superba‹ mit sehr großen purpurfarbenen Blüten.

*Stachys macrantha* ›Superba‹

## STIPA
## Pfriemengras

Diese große Gattung besteht aus Gräsern, die hauptsächlich wegen ihrer wundervollen fedrigen Blütenstände gezogen werden. Einige Arten sind sehr niedrig, doch allgemein werden die höheren verwendet, um Blickfänge im Garten zu schaffen. Pfriemengras wird oft zusammen mit anderen Pflanzen in die Rabatte gesetzt, ist jedoch auch eine ausgezeichnete Solitärpflanze. An einem Platz mit Abendsonne sieht die Pflanze nicht nur dekorativ aus, sondern gedeiht auch hervorragend.

Pfriemengras wächst in jedem guten Gartenboden, der am besten nicht zu naß ist, braucht aber einen sonnigen Platz. Es sollte im Frühjahr gepflanzt werden. Vermehrung erfolgt im allgemeinen im Frühjahr durch Teilung, eine Aussaat ist jedoch auch möglich.

***S. gigantea***
Die am häufigsten gezogene Art. Sie kann bis zu 1,8 Metern hoch werden und trägt offene, duftige Köpfe mit großen purpurfarbenen Blüten, aus denen sich goldfarbene Samenstände entwickeln.

*Stipa tenuissima*

***S. tenuissima*** (oben)
Diese Pfriemengras-Art ist mit nur 60 Zentimeter Höhe erheblich niedriger. Sie trägt im Frühsommer weiche, fedrige Blütenstände.

## STOKESIA

Von dieser Gattung gibt es nur die Art *S. laevis* (nächste Seite, oben links). Die Kornblumenaster ist mit der Silberdistel verwandt, aber nicht stachelig. Die schöne niedrige Pflanze ist 45 Zentimeter hoch und breitet sich aus, ohne zu wuchern. Ihre flachen Blütenköpfe bestehen aus einer Mittelscheibe aus kleinen Blüten, umgeben von einem Ring aus größeren, blauvioletten Randblüten. Sie beginnen sich im Spätsommer zu öffnen. Von dieser Art ist eine Reihe von Cultivaren erhältlich: ›Alba‹ blüht weiß, ›Blue Danube‹ in einem tiefen Blau; ›Blue Star‹ trägt größere Blüten.

Die Kornblumenaster bevorzugt Boden, der mit organischem Material angereichert wurde, aber durchlässig ist, und benötigt einen sonnigen Platz. Vermehrung erfolgt durch Teilung.

*Stokesia laevis*

## SYMPHYANDRA

Diese kleine Gattung ist eng mit den Glockenblumen verwandt. Leider sieht man diese Pflanzen nicht so häufig, wie es zu wünschen wäre, vielleicht, weil sie nur eine kurze Lebensdauer haben. Die meisten entwickeln jedoch große Mengen Samen und sind daher leicht zu vermehren. Eine der beliebtesten Arten ist *S. wanneri*. Sie trägt unzählige nickende lavendelblaue Blüten, die im Frühsommer erscheinen. Die Pflanze ist pyramidenförmig und hat ovale, behaarte Blätter. Sie bildet Büschel von nur 25 Zentimeter Höhe und eignet sich daher ausgezeichnet für den vorderen Bereich einer Rabatte.

*Symphyandra* gedeiht in jedem besseren Gartenboden, bevorzugt aber durchlässige Erde. Sie kann sowohl sonnig als auch leicht schattig stehen und wird durch Aussaat vermehrt.

## SYMPHYTUM
### Beinwell

Die röhrenförmigen Blüten des Beinwells stehen in Ständen, die sich mit dem Öffnen der Knospen entrollen. Die Farbskala der Blüten ist groß und reicht von Blau, Rosa, Rot über Cremegelb bis zu Weiß. Sie stehen an dicken, behaarten Stengeln über großen, derben Blättern, die jedoch durchaus dekorativ sein können. Es gibt auch einige panaschierte Formen. Die Höhe der Pflanzen beträgt etwa 30 bis 90 Zentimeter.

Beinwell kann sich unterirdisch stark ausbreiten, und wo er Fuß gefaßt hat, wird man ihn nur schwer wieder los. Daher eignet er sich besser für einen naturnahen Gartenbereich oder einen Platz, an dem er begrenzt werden kann.

Beinwell mag tiefgründigen, nahrhaften Boden, der nicht zu trocken wird, und kann sonnig oder leicht schattig stehen. Nach der Blüte schneidet man ihn zurück, um ein Aussäen zu verhindern und die Entwicklung neuer Blätter anzuregen. Vermehrung erfolgt durch Aussaat oder Teilung. Aus jedem Wurzelstück im Boden wächst eine neue Pflanze.

*Symphytum* ›Goldsmith‹

**Laubformen** (oben)
Einige Beinwell-Sorten werden fast ausschließlich wegen ihres Laubes gezogen wie beispielsweise ›Goldsmith‹ mit dunkelgrünen Blättern und cremefarbener und gelber Panaschierung oder *S.* x *uplandicum* ›Variegatum‹, das cremefarbene Panaschierungen auf graugrünem Untergrund hat.

**Blütenformen**
Bei fast allen Beinwell-Arten und -Sorten lohnt die Kultur auch wegen der Blüten. Zwei der schönsten Sorten sind ›Hidcote Blue‹ mit roten Knospen, die sich zu weißen Glocken mit blauem Hauch öffnen, und ›Hidcote Pink‹, die rosa überlaufen ist.

## TANACETUM

Diese Gattung bilden Korbblütler von oft sehr unterschiedlichem Aussehen. Einer der bekanntesten Vertreter ist der Rainfarn, der für die Rabatte leider viel zu wuchsfreudig ist. Es gibt jedoch verschiedene andere Mitglieder der Gattung, deren Kultur sich lohnt. Auch die Blüten haben unterschiedliche Farben, und ihre Größe reicht von 8 Millimetern bis zu 8 Zentimetern.

*Tanacetum* wächst in jedem Gartenboden, bevorzugt aber einen sonnigen Platz. Viele lassen sich aus Samen ziehen, benannte Formen vermehrt man jedoch am besten im Frühjahr durch Stecklinge oder Aussaat.

**Laubformen**
Die Mitglieder der Gattung haben allgemein reizvolles Laub und ziehen dadurch die Aufmerksamkeit auch außerhalb der Blüte auf sich. Vom Mutterkraut *(T. parthenium)* ist die goldblättrige Form ›Aureum‹ besonders dekorativ. Sie bewahrt fast während der gesamten Wachstumsperiode ihre Farbe und kann stets zurückgeschnitten werden, damit sie neu austreibt. Beinahe den ganzen Sommer über ist sie mit kleinen weiß-gelben Korbblüten bedeckt, die jede Pflanzung aufheitern.

**Blütenformen**
(nächste Seite, oben links)
Die Art *T. coccineum*, vielleicht besser unter dem Gattungsnamen *Pyrethrum* bekannt, trägt leuchtendgefärbte Blüten, die im Frühsommer erscheinen. Sie ist eine ausgezeichnete Rabattenpflanze und wird mit nur 60 Zentimetern nicht sehr hoch. ›Snow Cloud‹ ist eine schöne weißblühende Form. ›Eileen May Robinson‹, ›Laurin‹ und ›Robinson's Pink‹ sind

ausgezeichnete rosablühende Sorten, ›Brenda‹ und ›James Kelway‹ haben kräftigrote Blüten.

*Tanacetum* ›Eileen May Robinson‹

## TELLIMA

Die einzige Art der Gattung *Tellima* ist *T. grandiflora*, die sich ausgezeichnet als dekorativer Bodendecker für Gartenbereiche mit leichtem bis mittlerem Schatten eignet. Ihre Blätter sind dunkelgrün und ähneln denen von *Heuchera*, mit der sie verwandt ist. Die Blüten, kleine, weißgrüne Glocken, die sich mit Fortschreiten der Wachstumsperiode rosa färben, erscheinen gegen Ende des Frühjahrs an hohen, dünnen Stengeln. Die Pflanze erreicht bis zu 60 Zentimeter Höhe. Die Form ›Rubra‹ hat purpurfarben überhauchte Blätter.

*Tellima* braucht waldigen Boden, der feucht und reich an gut verrottetem Humus ist, und einen kühlen, schattigen Platz. Vermehrung erfolgt durch Teilung.

## THALICTRUM
**Wiesenraute**

Bei den meisten Wiesenrauten sind sowohl die Blätter als auch die Blüten sehr zart und lassen einen wunderhübschen Schleiereffekt entstehen. Die Blüten besitzen keine Petalen, sondern bestehen aus einem Büschel fedriger Staubblätter und farbigen Kelchblättern. Die Höhe reicht von nur 10 Zentimetern bis zu stattlichen 1,8 Meter Höhe und mehr.

Wiesenraute mag keinen zu nahrhaften Boden, aber reichlich Humus, damit der Boden feucht bleibt. Sie kann an sonnigen und schattigen Plätzen wachsen, zieht in sehr warmen Gegenden Schatten aber vor. Einige der höheren Arten brauchen Stützen. Vermehrung ist sowohl durch Aussaat und Stecklinge als auch durch Teilung möglich.

***T. aquilegifolium*** (unten)
Die Amstelraute erhielt ihren lateinischen Namen wegen der Ähnlichkeit ihres Laubes mit dem der *Aquilegia* (Akelei). Außerhalb der Blüte kann man die beiden Pflanzen auch leicht verwechseln. Die unzähligen duftigen Blüten sind lila gefärbt. Die Samen sehen wie zahllose Ohrringe aus und wirken äußerst dekorativ. Es gibt eine cremeweißblühende Form namens ›Album‹ und die purpurfarbene Form ›Thundercloud‹. Alle werden etwa 90 Zentimeter hoch.

*Thalictrum aquilegifolium*

***T. delavayi***
Auch unter dem Namen *T. dipterocarpum* geführt. Dies ist eine der zartesten Pflanzen mit filigranem Laub und duftigen Blütenköpfen aus purpurfarbenen Sepalen, die mit cremefarbenen Staubblättern gefüllt sind. Sie wird etwa 1,5 Meter hoch. Die Sorte ›Hewitt's Double‹ ist vielleicht das Kleinod der Gattung, da ihre Staubblätter in purpurfarbene »Petalen« umgewandelt wurden, so daß gefüllte Blüten entstanden sind.

***T. flavum***
Dies ist mit 1,8 Metern und mehr eine sehr hohe Pflanze, die insgesamt kräftiger als die anderen Arten ist. Vor allem in großen Büscheln stellt sie einen Blickfang dar, weil ihre dunkelgrünen Blätter und gelben Blüten einen starken Kontrast bilden. Besser bekannt ist die Form *T. flavum* ssp. *glaucum*, die blaugrüne Blätter und Stengel hat.

***T. rochebrunnianum***
Diese Art ähnelt sehr *T. delavayi*. Sie hat purpurfarbene Blüten und blaugrüne Blätter und wird 1,8 Meter hoch. Ihre Blütezeit ist etwas später.

## THERMOPSIS
**Fuchsbohne**

Fuchsbohnen sind farbenfrohe, fröhliche Pflanzen mit dunkelgrünem Laub und leuchtendgelben, lupinenähnlichen Blüten, die im Frühjahr erscheinen. Während des übrigen Jahres tragen die Pflanzen schönes Laub. Ihr großer Nachteil ist, daß sie sich unterirdisch ausbreiten und stark wuchern können. Daher benötigen sie einen Platz, an dem sie sich entweder ausdehnen oder aber einfach begrenzt werden können.

Die verschiedenen Arten der Fuchsbohne weisen keine großen Unterschiede auf und sind nur schwer auseinanderzuhalten. Zum Kennenlernen empfiehlt sich *T. montana* (unten). Sie wird 90 Zentimeter hoch.

Fuchsbohnen gedeihen in den meisten Böden, auch trockenen. Die Mehrzahl toleriert sowohl Sonne als auch Schatten. Die Vermehrung erfolgt durch Teilung oder Aussaat.

*Thermopsis montana*

## TIARELLA
### Schaumblüte

Die Pflanzen dieser kleinen Gattung eignen sich ideal als Bodendecker an einem schattigen Platz im Garten. Im Gegensatz zu den meisten anderen Bodendeckern besitzen diese Pflanzen einen wunderbaren Charme. Ihre winzigen Blüten stehen in lockeren Trauben über dem Laub und haben der Pflanze ihren Namen gegeben. Die Blätter sind gelappt und immergrün. Die Schaumblüte wird ungefähr 45 Zentimeter hoch.

Die Pflanze mag kühle, feuchte Erde mit reichlich gut verrottetem Humus und braucht einen leicht schattigen Platz. Vermehrt wird sie meist durch Teilung, man kann sie aber auch aus Samen ziehen.

***T. cordifolia***
Diese Art befindet sich hauptsächlich in Kultur. Sie trägt weiße Blütentrauben und breitet sich durch Ausläufer aus, so daß sie bald eine große Kolonie bildet.

*Tiarella wherryi*

***T. wherryi*** (oben)
Eine kompaktere Pflanze mit kräftigeren, pyramidenförmigen Trauben, die aus weißen Blüten mit rosa Spitzen bestehen. Die Art wuchert nicht so stark wie *T. cordifolia*, da sie sich nicht unterirdisch ausbreitet.

## TRACHYSTEMON

Von den zwei Arten dieser Gattung wird nur *T. orientalis*, der Rauhling, kultiviert, eine seltsam anmutende Pflanze, deren Blütenstengel stets kurz vor dem Eingehen zu sein scheinen. Dies liegt hauptsächlich an der Art und Weise, wie die blauen Blüten mit ihren zurückgerollten Petalen herabhängen, fast als würden sie welken. Dennoch lohnt sich die Kultur wegen der Gesamtwirkung der Blüten. Die lockeren Blütenstände erscheinen im Frühjahr noch vor den Blättern an derben Stengeln von bis zu 45 Zentimeter Höhe. Auch die Blätter sind derb, bilden aber eine gute Bodendecke. Da diese Pflanze wuchern kann, empfiehlt sie sich nicht für formale Rabatten, aber sie ist nützlich, um große Flächen unter Bäumen und Sträuchern zu begrünen.

Rauhling mag waldige Bedingungen und Boden, der nicht zu sehr austrocknet. Er ist völlig unkompliziert und braucht nach dem Pflanzen keine Aufmerksamkeit mehr. Zur Vermehrung teilt man ihn nach der Blüte.

## TRADESCANTIA
### Dreimasterblume

Dreimasterblumen sind vor allem als Zimmerpflanzen bekannt, doch *Tradescantia* ist eine große Gattung mit etwa 60 Arten, von denen einige einen wichtigen Beitrag zur Gartengestaltung leisten. Sie haben meist große Ähnlichkeit mit den Topfpflanzen und tragen riemenförmiges Laub sowie charakteristische Blüten, die sich aus drei Petalen zusammensetzen und in Büscheln in den Achseln endständiger Blätter stehen. Neben Weiß gibt es ein Spektrum an kräftigen, beinahe leuchtenden Blütenfarben, hauptsächlich blaue und rosa Töne. Die Pflanzen blühen vom Spätfrühjahr an über einen langen Zeitraum. Unter guten Wachstumsbedingungen breiten sie sich leicht aus und bilden große, etwas unordentlich aussehende Büschel, die ungefähr 60 Zentimeter hoch werden.

Dreimasterblumen sollten nicht in zu nahrhaften Boden gepflanzt werden, weil sie sonst auf Kosten der Blüten üppiges Laub entwickeln. Allerdings darf der Boden nicht zu trocken werden. Gewöhnlich ist ein sonniger Platz erforderlich. Vermehrt wird am besten durch Teilung.

***T.-Andersoniana*-Hybriden** (unten)
Dies sind die wichtigsten Hybriden für den Garten, und eine ihrer Elternpflanzen ist *T. virginiana*. Sie sind in einer breiten Farbpalette erhältlich. Die schönsten reinweißblühenden Formen sind ›Innocence‹ und ›Snowcap‹. Die Blüten von ›Iris Prichard‹ sind weiß mit blauem Hauch. ›Isis‹ blüht tiefblau, ›Zwanenburg Blue‹ königsblau. ›Karminglut‹ trägt leuchtendkarminrote, ›Pauline‹ lilarosagefärbte Blüten.

*Tradescantia-Andersoniana*-Hybride ›Karminglut‹

## TRICYRTIS
### Krötenlilie

Krötenlilien gehören zu den faszinierendsten Pflanzen für die Staudenrabatte. Um die Schönheit ihrer Blüten zu würdigen, muß man sie genau betrachten. Jede Blüte besteht aus sechs schmalen Petalen, die einen flachen Trichter bilden, aus dem sich Staubgefäße und Griffel erheben. Die Blüten sind meist weiß oder gelb und stark purpurfarben, rot oder braun gefleckt. Gewöhnlich sind sie nach oben gerichtet und erscheinen im Herbst an aufrechten Stengeln. Die Blätter sind länglich-oval und meist glänzendgrün. Krötenlilien haben einen sich ausbreitenden Wurzelstock und bilden bald große, pflegeleichte Kolonien von bis zu 90 Zentimeter Höhe. In der Rabatte sehen sie am schönsten in einer großen Gruppe aus, da einzelne Pflanzen kaum auffallen.

Krötenlilien brauchen feuchten, humusreichen Boden und einen kühlen Wurzelbereich. Sie können in eine schattige Rabatte gesetzt werden, am schönsten wirken sie aber in einer waldigen Umgebung mit Streuschatten. Störungen mögen sie nicht. Die jungen Triebe sind durch Schnecken gefährdet. Vermehrung erfolgt durch Teilung oder Aussaat.

***T. formosana*** (unten)
Diese Art hat weißgrundige Blüten, die lila überhaucht und gefleckt sind. Die dunkelgrünen Blätter sind oft ebenfalls gefleckt. Es gibt verschiedene Cultivare mit leichten Farbvariationen, die die Stolonifera-Gruppe bilden.

*Tricyrtis formosana*

***T. hirta***
Die Blätter und Stengel dieser Art sind mit kurzen Haaren bedeckt. Im Herbst erscheinen weiße Blüten, übersät mit purpurfarbenen Flecken.

## TROLLIUS
## Trollblume

Trollblumen gehören zu den Glanzpunkten des Frühjahrs- und Frühsommergartens. Sie entwickeln große orangefarbene oder goldgelbe Blütenkugeln, die hoch über dem butterblumenartigen Laub stehen. Bei manchen Arten sind die Blüten schalenförmig, ähnlich wie bei der engverwandten Butterblume, bei anderen bilden die Blütenblätter jedoch eine vollständige Kugel. Trollblumen sind Pflanzen für sumpfige Flächen, und am besten gedeihen sie in Sumpfgärten oder in Wassernähe. Wenn der Boden aber genügend Humus enthält, um feucht zu bleiben, eignen sie sich auch gut, um eine reizvolle Rabatte entstehen zu lassen.

In den meisten Gegenden wachsen Trollblumen auf offenen Flächen, doch in sehr warmen Gegenden fühlen sie sich in leichtem Schatten wohler. Welke Blüten muß man regelmäßig entfernen. Vermehrung erfolgt durch Teilung oder Samen, die frisch gesät werden sollten.

***T. chinensis***
Diese Art wird auch noch unter der Bezeichnung *T. ledebourii* geführt. Die äußeren Petalen bilden eine flache Schale, die mit aufrechten, schmalen, kräftig goldgelben Blütenblättern gefüllt ist. Die Pflanze erreicht eine Höhe von bis zu 90 Zentimetern.

***T.* x *cultorum***
Diese beliebten Hybriden haben verschiedene Farben. ›Alabaster‹ trägt sehr blasse grüngelbe Blüten. ›Feuertroll‹ blüht tieforangefarben, ›Golden Monarch‹ goldfarben, und die Blüten von ›Lemon Queen‹ sind zitronengelb. Alle werden bis zu 90 Zentimetern hoch.

*Trollius europaeus*

***T. europaeus*** (oben)
Dies ist die in Europa heimische Trollblume. Sie entwickelt blaßgelbe, kugelige Blüten, die auf 75 Zentimeter hohen Stengeln stehen.

## UNCINIA

Die aus Neuseeland stammende *Uncinia* gehört zur Familie der Riedgräser und ist mit den Seggen verwandt. Die Art *U. unciniata* hat wunderhübsche braune Blätter, die im Jugendstadium am leuchtendsten sind. Da die Farbe sehr variabel ist, kauft man die Pflanze am besten während der Wachstumsperiode. Sie bildet Fontänen aus immergrünem Laub von bis zu 45 Zentimeter Höhe und ist eine ausgezeichnete Blattpflanze.

*Uncinia* mag feuchtigkeitshaltenden Boden und kann an sonnigen und leicht schattigen Plätzen wachsen. Vermehrung erfolgt im Frühjahr durch Teilung oder Aussaat; Samen garantieren nicht immer schöne Farben.

## UVULARIA

Eine seltsame, aber reizvolle kleine Gattung von Pflanzen, die mit dem Salomonssiegel verwandt sind. Sie bilden Kolonien aus ausladenden Stengeln, an denen gelbe Blüten baumeln, die wie gedrehte Stoffstreifen aussehen und im Frühjahr erscheinen. Das Laub ist frisch und leuchtendgrün, die Pflanzen können 60 Zentimeter Höhe erreichen. Zwar befinden sich die meisten Arten in Kultur, doch am häufigsten sieht man *U. grandiflora* (unten). Sie hat 2,5 Zentimeter lange, kräftig primelgelbe Blüten. ›Pallida‹ ist eine erheblich blassere Form.

*Uvularia* braucht kühlen, feuchten Boden mit reichlich gut verrottetem Humus. Sie gedeiht in der Sonne, zieht aber, vor allem in sehr warmen Gegenden, einen schattigen Platz vor. Die Pflanze ist besonders gut für einen waldigen Garten geeignet.

*Uvularia grandiflora*

## VALERIANA
**Baldrian**

Baldrian ist eine hübsche, aber nicht besonders prägnante Pflanze, die sich für den Naturgarten besser eignet als für formale Bereiche. Er wird hoch und trägt büschelige Köpfe aus kleinen weißen oder blaßrosa Blüten, es gibt jedoch eine Form, die sich hauptsächlich wegen ihrer Blätter zunehmender Beliebtheit erfreut: *V. phu* ›Aurea‹ (unten). Sie entwickelt im Frühjahr Hügel aus leuchtendgoldfarbenen Blättern, die sich im Sommer grün färben. Die weißen Blüten werden meist noch vor dem Öffnen entfernt. Obwohl das Laub nur 30 Zentimeter hoch wird, setzt man diese Pflanze in die Mitte der Rabatte, wo sie während ihrer schönsten Zeit zu sehen ist, später aber von anderen Pflanzen verdeckt wird.

Baldrian wächst in fast allen Gartenböden. Die meisten Arten können an offenen Plätzen stehen, bevorzugen aber leichten Schatten – *V. phu* ›Aurea‹ braucht allerdings einen sonnigen Fleck. Vermehrt wird durch Teilung oder Aussaat.

*Valeriana phu* ›Aurea‹

## VERATRUM
**Germer**

Germer ist sehr nützlich, denn er sieht nicht nur zur Blütezeit großartig aus, sondern ist auch eine ausgezeichnete Blattpflanze. Er hat aber zwei Nachteile: Zum einen können nach der Aussaat sieben Jahre vergehen, bis er blüht, und zum anderen können Schnecken seine Blätter stark verunstalten. Das Laub ist stark gefältelt und erinnert, wenn es eine Rosette bildet, an einen blaßgrünen Turban. Aus ihm erhebt sich schließlich ein 1,8 Meter hoher Blütenstand, an dessen waagrechten Zweigen in Büscheln viele kleine Blüten hängen. Bei einigen Arten sind die Blüten weiß oder hellgrün, die beliebteste Art, *V. nigrum* (unten), trägt jedoch dunkelrote Blüten, die aussehen, als würden sie leuchten, wenn die Sonne sie von hinten bescheint. Nicht weniger attraktiv sind die Fruchtstände der Pflanze.

Germer mag feuchten, humusreichen Boden. Einige Arten und Sorten wachsen an offenen Plätzen, die meisten ziehen aber etwas Schatten vor, unter ihnen auch *V. nigrum*. Vermehrt wird durch Samen oder Ableger.

*Veratrum nigrum*

## VERBASCUM
**Königskerze**

Königskerzen gehören zu den stattlichsten Pflanzen im Garten. Ihre flachen, gelben Blüten erheben sich über den großen, behaarten Blättern zu einem meist dichten Blütenstand von bis zu 2,5 Meter Höhe und mehr. Fast alle Formen sind zweijährig und müssen jedes Jahr ausgesät werden, doch es gibt auch einige dauerhaftere Arten, die im Staudengarten wachsen können. Leider werden sie nicht so hoch wie die zweijährigen Formen, dennoch sind sie sehr eindrucksvoll.

Königskerzen gedeihen in jedem Gartenboden, auch sehr trockenem, doch fast alle brauchen einen sonnigen Platz. Die höheren Arten müssen an exponierten Standorten gestützt werden. Man kann Königskerzen entweder durch Aussaat vermehren oder durch Selbstaussaat entstandene Sämlinge verwenden. Farbige Formen werden durch Wurzelschnittlinge vermehrt.

***V. chaixii***
Diese Königskerzen-Art wird ungefähr 90 Zentimeter hoch und hat dunkelgrüne Blätter. Die Blüten sind gelb und haben rote Staubgefäße. Zudem gibt es eine weißblühende Form.

***V.-phoeniceum*-Hybriden** (unten)
Die Art selbst wird nicht sehr oft gezogen, ist aber Elternpflanze einer Reihe sehr beliebter Hybriden. Am bekanntesten sind die Cotswold-Hybriden mit einer weit größeren Palette von Blütenfarben als bei den meisten Königskerzen. Zu ihnen gehören ›Cotswold Queen‹ mit bernsteinfarbenen und ›Gainsborough‹ mit blaßgelben Blüten. ›Helen Johnson‹ blüht rosa, ›Mont Blanc‹ weiß und ›Pink Domino‹ dunkelrosa.

*Verbascum* ›Pink Domino‹

## VERBENA
**Verbene**

Die meisten Verbenen sind nicht winterhart genug, um im Staudengarten zu wachsen, und werden einjährig behandelt. Es gibt jedoch einige unempfindlichere Formen, und sie entwickeln meist spät im Jahr kleine runde oder flache purpurfarbene oder rosa Blütenstände, die bei Bienen und Schmetterlingen sehr beliebt sind. Zudem gibt es für jeden Rabattenbereich eine Verbene in geeigneter Höhe.

Verbenen wachsen in jedem guten Gartenboden, am besten aber in durchlässiger Erde. Sie benötigen einen sonnigen Platz. Vermehrung erfolgt im Frühjahr durch Aussaat, Teilung oder grundständige Stecklinge.

***V. bonariensis*** (unten)
Dies ist eine der beliebteren Arten. Die Pflanze ist dünn, erreicht 1,8 Meter Höhe und mehr und hat drahtige Stengel, an denen Büschel aus rötlichpurpurfarbenen Blüten sitzen. Trotz der Höhe kann man durch die Pflanze hindurchsehen, so daß sie auch in der Mitte der Rabatte oder sogar im vorderen Bereich mitunter sehr schön ist. Sie ist zwar winterhart, aber leider kurzlebig.

*Verbena bonariensis*

## VERONICA
### Ehrenpreis

Ehrenpreis gehört zu den wichtigsten Pflanzen für die Hochsommerrabatte und bietet eine Reihe blaublühender Pflanzen von bis zu 1,2 Meter Höhe und mehr. *Veronica* ist eine sehr große Gattung, von der sich eine beträchtliche Zahl von Arten und Sorten in Kultur befindet. Neben blaublühenden Sorten gibt es auch weiß- und eine zunehmende Zahl von rosablühenden Formen. Die Mehrzahl trägt ihre Blüten in anmutigen Ähren weit über dem Laub, bei einigen der niedrigeren Formen sind die Blütenstände jedoch locker verzweigt.

Ehrenpreis kann in jedem Gartenboden wachsen, doch die Erde sollte nicht zu trocken werden. Höhere Formen brauchen Stützen. Das Entfernen der welken Blüten verhindert eine Selbstaussaat. Vermehrt wird durch Teilung, in manchen Fällen auch durch Aussaat.

**Weiße Sorten**
Eine niedrige weißblühende Sorte für den vorderen Bereich einer Rabatte ist *V. spicata* ›Icicle‹, deren Blüten sich gut von den dunkelgrünen Blättern abheben. Die Pflanze erreicht eine Höhe von bis zu 45 Zentimetern.

*Veronica spicata* ›Rotfuchs‹

**Rosa Sorten** (oben)
Eine niedrige blaßrosablühende Form, die nicht höher als 25 Zentimeter wird, ist *V. prostrata* ›Mrs. Holt‹. Die Sorten *V. spicata* ssp. *incana* ›Minuet‹ und *V. spicata* ›Heidekind‹ haben beide tiefrosa Blüten. *V. spicata* ›Rotfuchs‹ öffnet rosarote Blüten.

**Blaßblaue Sorten**
Zu den schönsten blaßblaublühenden *Veronica*-Arten gehört *V. gentianoides* mit ihren glänzenden Blättern und dünnen Trauben aus verhältnismäßig sehr großen Blüten; die Sorte ›Variegata‹ hat cremefarben panaschierte Blätter und blaßblaue Blüten. *V. spicata* ›Blaufuchs‹ blüht lavendelblau.

**Dunkelblaue Sorten**
*V. austriaca* ssp. *teucrium* ›Crater Lake Blue‹ ist eine der schönsten dunkelblaublühenden Ehrenpreis-Sorten. *V. peduncularis* ›Georgia Blue‹ trägt dunkelblaue lockerere Blütenstände über niedrigem, purpurfarben überlaufenem Laub. Die leuchtendgefärbte ›Shirley Blue‹ liegt in der Höhe zwischen den beiden vorgenannten Sorten.

## VERONICASTRUM

*Veronicastrum virginicum* (unten) sieht *Veronica*, insbesondere *V. longifolia*, so ähnlich, daß es möglicherweise sehr schwierig ist, die beiden Pflanzen zu unterscheiden. Beide werden ungefähr 90 Zentimeter hoch und tragen an steifen, aufrechten Stengeln Blattquirle. Die blaßblauen Blüten stehen in attraktiven Ähren. Vielleicht ist *Veronicastrum* mit seinen längeren Blütenständen und seiner größeren Blattzahl pro Quirl etwas anmutiger. *V. virginicum* ›Album‹ ist eine wunderschöne weißblühende Form, deren Blüten sich gut von den dunkelgrünen Blättern abheben.

*Veronicastrum* gedeiht in jedem Gartenboden und am besten an einem sonnigen Standort, es verträgt jedoch auch leichten Schatten. An exponierten Plätzen brauchen die Pflanzen möglicherweise Stützen. Die Vermehrung erfolgt durch Teilung.

*Veronicastrum virginicum*

## VIOLA
### Veilchen

In keinem Garten sollten Vertreter dieser Gattung fehlen. Die Pflanzen mit ihren fröhlichen Blüten können in Gruppen gepflanzt oder als Füllelemente zwischen andere Pflanzen gesetzt werden. Sie sind unkompliziert und in einer breiten Farbpalette erhältlich. Die Mehrzahl ist niedrig und bildet lockere oder dichte Hügel. Einige wachsen gerne an Sträuchern und anderen Pflanzen empor. Von der Gattung *Viola* gibt es unterschiedliche Formen. Am großblütigsten sind Gartenstiefmütterchen, die man gewöhnlich einjährig behandelt, doch wenn man sie stutzt, wachsen sie auch noch ein zweites oder sogar drittes Jahr.

Veilchen und Stiefmütterchen gedeihen in den meisten Böden, sofern diese feucht sind, und bevorzugen einen leicht schattigen Platz. Mit Ausnahme der kleinblütigen Veilchen tut es den meisten gut, wenn man sie nach der Blüte stutzt, und oft führt dies zu einer zweiten Blüte. Die Vermehrung erfolgt durch grundständige Stecklinge.

**Mehrjährige Stiefmütterchen** (unten)
Für die Staudenrabatte ist das mehrjährige Stiefmütterchen der wichtigste Vertreter dieser Gattung. Es ist in einer großen Palette an Blütenfarben erhältlich. ›Ardross Gem‹ blüht dunkelgelb und

*Viola* ›Jackanapes‹

blau. ›Bowles Black‹ trägt kleine schwarze, ›Molly Sanderson‹ große schwarze Blüten. ›Chantreyland‹ hat aprikosenfarbene Petalen, die in der Mitte dunkler werden, und ist samenvermehrbar. ›Iris Molly‹ ist eine seltsame Mischung aus grünlich-gelben und bläulichbraunen Blüten. ›Jersey Gem‹ blüht tiefpurpurfarben. Bei ›Jackanapes‹ sind die oberen Petalen rötlichbraun, die unteren leuchtendgelb. ›Maggie Mott‹ ist eine Mischung und blüht in Blautönen und Cremegelb.

***V. cornuta*** (unten)
Das Hornveilchen ist eine der schönsten Arten mit relativ großen Blüten. Es verhält sich mehr wie ein Stiefmütterchen, und es behagt ihm, wenn man es nach der

*Viola cornuta*

Blüte stutzt. Die Art hat blaßlila Blüten, doch gibt es eine große Zahl von Varianten. Die Sorte ›Alba‹ blüht reinweiß und eignet sich wunderbar, um eine dunkle Gartenecke aufzuheitern. ›Belmont Blue‹ blüht zartblau, und ›Rosea‹ trägt purpurrosa Blüten.

***V. labradorica***
Diese Art hat purpurviolette Blüten und trägt, vor allem im Frühjahr, großartige purpurfarbene Blätter, die sie zu einer ausgezeichneten Blattpflanze für die Rabatte machen. Sie wurde in *V. riviniana* ›Purpurea‹ umbenannt.

***V. sororia***
Diese Veilchen-Art ist nicht besonders spektakulär, doch ihre Sorte ›Freckles‹ erfreut sich zunehmender Beliebtheit bei den Gärtnern. Sie hat weiße Blüten mit vielen purpurblauen Tupfen.

## WALDSTEINIA
### Golderdbeere

Dies ist eine kleine Gattung mit fünf Arten, von denen sich nur zwei in Kultur befinden. Sie haben eine niedrige Wuchsform und werden als Bodendecker benutzt, zumeist in Steingärten, doch man kann sie auch in den vorderen Bereich einer schattigen Rabatte setzen. Hauptsächlich befindet sich die Art *W. ternata* (unten) in Kultur. Sie hat immergrüne Blätter und kleine gelbe Blüten, die denen der Erdbeere ähnlich sehen und im Spätfrühjahr erscheinen. Die ganze Pflanze wird nicht mehr als 10 Zentimeter hoch, breitet sich aber über kurze Rhizome kräftig aus und bildet dichte Laubteppiche.

Die Golderdbeere wächst in den meisten Böden und bevorzugt einen schattigen Standort. Die kriechende Pflanze läßt sich leicht durch Teilung vermehren.

*Waldsteinia ternata*

## ZAUSCHNERIA
### Kolibritrompete

Diese kleine Gruppe von Arten, die eine Zeitlang *Epilobium* zugeordnet wurden, gilt jetzt wieder als eigene Gattung. Die Pflanzen sind wegen ihrer späten Blütezeit nützlich. Die am häufigsten gezogene und winterhärteste Art ist *Z. californica*, die fuchsienähnliche scharlachrote Blüten hat. Die Sorte ›Glasnevin‹ hat leuchtende Blüten und dunkelgrüne Blätter. ›Solidarity Pink‹ trägt rosa Blüten, ist aber nicht so blühwillig. Die Pflanzen werden bis zu 45 Zentimetern hoch und können in den vorderen Bereich einer Rabatte gesetzt werden, besonders schön sehen sie aber aus, wenn sie auf einer Mauer oder Böschung wachsen.

Die Kolibritrompete braucht durchlässigen Boden und einen warmen, sonnigen Platz. Man kann sie durch Stecklinge oder Teilung vermehren. Manche Formen breiten sich unterirdisch aus und müssen begrenzt werden.

## Härtezonen

Einer der entscheidendsten Faktoren, der die Auswahl von Pflanzen für einen Garten bestimmt, ist das Klima. Stauden wachsen in freier Natur unter verschiedenartigen klimatischen Bedingungen, und im Garten gedeihen sie am besten, wenn die Wachstumsbedingungen denen ihres natürlichen Lebensraumes möglichst ähnlich sind. Daher setzt man Waldpflanzen an einen schattigen und Wiesenpflanzen an einen sonnigen Platz.

Die Temperatur ist dabei von großer Bedeutung. Manche Pflanzen gedeihen einfach nicht, wenn die Wintertemperaturen zu niedrig sind. So überleben etwa Pflanzen aus dem Süden der USA und großen Teilen des südlichen Afrika die verhältnismäßig strengen Winter im nördlichen Europa kaum.

Pflanzen, die gewöhnlich ohne Schutz über den Winter kommen, bezeichnet man als winterhart; diejenigen, die zwar im Sommer gedeihen, aber im Winter häufig eingehen, werden als bedingt winterhart eingestuft. Pflanzen, die keinen Winter überleben, gelten als nicht winterhart.

Da Kataloge und Nachschlagewerke bezüglich der Winterhärte oft nur vage Auskunft geben, finden Sie auf Seite 230 noch einmal alle im Pflanzenverzeichnis (Seite 143 bis 228) aufgeführten Pflanzen mit Angabe ihrer Winterhärte, bezogen auf die hier gezeigten Klimakarten. Möglicherweise sind diese Informationen hilfreich, wenn Sie andere Bücher oder Zeitschriften zur Hand nehmen.

Es gibt elf Härtezonen, die sich an den Wintertemperaturen orientieren. Zone 1 ist mit Wintertemperaturen von bis zu minus 46 Grad Celsius am kältesten, Zone 11 mit einer Mindesttemperatur von über 4 Grad Celsius im Winter am wärmsten. Die Einordnung einer Pflanze in eine bestimmte Härtezone bedeutet, daß diese Pflanze normalerweise in dieser und allen höheren Zonen gedeiht.

Die Trennung zwischen den einzelnen Zonen ist nicht absolut, denn das Wetter ist möglicherweise in verschiedenen Jahren unterschiedlich, die Umgebung kann Einfluß auf die Temperatur haben, und in Städten ist es gewöhnlich wärmer als auf dem Land. Zudem können Pflanzen mit dem Schutz von Mauern oder immergrünen Sträuchern in Zonen überleben, in denen sie normalerweise eingehen würden. Zu bedenken ist auch, daß es Pflanzen gibt, die sehr warmes Klima nicht vertragen.

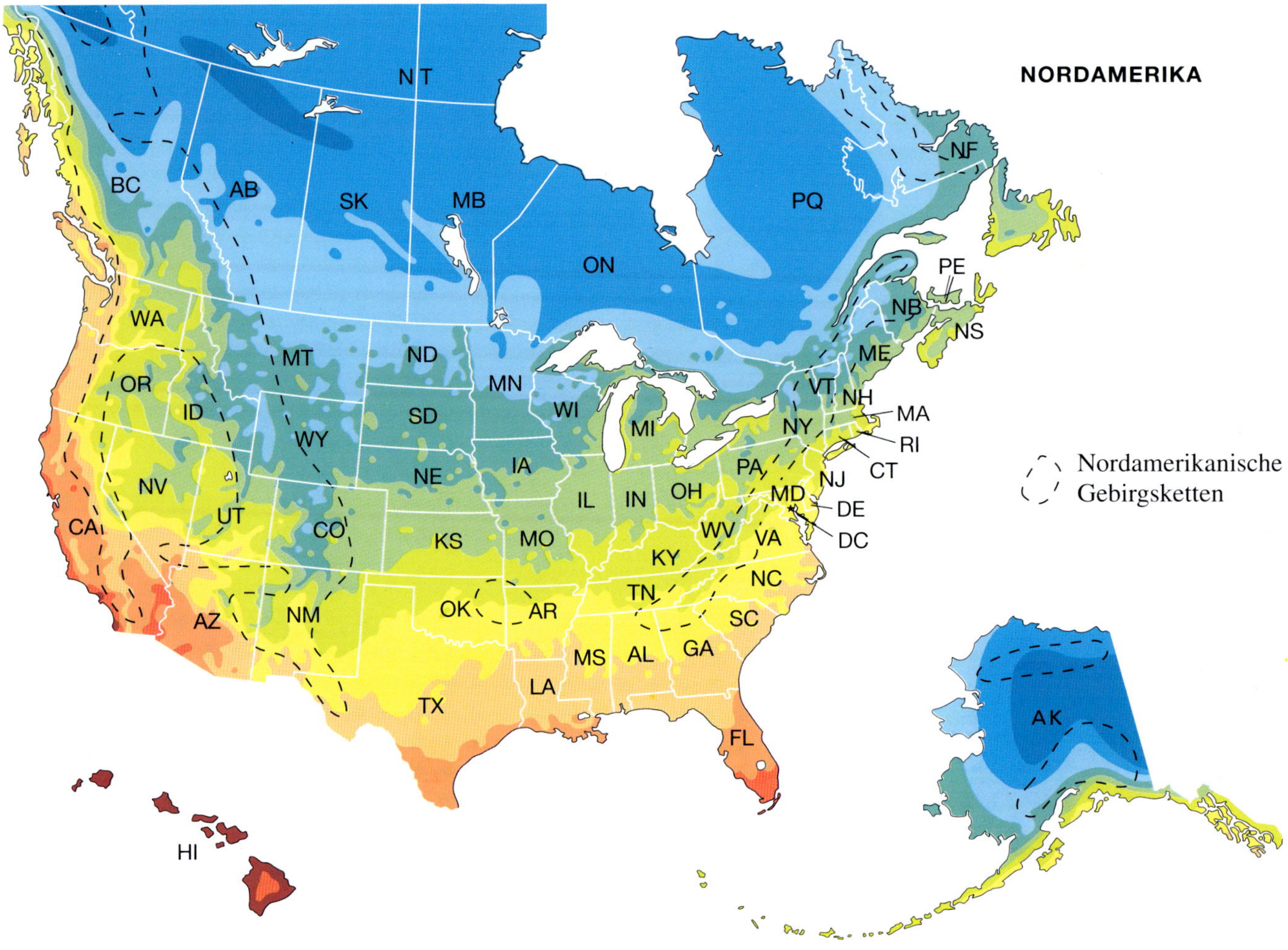

*Zonen und Temperaturbereiche*

- Zone 1: unter – 46 °C
- Zone 2: – 46 bis – 40 °C
- Zone 3: – 40 bis – 34 °C
- Zone 4: – 34 bis – 29 °C
- Zone 5: – 29 bis – 23 °C
- Zone 6: – 23 bis – 18 °C
- Zone 7: – 18 bis – 12 °C
- Zone 8: – 12 bis – 7 °C
- Zone 9: – 7 bis – 1 °C
- Zone 10: – 1 bis 4 °C
- Zone 11: über 4 °C

Basierend auf der durchschnittlichen Tiefsttemperatur der jeweiligen Region.

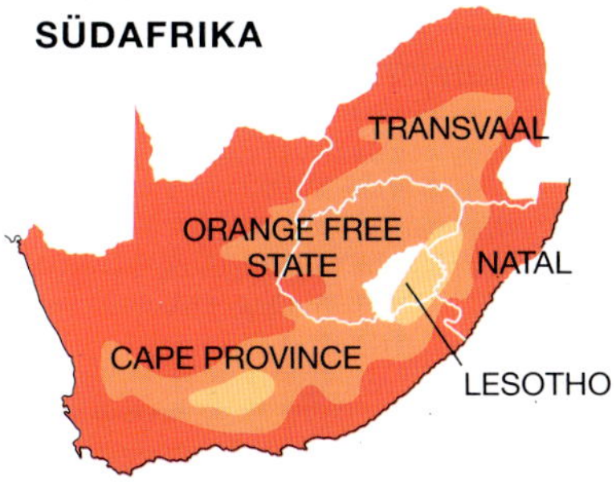


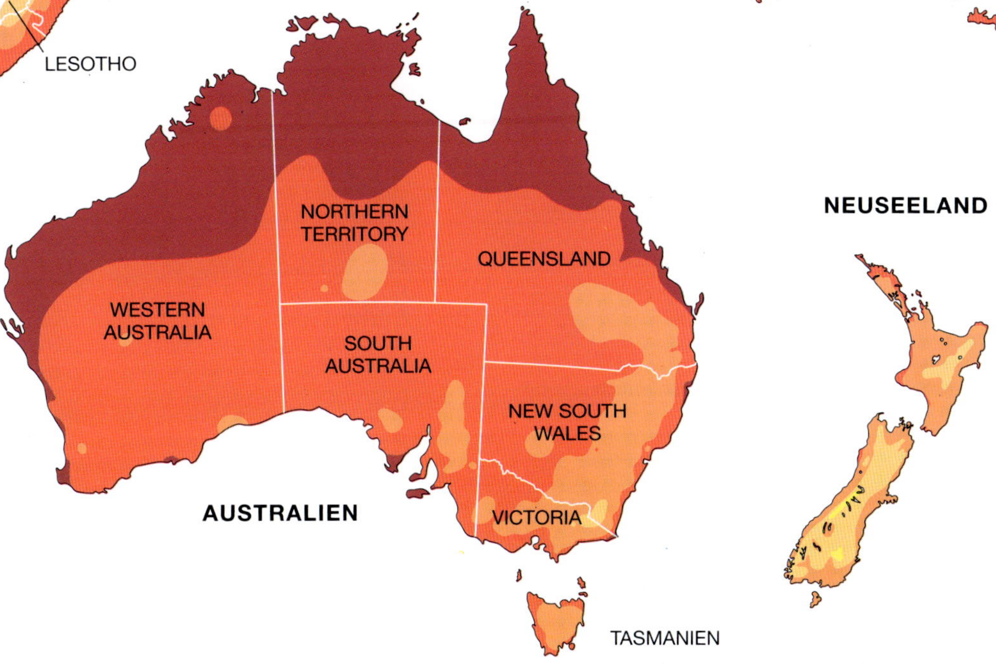

*Acanthus* Stachelähre 6 – 10
*Achillea* Garbe 3 – 10
*Aconitum* Eisenhut 2 – 9
*Acorus* Kalmus 5 – 9
*Actea* Christophskraut 2 – 9
*Adiantum* Frauenhaarfarn 3 – 8
*Aegopodium* Geißfuß 4
*Agapanthus* Schmucklilie 8 – 10
*Agastache* 5 – 9
*Ajuga* Günsel 2 – 10
*Alcea* Stockrose 2 – 10
*Alchemilla* Frauenmantel 3 – 9
*Alstroemeria* Inkalilie 7 – 10
*Amsonia* 3 – 9
*Anaphalis* Perlpfötchen 3 – 9
*Anchusa* Ochsenzunge 3 – 10
*Anemone* Anemone 6 – 10
*Anthemis* Hundskamille 3 – 10
*Aquilegia* Akelei 3 – 10
*Arabis* Gänsekresse 4 – 10
*Artemisia* Beifuß 4 – 10
*Aruncus* Geißbart 3 – 9
*Asarum* Haselwurz 2 – 9
*Asclepias* Seidenpflanze 3 – 10
*Asperula* Meister 5 – 9
*Asphodeline* Junkerlilie 6 – 8
*Asphodelus* Affodill 5 – 9
*Asplenium* Streifenfarn 5 – 6
*Aster* Aster 3 – 10
*Astilbe* Astilbe 4 – 8
*Astrantia* Sterndolde 4 – 9
*Athyrium* Frauenfarn 4 – 8
*Aubrieta* Blaukissen 4 – 9

*Baptisia* Färberhülse 3 – 10
*Begonia* Begonie 6 – 8
*Bellis* Maßliebchen 3 – 11
*Bergenia* Bergenie 3 – 10
*Blechnum* Rippenfarn 5 – 8
*Boltonia* Scheinaster 3 – 10
*Borago* Boretsch 7 – 10
*Brunnera* Kaukasusvergißmein-nicht 3 – 8
*Buphthalmum* Ochsenauge 4 – 8

*Calamintha* Steinquendel 5 – 10
*Caltha* Dotterblume 3 – 10
*Campanula* Glockenblume 3 – 10
*Carex* Segge 4 – 8
*Centaurea* Flockenblume 3 – 9
*Centranthus* Spornblume 3 – 10
*Cephalaria* Schuppenkopf 3 – 10
*Ceratostigma* Hornnarbe 5 – 10
*Chelone* Schildblume 3 – 9
*Cimicifuga* Silberkerze 3 – 10
*Cirsium* Kratzdistel 4 – 10
*Clematis* Waldrebe 3 – 9
*Codonopsis* Glockenwinde 5 – 9
*Convallaria* Maiglöckchen 3 – 9
*Convolvulus* Ackerwinde 7 – 10
*Coreopsis* Mädchenauge 4 – 10
*Cortaderia* Pampasgras 4 – 9
*Cortusa* Glöckel 4 – 8
*Corydalis* Lerchensporn 7 – 11
*Cosmos* Schmuckkörbchen 7 – 10
*Crambe* Meerkohl 6 – 9
*Cynara* Artischocke 6 – 10
*Cynoglossum* Hundszunge 4 – 9

*Darmera* Schildblatt 6 – 9
*Delosperma* 8 – 10
*Delphinium* Rittersporn 3 – 10
*Dendranthema* Chrysantheme 4 – 10
*Dennstaedtia* Schüsselfarn 4 – 8
*Deschampsia* Schmiele 5 – 9
*Dianthus* Nelke 4 – 10
*Diascia* 6 – 8
*Dicentra* 3 – 10
*Dictamnus* Diptam 2 – 9
*Digitalis* Fingerhut 3 – 10
*Doronicum* Gemswurz 4 – 9
*Dracocephalum* Drachenkopf 2 – 8
*Dryopteris* Wurmfarn 2 – 8

*Echinacea* 3 – 8
*Echinops* Kugeldistel 3 – 11
*Elymus* Haargerste 2 – 9
*Epimedium* Elfenblume 5 – 8
*Eremurus* Steppenkerze 5 – 9
*Erigeron* Berufkraut 4 – 9
*Eryngium* Edeldistel 3 – 10
*Eupatorium* Wasserdost 3 – 10
*Euphorbia* Wolfsmilch 3 – 10

*Festuca* Schwingel 3 – 9
*Filipendula* Mädesüß 3 – 9
*Foeniculum* Fenchel 4 – 10
*Fragaria* Erdbeere 5 – 8

*Gaillardia* Kokardenblume 3 – 10
*Galega* Geißraute 3 – 9
*Gaura* Prachtkerze 6 – 10
*Gentiana* Enzian 3 – 9
*Geranium* Storchschnabel (winterhart) 3 – 10
*Geum* Nelkenwurz 5 – 10
*Gillenia* 4 – 8
*Glyceria* Schwaden 5 – 9
*Gunnera* 7 – 10
*Gypsophila* Schleierkraut 3 – 10

*Hakonechloa* 4 – 8
*Helenium* Sonnenbraut 3 – 10
*Helianthus* Sonnenblume 3 – 10
*Helictotrichon* Wiesenhafer 4 – 10
*Heliopsis* Sonnenauge 4 – 9
*Helleborus* Nieswurz 3 – 10
*Hemerocallis* Taglilie 3 – 10
*Heuchera* 3 – 10
x *Heucherella* 3 – 10
*Hosta* Funkie 3 – 9
*Houttuynia* 6 – 10

*Imperata* Alang-Alang-Gras 5 – 10
*Incarvillea* 4 – 10
*Inula* Alant 3 – 9
*Iris* Schwertlilie 3 – 10

*Jasione* Sandglöckchen 6 – 9

*Kalimeris* 3 – 8
*Kirengeshoma* 5 – 9
*Knautia* 5 – 10
*Kniphofia* Fackellilie 6 – 10

*Lamium* Taubnessel 3 – 10
*Lathyrus* Platterbse 3 – 9
*Leucanthemella* Oktober-margerite 4 – 9
*Leucanthemum* Margerite 5 – 10
*Liatris* Prachtscharte 3 – 10
*Ligularia* 4 – 10
*Limonium* Meerlavendel 3 – 10
*Linaria* Leinkraut 3 – 10
*Linum* Lein 5 – 10
*Liriope* 5 – 10
*Lobelia* Lobelie 2 – 9
*Lupinus* Lupine 4 – 9
*Luzula* Hainsimse 3 – 9
*Lychnis* Lichtnelke 3 – 10
*Lysichiton* 4 – 9
*Lysimachia* Felberich 3 – 10
*Lythrum* Weiderich 3 – 10

*Macleaya* Federmohn 4 – 10
*Malva* Malve 4 – 9
*Matteuccia* Straußenfarn 3 – 8
*Meconopsis* Scheinmohn 6 – 9
*Melissa* Melisse 5 – 9
*Mentha* Minze 5 – 10
*Mertensia* 3 – 10
*Milium* Flattergras 3 – 9
*Mimulus* Gauklerblume 7 – 10
*Miscanthus* Chinaschilf 5 – 9
*Molinia* Pfeifengras 5 – 9
*Monarda* Indianernessel 4 – 10
*Morina* 6 – 9

*Nepeta* Katzenminze 3 – 10

*Oenothera* Nachtkerze 4 – 10
*Omphalodes* 5 – 9
*Origanum* Dost 3 – 10
*Osmunda* Königsfarn 3 – 8

*Paeonia* Pfingstrose 3 – 10
*Papaver* Mohn 3 – 9
*Patrinia* Goldbaldrian 5 – 9
*Pennisetum* Federborstengras 6 – 10
*Penstemon* Bartfaden 3 – 10
*Perovskia* 5 – 10
*Persicaria* Knöterich 3 – 9
*Phalaris* Glanzgras 4 – 9
*Phlox* Phlox 3 – 9
*Phygelius* 6 – 10
*Physalis* Lampionblume 3 – 10
*Physostegia* Gelenkblume 5 – 9
*Phytolacca* Kermesbeere 3 – 9
*Platycodon* Ballonblume 3 – 10
*Pleioblastus* 3 – 9
*Polemonium* Jakobsleiter 3 – 9
*Polygonatum* Salomonssiegel 4 – 9
*Polystichum* Schildfarn 4 – 8
*Potentilla* Fingerkraut 3 – 10
*Primula* Primel 3 – 9
*Prunella* Braunelle 4 – 9
*Pulmonaria* Lungenkraut 3 – 10
*Pulsatilla* Kuhschelle 5 – 9

*Ranunculus* Hahnenfuß 4 – 9
*Rhazya* 6 – 9
*Rheum* Rhabarber 5 – 9
*Rodgersia* 4 – 9
*Rudbeckia* Sonnenhut 3 – 10

*Salvia* Salbei 4 – 10
*Sanguisorba* Wiesenknopf 3 – 9
*Saponaria* 2 – 10
*Sasa* Zwergbambus 2 – 9
*Saxifraga* Steinbrech 5 – 9
*Scabiosa* Skabiose 3 – 11
*Scrophularia* Braunwurz 6 – 9
*Sedum* Fetthenne 4 – 10
*Senecio* Kreuzkraut 8 – 10
*Sidalcea* Präriemalve 5 – 11
*Silene* Leimkraut 4 – 10
*Sisyrinchium* Binsenlilie 3 – 10
*Smilacina* Schattenblume 3 – 9
*Solidago* Goldrute 3 – 10
*Stachys* Ziest 4 – 10
*Stipa* Pfriemengras 3 – 11
*Stokesia* 5 – 10
*Symphyandra* 6 – 9
*Symphytum* Beinwell 3 – 9

*Tanacetum* 3 – 9
*Tellima* 4 – 9
*Thalictrum* Wiesenraute 3 – 10
*Thermopsis* Fuchsbohne 3 – 10
*Tiarella* Schaumblüte 3 – 9
*Trachystemon* 3 – 8
*Tradescantia* Dreimasterblume 5 – 10
*Tricyrtis* Krötenlilie 5 – 9
*Trollius* Trollblume 3 – 10

*Uncinia* 5 – 10
*Uvularia* 3 – 9

*Valeriana* Baldrian 5 – 10
*Veratrum* Germer 3 – 9
*Verbascum* Königskerze 5 – 10
*Verbena* Verbene 3 – 10
*Veronica* Ehrenpreis 3 – 10
*Veronicastrum* 3 – 10
*Viola* Veilchen 3 – 10

*Waldsteinia* Golderdbeere 3 – 10

*Zauschneria* Kolibritrompete 8 – 10

## Glossar

**Abhärten** Im Frühbeet oder Gewächshaus gezogene Pflanzen langsam an Freilandbedingungen gewöhnen.

**Ähre** Unverzweigter Blütenstand, bei dem die Einzelblüten ungestielt sind.

**Alkalischer Boden** Bezeichnung für Boden mit einem hohen Kalkgehalt und einem pH-Wert über 7.

**Alpine Pflanze** In Bergregionen, gewöhnlich oberhalb der Baumgrenze, heimische Pflanze. Findet in Steingärten Verwendung.

**Anthere (Staubbeutel)** Der Pollen produzierende Teil der Staubblätter.

**Art** In der Natur vorkommende Gruppe sehr ähnlicher Pflanzen. Botanisch verwandte Arten, die bestimmte Merkmale gemeinsam haben (sie müssen nicht unbedingt sofort erkennbar sein), werden in einer Gattung zusammengefaßt. So gehören beispielsweise *Iris sibirica* und *Iris pseudacorus* beide zur Gattung *Iris*.

**Ausknipsen** Entfernen der Triebspitze, um die Entwicklung von Seitentrieben anzuregen.

**Ausläufer** Ober- oder auch unterirdischer Sproß, der sich ausbreitet und dabei oft bewurzelt.

**Auswaschung** Ausschwemmung löslicher Mineralien aus dem Boden.

**Bedingt winterharte Pflanze** Pflanze, die im Sommer im Freien gut gedeiht, im Winter aber einen Schutz braucht.

**Biologischer Pflanzenschutz** Bekämpfung von Schädlingen und Krankheiten mit natürlichen Mitteln, zum Beispiel durch den Einsatz von Feinden wie Raubmilben.

**Blattsteckling** Von der Mutterpflanze abgenommenes Blatt, das sich bewurzelt und zu einer neuen Pflanze entwickelt, die gewöhnlich mit der Mutterpflanze identisch ist.

**Bodendecker** Pflanze mit dichtem, meist niedrigem Wuchs, die den Boden vollständig überwächst und Unkraut unterdrückt.

**Braktee** Deckblatt im Bereich des Blütenstands.

**Cultivar** Benannte Sorte einer bestimmten Art, die gewöhnlich durch Züchtung entstanden ist. Bei *Phlox paniculata* ›Fujiyama‹ beispielsweise ist ›Fujiyama‹ ein Cultivar der Art *Phlox paniculata*, von der es aber auch noch viele andere Sorten gibt.

**Dolde** Runder oder flacher Blütenstand, bei dem die Einzelblüten an schlanken Stielen sitzen, die von einem Punkt ausgehen.

**Durchlässigkeit oder Drainage (des Bodens)** Durchlässige Böden erlauben ein rasches Versickern des Wassers, schlecht drainierte oder staunasse Böden halten das Wasser und bleiben erheblich länger naß.

**Einjährige Pflanze** Pflanze, bei der die gesamte Entwicklung von der Keimung bis zur Samenreife innerhalb einer Wachstumsperiode erfolgt.

**F1-Hybride** Samenvermehrbare Pflanze, die durch Kreuzung zweier Elternpflanzen entstanden ist, welche ihrerseits wegen bestimmter Eigenschaften gezüchtet wurden.

**Familie** Gruppe verwandter Gattungen. So sind beispielsweise *Iris* und *Crocosmia* Gattungen, die zur Familie der Schwertliliengewächse gehören.

**Flüssigdünger** Dünger, der in flüssiger Form ausgebracht wird.

**Frucht** Das sich aus der Blüte entwickelnde Vermehrungsorgan einer Pflanze mit Samen.

**Frühbeet (Kalter Kasten)** Aus Holz, Ziegeln, Kunststoff oder Beton bestehender niedriger Rahmen mit einer Abdeckung aus Glas oder Kunststoff. Es dient dazu, Pflanzen bei kaltem Wetter zu schützen oder sie abzuhärten.

**Fungizid** Natürliche oder chemische Substanz, die Pilzerreger abtötet.

**Gattung** Gruppe verwandter Arten, die bestimmte Merkmale gemeinsam haben. So sind beispielsweise *Iris sibirica* und *Iris pseudacorus* zwei Arten, die zur Gattung *Iris* gehören.

**Gegenständige Blätter** Sich paarweise an den Blattknoten eines Stengels auf gleicher Höhe gegenüberstehende Blätter.

**Grundständige Blätter** Blätter, die sich nicht am Stengel entwickeln, sondern direkt aus dem Wurzelhals.

**Heimische Pflanze** In einer bestimmten Gegend natürlicherweise vorkommende Pflanze.

**Humus** Gut verrottetes pflanzliches Material.

**Hybride** Durch Kreuzung zweier Elternpflanzen entstandene neue Pflanze.

**Immergrüne Pflanze** Pflanze, die ihre Blätter ganzjährig behält.

**Kalk** Hauptsächlich aus Calcium bestehende Substanz. Kalk wird verwendet, um den Säuregehalt des Bodens zu reduzieren.

**Keimung** Entwicklung eines Keimlings aus einem Samen.

**Knolle** Verdickter Sproß oder Wurzel, der/die als Speicherorgan dient.

**Kompost** Aus Garten- und Küchenabfällen entstandenes Verrottungsprodukt.

**Kopfdüngung** Ausbringen von Dünger auf dem Wurzelkreis einer Pflanze. Er wird oberflächlich eingearbeitet.

**Krautige Pflanze** Pflanze, die keine holzigen Teile ausbildet und jedes Jahr, meist im Spätherbst, über der Erde abstirbt (siehe auch Seite 10).

**Kreuzung** 1. Züchtung einer neuen Pflanze, die die Eigenschaften zweier verschiedener Pflanzen in sich vereint. Dazu bestäubt man die eine mit den Pollen der anderen. 2. Die auf diese Weise entstandene Pflanze.

**Langzeitdünger** Pflanzennahrung, die über einen langen Zeitraum in die Erde abgegeben wird.

**Lauberde** Humus, der ausschließlich aus den verrotteten Blättern sommergrüner Bäume und

Sträucher entstanden ist und zur Verbesserung des Bodens verwendet wird.

**Leichter Boden** Boden mit einem hohen Anteil an Sand oder Kies. Leichter Boden ist gewöhnlich krümelig, hat ein schlechtes Wasserhaltevermögen und trocknet rasch aus.

**Mulch** Schicht aus organischem Material oder Kies, die auf dem Boden verteilt wird, um Unkraut zu unterdrücken, die Verdunstung von Wasser zu verringern und den Boden zu verbessern.

**Neutraler Boden** Bezeichnung für Boden, der weder sauer noch alkalisch ist und einen pH-Wert von 7 hat.

**Nicht winterharte Pflanze** Pflanze, die durch Frost geschädigt wird.

**Panaschierung** Streifung oder Fleckung von Blättern infolge Chlorophyllmangels, die meist gelb, cremefarben oder weiß ist.

**Perennierende Pflanze** Pflanze, insbesondere Staudengewächs, die mehr als zwei Vegetationsperioden überdauern kann (siehe Seite 9).

**Pestizid** Natürliche oder synthetisch hergestellte Substanz, die Insekten oder andere Lebewesen tötet, welche Pflanzen schädigen.

**Petalen** Die Kronblätter der Blüte.

**pH-Wert** Gibt die Acidität beziehungsweise die Alkalität des Bodens an. Ein pH-Wert von 7 ist neutral. Bei einem höheren Wert ist der Boden alkalisch, bei einem niedrigeren sauer.

**Pikieren** Umsetzen eines Sämlings aus dem Gefäß, in dem er gekeimt ist, in einen Einzeltopf oder eine größere Schale, um ihm mehr Platz zur Entwicklung zu geben.

**Rhizom** Unterirdisch oder dicht unter der Erdoberfläche wachsende Sproßachse, die Nährstoffe speichert.

**Rosette** Dichtstehende, spiralförmig angeordnete Blätter, bei denen die kleinsten und jüngsten in der Mitte sitzen.

**Ruheperiode** Zeit, in der eine Pflanze ihr Wachstum eingestellt hat.

**Saatrille** Lange, schmale, flache Furche, in die Samen gesät werden.

**Saurer Boden** Boden, der eine relativ geringe Menge Kalk enthält und einen pH-Wert unter 7 hat.

**Sämling** Die sich nach der Keimung entwickelnde kleine Pflanze.

**Schwerer Boden** Boden mit einem hohen Tonanteil. Schwerer Boden ist gewöhnlich klebrig, hält viel Wasser und trocknet nur langsam.

**Selbstaussaat** Eigenschaft einiger Pflanzen, Samen auszustreuen, die keimen und zu neuen Pflanzen heranwachsen.

**Sepalen** Die Kelchblätter oder äußeren Blütenhüllblätter.

**Solitärpflanze** Pflanze, die wegen ihrer besonders schönen oder typischen Wuchsform und Gesamterscheinung gezogen wird.

**Sommergrüne Pflanze** Pflanze, die im Herbst oder Frühwinter ihr Laub vollständig verliert.

**Sorte** Auch in der Natur auftretende Variante einer Art. Der Begriff wird oft als Synonym für Cultivar benutzt.

**Spathen** Blütenscheiden von Pflanzen.

**Staunasser Boden** Boden, der sehr naß bleibt und selten trocknet.

**Steckling** Von einer Mutterpflanze abgenommener Teil, der sich bewurzelt und zu einer neuen Pflanze heranwächst. In den meisten Fällen sieht diese genau wie die Mutterpflanze aus.

**Sukkulente** Pflanze, die in ihren verdickten Blättern oder Sprossen Wasser speichern kann.

**Teilung** Vermehrungsmethode, bei der eine Pflanze in mehrere kleine Pflanzen geteilt wird.

**Torf** Brauner bis schwärzlicher grobfasriger Humus aus verrotteten pflanzlichen und tierischen Organismen, insbesondere Moos.

**Traube** Unverzweigter Blütenstand, bei dem die Einzelblüten an kurzen Stielen stehen.

**Unkraut** Pflanze, die am falschen Ort wächst und daher unerwünscht ist.

**Unterpflanzung** Das Pflanzen kleinerer Arten um oder unter höhere Pflanzen.

**Vermehrung** Gärtnerische Methode der Gewinnung einer oder mehrerer neuer Pflanzen aus einer existierenden Pflanze.

**Wechselständige Blätter** In unterschiedlicher Höhe und entgegengesetzter Richtung einzeln an den Blattknoten stehende Blätter.

**Wedel** Blatt eines Farns.

**Winterharte Pflanze** Pflanze, die das ganze Jahr ohne Schutz im Freiland überleben kann.

**Wurzelhals** Pflanzenteil direkt unterhalb der Erdoberfläche, aus dem sich Blätter und Triebe entwickeln.

**Wurzelschnittling** Wurzelstück, aus dem sich nach Abnahme von der Mutterpflanze eine neue Pflanze entwickelt, die meist genau wie diese aussieht.

**Zweijährige Pflanze** Pflanze, die ihren Lebenszyklus innerhalb von zwei Wachstumsperioden abschließt. Im ersten Jahr wächst sie und legt Nährstoffreserven an, im zweiten Jahr blüht sie, sät sich aus und geht schließlich ein.

**Zwiebel** Speicherorgan aus dicht zusammensitzenden fleischigen Schuppen.

# Bezugsquellen

Bei den folgenden Staudengärtnereien ist das in der jeweiligen Region übliche Sortiment an Stauden erhältlich; Spezialisierungen sind in Klammern angegeben. Zusätzliche Informationen geben der Bund Deutscher Staudengärtner und die Internationale Stauden-Union. Die aufgeführten Adressen sind nach Postleitzahlenbereichen geordnet.

**Bund Deutscher Staudengärtner**
Gießener Str. 47
35305 Grünberg
Tel.: 0 64 01/91 01 55

**Internationale Stauden-Union**
Züricherstr. 17
CH-5200 Windisch
Tel.: 0 56/4 41 57 33

## DEUTSCHLAND

**Staudenkulturen**
**Dr. Peter u. Sigurd Lux GbR**
Breitscheidstr. 5
01237 Dresden
Tel.: 03 51/2 52 30 95
*(Gräser, Farne, Heil- u. Gewürzpflanzen)*

**Staudengärtnerei**
**Helmut Härlen**
Unter den Linden 100
21435 Stelle
Tel.: 0 41 74/22 21

**Pflanzen-Körner**
Poppenbütteler Chaussee 92
22397 Hamburg-Duvenstedt
Tel.: 0 40/6 07 01 11
*(Auch Versand)*

**Karl Wachter KG**
Rollbarg 17
25482 Appen-Etz
Tel.: 0 41 01/6 25 11
*(Wasserpflanzen, Wildstauden, Gräser, Farne; auch Versand)*

**Manfred Bremermann**
**Staudenkulturen**
Neuenkruger Str. 5
26215 Wiefelstede
Tel.: 0 44 03/49 59
*(Wasserpflanzen, Gräser)*

**Staudengärtnerei Ernst Pagels**
Deichstr. 4
26789 Leer (Ostfriesland)
Tel.: 04 91/32 18
*(Auch Versand)*

**Werner Früchtenicht**
**Baumschule – Stauden**
Lauenbrücker Weg 11
27356 Rotenburg
Tel.: 0 42 61/6 20 13

**Pöppel-Stauden**
Hauptstr. 95
28816 Stuhr
Tel.: 04 21/80 48 79
*(Auch Versand)*

**Hagemann**
**Staudenkulturen**
Walsroder Str. 324
30855 Langenhagen
Tel.: 05 11/73 76 44
*(Gräser, Farne, Heidepflanzen, Sumpf- und Wasserpflanzen, Gewürzkräuter, Lilien, Wild- und Dachstauden, Blumenzwiebeln; auch Versand)*

**Willi Tangermann**
Rauhe Wiese 17
31171 Nordstemmen
Tel.: 0 50 69/5 48
*(Bodendecker, Gräser, Farne, Sumpf- und Wasserpflanzen, heimische Wildstauden, Dachgartenstauden)*

**Stauden Junge**
Seeangerweg 1
31787 Hameln
Tel.: 0 51 51/34 70
*(Auch Versand)*

**Stauden Wegner**
Riedweg 15
32107 Bad Salzuflen
Tel.: 0 52 22/5 03 72
*(Gräser, Farne, Gewürze; auch Versand)*

**Staudengärtnerei**
**Regina Wauschkuhn**
Mühlenberg 7
34346 Hannoversch Münden
Tel.: 0 55 46/3 56
*(Alpine,* Geranium, *Wildstauden)*

**Günter Fuß**
**Spezialkulturen**
Helmstedterstr. 17
38154 Königslutter
Tel.: 0 53 53/23 88

**Baltin-Stauden**
Mörser Str. 29
38442 Wolfsburg
Tel.: 0 53 62/30 08
*(Bodendecker)*

**Karl-Heinz Schuster**
**Staudenkulturen + Topfpflanzen**
Am Korstik 19
45239 Essen (Heidhausen)
Tel.: 02 01/40 49 92
*(Blüten- und Polsterstauden, Wasserpflanzen)*

**Staudenkulturen Stade**
Helmut Stade
Beckenstrang 24
46325 Borken-Marbeck
Tel.: 0 28 61/26 04
*(Auch Versand)*

**Behrens Gartenpflanzen**
Soerser Weg 27
52070 Aachen
Tel.: 02 41/15 30 48

**Stauden-Gärtner**
Hans Pohler
Schirlinger Feld
65556 Limburg/Lahn
Tel.: 0 64 31/80 98
*(Gräser, Farne, Wasserpflanzen)*

**Nikolaus Müller**
Waldstr. 18
69245 Bammental
Tel.: 0 62 23/50 78

**Häussermann**
**Stauden + Gehölze**
Schützenhausweg 43-47
70499 Stuttgart
Tel.: 07 11/8 89 20 11
*(Auch Versand)*

**Stauden-Gropper**
T. Gropper
Schafäcker 1
71334 Waiblingen
Tel.: 0 71 51/3 29 84
*(Polster-, Schmuckstauden, Gewürzpflanzen, Farne, Gräser, Sumpf- und Wasserpflanzen)*

**Staudengärtnerei**
**Eberhard Otto**
Hindenburgstr. 67
72622 Nürtingen
Tel.: 0 70 22/86 83
*(Polsterstauden, Schnittstauden, historische Päonien-Sorten, vor allem französische Sorten, Staudenbodendecker)*

**Staudengärtnerei Schöllkopf**
Gewann Heckwiesen
72770 Reutlingen 11
Tel.: 0 71 21/5 49 71
(Dendranthema-*Hybriden; auch Versand)*

**Karlsruher Garten-Zentrum**
**Knecht GmbH**
Rastatter Str. 18
76199 Karlsruhe-Rüppur
Tel.: 07 21/89 08 48

**Hans Götz**
**Staudengärtnerei**
Schramberger Str. 65
77761 Schiltach/Schwarzwald
Tel.: 0 78 36/93 98-0
*(Astilben, Bergenien,* Hosta, Hemerocallis, Geranium, Saxifraga; *auch Versand)*

**Staudengärtnerei Denz**
Friedbert Müller
Rottweiler Str. 137
78056 Villingen-Schwenningen
Tel.: 0 77 20/44 32
(Adonis vernalis, Dictamnus albus; *auch Versand)*

**Staudengärtnerei**
**Gräfin von Zeppelin**
79295 Sulzburg-Laufen
Tel.: 0 78 34/8 97 16
*(Päonien, Bergenien,* Iris, Hemerocallis, Papaver; *auch Versand)*

**Rolf Peine**
**Staudengärtnerei**
An der B 471
82296 Schöngeising
Tel.: 0 61 41/2 40 44
*(Auch Versand)*

**Baumschulen Demmel**
Baumschulenstr. 3
82402 Seeshaupt
Tel.: 0 88 01/90 72-0
*(Auch Versand)*

**Heim Baumschulen und Stauden**
Kalterer Str. 10
86165 Augsburg
Tel.: 08 21/71 11 62

**Doris Ehrhardt – Staudenkulturen**
Neustadter Str. 25
91085 Weisendorf
Tel.: 0 91 35/10 22
*(Astilben, Phlox,* Iris, Hemerocallis, *Gräser, Farne, Gewürze, Solitärstauden; auch Versand)*

**Staudengärtnerei**
**Hermann Näpfel**
Nürnberger Str. 99
91710 Gunzenhausen
Tel.: 0 98 31/20 70
*(Gräser, Farne; auch Versand)*

## ÖSTERREICH

**Kurt Schöny**
Naufahrtweg 962
1224 Wien
Tel.: 01/2 82 27 28
(Eremurus; *auch Versand)*

**Praskac Pflanzenland**
Praskacstr. 101 – 108
3430 Tulln/Donau
Tel.: 0 22 72/24 60
*(Auch Versand)*

**Staudenkulturen Hameter**
Werthfeldstr. 33
3441 Baumgarten bei Tulln
Tel.: 0 22 74/72 65
*(Gräser, Farne, Heil- und Gewürzkräuter, Seerosen und Sumpfpflanzen; auch Versand)*

**Stauden Feldweber**
Nr. 139
4974 Ort/Innkreis
Tel.: 0 77 51/3 20
*(Auch Versand)*

**Stauden Kopf**
Auf dem Rud 10
6820 Frastanz
Tel.: 0 55 22/5 26 94

## SCHWEIZ

**Adolf Meyer**
Oberflamatt
3175 Flamatt
Tel.: 0 31/7 41 11 04
*(Wildstauden, Wasserpflanzen, Seerosen)*

**Aebi-Kaderli**
**Garten-Center und Baumschulen AG**
Bernstr.
3186 Düdingen
Tel.: 0 26/4 81 44 44
*(Auch Versand)*

**Pflanzehus Blatti**
Uttigenstr. 56
3661 Uetendorf bei Thun
Tel.: 0 33/45 31 30

**Kaufmann Gartenbau AG**
**Garten-Center und Baumschule**
Etzmatt 273
4314 Zeiningen/AG
Tel.: 0 61/8 51 11 83

**Wyss Samen und Pflanzen AG**
Schachenweg 14
4528 Zuchwil-Solothurn
Tel.: 0 65/26 21 21

**H. Hospenthal-Kägi**
Landstr. 37
5417 Untersiggenthal
Tel.: 0 56/2 88 13 27
*(Alpenpflanzen, Farne, Gräser, Wasserpflanzen; auch Versand)*

**Jakob Eschmann**
Waltwil
6032 Emmen
Tel.: 0 41/2 60 64 73
*(Alpenpflanzen, Primeln, Enziane,* Androsace, Saxifraga, Sempervivum, Campanula; *auch Versand)*

**Patricia Willi und Margrit Durrer**
**Wildstaudengärtnerei**
6274 Eschenbach
Tel.: 0 41/4 48 10 70
*(Wildstauden, Samen; auch Versand)*

**Hauenstein AG**
**Baumschulen/Gartencenter**
Landstr. 42
8197 Rafz
Tel.: 01/8 79 11 22
*(Auch Versand)*

**Gärtnerei Frei**
**Staudenkulturen**
Breitestr. 5
8465 Wildensbuch
Tel.: 0 52/ 3 19 12 30
*(Gewürz- und Heilkräuter, Storchschnabel, Alpenpflanzen, Wildstauden; auch Versand)*

**Hansuli Friedrich**
**Baumschulen und Staudengärtnerei**
8476 Stammheim
Tel.: 0 52/7 44 00 44
(Hemerocallis, Geranium, Hosta, *englische Rabattenstauden, Rosen)*

**Konrad Roth AG**
**Garten-Center**
8593 Kesswil
Tel.: 0 71/4 66 76 20
*(Auch Versand)*

**Ueli Bösch**
**Staudengärtnerei, Pflanzencenter**
Rosengarten 2
8608 Bubikon
Tel.: 0 55/2 43 25 30
*(Farne, Ziergräser, Wasserpflanzen; auch Versand)*

**Longin Ziegler**
**Staudengärtnerei**
Oberzelg
8627 Grüningen
Tel.: 01/9 35 13 83

**Vogt + Co.**
Gärtnerei
Zollerstr. 15
8703 Erlenbach
Tel.: 01/9 15 33 47
*(Ziergräser, Freilandfarne; auch Versand)*

**Emil Kühne**
**Staudengärtnerei**
Mühlenstr. 54
9030 Abtwil
Tel.: 0 71/3 11 19 04

# Register

*Kursiv* gedruckte Seitenzahlen beziehen sich auf die Bildlegenden.

Abkürzungen bei den botanischen Pflanzennamen:
ssp. = subspecies (Unterart)
var. = varietas (Varietät)

## A



## B

## Bildnachweis

**A – Z Botanical Collection** S. 177 Mi., /Lance Beacham S. 170 li., /Anthony Cooper S. 133, /Terence Exley S. 132.
**Eric Crichton** S. 139, 148 ob., 148 unt., 149 re., 149 unt., 150 re., 152 re., 153 li., 153 re., 155 re., 156 li., 156 re., 157 ob., 158 ob., 158 li., 159 li., 161 Mi., 162 re., 162 Mi., 163 Mi., 163 re., 166 li., 167 unt., 169 Mi., 169 re., 171 Mi., 174 li., 175 Mi., 178 li., 179 Mi., 180 Mi., 181 Mi., 182 li., 186 re., 188 re., 188 Mi., 189 re., 190 Mi., 192 re., 193 Mi., 194 re., 196 Mi., 198 li., 198 re., 200 Mi., 202 li., 202 Mi., 204 re., 204 Mi., 207 Mi., 209 re., 210 re., 210 li., 211 re., 214 re., 214 Mi., 215 re., 217 li., 220 li., 222 li., 222 re., 224 Mi.
**Elizabeth Whiting Associates** S. 76 ob. re., 122.
**John Fielding** S. 3 re., 3 li., 97 ob., 145 unt., 146 unt., 147 re., 158 unt., 159 re., 162 li., 168 re., 168 Mi., 173 li., 197 li., 207 re., 208 li., 211 li., 212 Mi., 213 Mi., 217 Mi., 219 re., 223 li., 224 li., 226 re.
**Garden Picture Library**/Brian Carter S. 19, /Erica Craddock S. 13 Mi., /Elizabeth Crowe S. 17, /Ron Evans S. 100, /John Glover S. 16, 89, /Neil Homes S. 13 ob., 127 ob., /Michelle Lamontagne S. 47, /Jane Legate S. 97 unt., /John Miller S. 96, /Clay Perry S. 81, /Gary Rodgers S. 52, /Brigitte Thomas S. 101, /Steven Wooster S. 128.
**Garden Matters**/J. Feltwell S. 42.
**John Clover** S. 43 unt. li., 91, 107, 120, 124, 130 ob., 131, 134, 135, 147 li., 151 Mi., 155 li., 173 Mi., 177 li., 180 li., 182 Mi., 182 re., 184 re., 186 ob., 193 li., 193 re., 194 Mi., 195 li., 200 li., 201 li., 201 re., 205 li., 213 re, 215 Mi., 215 li., 216 li.
**Jerry Harpur** S. 2, 4, 8, 9 re., 15 re., 28, 41, 45, 46, 64, 76 li., 82, 83, 88, 92, 103, 105, 113, 117 unt., 130 unt.
**Marijke Heuff** S. 115.
**Andrew Lawson** S. 3 Mi., 18, 21 li., 38 ob., 43 unt. re., 55, 57, 70, 86, 111 ob., 112, 127 unt., 129 li., 136, 144 li., 144 ob., 144 re., 145 re., 146 re., 148 re., 149 li., 150 Mi., 150 ob., 151 li., 151 re., 154 li., 154 re., 156 ob., 157 li., 160 Mi., 160 re., 164 ob., 165 li., 165 re., 168 li., 169 li., 172 re., 173 re., 174 re., 176 Mi., 176 li., 178 re., 179 li., 180 re., 181 li., 181 re., 183 re., 184 li., 185 Mi., 186 unt., 187 re., 187 Mi., 189 Mi., 189 li., 190 li., 192 Mi., 194 li., 195 Mi., 199 re., 200 re., 207 li., 208 re., 211 Mi., 213 li., 217 re., 218 Mi., 220 Mi., 221 li., 221 re., 222 Mi., 224 re., 225 li., 226 li., 227 li., 227 re.
**Tony Lord** S. 94, 99 re., 106, 110 unt., 118 li., 119 ob., 129 re., /Arley Hall S. 98 unt., 104, /Broughton Castle S. 117 ob., /Chatsworth S. 98 ob., /Great Dixter S. 123, /Heslington Manor S. 75 Mi., /The Manor House, Heslington S. 119 unt., /Kemerton Priory S. 121, /Aster Collection, Picton Memorial Garden S. 93.
**Clive Nichols** S. 58, 227 Mi., /Designer: Sue Barker S. 142, /Brook Cottage, Oxfordshire S. 95 ob., /Chenies Manor House Garden, Buckinghamshire, S. 116, /Dartington Hall, Devon S. 90, /Eastgrove Cottage Garden and Nursery, Sankyns Green, Worcestershire, S. 108, /Hadspen House Garden and Nursery, Somerset/ Designer: Sandra and Nori Pope S. 125, /Longacre, Kent S. 95 unt., /The Manor House, Upton Grey, Hampshire S. 30, /The Old Rectory, Burghfield, Berkshire S. 111 unt., /The Picton Garden, Colwall, Worcestershire S. 20, 65, /The Picton Garden, Carnwall, S. 143 Mi., /The Priory, Kemerton, Worcestershire S. 74, /Red Gables, Worcestershire Umschlagrückseite, S. 14, /Sticky Wicket, Dorset/Designer: Pam Lewis S. 102, /Turn End, Buckinghamshire, S. 126, /Waterperry Gardens, Oxfordshire S. 6, /Designer: Anne Waring S. 109.
**Hugh Palmer** S. 21 re.
**Jerry Pavia** S. 13 unt.
**Perdereau** S. 1, 2, 12, 22, 50, 77 unt., 85, 114.
**Photos Horticultural** S. 31, 110 ob., 137, 145 ob., 145 li., 146 li., 147 Mi., 152 Mi., 153 Mi., 160 li., 161 li., 164 li., 164 re., 165 Mi., 166 unt., 167 li., 167 re., 170 Mi., 171 re., 172 unt., 172 li., 175 re., 176 re., 178 Mi., 179 re., 183 li., 183 Mi., 184 Mi., 185 li., 185 re., 187 li., 188 li., 190 re., 191 re., 191 Mi., 195 re., 196 li., 196 re., 199 Mi., 201 Mi., 203 re., 204 li., 205 Mi., 205 re., 206 li., 206 re., 209 li., 209 Mi., 212 li., 214 li., 216 Mi., 216 re., 218 li., 218 re., 219 Mi., 219 li., 220 re., 223 re., 225 Mi., 225 re., 226 Mi.
**Reed International Books Ltd. Picture Library**/Jerry Harpur S. 154 Mi., 155 Mi., 166 re., 170 re., 174 Mi., /WF Davidson S. 161 re., /Jerry Harpur S. 177 re., 197 re., 198 Mi., 199 li., /Jerry Harpur S. 202 re., /Jerry Harpur S. 203 Mi., 212 re., /Mark Williams S. 26 unt. li., 26 ob. re., /George Wright S. 191 li., 192 li.
**Graham Rice** S. 186 li.
**Harry Smith Collection** S. 157 re., 175 li.
**Mark Williams** S. 26 ob. li., 26 unt. li.
**Macmillan Publishers Ltd** S. 229 Informationen für europäische Härtezonenkarte.
**Reader's Digest Association** S. 228 Informationen für nordamerikanische Härtezonenkarte.